위기의 시대를 살아내기 위한
기업의 선택

선제적 품질

| 임호순 지음 |

PROACTIVE
QUALITY

한 경 사

저자 임호순은 서울대학교 경영대학에서 학사를, 같은 대학 대학원 경영학 석사를 마친 후 쌍용경제연구소에서 연구원으로 재직하였고, UCLA Anderson School에서 박사학위를 받았다. 한양대학교에서 5년간 강의하였고, 현재 고려대학교 경영대학에서 교수로 재직 중이다. 한국생산성학회장을 역임한 바 있으며, 품질 및 서비스 오퍼레이션스 분야가 주 연구 분야이다.

위기의 시대를 살아내기 위한 기업의 선택

선제적 품질

저자	임호순
발행일	2025년 8월 29일 1쇄
발행처	**한경사**
발행인	이계남
등록사항	제10-1951호 2000년 4월 14일
주소	서울시 마포구 신수로 59-1 (3층)
전화번호	02_717_7264~5
팩스번호	02_717_7226
홈페이지	hankyungsa.co.kr
전자우편	hankyungsa@hanmail.net
ISBN	978-89-6844-539-2 (93320)
가격	33,000원

이 저술은 고려대학교 경영대학 정상영 저서출판 지원 기금의 지원을 받아 수행되었음

(This book is supported by the Chung Sang Young Publication Grant of Korea University Business School)

머리말

기업은 변화하고 있는 글로벌 비즈니스 환경적인 요인뿐 아니라, 코로나(Covid-19) 같은 위기상황에 대응하여 생존하기 위해 선제적 품질 관리와 같은 혁신 프로그램을 개발할 필요가 있다. 현재 대부분의 기업들이 적용하고 있는 사후적 품질 관리는 오랜 기간 유지되어 온 전통적인 품질 관리 방식으로 다양한 한계점들이 존재한다. 빠르게 변화하는 시장과 고객의 요구에 기업들이 효과적으로 반응하기 위해서는 선제적인 방식으로의 변화가 필요해지고 있다.

본서를 저술하게 된 직접적인 동기는 국내 굴지의 자동차 회사에서 주관하는 세미나 중 발표된 내용 가운데에 "Before" 서비스라는 개념이 발표자료에 포함된 적이 있었는데, 이 개념은 고장이 일어나기 전에 고객에게 찾아가는 사전적 서비스의 개념으로서, 비포서비스(Before Service)라는 용어가 애프터 서비스(After Service) 또는 포스트 세일즈 서비스(Post Sales Service)의 반대되는 의미로 작명이 되었고, 현업에서 성공적으로 잘 활용되고 있는 일종의 고유 명사화된 프로그램이라는 점은 설명이 없어도 이해가 되는 부분이었다. 그러나 비포서비스라는 프로그램이 엄밀하게 살펴보면 영어 문법상으로는 잘못된 표현인 데다가, 이의 이론적 뒷받침이 전혀 되고 있지 않다는 점에 이를 보완해야 하겠다는 일종의 사명감을 느끼게 되었다. 이러한 작은 생각을 출발점으로 하여 선제적 서비스(Proactive Service)라는 새로운 용어를 만들게 되었고 이를 제품과 서비스 모두에 확장한 개념으로 선제적 품질 관리(Proactive Quality Management)라고 하는 개념을 제안하게 되었다. 마침 고려대학교 경영대학에서 교수들의 전문서적 출판을 지원하는 제도(정상영 저술출판 지원사업)가 한시적으로 생겨나게 되어 본서를 출판하기에 이르게 되었다.

본서에서 소개한 선제적 품질 관리는 위기에 대응하는 전사적인 혁신 프로그램이며, 전통적 품질 관리가 갖고 있는 여러 가지 한계점들을 극복하는 새로운 프로그램이다. 문헌 연구를 토대로 한 마디로 정의한 선제적 품질 관리의 개념은 다음과 같다. 선제적 품질 관리란 미래에 발생 가능한 문제를 사전에 예방하거나 고객이 현재 요구하는 것을 넘어서 먼저 고객이 원하는 바를 파악하여 제공하는 것과 관련된 모든 개선활동을 의미한다. 이는 문제가 발생하는 것을 미연에 방지하거나 고객의 내재된 요구를 만족시키기 위해 사전적으로 제공하는 모든 유형의 활동을 의미하며 정상적으로 제품이나 서비스를 사용하고 있는 고객에게 추가로 제공한다는 점에서 기존의 수동적인 사후적 품질 관리 방식과는 차별화되는 요소가 존재한다. 이와 같이 선제적인 성향을 띄는 활동은 일단 고객 불만족을 유발한 후에야 개선활동이 이루어지는 사후적 활동과는 반대로 고객 만족도를 사전적으로 향상시키는 효과를 가지고 있다. 오늘 고객에게 높은 가치를 제공한 상품이나 서비스라고 하더라도, 가까운 미래에는 고객 가치를 충분히 실현하지 못할 가능성이 존재하기 때문에 제조업체와 서비스업체 모두 시장의 변화나 고객의 가능한 사후적 요구에 사전적으로 대응해야 할 필요가 있다.

선제적(Proactive)이란 개념은 다양한 연구 맥락에서 논의된 바, 이의 사용은 다양한 분야에서도 처음은 아니다. 이에 대하여 살펴보면 조직행동이론 관점에서 선제적 행동(Proactive Behavior)이라는 개념이 논의되었고, 전략 관점에서 선제적 환경전략과 실천 등의 키워드가 강조되었고, 또한, 선제적 제품/서비스 개념을 제품, 판매 후 및 유지 관리 서비스와 같은 서비스에 적용된 바 있다.

본서의 각 장은 다음과 같이 구성되었다. 1장에서는 급변하는 경영환경에서 선도적 경쟁 우위 확보를 위한 전략적 프레임워크로서 선제적 품질 관리의 개념을 소개한다. 2장에서는 기존의 품질 대가들(Gurus)이 제시했던 품질 철학과 경영 원칙을 소개한 다음, 그들이 오늘날까지도 제공하는 중요한 이론적 그리고 실무적 통찰들을 정리한다. 3장에서는 여러 가지 품질 경영 상 제도 및 국제 품질 기준인 ISO와 HACCP를 함께 소개하고 이들과 선제적 품질 관리가 가지는 관계를 살펴본다. 4장에서는 시스템 사고의 개념과 핵심 요소 그리고 불확실한 경영환경을 분석하기 위해 시스템적 사고가 어떻게 활용될 수 있는지 제시하기 위해 시스템적 사고에 입각한 시나리오 플래닝 기법을 소개한다. 5장에서는 선제적 품질 관리를 수행하기 위한 구체적인 템플렛으로 활용 가능한 도구들로서 QC 7 Tools와 New QC 7 Tools를 소개한다. 6장에서는 사건연구방법론을 통하여 선제적 품질 관리의 경제적 타당성을 평가한 결과를 제시한다. 7장에서는 제조업 대비 서비스 산업이 가지는 특징을 소개한 후, 서비스 산업에서 선제적 품질 관리의 필요성을 다각도로 제시한다. 8장에서는 인공 지능과 머신 러닝을 접목하여 향후 발생할 수 있는 다양한 시나리오별 수요 패턴을 실시간으로 예측하고 급변하는 시장 환경에 선제적으로 대응할 수 있는 다이내믹 시나리오 플래닝에 입각하여 선제적 품질 관리에 최적화된 새로운 수요 예측 프레임워크인 VISFER 프레임워크를 제안한다. 9장에서는 선제적 품질 관리와의 결합을 통해 서비타이제이션 전략의 효과를 극대화할 수 있는 방안을 제시한다. 10장에서는 기업들의 사례를 조망하여 선제적 품질 관리의 제반 개념들이 기업 운영에 어떻게 활용되는지 살펴봄으로 본서를 마무리한다.

본서가 나오기까지 졸고를 기다려 주신 한경사 이계남 사장님께 우선 감사를 표하고 싶다. 그리고 원고 작성에 도움을 준 박사과정 학생인 박정우, 음상원 군의 노력에도 감사를 드리며, 김예지 석사에게도 또한 고마움을 표하고 싶다.

저자 임호순

차례

제1장
선제적 품질 관리란 무엇인가*

본 장에서는 위기 대응을 위한 전략적 도구로서 선제적 품질 관리의 개념을 제시한다. 선제적 품질 관리는 미래에 발생할 수 있는 문제를 사전에 제거하거나, 고객의 잠재적 욕구를 미리 파악해 이에 부합하는 제품이나 서비스를 제공하는 제반 활동을 아우르는 포괄적인 개념이다. 이처럼 선제적 품질 관리는 급변하는 경영 환경에서 선도적 경쟁 우위를 확보하기 위해 오늘날 기업들이 반드시 갖추어야 할 핵심 역량이라 할 수 있다. 선제적 품질 관리를 이해하기에 앞서, 왜 품질 관리가 중요한지 살펴보고, 품질 관리에 대한 다양한 정의를 살펴봄으로써 품질이라는 것이 일반적으로 생각하듯이 그리 단순한 개념이 아니라는 점을 이해하도록 한다. 이를 토대로 선제적 품질 관리란 무엇인지를 이해하도록 한다.

왜 품질 경영인가

품질 관리는 단순히 생산된 제품의 양품 여부를 판단하는 것을 넘어, 강력한 경쟁 우위의 원천으로서 작용하여 고객 만족과 기업 성장을 결정짓는 핵심 요소로 자리 잡았다. 기업이 선택할 수 있는 전략적 도구로는 가격, 납기 속도 등이 있지만, 이러한 요소들은 경쟁 기업이 쉽게 모방할 수 있다. 반면, 잘 관리된 품질 관리 시스템은 단기간에 구축될 수 없기 때문에 경쟁 기업이 쉽게 따라할 수 없다. 본 절

* 본 장은 품질경영학회지에 발간된 박정우 외(2024)의 “선제적 품질 관리의 이해와 사례” 논문의 내용을 편집, 요약하여 작성하였음.

에서는 품질 관리에 대한 본격적인 논의를 시작하기 전에, 품질이 어떻게 정의되는지 살펴보고, 품질이 구체적으로 어떻게 경쟁 무기로서 작용할 수 있는지 알아볼 것이다.

품질의 정의

품질은 경영 활동에서 가장 중요하게 다루어지는 개념 중 하나지만, 품질을 하나의 문장으로 정의하기는 매우 어렵다. 심지어 같은 기업 내에서도, 직원이 속한 부서(마케팅, 회계, 오퍼레이션스 등)에 따라서 품질을 다르게 받아들인다. 왜냐하면 각 부서에서 수행하는 역할이 서로 다르기 때문에, 각기 다른 기준에 따라 품질을 정의하기 때문이다.

후술할 여러 명의 품질 대가들을 중심으로 여러 학자들은 각자의 철학에 따라 품질을 정의해 왔으며, 본 절에서는 그중 하버드 경영 대학원의 데이비드 가빈(David Garvin) 교수가 제시했던 품질에 대한 접근방식에 따라 다섯 가지 정의를 소개한다.

1. 초월적 정의(Transcendent Definition): 이 견해에 의하면 품질은 추상적인 지고의 우수성을 의미한다. 이 정의에 의하면 품질이란 마치 진리나 아름다움이라는 개념처럼, 구체적인 표현과 분석이 불가능한 초월적 개념인 것이다.
2. 제품 기반 정의(Product Based Definition): 이 정의에 의하면 품질은 제품을 이루는 요소와 속성에서 발견된다. 초월적 정의와 달리, 품질을 측정 가능한 변수로 간주하며, 제품의 속성을 통해 품질의 우수성을 평가한다. 예를 들어, 제품을 만드는 과정에서 고급 재료를 사용했다면, 그 점이 품질을 결정짓는 요소가 될 수 있다. 이 관점에서는 제품의 물리적 특성과 성능이 중요한 평가 기준이 된다.
3. 사용자 기반 정의(User Based Definition): 이 관점에 의하면 품질은 고객 만족도에 의해 결정된다. 즉, 제품이 고객의 기대를 충족시키면 그 제품은 좋은 품질을 가진 것으로 평가된다. 품질은 사용자의 요구와 기대에 의해 정의되며, 고객의 기대를 충족시켜 고객을 만족시키는 것이 품질의 핵심적인 척도가 된다.
4. 제조 기반 정의(Manufacturing Based Definition): 제조 기반 정의는 제품이 설계 규격에 얼마나 부합하는지 여부를 품질의 기준으로 삼는다. 그러므로 품질은 일

관된 생산 프로세스와 제품이 규격을 얼마나 잘 준수하는가에 의해 결정된다. 다시 말해, 제품이 계획된 사양대로 만들어지고, 허용 가능한 공차 내에서 생산되었다면 그 제품은 좋은 품질을 가진 것으로 여겨진다.

5. 가치 기반 정의(Value-Based Definition): 가치 기반 정의는 품질을 가격 대비 제품이 제공하는 효용으로 평가한다. 고객이 제품의 성능과 기능을 제공된 가격에 비해 가치 있다고 인식하면, 그 제품은 좋은 품질을 가진 것으로 간주한다. 소위 가성비가 좋다는 표현이 이 정의에 부합한다.

이러한 다양한 정의들은 품질이 단일 차원(Dimension)에 의해서 설명되는 것이 아닌 여러 요소들이 결합된 다차원적 개념임을 보여준다. 가빈은 품질의 다섯 가지 접근법에 의한 정의 외에도 품질의 여덟 가지 서로 다른 차원도 제시하였다.

1. 성능(Performance): 성능은 제품이 본래 의도된 목적을 얼마나 잘 수행하는지를 의미한다. 예를 들어, 스마트폰의 정보 처리 속도나 자동차의 연비가 성능의 좋은 예시가 될 수 있다.
2. 속성(Feature): 제품이 제공하는 기능이나 특성들을 의미한다. 여기에는 기본적인 성능 외에도 사용자의 요구를 충족시킬 수 있는 추가적인 요소들이 포함된다.
3. 신뢰성(Reliability): 제품이 일정 시간동안 오류 없이 제대로 작동하는 능력을 의미한다. 즉, 얼마나 자주 고장이 나는가를 의미한다.
4. 내구성(Durability): 제품이 시간이 지나도 본래의 기능을 유지할 수 있는 정도를 의미한다. 신뢰성과 유사해 보이지만, 신뢰성이 제품의 고장 빈도에 초점을 맞춘다면, 내구성은 제품의 기대 수명을 강조한다.
5. 적합성(Conformance): 제품이 설계 및 규격에 얼마나 잘 부합하는지를 의미한다. 제품이 생산자가 미리 설정한 변동폭 내에서 일관되게 생산된다면 적합성이 우수하다고 평가한다.
6. 서비스성(Serviceability): 제품이 문제를 일으켰을 때, 얼마나 쉽게 수리를 받을 수 있는지 나타낸다.
7. 심미성(Aesthetics): 제품의 외관, 감각적 요소 혹은 디자인 등이 얼마나 아름다운지 평가하는 지표다.

8. 인지된 품질(Perceived Quality): 사용자가 제품의 성능이나 기능 외에도 느끼는 주관적인 품질에 대한 평가를 의미한다. 브랜드 이미지나 평판 등이 이에 영향을 미칠 수 있다.

이러한 품질의 다양한 정의와 차원들은 기업이 품질 경영 전략을 수립할 때 다각도로 고려되어야 한다. 예를 들어, 제조 기반 정의는 생산 공정에서 규격을 엄격히 준수하는 데 중점을 두는 반면, 사용자 기반 정의는 최종 사용자의 만족도를 평가하는 데 초점을 맞춘다. 그리고 경영자는 이러한 서로 다른 차원을 종합적으로 고려할 수 있는 역량을 갖추어야 한다.

정리하면, 품질은 단일한 정의를 갖기 어려운 개념이다. 하지만 다양한 정의와 차원을 이해하고 이를 종합적으로 고려할 때, 품질은 비로소 경영 전략으로 활용될 수 있는 중요한 열쇠가 된다.

설계 품질, 적합 품질, 그리고 성과 품질을 통한 경쟁 우위 확보

그렇다면 기업은 어떻게 품질을 활용해야 경쟁 우위를 확보할 수 있을 것인가? 먼저 고객의 욕구를 정확히 파악하고 이를 충족시킬 수 있는 제품을 설계해야 한다. 그 후, 설계된 제품을 효율적으로 생산하되 설계 규격에 부합하게끔 일관된 품질을 유지해야 하며, 궁극적으로 그 제품은 고객의 욕구를 효과적으로 충족시켜야 할 것이다. 이 절에서는 이러한 과정에 활용될 수 있는 설계 품질, 적합 품질, 그리고 성과 품질의 개념을 소개하고, 이 개념들이 어떻게 고객의 기대를 충족하고 시장에서 경쟁 우위를 달성하는 데 기여하는지 소개한다.

설계 품질

설계 품질(Design Quality)은 제품이 생산되기 전, 어떻게 설계되었는지에 초점을 둔다. 즉, 제품이 소비자의 기대와 요구를 얼마나 잘 반영했는지를 평가하는 개념이다. 설계 품질은 제품의 성능뿐만 아니라 기능, 사용성, 안전성, 그리고 심미적 요소까지 포함하는 개념이다. 예를 들어 자동차의 경우, 단순히 주행 성능만이 아닌, 운전자의 편의성, 안전 시스템, 내부 디자인 등 다양한 요소가 설계 품질에 포함된다. 설계 품질이 뛰어나다면, 해당 제품은 고객의 기대를 충족시키고 시장에서 경쟁력을 확보할 수 있을 것이다.

설계 품질이 특히 중요한 이유는 초기 설계 단계에서 고객의 요구를 충분히 반영하지 못한 제품은, 아무리 생산 공정에서 품질을 높이더라도 성공하기 어려울 것이기 때문이다. 왜냐하면 고객은 그들의 요구를 만족시키지 못하는 물건이 아무리 잘 만들어졌다 해도 구매하지 않을 가능성이 크기 때문이다. 따라서 제품 설계 단계에서는 단순히 생산을 담당하는 부서뿐만 아니라, 마케팅 팀, 설계 팀 등 다양한 팀이 서로 협력하여 소비자의 욕구, 생산 역량, 관련 비용 등을 종합적으로 고려해, 실현 가능한 (즉, 생산 역량의 한계나, 투입할 수 있는 비용의 한계 등을 고려해서) 가장 고객의 욕구를 효과적으로 충족시킬 수 있는 최적의 설계 사양(Specification)을 도출한다.

적합 품질

적합 품질(Conformance Quality)은 제품이 설계된 사양과 얼마나 일치하는지를 측정한다. 과거에는 적합 품질이 주로 내부 공정 관리와 관련이 있던 개념이었지만, 오늘날에는 적합 품질은 고객의 기대와도 밀접한 관련이 있다. 고객은 광고된 제품과 실제 제품이 일치하기를 기대하며, 이를 통해 제품의 품질 수준을 판단한다.

적합 품질은 고객이 제품을 구매할 때 느끼는 불확실성을 줄여주는 중요한 역할을 한다. 만약 제품의 성능이 일관되지 않다면 고객은 그 브랜드에 대한 신뢰를 잃게 될 것이다. 따라서 적합 품질은 효과적인 공정 관리뿐만 아니라 브랜드 신뢰도와 고객의 충성도를 유지하기 위한 필수적인 개념이다.

성과 품질

성과 품질(Performance Quality)은 제품이 본래 의도된 성능을 얼마나 잘 수행하는지를 나타낸다. 전통적인 마케팅 이론이나 관련된 수리적 모형에 의하면 성능이 높을수록 품질이 우수하다고 여겨졌다. 여기서 성능이란 제품의 기능성과 특징을 포함하며, 스마트폰의 고해상도 카메라, 더 긴 배터리 수명, 더 빠른 처리 속도 등은 성능의 예시가 된다. 이러한 성능 요소들은 제품이 시장에서 경쟁하는 데 있어 중요한 차별화 포인트가 되며, 고객에게 더 많은 가치를 제공한다.

그러나 더 많은 성능을 가졌다고 해서 반드시 소비자의 만족도가 높아지는 것은 아니다. 때로는 특정 수준 이상의 성능이 불필요하거나 비효율적일 수 있다. 예를 들어, 고객이 필요로 하지 않는 기능이 추가되어 가격이 상승하면, 오히려 소비자의 만족도는 떨어질 수 있다. 따라서 기업은 고객의 욕구를 정확히 파악하고, 그 욕구를 충족시킬 수 있는 적절한 성능 수준을 제공해야 한다.

지금까지 소개한 설계 품질, 적합 품질, 그리고 성과 품질 간의 관계를 정리하면, 기업은 고객의 욕구를 파악한 후 이를 효과적으로 충족시킬 수 있는 제품을 설계, 생산 및 판매해야 한다. 설계 품질은 제품이 초기 단계에서 고객의 기대와 요구를 얼마나 잘 반영했는지를 평가하고, 적합 품질은 설계된 사양에 맞게 제품이 일관적으로 생산되는지 확인하며, 성과 품질은 최종적으로 고객이 제품에 얼마나 만족했는지를 평가한다. 이 세 가지 요소는 서로 밀접하게 연결되어 있으며, 기업은 이를 통해 경쟁 우위를 달성하기 위한 전략으로 활용할 수 있다.

조직의 부서별 품질을 바라보는 관점

상술한 바와 같이 같은 기업 내의 직원이라 하더라도 그 직원이 속한 부서(마케팅, 회계, 오퍼레이션스 등)에 따라서 역할이 서로 다르기 때문에 서로 상이한 기준에 따라 품질을 바라본다. 그렇기에 경영자는 효과적인 품질 경영 시스템을 구축하기 위해 부서별로 품질 관리를 어떻게 바라보는지 이해할 필요가 있다. 이 절에서는 엔지니어링, 오퍼레이션스 관리, 전략 관리, 마케팅, 재무, 그리고 인사 관리라는 다섯 가지 기업의 주된 기능을 담당하는 부서들이 품질을 어떻게 바라보는지 설명한다.

엔지니어링 관점

엔지니어링(Engineering) 부서는 품질을 수리적 모형을 통해 접근한다. 이들은 주로 제품 설계(Product Design)와 프로세스 설계(Process Design)에 중점을 두며, 제품의 컨셉 개발부터 최종 설계 및 구현까지의 모든 활동을 관리한다. 이러한 일련의 과정을 통한 엔지니어링 부서의 목표는 제품이 설계대로 작동하고, 고객의 요구를 충족하는 고품질의 제품을 개발하는 것이다.

또한, 엔지니어링 부서는 동시공학(Concurrent Engineering)이라는 개념을 적용하여 제품 설계와 공정 설계를 동시에 수행함으로써 효율성을 극대화하려고 한다. 이를 통해 제품 개발 시간을 단축하고, 제품의 품질을 초기 단계에서부터 높일 수 있다.

오퍼레이션스 관리 관점

오퍼레이션스 관리(Operations Management: OM)는 엔지니어링 관점에서 시작된 접근 결과를 바탕으로, 제품과 공정의 설계를 효율적으로 관리하는 데 중점을 둔다. 그러나 오퍼레이션스 관리자는 단순히 기술적인 측면만이 아니라, 시스템적 관점(Systems View)에서 품질을 관리한다. 이 관점은 제품 품질은 단순히 하나의 변수가 미치는 영향을 고려하는 것이 아니라 기계, 노동, 계획, 관리와 같은 기업 내에서 발생하는 여러 변수의 상호작용으로 결정된다는 것에 기반을 두고 있으며 4장에서 시스템적 사고를 소개할 때 자세히 다룰 것이다.

OM 부서에서의 품질 관리를 접근하는 방식은 전략적 관점(Strategic View)으로 발전했다. 이는 품질 관리가 단순한 기업의 한 기능을 넘어 기업의 전략적 목표와 연결되어야 한다는 인식을 반영하며, 이를 통해 기업이 지속 가능한 경쟁 우위를 달성할 수 있도록 돕는다.

전략적 관리 관점

전략 관리(Strategic Management) 부서는 품질을 기업의 전사적 전략과 긴밀하게 연계된 요소로 다룬다. 과거에는 품질 관리가 기업 내에서 수행되는 별도의 활동으로 취급되었지만, 오늘날에는 품질 관리가 조직의 모든 비즈니스 활동에 내포되어야 한다는 인식이 확산되었다. 품질 관련 전략적 계획의 궁극적인 목표는 조직이 지속 가능한 경쟁 우위를 달성할 수 있도록 돕는 것이다.

많은 경영자들은 여전히 품질을 기업의 가장 큰 이슈로 다루고 있으며, 그렇기에 조직의 장기적 성공을 위한 핵심적인 전략 요소로 다루어진다. 이들은 품질이 단순한 오퍼레이션스 상의 문제를 넘어 기업의 경쟁력을 결정짓는 중요한 변수로 인식한다.

마케팅 관점

마케팅(Marketing) 부서는 주로 고객들이 인지하는 품질 수준을 관리하는 데 중점을 둔다. 마케팅 담당자들은 고객이 제품을 어떻게 인식하는지, 그리고 이러한 인식을 어떤 마케팅 믹스를 통해 관리할 수 있을지에 대해 고민한다. 요컨대 마케팅 믹스 중 대표적인 도구인 4P 중 가격과 광고는 제품의 품질 인식에 큰 영향을 미칠 수 있으며, 마케팅 부서는 제품의 수명 주기에 따라 이러한 요소들의 투입을 전략적으로 조절한다. 즉, 마케팅 부서는 품질을 고객의 기대를 충족하거나 초과하는 제품을 제공하는 역량으로 해석하며, 나아가 고객이 갖는 제품이나 서비스에 대한 인식을 긍정적으로 관리함으로써 기업이 시장에서 갖는 포지션을 공고히 하는 데에도 중요한 역할을 수행한다.

재무 관점

재무(Finance) 부서는 품질 관리 과정에서 발생하는 재무적 성과에 미치는 영향에 집중한다. 이들은 품질 개선이 재정적 이익을 가져올 수 있는지에 대해 주로 관심을 가지며, 품질 개선과 재무 성과 간의 연결 고리를 탐색한다. 다시 말해, 재무 관점에서 품질은 비용과 수익성에 동시에 영향을 미치는 요소로 평가되며, 궁극적으로 품질 관리를 통한 경제적 가치 창출 방안을 모색하는 것이 그들의 주된 관심사다.

인적 자원 관리 관점

인적 자원 관리(Human Resource Management: HRM) 부서는 품질 관리의 성공이 직원의 헌신과 참여에 달려 있다는 점을 강조한다. 그러므로 품질을 개선하려면 모든 직원이 품질 관리 활동에 적극적으로 참여해야 하며, 이를 위해서는 적절한 교육과 훈련이 필수적이라는 점을 부각한다. 이 과정에서 직원들의 사기를 높이기 위해 임파워먼트(Empowerment)나 360도 성과 평가를 통해 직원들 스스로 자신의 역량을 높일 수 있는 동기를 부여하기도 한다. 이처럼 품질 경영을 수행하기 위해 전 직원들이 적극적으로 참여할 수 있는 환경을 조성하는 일련의 과정들을 전사적 품질 인적 자원 관리(Total Quality Human Resource Management: TQHRM)라고 한다.

정리하면, HRM 부서가 품질 경영을 위해 수행하는 역할은 직원들이 품질 개선 목표에 공감하고, 이를 실현할 수 있도록 조직 문화와 동기 부여 시스템을 구축하는 것으로, 품질 경영을 위해 필수적으로 요구되는 직원들의 참여를 지원하는 역할을 한다.

지금까지 살펴본 바와 같이 품질 관리는 단일 부서만의 책임이 아니라, 조직의 모든 부서가 협력하여 달성해야 할 공동의 과제다. 비록 각 부서가 품질을 바라보는 관점은 다를 수 있지만, 이러한 차이가 바로 조직 전체에서 포괄적이고 균형 잡힌 품질 관리를 가능하게 한다. 모든 부서가 자신의 역할을 충실히 수행하고, 이를 통해 조직의 품질 전략이 일관되게 구현될 때, 기업은 고객 만족과 지속 가능한 경쟁 우위를 동시에 확보할 수 있을 것이다.

선제적 품질 관리의 의의

기업은 변화하고 있는 글로벌 비즈니스 환경적인 요인뿐 아니라, 코로나(Covid-19) 같은 위기상황에 대응하여 생존하기 위해 선제적 품질 관리와 같은 혁신 프로그램을 개발할 필요가 있다. 현재 대부분의 기업들이 적용하고 있는 사후적 품질 관리는 오랜 기간 유지되어 온 전통적인 품질 관리 방식으로 다양한 한계점들이 존재한다. 빠르게 변화하는 시장과 고객의 요구에 기업들이 효과적으로 반응하기 위해서는 선제적인 방식으로의 변화가 필요해지고 있다.

본서에서 소개할 선제적 품질 관리는 이에 대응하는 전사적인 혁신프로그램이며, 전통적 품질 관리가 갖고 있는 여러 가지 한계점들을 극복하는 새로운 혁신 프로그램으로서 소개하고자 한다. [그림 1-1]의 포스터(Foster)가 제시한 반응적 고객지향 품질모형(Reactive Customer-Driven Quality: RCDQ)이 제시하는 바는 고객의 기대치가 끊임없이 상승하는 데 반해, 판매자(기업)의 품질 성과는 이를 따라가기에 역부족인 상황이 될 가능성이 존재하게 된다. 기존의 품질 관리 규범 및 개념은 고객의 요청을 받은 후 반응적으로만 대응하기 때문에 혁신성이 떨어지고, 위기 상황에 대응하기도 쉽지 않다.

국내 기업들의 경우 글로벌 경제 환경은 점점 더 경쟁이 극심화되고 있으며, 각국은 살아남기 위해 자원을 무기화하는 등 선제적으로 그 움직임을 촉발하고 있

그림 1-1 반응적 고객지향 품질모형(RCDQ)

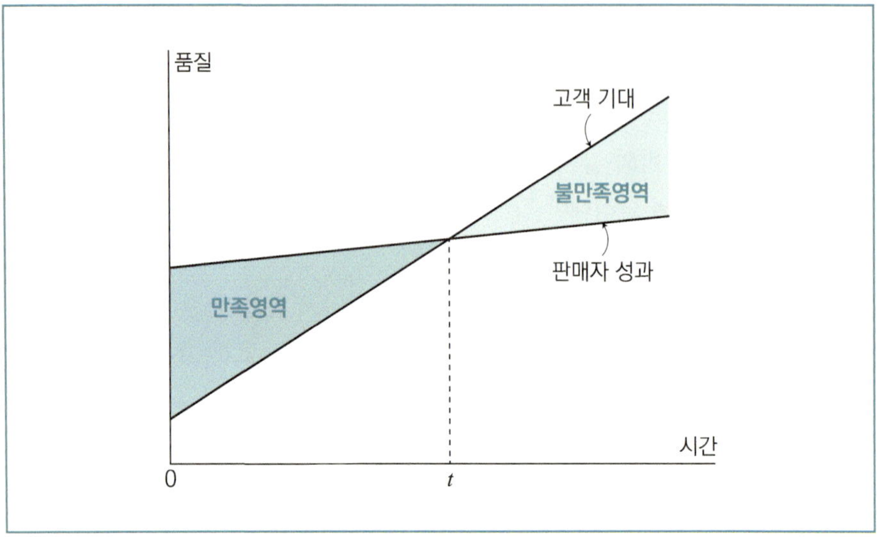

출처: Foster, S. (1998). The ups and downs of customer-driven quality, Quality Progress, 31, 67-72.

으며, 미국 같은 선진국은 경제 프레임워크(반도체 칩4 동맹, IPEF 등)를 중심으로 선제적 위기대응 체계를 갈구하고 있으나, 한국과 같은 수출위주 경제 국가는 오히려 대응이 늦어 수출제품의 품질 관리 차원에서 큰 위기를 맞이했다. 국내 수출기업 1,094개사를 대상으로 조사한 결과, 85.5%가 애로를 겪고 있다고 응답했으며, 중간재와 완제품 위주 수출을 통해 수익을 올리는 한국 기업들에게 있어 이와 같이 제품과 서비스 품질 관리에 실패한 경험은 경쟁력을 떨어뜨리며 수익성을 악화시킬 수 있어 매우 치명적이다.

실제 국내 기업들이 처한 위기상황의 일례로 콜드체인의 경우 코로나 및 러-우 전쟁과 같은 위기의 여파로 품질 관리에 난항을 겪어 위기를 겪고 있으며, 이밖에 다수의 제조사들이 원자재 및 부품을 수입해야 하는 입장에서 완제품의 품질을 정상적으로 유지하기 쉽지 않은 상황이 존재한다.

이처럼 위기에 봉착한 기업들이 상당수 있음에도 기업의 품질 관리 방식은 기존의 관행과 규범에 머무르고 있는 것으로 보인다. 기존 규범으로는 새로운 위기에 능동적인 대처가 힘들기에 선제적으로 위기를 타파하고자 하는 노력이 절실한 실정임에도 비용, 조직 관리 차원에서의 저항 등 인지된 위협으로 인해 다수의 기업이 아직 기존의 체계에서 머무르는 것으로 보인다. 따라서 본 장에서는 기업들이 이와 같은 위기에 적극적이고 능동적으로 대응할 수 있는 혁신 프로그램인 선제적 품질 관리 개념을 제시하고자 한다. 선제적 품질 관리는 기존의 수동적인(Reactive) 품질 관리 방식에서 벗어나 위기를 선제적으로 식별하고 대응할 수 있는 방안으로, 단순히 위기에 대응하기 위한 방식만이 아니라 갈수록 높아지는 고객의 기대치 및 다각화되는 고객의 요구에도 능동적으로 대응할 수 있는 역량을 갖출 수 있게 만들어주는 장비가 될 수 있다.

제조업의 관점에서 본 선제적 품질 관리

제조업체의 관점에서 본 사후적 품질 관리(기존의 전통적 품질 관리 규범)의 한계점으로는 다양한 요인을 꼽을 수 있는데, 먼저 품질 비용(Quality Cost) 관점에서 사후적 품질 관리 규범을 적용할 경우 예방 비용, 평가 비용, 내·외부실패 비용 등 각종 비용 항목에서 필연적으로 지출되는 내용을 살펴볼 수 있다. 일례로 현대/기아자동차와 같이 대규모 제조업체의 경우, 2022년 기준 한 해 발생하는 품질 비용으로만 2조 9,044억 원으로 상당한 규모의 지출이 있는 것을 볼 수 있는데, 만약 이 비용을 아낄 수 있다고 생각해 보라.

이에 대한 해답으로 선제적 품질 관리 구현 방식 중 하나인 예측적 품질 관리 방식을 들 수 있는데, 예측적 품질 관리는 데이터 분석 및 머신 러닝 등 첨단 기술을 활용하여 잠재적인 품질 문제가 발생하기 전에 이를 식별하고 결과를 예측하는 사전 예방적 접근 방식이다. 또한, 소비자들은 상품의 구매 여부를 결정할 때 유사한 상품 간의 특징을 비교하거나 평가하는 과정을 거친다. 그러나, 상품 가격이나 시각적 특징과 같은 인지 가능한 상품의 특징들만으로는 차이가 미미하여 비교하기 어려운 경우들이 다수 발생한다(Murthy & Djamaludin, 2002). 따라서, 타 브랜드들과 구별되기 위해서는 단순히 상품 자체의 특징만으로 경쟁하는 것이 아닌, 현재 고객의 요구를 충족시키는 것을 넘어 고객이 요구하기 전에 필요로 하는 것을 먼저 파악하여 제공하는 것이 중요해지고 있다. Blocker 외(2011)에 따르면, 소비자는 자신이 요구하기 전에 먼저 필요한 지원 활동이나 추가적인 서비스를 제공하는 기업을 그렇지 않은 기업보다 선호하는 경향을 보이고, 이를 긍정적인 상호 작용으로 여긴다.

이를 잘 실천한 기업으로, 미국 일리노이주 피오리아에 본사를 둔 세계 최대의 건설, 광산 장비, 가스 엔진, 공업용 가스터빈 등을 생산하는 캐터필러(Caterpillar)는 560,000대에 달하는 지게차부터 중공업 기계 및 엔진에 이르기까지 모든 것이 데이터 센터와 IoT(Internet of Things) 장비(Device)로 내장형 연결 솔루션 및 센서가 구축되어 있다. 캐터필러는 선제적 품질 관리 시스템을 구축한 것을 토대로 고객사들을 상대로 소프트웨어 판매 서비스를 제공하고 있으며, 캐터필러의 고객사 중 하나인 부클라(Bucklar)의 경우 캐터필러의 예측 유지 관리 도구를 사용하여 기계의 가동 중지 시간을 예측하고 줄임으로써 고객의 생산 비용을 60만 달러 이상 절감하였다. 또 다른 건설 업체 고객은 캐터필러의 장비 1만 대의 스트리밍 데이터를 활용하여 자산 활용도를 15% 높였고, 자율 주행차 도입으로 현장의 생산성을 20% 높였다. 이처럼 선제적 품질 관리의 도입으로 제품의 품질 관리 실패로 생기는 불량, 결함, 오류로 인해 발생하는 불필요한 비용을 줄일 수 있으며, 현장에서

그림 1-2 캐터필러의 사물인터넷(IoT) 장비와
클라우드컴퓨팅(Cloud computing) 기술을 활용한 예측적 품질 관리 개념도

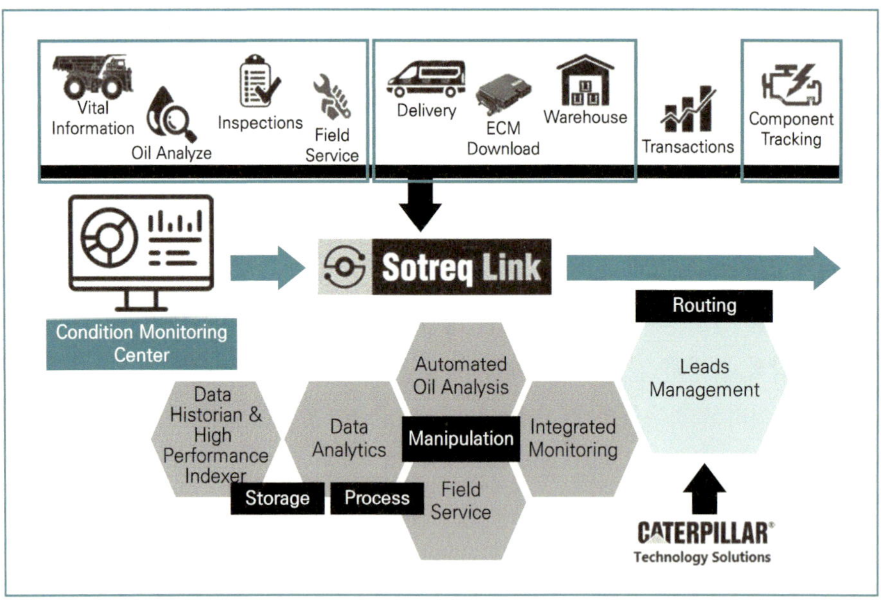

출처: Arcweb.com, the Condition Monitoring using IIoT and Integrated with Business Systems. https://www.arcweb.com/blog/near-zero-unplanned-downtime-enhanced-condition-monitoring-using-iiot

아낄 수 있는 자원이 무엇이고 생산성을 높일 수 있는 항목에 무엇이 있는지 또한 식별할 기회를 제공한다고 볼 수 있다.

서비스업의 관점에서 본 선제적 품질 관리

서비스 업체의 경우, 상당수의 서비스 이용자들은 서비스 이용 도중 불편함을 겪어도 이를 불만 사항으로 표출하지 않은 채 곧바로 서비스 사용을 중단하는 경우가 대다수이다(Barkai & Harison, 2011). 그러나 소비자 1명을 잃었을 때 발생하는 손실은 시간이 지날수록 계속 증가하기 때문에(Riechald & Sasser, 1990), 고객이 불편함을 느껴 떠나게 되는 서비스 실패 상황을 사전에 예방하는 것이 가장 중요하다. 고객이 한 번 이탈(Defection)하면 이를 만회할 기회를 얻을 수 없을지도 모르기 때문이다.

또한, 충성 고객에 가까운 소비자일수록 한두 번 발생하는 심각한 수준의 서비스 실패 상황보다 미미하지만 빈번하게 발생하는 서비스 실패 상황에 훨씬 크게 실망하는 반응을 보이게 된다(Craighead et al., 2004). 충성도가 낮은 일반 고객의 경우도 마찬가지로, 서비스 회복이 성공적으로 이루어졌다고 하더라도 고객 충성도가 하락하는 반응을 보인다. 따라서, 서비스업체들은 실패 상황이 발생하지 않도록 사전에 근본적인 실패 발생 요인을 제거하여 문제를 예방해야만 한다.

선제적 서비스 품질 관리를 도입할 경우, 사후적 품질 관리와 다르게 이미 서비스 실패를 경험한 고객을 대응할 필요가 없어 고객 만족을 달성하는 데 보다 용이하며 서비스 산업이 갖고 있는 고유의 특징적인 요소를 고려할 수 있다는 장점이 있다. 선제적 서비스 품질 관리는 서비스 전달 체계를 개선하고 고객의 입장에서 생각하는 프로세스를 구축할 수 있기에 기존의 사후적 서비스 품질 관리와는 차별성을 갖고 있다. 선제적 서비스 품질 관리를 통하여 제품과 서비스의 품질을 안정적으로 유지할 수 있는 특장점 덕분에 회사에 대한 고객의 호감도를 높일 수 있고, 고객 만족을 달성한 것을 토대로 재구매의도에 긍정적인 영향을 미치는 것으로 이어진다. 선제적 서비스 품질 관리를 긍정적인 영향력을 토대로 서비스 업체의 경쟁력 제고 및 시장 점유율을 올릴 수 있는 잠재력을 가지고 있다. 이러한 선제적 서비스 품질 관리 구현 방안 중 하나로, 서비스 보증 프로그램을 들 수 있다. 서비스 보증 프로그램을 잘 구현한 회사로 햄튼 호텔, 도미노피자, 이마트, 현대자동차 등이 있으며 이중 햄튼 호텔의 사례를 살펴보겠다.

미국 경영 전문지 〈앙트리프레너(Entrepreneur)〉가 발표한 프랜차이즈 500대 기업에서 햄튼 호텔은 2011년부터 2013년까지 3년 연속 1위를 차지했다. 이는 호텔 브랜드로는 유일한 기록으로, 햄튼 호텔은 숙박업계 1위 자리를 유지하기 위해 고객과 가맹점에 친절하고 선제적인 서비스를 제공하고 있다. 햄튼 호텔의 서비스 중 특히 주목받는 서비스는 100% 고객 만족 보장 서비스로 만약 고객이 호텔의 서비스 품질이 만족스럽지 않다고 판단하면 숙박료를 전액 환불해 주는 약속이다. 햄튼 호텔에서 품질 보증의 대상은 친절한 서비스, 깨끗한 객실, 편안한 환경 등을 포함하며, 만약 고객이 만족하지 않으면 숙박료를 지불할 필요가 없다. 〈호텔온라인〉이라는 잡지의 조사에 따르면, 1989년에 이 놀라운 서비스 보증 프로그램을 도입한 햄튼 호텔은 초기 10년 동안 약 600만 달러의 비용을 지출하였지만, 궁극적으로 4,100만 달러를 초과하는 수익을 올렸다고 한다.

그림 1-3 햄튼 호텔의 고객 만족 100% 프로그램 안내 표지판

출처: colnect.com, image bank. https://colnect.com/en/hotel_key_cards/hotel_key_card/27574-Hampton_Inn_-_100_Satisfaction_Guarantee-Hampton_Inn_-_100_Satisfaction_Guarantee_%E2%80%A2-Hampton_Inn-United_States_of_America

선제적 품질 관리 도입의 정당성

시장 요구에 대응

선제적 품질 관리를 도입하는 주요 동기 중 하나는 변화하는 시장 요구에 대응할(Respond) 필요성에 있다. 시장이 진화하고 고객의 선호가 변화함에 따라, 기업은 이에 빠르고 효과적으로 대응할 수 있어야 한다. 선제적 품질 관리는 이러한 변화를 예측하고 이에 맞게 조정할 수 있는 도구와 프로세스를 제공한다.

예를 들어, 빠르게 변화하는 소비자 가전 산업에서는 제품 수명 주기가 짧고, 고객의 기대치가 끊임없이 변하고 있다. 선제적 품질 관리를 도입한 기업은 시장 동향을 모니터링하고, 새로운 고객 요구를 식별하여, 제품과 서비스를 적절히 조정할 수 있다. 이러한 선제적 접근은 기업이 빠르게 변화하는 시장에서 빠르게 대응함으로써 경쟁력을 유지할 수 있도록 한다.

브랜드 평판 강화

강력한 브랜드 평판은 신뢰와 신뢰성이라는 기초 위에 세워진다. 일관되게 고품질의 제품과 서비스를 제공할 수 있는 기업은 고객의 신뢰를 얻고, 시장에서 긍정적인 평판을 구축할 가능성이 크다. 선제적 품질 관리는 생산 및 서비스 제공 과정 전반에서 품질이 유지되도록 함으로써 브랜드 평판 강화(Brand Management)에 중요한 역할을 한다.

예를 들어, 품질이 환자의 안전에 직접적으로 영향을 미치는 제약 산업에서는 선제적 품질 관리를 도입한 기업이 더 안전하고 신뢰할 수 있는 제품을 제공함으로써 경쟁사와 차별화할 수 있다. 이는 브랜드 평판을 높일 뿐만 아니라 고객 충성도와 시장 점유율을 증가시키는 데 기여한다.

글로벌 공급망 관리

글로벌화는 다수의 국가와 지역에 걸쳐 복잡한 공급망을 운영하게 하는 주요한 원인이다. 이러한 공급망의 글로벌화는 매출증가 등 경영성과 면에서 많은 이점을 제공하지만, 품질 관리와 관련된 새로운 리스크도 함께 가져왔다. 선제적 품질 관리는 이러한 리스크를 관리할 수 있는 프로그램을 제공함으로써 기업이 공급망 전반에 걸쳐 품질을 모니터링하고 관리할 수 있도록 한다.

예를 들어, 부품이 전 세계 공급업체에서 조달되는 자동차 산업에서는 선제적 품질 관리를 통해 공급망 전반에 걸쳐 이러한 부품의 품질을 모니터링할 수 있다. 잠재적인 문제를 선제적으로 식별하고, 공급업체와 글로벌 공급망에서 긴밀히 협력하여 이를 해결함으로써, 기업은 최종 제품이 최고 품질 기준을 충족하도록 관리할 수 있다.

혁신과 성장 촉진

선제적 품질 관리는 조직 내 혁신과 성장(Innovation and Growth)을 촉진하는 중요한 동인이다. 지속적인 개선 문화를 조성함으로써, 선제적 품질 관리는 직원들이 창의적으로 생각하고 품질을 향상시킬 새로운 방법을 모색하도록 장려한다. 이러한 혁신 문화는 새로운 제품, 서비스 및 프로세스 개발로 이어져 성장을 촉진하고 시장 기회를 확장할 수 있다.

예를 들어, 혁신이 성공의 열쇠인 기술 산업에서 선제적 품질 관리는 기업이 제품과 서비스를 지속적으로 개선하고 경쟁에서 앞서 나갈 수 있도록 한다. 이러한 선제적 품질 관리 접근 방식은 성장을 촉진할 뿐만 아니라, 빠르게 변화하는 시장에서 기업이 경쟁력을 유지할 수 있도록 보장한다.

비용 절감 및 손실 예방

선제적 품질 관리를 도입하는 또 다른 중요한 이유는 비용 절감(Cost Reduction)이다. 전통적인 품질 관리 접근법은 재작업, 제품 리콜, 결함 있는 제품이나 서비스에 대한 고객 보상과 관련된 상당한 비용을 수반한다. 이러한 비용은 전자 제품, 제약, 자동차와 같은 산업에서는 결함 하나로 수백만 달러에 이를 수 있다.

선제적 품질 관리는 이러한 비용을 최소화하는 데 기여한다. 지속적인 모니터링과 예측 분석을 통해 기업은 잠재적인 문제를 조기에 식별하고, 큰 문제로 발전하기 전에 시정 조치를 취할 수 있다. 이는 품질 실패와 관련된 비용을 줄일 뿐만 아니라, 낭비를 최소화하고 자원 사용을 최적화함으로써 운영 효율성을 높인다.

예를 들어, 제조 산업에서는 선제적 품질 관리를 도입한 기업이 재작업이나 폐기해야 하는 불량 제품의 수를 줄여 생산 비용을 절감할 수 있다. 서비스 산업에서는 선제적 품질 관리를 통해 고객 불만을 초래할 수 있는 서비스 실패를 예방하여 비용을 절감하고, 비즈니스 손실을 줄일 수 있다. 이러한 문제를 사전에 예방함으로써, 기업은 상당한 비용을 절감하고 자원을 더 효과적으로 배분할 수 있다.

사례 GE는 예측 유지 보수(Predictive Maintenance) 시스템을 통해 제조 과정에서 발생할 수 있는 잠재적 결함을 사전에 발견하고 대응하는 방식으로 운영 비용을 절감하였다. 이 시스템은 GE의 항공 엔진, 터빈 등 주요 산업 장비에 센서를 부착하여 데이터를 실시간으로 수집하고 분석함으로써, 장비가 고장 나기 전에 문제를 파악하고 수리할 수 있도록 한다. 이를 통해 GE는 재작업이나 폐기해야 할 불량 제품의 수를 줄여 생산 효율성을 높였으며, 장비의 고장으로 인한 비용 절감을 실현하였다. ■

고객 만족도 향상

선제적 품질 관리를 도입하는 주요 이유 중 하나는 고객 만족도(Customer Satisfaction)를 높이는 것이다. 고객이 선택할 수 있는 옵션이 많고 정보 접근이 용이한 시장에서, 제품과 서비스 품질에 대한 기대치는 그 어느 때보다 높아졌다. 이러한 기대를 충족하지 못하는 기업은 더 높은 품질과 더 나은 서비스를 제공하는 경쟁자에게 고객을 빼앗길 위험이 크다.

선제적 품질 관리는 제품과 서비스가 일관되게 고객 기대치를 충족하거나 초과하도록 보장하는 데 중요한 역할을 한다. 잠재적인 품질 문제를 고객에게 도달하기 전에 식별함으로써, 기업은 고객 불만을 예방할 수 있다. 이는 제품 신뢰성과 서비스 우수성이 고객 충성도와 직결되는 산업에서 특히 중요하다. 예를 들어, 자동차 산업에서는 고객이 차량의 안전성, 신뢰성, 결함 없는 품질을 기대하며, 하나의 품질 실패가 심각한 평판 손상과 시장 점유율 상실로 이어질 수 있다.

또한, 선제적 품질 관리는 잠재적인 품질 문제의 근본 원인을 해결할 수 있게 하며, 이는 단순히 증상을 치료하는 것보다 더 지속 가능한 품질 개선으로 이어진다. 이러한 접근 방식은 고객의 신뢰와 충성도를 더욱 강화하며, 고객이 지속적으로 브랜드에 대한 신뢰를 유지하게 한다. 이는 반복적인 구매와 긍정적인 구전 홍보로 이어진다.

사례 P&G(The Procter & Gamble Company)의 사례는 선제적 품질 관리의 효과적인 적용을 보여주는 대표적 사례라 할 수 있다. P&G는 생활용품의 생산 과정에서 예측 분석 도구를 활용하여 공급망의 잠재적 문제나 품질 저하 요인을 사전에 식별하고 대응하는 체계를 구축하였다. 이를 통해 고객이 품질 문제를 겪기 전에 개선 조치를 취함으로써, 고객 만족도를 높이고 불만 사항을 최소화하였다. ■

경쟁 우위 확보

오늘날의 경쟁적인 시장에서 차별화는 성공의 열쇠이다. 일관되게 높은 품질의 제품과 서비스를 제공할 수 있는 기업은 기존 고객을 유지하고, 새로운 고객을 유치할 가능성이 높다. 선제적 품질 관리는 기업이 제품과 서비스가 최고 품질 기준을 충족하도록 보장함으로써 경쟁에서 앞서 나갈 수 있도록 한다.

게다가, 선제적 품질 관리는 조직 내에서 지속적인 개선 문화를 조성한다. 이러한 문화는 직원들이 품질을 향상시킬 새로운 방법을 찾도록 장려하며, 이는 공정 개선, 혁신적인 제품 설계, 더 나은 고객 서비스로 이어진다. 그 결과, 선제적 품질 관리를 도입한 기업은 시장 변화에 더 민첩하고, 고객의 새로운 요구와 선호에 빠르게 대응할 수 있게 된다.

이러한 경쟁 우위(Competitiveness)는 품질이 주요 차별화 요소인 산업에서 특히 중요하다. 예를 들어, 소비자 가전 산업에서는 고객이 선택할 수 있는 옵션이 많은 상황에서, 결함이 거의 없는 고품질 제품을 지속적으로 제공하는 기업이 더 성공할 가능성이 높다. 마찬가지로, 제약 산업에서는 품질이 환자의 안전에 직접적인 영향을 미치기 때문에 선제적 품질 관리를 도입한 기업이 더 안전하고 신뢰할 수 있는 제품을 제공함으로써 차별화할 수 있다.

사례 제약 산업에서는 화이자(Pfizer)가 선제적 품질 관리를 통해 품질을 주요 차별화 요소로 활용한 사례로 언급될 수 있다. 환자의 안전과 직접적으로 연관된 제품 특성상, 화이자는 연구 개발부터 생산에 이르는 전 과정에서 엄격한 품질 관리 시스템을 도입하였다. 이를 통해 안전하고 신뢰할 수 있는 의약품을 제공함으로써 시장에서의 신뢰도를 높이고 경쟁 우위를 확보하였다. 특히, 최근의 백신 개발 과정에서 보여준 신속하면서도 철저한 품질 관리는 기업의 전문성과 책임감을 부각시키는 계기가 되었다. ■

리스크 완화 및 규제 준수

선제적 품질 관리를 도입하는 또 다른 중요한 이유는 리스크 완화(Risk Reduction)와 규제 요구사항을 준수할 것을 보장하기 위함이다. 의료, 자동차, 식음료와 같은 많은 산업에서는 규제 기관이 기업이 반드시 충족해야 하는 엄격한 품질 기준을 설정하고 있다. 이러한 기준을 준수하지 않으면 벌금, 법적 조치, 기업 평판 손상 등 심각한 결과를 초래할 수 있다.

선제적 품질 관리는 지속적인 모니터링과 품질 프로세스 개선을 위한 프레임워크를 제공함으로써 기업이 이러한 규정을 준수할 수 있도록 돕는다. 이와 같이 기업이 규정을 준수하는 것을 준법관리(Compliance)라고 하며, 잠재적인 품질 문제를 선제적으로 식별하고 해결함으로써, 기업은 제품과 서비스가 규제 기준을 충족하도록 하고, 규제를 준수하지 않음으로써 발생할 수 있는 비용을 줄일 수 있다.

예를 들어, 제약 산업에서는 FDA와 같은 규제 기관이 의약품 개발 및 제조 과정 전반에 걸쳐 엄격한 품질 통제 조치를 준수(Comply)할 것을 요구하고 있다. 선제적 품질 관리를 도입하면 제약 회사는 프로세스를 지속적으로 모니터링하고, 초기 단계에서 잠재적인 규제 준수 문제를 식별하며, 규제 위반으로 이어지기 전에 시정 조치를 취할 수 있다.

또한, 선제적 품질 관리는 공급망 중단, 제품 리콜 및 기타 품질 관련 사건과 관련된 리스크를 관리하는 데에도 도움이 된다. 공급망 전반에 걸쳐 품질을 선제적으로 관리함으로써, 기업은 이러한 리스크가 발생할 가능성을 줄이고, 만약 발생할 경우 그 영향을 최소화할 수 있다. 이러한 선제적 리스크 관리 접근 방식은 품질 실패가 인명의 손실 등 심각한 결과를 초래할 수 있는 항공, 자동차, 의료 산업에서 특히 필수적으로 요구된다.

사례 항공 산업에서는 에어버스(Airbus)의 사례를 들 수 있다. 에어버스는 엄격한 공급업체 평가와 품질 모니터링 시스템을 도입하여 공급망 전반의 품질을 선제적으로 관리하고 있다. 이를 통해 부품 결함으로 인한 항공기 운항 중단이나 안전사고의 발생 가능성을 크게 감소시켰다. 에어버스는 공급업체와의 협력을 강화하여 2015년부터 2019년까지 공급업체 관련 지연을 30% 이상 감소시켰다. ■

지속적 개선 문화를 조성

선제적 품질 관리는 조직 내에서 지속적인 개선(Continuous Improvement) 문화를 조성한다. 이 문화는 시장, 기술 및 고객 기대 변화에 적응하는 데 필수적이다. 지속적인 모니터링, 데이터 수집 및 개선을 통해 기업은 경쟁에서 앞서 나가고, 변화하는 고객의 요구를 충족할 수 있다.

또한, 지속적인 개선 문화는 직원 참여와 만족도를 높인다. 직원들이 품질에 대한 주인의식을 갖고 기업의 성공에 기여할 수 있도록 하면, 직원들의 업무에 대한 동기 부여와 몰입이 더 커지게 된다. 이는 궁극적으로 조직의 전반적인 성과와 생산성 향상으로 이어진다.

예를 들어, 제조 기업에서는 선제적 품질 이니셔티브에 참여하는 직원들이 자신이 하는 일에 자부심을 갖고, 최상의 성과를 달성하기 위해 노력하게 된다. 이러한 품질 문화는 조직 전반에 걸쳐 퍼져, 더 높은 수준의 혁신, 더 나은 제품, 그리고 궁극적으로는 더 큰 고객 만족을 이끌어 낸다.

서비스 산업에서는 지속적인 개선 문화가 고객으로부터의 피드백을 정기적으로 수집하고, 그 피드백을 바탕으로 서비스 제공 방식을 점진적으로 개선하는 것을 포함할 수 있다. 서비스를 지속적으로 개선함으로써, 기업은 고객과의 관계를 더욱 강화하고, 시장에서의 경쟁 우위를 유지할 수 있다.

사례 3M의 품질 관리 방법론 적용은 지속적 개선 문화를 성공적으로 적용한 사례로 볼 수 있다. 3M은 린 식스시그마(Lean Six Sigma)와 같은 품질 관리 방법론을 사용하여 지속적인 개선 문화를 조직 전반에 확산시켰으며, 이를 통해 효율성과 혁신을 동시에 달성하였다. 3M의 지속적 개선 문화는 직원들의 참여를 장려하는 데 중점을 두었다. 모든 직원이 품질 개선에 참여할 수 있도록 교육을 제공하고, 각자의 업무에서 개선점을 찾는 활동을 독려하였다. 이를 통해 직원들은 자신이 하는 일에 대한 주인의식을 갖게 되었으며, 이는 생산성과 동기 부여를 높이는 결과로 이어졌다. 3M은 이 문화 덕분에 매년 약 5만 건의 아이디어가 직원들로부터 제출되고 있으며, 이 중 상당수가 제품 혁신과 공정 개선에 활용되고 있다.

또한, 3M은 고객으로부터의 피드백을 정기적으로 수집하여 제품과 서비스의 질을 개선하였다. 이를 통해 고객의 요구를 반영한 혁신적인 제품을 지속적으로 출시하였으며, 그 결과 3M은 2020년 기준으로 전 세계 100개국 이상에서 제품을 판매하며 시장에서 강력한 경쟁 우위를 유지하고 있다. ■

장기적인 지속 가능성 지원

기업의 사회적 책임(CSR)의 중요성은 더 이상 언급하지 않아도 될 정도로 중요한 고려 사항이다. 고객은 기업이 사회적이고 환경적으로 책임감 있게 운영할 것으로 기대하며, 기업의 품질 관리 기능은 이러한 기대를 충족시키기 위한 중요한 구성 요소다. 특히 선제적 품질 관리는 지속 가능한 오퍼레이션스 기능을 촉진하고, 낭비를 줄임으로서 기업이 제공하는 제품과 서비스가 기업의 사회적 책임과 지속 가능성을 충족시키게 된다.

예를 들어, 식음료 산업에서 선제적 품질 관리는 기업이 안전하고 건강하며 환경적으로 책임감 있게 생산된 제품을 제공할 수 있도록 돕는다. 이는 CSR 신뢰성을 높임으로써 지속 가능성(Sustainability)을 우선시하는 소비자에게 어필할 수 있다.

또 다른 예를 제시한다면, 선제적 품질 관리를 도입함으로써 기업은 낭비를 줄이고 자원 사용을 최적화하며, 환경에 미치는 영향을 최소화할 수 있다. 제조 산업에서는 예측 분석을 사용해 생산 과정의 비효율성을 식별하고, 낭비를 줄이기 위한 시정 조치를 취할 수 있다. 서비스 산업에서는 선제적 품질 관리를 통해 서비스 제공 과정을 최적화하여 자원 소비를 최소화하고, 고객 만족도를 높일 수 있다.

게다가, 이해 관계자들이 기업이 지속 가능성에 대한 책임을 보여줄 것을 요구하는 상황에서, 선제적 품질 관리는 품질 관리와 지속 가능성 이니셔티브를 통합할 수 있는 프레임워크를 제공한다. 이를 통하여 기업의 명성을 높일 수 있을 뿐만 아니라, 장기적인 생존 가능성에도 기여한다. 선제적 품질 관리를 통해 지속 가능성을 우선시하는 기업은 지속 가능성에 대한 공약을 공유하는 고객, 투자자 및 직원을 더 쉽게 유치하고 유지할 수 있다.

사례 유니레버(Unilever)는 선제적 품질관리와 지속가능경영을 통합해 장기적 경쟁력과 기업 생존력을 강화한 대표 사례로 꼽힌다. 유니레버는 2010년에 USLP(Unilever Sustainable Living Plan)을 발표하며 2020년까지 제품 1회 사용 기준의 환경 발자국 50% 감축, 10억 명 이상에게 건강·위생 혜택 제공 등의 목표를 설정했고, 이를 위해 생산 전반에 공정 안정화·불량 예방 중심의 품질관리와 환경 책임을 결합한 운영 전략을 도입했다. 특히 폐기물 관리 측면에서 2016년까지 전 세계 70개국 600여 개 사이트에서 '비(非)유해 폐기물 매립 제로(Zero non-hazardous waste to landfill)'를 달성했으며, 에너지 전환 측면에서는 2020년 1월 1일부로 전 세계 공장·사무실·물류 거점 등에서 사용하는 그리드 전력을 100% 재생전기로 전환했다. 이와 같은 성과는 품질관리의 공학적 기법을 환경·사회 목표와 결합할 때 비용 절감, 리스크 완화, 브랜드 가치 제고를 동시에 달성할 수 있음을 보여준다. ■

앞서 살펴본 바와 같이 선제적 품질 관리는 오늘날의 복잡하고 경쟁적인 환경에서 성공을 원하는 기업들에게 필수적이다. 고객 만족도 향상, 비용 절감, 경쟁우위 확보, 리스크 완화, 규제준수, 지속 가능성 지원, 지속적 개선 문화 조성 등 다양한 측면에서 선제적 품질 관리는 품질 관리의 탁월성을 달성하기 위한 포괄적인 프레임워크를 제공한다. 선제적 품실 관리 도입의 동기는 명확하다. 이는 기업이 시장 요구에 적응하고, 글로벌 공급망의 복잡성을 관리하며, 브랜드 평판을 강화하고, CSR 목표에 조직을 정렬시키며, 혁신과 성장을 촉진하는 데 중요한 역할을 한다. 비즈니스 환경이 계속해서 진화함에 따라, 선제적 품질 관리를 채택하는 기업은 고객의 요구를 충족하고 글로벌 시장에서 성공을 거둘 수 있는 더 나은 위치에 있게 될 것이다.

선제적 품질 관리의 이론적 배경

'선제적'이라는 개념

'선제적'이라는 단어를 사전에서 찾아보면 "미리 앞서서 대응하는" 것을 의미한다. 이는 어떤 상황이 발생하기 전에 그 상황을 예측하고, 그에 대한 준비나 대응을 미리 해 두는 것을 뜻한다. 이러한 접근 방식은 특히 불확실성과 변화가 빠른 글로벌 비즈니스 환경에서 중요하게 여겨진다. 기업들이 치열한 경쟁에서 살아남고 지속 가능한 성장을 이루기 위해서는 단순히 상황이 발생한 후에 반응하는 것이 아니라, 앞으로 일어날 가능성이 있는 문제나 기회를 예측하고 이에 미리 대비하는 '선제적'인 전략을 필요로 한다.

기존에 잘 굴러가고 있는 방식을 탈피하는 것은 새로운 체계 구축을 위해 인력과 자금의 투자가 필요하다. 앞서 캐터필러의 예를 살펴볼 때 해당 시스템을 도입하려면 조직적인 차원에서의 저항도 예상되며, 일이 발생하기 전에 무언가를 실행한다는 것은 햄튼 호텔의 예시와 같이 비용적인 측면에서도 리스크를 감수해야 하는 방식이 될 수 있다. 따라서 본 장에서는 새로운 관리 규범이나 사내 프로세스, 프로그램을 선제적으로 실행한다는 것은 어떤 개념인지 먼저 이론적 배경을 살펴보고 선제적 품질 관리의 개념을 보다 명확하게 제시하고자 한다.

선제적 행동

선제적이란 개념은 다양한 연구 맥락에서 논의되어 왔다.

첫째, 조직행동이론 관점에서 선제적 행동(Proactive Behavior)이라는 개념이 논의되었다. 기업가 정신, 마케팅, 전략 및 조직 행동 분야의 학자들은 선제적 행동에 관심을 가져왔다. 선제적 행동은 조직이 기존의 수동적이고 반응적인 형태의 업무 처리 방식을 탈피하여, 적극적이고 능동적인 업무 처리를 통해 조직 성과를 향상시키는 것을 목표로 하는 방식이다(Crant, 2000; Pitt et al., 2002; Parker et al., 2006).

선제적 행동은 진행 중인 작업과 환경 등을 사전에 개선하고 변화하는 방향을 물색하는 것을 목표로 하는 자기 지향적이고 미래 지향적인 행동양식이며, 선제적 행동을 통해 조직과 조직원들은 경쟁자(사)보다 빠르게 기회를 물색하고, 적극적으로 업무에 임하여 성과를 높일 수 있게 된다. 이런 선제적 행동을 실천하는 방안으로는, 개인이 자신의 생각을 다른 사람에게 적극적으로 표현하거나 본인 스스로 실행함으로써 현재 업무에서의 개선점을 확인하는 작업 등이 포함된다.

예를 들어, 적극적으로 행동하는 직원은 더 많은 기회를 식별할 수 있으며, 업무에서 보다 주의 깊게 임하며 더 성실하게 작업을 수행할 수 있다. 미국 네바다주 라스베이거스에 본사를 둔 미국 온라인 신발 및 의류 소매업체 자포스(Zappos)는 탁월한 고객 서비스로 유명하다. 자포스는 선제적 행동 개념을 조직 차원에서 도입하여 고객 요구 사항을 적극적으로 해결하는 직원들을 양성하였는데, 예를 들어 고객이 주문한 신발이 잘 맞지 않을 경우 묻지도 따지지도 않고 새 신발로 교체해 주는 서비스를 갖고 있다.

보통 일선 직원들이 책임을 지는 것을 두려워하는 경향이 있음에도, 자포스는 직원들이 선제적이고 능동적으로 문제를 해결할 수 있게 장려함으로써 고객 만족을 달성할 수 있었다. 자포스는 또한 모든 주문에 대해 반품 서비스를 제공하기 때문에 제품 구매를 고민하는 소비자에게 선택권을 제공하여 쇼핑몰을 방문한 고객들이 고민없이 제품을 구매하여 착용해 볼 수 있는 기회를 제공한다.

그림 1-4 자포스 쇼핑몰 로고 및 판매 제품

출처: altrum.com, The Secret to Zappos' Corporate Culture Success. https://www.altrum.com/resources/recognition/zappos-corporate-culture-success/

선제적 전략

전략 관점에서 선제적 환경전략과 실천 등의 키워드가 강조되어 왔다. 선제적 전략을 추구하는 기업은 회사의 성과 목표를 설정하고 직원을 교육하며 환경을 개선하는 데 적극적이다. 기업은 선제적 전략 수립을 통하여 능동적으로 사업을 운영해 나가며 새로운 전략을 수립하거나 기업 성과를 향상시킬 수 있다(Boiral, 2006; Darnall et al., 2010; Sharma & Sharman, 2011; Hentschke et al., 2017). 이에 대한 예시로, 영국 소매업체 B&Q는 선제적 전략 수립으로 6년 만에 폐기물 재활용률을 64%에서 90%로 향상시켰으며, 영국의 식품 소매업체인 코오퍼레이티브(Co-operative)사는 선제적으로 직원들에게 달성 목표와 구현 방식을 전략적으로 훈련시킨 결과, 에너지 사용량을 41% 줄이고 상당한 비용을 절약하는 데 성공하였다(Elisa et al., 2015).

그림 1-5 영국의 식품 소매업체인 코오퍼레이티브사

출처: Independent.co.uk, Co-op group is back in the black as it reveals members got £74m reward in 2017. https://www.independent.co.uk/news/business/news/coop-group-profit-latest-members-reward-turnaround-crystal-methodist-bank-collapse-a8291341.html.

선제적 제품/서비스

문헌에서는 선제적 제품/서비스 개념을 제품, 판매 후 및 유지 관리 서비스와 같은 서비스에 적용하였다. 선제적 제품/서비스는 자사 제품을 인지된 경쟁자와 차별화하기 위해 제품 제공을 보완할 수 있는 일련의 도구로써 제품이 판매될 때 제품/서비스를 통합 제공하여 고객 만족을 실현하고 있다. 1904년 영국 맨체스터에 설립된 영국의 럭셔리카, 항공엔진 제조사인 롤스로이스 리미티드(Rolls-Royce Limited)는 엔진에 센서를 부착하여 실시간으로 데이터를 분석하는 새로운 선제적 제품 및 서비스 비즈니스 모형을 도입했다. 이 모형은 항공사가 엔진의 고장 가능성을 미리 파악하고, 엔진 교체 및 보수 일정을 효율적으로 관리할 수 있도록 했다. 또한, 엔진의 수명이 다할 때까지 안정적인 수입을 보장받을 수 있게 했는데, 예를 들어 롤스로이스는 IoT 장치를 사용하여 보잉 787 드림라이너(Boeing 787 Dreamliners)에 사용되는 트렌트(Trent) 1000 엔진의 상태를 모니터링하는데 활용하였다. 부착된 센서는 엔진 성능에 대한 데이터를 수집하고 이를 클라우드로 전송해 AI와 머신 러닝 기업을 이용해 분석하는데, 드림라이너의 비행 한 번당 생성

그림 1-6 롤스로이스의 실시간 항공 데이터 모니터링 시스템

출처: aero-news.net, Rolls-Royce Opens New Airline Aircraft Availability Center. https://www.aero-news.net/index.cfm?do=main.textpost&id=e788a6f9-621f-4177-b810-c033c8da397d.

되는 데이터는 대략 500GB 정도라고 하며 매년 6,000개의 엔진 팬 블레이드에서 생성되는 데이터의 양은 약 3페타바이트(10^{15}으로 1,000테라바이트는 1페타바이트)에 해당한다고 한다. 롤스로이스는 이 분석에서 얻은 통찰력을 사용하여 엔진에 유지 관리가 필요할 시기를 예측하고 그에 따라 유지 관리 일정을 계획하는 데 활용하였고 이는 엔진 고장을 방지하고 드림라이너의 안전하고 효율적인 비행을 유지하는 데 도움을 받았다. 롤스로이스의 서비스 부문 매출 비중은 2003년의 10%에서 2012년의 40%로 증가했으며, 제조업 부문 영업이익률은 약 2.8배 증가하였다고 한다(Fitch, 1992; Frambach et al., 1997; Challagalla et al., 2009; Han et al., 2017).

비즈니스 사례

현대자동차의 Assurance Program

현대자동차는 글로벌 시장에서의 경쟁력을 유지하기 위해 선제적 접근을 적극적으로 도입한 사례 중 하나이다. 2008년 글로벌 금융위기 이후, 현대자동차는 고객들이 경제적 불확실성으로 인해 차량 구매를 꺼려하는 상황을 예측했다. 이에 따라 현대자동차는 2009년 미국 시장에서 "Assurance Program"이라는 선제적 프로그램을 도입했다.

이 프로그램의 핵심은 차량 구매 후 1년 이내에 실직하거나 경제적 어려움에 처한 고객이 차량을 반환할 수 있도록 보장하는 것이었다. 이 같은 선제적 조치는 경제적 불안감으로 인해 구매 결정을 망설이던 고객들에게 안심을 주었고, 결과적으로 현대자동차의 판매량을 증가시키는 데 크게 기여했다. 이 프로그램은 〈월스트리트 저널〉에 의해 2009년 최고의 광고 캠페인 중 하나로 선정되었으며, 현대자동차는 이러한 선제적 전략을 통해 위기 속에서도 시장 점유율을 확대할 수 있었다.

IBM의 예측 분석 도입

IBM은 기술 변화가 빠르게 일어나는 IT 업계에서 선제적 전략을 도입한 대표적인 사례다. IBM은 자사 클라우드 서비스와 관련된 잠재적 문제를 미리 예측하고, 고객들에게 최상의 서비스를 제공하기 위해 AI 기반의 예측 분석 도구를 개발했다. 이 도구는 고객의 시스템 사용 데이터를 실시간으로 분석하고, 발생할 수 있는 문제를 사전에 파악하여 대응하는 기능을 갖추고 있다.

실제로, IBM은 클라우드 서비스에서 잠재적인 서버 다운타임을 예측하고, 이를 사전에 방지하는 조치를 취함으로써 고객의 서비스 중단을 최소화했다. 이러한 선제적 조치를 통해 IBM은 고객의 신뢰를 얻고, 글로벌 시장에서의 경쟁력을 강화할 수 있었다.

아마존의 공급망 관리

아마존은 전자상거래 분야에서 선제적 전략을 통해 큰 성공을 거둔 기업 중 하나다. 아마존은 고객의 주문 데이터를 분석하여 어떤 제품이 언제, 어디서 많이 주문될지 예측하고, 이를 바탕으로 미리 물류창고에 재고를 배치하는 선제적 공급망 관리 시스템을 구축했다. 이를 통해 아마존은 고객이 주문한 제품을 신속하게 배송할 수 있었고, 이로 인해 고객 만족도를 크게 향상시킬 수 있었다.

특히, 아마존은 자사의 "프라임" 서비스를 통해 고객이 하루 또는 이틀 내에 제품을 받을 수 있도록 하는 선제적 물류 시스템을 도입했다. 이러한 시스템은 경쟁사들보다 더 빠르게 고객에게 제품을 전달할 수 있게 했고, 아마존이 글로벌 전자상거래 시장에서 독보적인 위치를 차지하는 데 기여했다.

P&G의 선제적 제품개발

P&G는 미국의 소비재(생활용품) 제조 판매 기업이자 다국적 지주회사로, 제품개발 프로세스에 품질 관리를 통합함으로써 선제적인 품질 관리 전략을 채택하였다. P&G는 위험 평가 도구와 예측 모형을 사용하여 잠재적인 품질 문제를 조기에 식별하는 방식으로 선제적 품질 관리를 진행하는데, 예를 들어 세제, 샴푸와 같은 소비재 생산에서 P&G는 잠재적인 공급망 중단과 고객 불만을 예상하고 이러한 위험을 완화하기 위해 프로세스와 자재를 선제적으로 조정하는 방식이다. 덕분에 P&G는 공급망 문제나 시장 변화에도 불구하고 높은 제품 품질과 고객 만족도를 유지할 수 있으며, 전 세계 곳곳을 찾아보아도 P&G 제품이 없는 나라는 찾아보기 힘들게 되었다.

선제적 품질 관리 문헌연구

품질 관리는 제품과 서비스 품질의 향상으로 매출증가, 원가 감소 및 경쟁 우위 확보에 필수적인 수단이며, 조직의 생존에 가장 중요한 전략이다. 품질 관리를 이해하기 위해선 품질의 개념을 먼저 살펴보아야 하는데, 품질이란 주체가 누구인지에 따라 개념이 상이할 수 있어 한 마디로 정의하기 까다로운 개념이다. 글로벌 시장의 중요한 변화 중 하나는 소비자 취향의 급격한 변화 같이 트렌드의 변화에 발맞춰 소비자들의 요구를 능동적으로 만족시키는 능력이 필요함에도 불구하고 기존의 수동적인 성격의 규범에 묶여 있으면 새로운 가능성을 식별할 기회를 놓친다. 품질 관리 문헌에 따르면 생산 프로세스 개선을 지향하고 고객 만족을 위한 지속적인 개선, 인력 및 경영진 참여와 같은 다양한 노력들이 있었으나 시간이 지남에 따라 반응적이고 수동적인 접근방식보다 선제적 접근 방식의 필요성이 대두되고 있다.

문헌 연구를 토대로 한 마디로 정의한 선제적 품질 관리의 개념은 다음과 같다. 선제적 품질 관리란 미래에 발생 가능한 문제를 사전에 예방하거나 고객이 현재 요구하는 것을 넘어서 먼저 고객이 원하는 바를 파악하여 제공하는 것과 관련된 모든 활동을 의미한다. 이는 문제가 발생하는 것을 미연에 방지하거나 고객의 내제된 요구를 만족시키기 위해 사전적으로 제공하는 모든 유형의 활동을 의미하며 정상적으로 제품이나 서비스를 사용하고 있는 고객에게 추가로 제공한다는 점에서 기존의 수동적인 사후적 품질 관리 방식과는 차별화되는 요소가 존재한다. 이와 같이 선제적인 성향을 띄는 활동은 일단 고객 불만족을 유발한 후에야 개선활동이 이루어지는 사후적 활동과는 반대로 고객 만족도를 사전적으로 향상시키는 효과를 가지고 있다. 오늘 고객에게 높은 가치를 제공한 상품이나 서비스라고 하더라도, 가까운 미래에는 고객 가치를 충분히 실현하지 못할 가능성이 존재하기 때문에 제조업체와 서비스업체 모두 시장의 변화나 고객의 가능한 사후적요구에 사전적으로 대응해야 할 필요가 있다.

선제적 품질 관리는 이와 같이 시장이나 고객의 요구사항을 선제적이고 능동적으로 해결하는데 방점이 주어지며 고객에게 제공되는 제품이나 서비스의 실질적인 품질의 개선은 다양한 지표를 통하여 측정이 이루어지게 된다. 즉, 카페의 서비스품질을 개선한다고 할 때, 때로는 고객의 대기시간을 단축함으로써 서비스 전달 시스템의 품질개선이 이루어질 수도 있고 공간활용도를 높이고 비용을 절감함으로써 서비스 품질을 개선할 수도 있는 것이며 때로는 메뉴의 다양화를 통해 유연한 품질의 서비스를 전달할 수도 있게 된다. 결국은 선제적 품질 관리를 통해 잠재적으로 발생할 수 있는 결함과 이로 인한 고객의 이탈을 미연에 방지하고, 고객의 내재욕구 파악 등을 통하여 기존 규범과 제도로는 해결할 수 없는 문제들에 대응할 수 있게 된다. 이로 인해 우수한 품질 수준을 유지하여 고객 만족도를 높일 수 있고, 이렇게 달성한 고객 만족은 고객 충성도와 시장 점유율을 높일 수 있는 잠재력이 있으며, 회사의 재무적 성과와 필연적으로 엮이는 고객의 재구매의도에 긍정적인 영향을 미친다. 이 밖에 선제적 품질 관리 도입을 통해 현재 조직이 처한 상황을 이해함과 동시에 추가 문제를 인식하고 이를 해결할 수 있는 새로운 아이디어를 얻게 된다.

최근의 품질 관리 동향은 글로벌 트렌드에 민감한 소비자들의 요구에 대응하는 것만 아니라, 기술과 시대가 발전함에 따라 부상하게 되는 여러 가지 문제점에 대응하여 새로운 규격과 개념을 요구하는 실정이다. 과거 연구에선 비용을 들이면 품질을 개선할 수 있을 것이란 단순한 아이디어가 있었지만, 현실은 많이 다른 것으로 보인다. 예를 들어, 데이터 웨어하우징 사업을 하는 사업자가 기존의 개념 및 내부 수준에서 데이터 품질을 관리하다 보니 고객의 주관적인 데이터 품질 요구 사항을 무시하는 문제가 발생하였다. 일부 문헌에서는 프로세스 관리와 관련된 표준화가 문제 해결을 위한 창의성을 억제하여 현재 고객의 요구를 제한할 수 있기 때문에 품질 관리 규범이 혁신을 방해할 수 있음을 발견하였다. 이처럼 기존 품질 관리 방식의 문제점들은 광범위한 곳에서 발생한다는 사실을 알 수 있으며, 과거의 기준에 머무르지 않고 능동적인 자세를 갖춰야 하기에 선제적 품질 관리의 필요성을 주장할 근거가 충분하다.

선제적 품질 관리의 세분화

개런티 프로그램, 품질 보증

개런티 프로그램(Guarantee Program)은 고객에게 제공하는 상품이나 서비스가 특정한 수준의 품질에 미칠 것을 약속하는 것이며, 만약 그 수준이 충족되지 않는다면 제공자 측에서 사전에 명시한 방식으로 고객에게 보상을 하겠다는 약속의 개념이다. 문헌 연구에 따르면, 효과적인 서비스 보증 시스템은 기업의 이익에 긍정적인 영향을 미치고 기업 서비스에 대한 고객의 신뢰를 높인다. 또한, 고객은 실제 보증을 사용하지 않더라도 보증이 있다는 사실에 만족한다는 문헌 연구 결과가 있다.

개런티 프로그램의 세부 분류로는 워런티와 서비스 개런티가 있다.

워런티

먼저, 워런티는 소비자에게 판매한 상품이 약속된 수준으로 기능할 것을 약속하며, 일정 보증 기간 내에 상품이 정상적으로 작동하지 않거나 오류가 발생할 경우 무료로 교체해 주거나 수리를 해 주는 방식 등으로 품질을 보증한다. 워런티는 개런티 프로그램의 가격이 상품 가격에 포함되어 있는지의 여부에 따라서 다시 기본

그림 1-7 선제적 품질 관리의 세분화 및 세부 분류

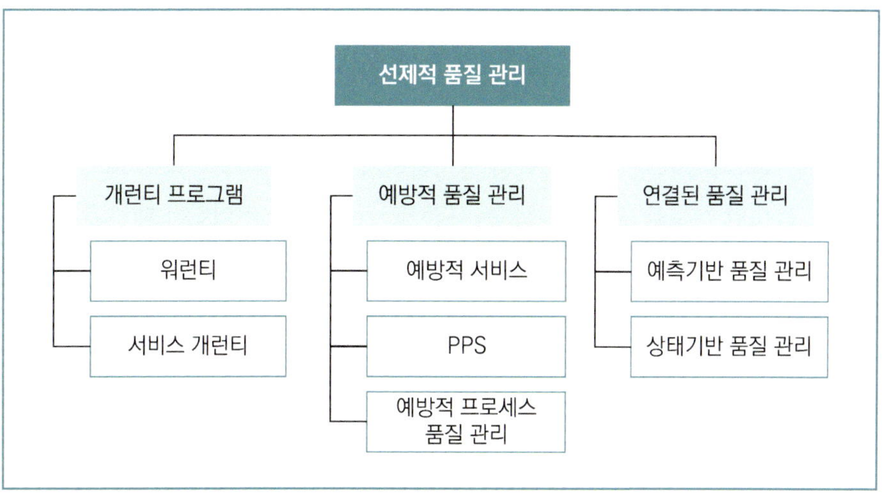

워런티(Base Warranty)와 추가 워런티(Extended Warranty)로 분류된다. 기본 워런티는 소비자들이 흔히 알고 있는 워런티로, 상품을 구입할 때 이미 상품 가격에 워런티의 가격까지 포함되어 있다. 반면, 추가 워런티는 상품을 구매한 후 추가적으로 비용을 지불해야만 한다.

워런티의 예시로는 테슬라(Tesla)의 모델 3(Model 3) 전기 자동차 워런티를 들 수 있다. 전기 자동차는 리튬 이온 배터리를 사용하는데 이는 시간이 지남에 따라 에너지 소모로 인해서 기능이 저하된다. 따라서, 테슬라는 제조 상의 결함이나 노후화로 인한 배터리의 기능 저하가 발생할 경우, 8년의 워런티 기간 동안 배터리 잔량의 최소 70% 수준까지 수리 또는 교체를 보장하는 워런티 프로그램을 제공한다.

다른 예시로는 캐나다의 태양광 패널 워런티가 있다. 캐나다에는 태양광 패널에 관한 규정이 존재하는데 이는 최소 30년 동안 패널의 실제 전력 출력량이 최소 83% 이상이 보장되어야 하며, 12년의 워런티 기간 동안 상품의 고장이나 오류에 대해서는 무상 교체 및 수리를 제공해야 한다.

서비스 개런티

서비스 개런티는 고객에게 약속된 수준의 서비스가 제공되지 않은 경우 그에 따른 보상을 제공하겠다는 약속이다. 서비스 개런티는 보장하는 범위에 따라 전면적 서비스 개런티(Unconditional Service Guarantee)와 조건부 서비스 개런티(Conditional Service Guarantee)로 나뉘는데, 전자의 경우 서비스의 모든 측면을 보장하는 반면, 후자의 경우 사전의 정의한 서비스의 특정한 측면만을 보장한다는 차이점이 존재한다.

서비스 개런티의 대표적인 예시로는 앞서 살펴 본 햄튼 호텔(Hampton Hotel)의 100% 고객 만족 서비스 개런티가 있는데, 호텔을 숙박 서비스를 이용한 고객이 100% 만족하지 못하면 모든 숙박비를 지불하지 않아도 된다는 약속이다. 무형성이라는 특수한 성질을 지닌 서비스는 시각적으로 확인하기 어렵기 때문에 소비자가 지각하는 위험의 크기도 커지게 되는데, 개런티 프로그램을 통해서 특정한 수준의 품질을 약속함으로써 지각된 위험의 크기를 감소시킬 수 있다.

개런티 프로그램은 구매자와 제공자에게 각각 다른 기능으로 작용한다. 먼저, 구매자의 관점에서는 상품이나 서비스를 사용하는 도중 실패 상황이 발생할 때 추가적인 비용 없이 보상을 받을 수 있기 때문에 그에 따른 심리적 안정감을 느끼게 된다. 제공자의 관점에서는 개런티 기간과 조건, 범위 등을 사전에 미리 구체적으로 정의함으로써 고객의 무분별한 요구로부터 보호받을 수 있다. 또한, 상품 및 서비스의 일정 생애 주기 동안 품질을 개런티하기 때문에 고객이 상품을 구매할 때 부담하는 위험의 크기를 감소시켜 구매 의사를 격려하기도 한다.

예방적 품질 관리

예방적 품질 관리(Preventive Quality Management)는 불만족스러운 사건을 발생시킬 수 있는 요인을 사전에 발견하여 제거하는 것과 관련된 모든 활동을 의미한다. 이는 제품이나 서비스의 품질을 유지하고 수명을 연장하기 위해 잠재적 위험을 제거하거나 발생 가능성을 줄이기 위해 미리 작성된 표준에 따라 구현되는 개념이다. 또한, 체계적인 예방 활동은 문제를 예방하고 사고 빈도를 줄이기 때문에 문제 해결 비용을 줄일 수 있다.

예방적 품질 관리는 다시 예방적 서비스, 선제적 판매 후 서비스(PPS), 그리고 예방적 프로세스 품질 관리로 나누어진다.

예방적 서비스

먼저, 예방적 서비스는 미래에 발생 가능한 문제 요인을 미리 발견하여 제거하고, 고객에게 먼저 연락을 취하여 추가적으로 불만을 관리한다. 예방적 서비스를 제공하는 가장 대표적인 방법으로는 정기적인 점검 서비스가 있다. 예시로는 제공자 측에서 소비자에게 정기 점검 서비스를 추가적으로 제공하거나 잔존 수명에 따라 정기적으로 기계나 장비를 대체하여 사고를 방지하는 방법이 있다.

비상경영계획(Business Contingency Planning) 또한 예방적 서비스의 예시로 들 수 있는데, 이는 자연 재해나 바이러스, DDoS(Distributed Denial of Service) 공격과 같은 심각한 수준의 문제 상황이 발생했을 때 이를 극복하기 위해 조직이 대처해야 할 절차를 미리 구축해 두는 매뉴얼을 의미한다. 비상경영계획은 문제 상황을 정의하고 예상되는 피해의 심각도와 운영 중지 시간을 사전에 예측하여 미리 계획하는 과정을 거치기 때문에, 비교적 빠르게 정상화 상태로 회복하여 고객이 입게 될 피해를 최소화할 수 있다.

선제적 판매 후 서비스

선제적 판매 후 서비스(Proactive Post-Sales Service: PPS)는 상품 및 서비스 구매 이후에도 고객의 요청에 따라 추가적인 지원 서비스를 제공하는 것을 의미한다. 그러나 PPS는 이러한 서비스를 고객이 요청하기 전에 제공자 측에서 먼저 제공하여 고객과의 관계를 상품 구매 이후에도 지속적으로 발전시키는 것을 목표로 한다. PPS는 지원하는 서비스의 성격에 따라 선제적 예방 서비스(Proactive Prevention), 선제적 교육 서비스(Proactive Education), 선제적 피드백 요청(Proactive Feedback Seeking) 세 가지 방법으로 제공 가능하다.

Challagalla 외(2009)에 따르면, 선제적 예방 서비스는 고객이 구입한 상품 및 서비스를 사용하는 도중에 발생할 수 있는 실패 상황이나 고객이 불만족하는 상황을 예방하기 위하여 제공자 측에서 먼저 제공하는 모든 지원 서비스를 포함한다. 선제적 교육 서비스는 고객이 상품 및 서비스의 품질을 최대한으로 끌어낼 수 있도록 지원하는 서비스로, 주로 고객이 사용 난이도가 어려운 상품을 구입할 때 제공자가 먼저 상품에 대한 자세한 설명을 제공하거나, 고객이 상품을 잘못 사용하고 있을 때 먼저 알림을 주는 방식 등으로 제공된다. 선제적 피드백 요청은 고객이 피드백을 제공하기 전에 제공자 측에서 먼저 피드백을 요구하거나, 고객의 상품 사용 경험을 관찰하여 스스로 피드백을 수용하는 과정을 통해 추가적인 서비스를 먼저 제공하는 것과 관련된 모든 활동을 의미한다.

이처럼 PPS는 상품 및 서비스 구입 후에도 고객에게 지속적으로 지원 서비스를 먼저 제공하여 고객 관계를 이어가는데, Holbrook & Kulik(2001)에 따르면 고객은 제공자가 먼저 연락을 취하여 지원 서비스를 제공할 때 품질에 대한 신뢰성이 향상된다. 또한, 대부분의 고객은 심각한 수준의 불만 사항이 존재해도 이를 표현하지 않기 때문에 제공자 측에서는 상품의 문제를 발견하기 어려운데, 성공적인 PPS는 일반적인 판매 후 서비스(Post-Sales Service)와 비교해서 피드백을 더 빨리 수용할 수 있기 때문에 상품 혁신과 신상품 성공률에 긍정적인 영향을 미친다.

예방적 프로세스 품질 관리

예방적 프로세스 품질 관리(Proactive Quality Process Management)는 사고를 예방하기 위한 최적의 프로세스를 개발하거나 사고가 발생했을 때 프로세스 지연 시간 및 손실 비용을 최소화하는 것을 목표로 한다. 예방적 프로세스 품질 관리는 전체적인 프로세스의 품질을 향상시키고 실패 상황 발생을 최소화하는 것을 목표로 하기 때문에, 투입물의 구체적인 임계치를 묘사하거나 조달 방법을 계획하고, 기존의 프로세스에 새로운 기술을 접목시켜 실패 상황을 최소화하기도 한다.

예방적 프로세스 품질 관리를 효과적으로 수행하면 저품질로 인한 손실을 줄이고 최소한의 변화로 최적의 디자인을 이끌어낼 수 있기 때문에 고객 만족도가 증가하고 긍정적인 브랜드 이미지를 창출할 수 있다. 예시로는 FMEA(Failure Mode and Effect Analysis)을 들 수 있는데, 이는 미국에서 최초로 도입되었으며, 현재는 위험 분석을 필요로 하는 다양한 산업들에 적용되고 있다. FMEA는 플로우 차트를 통해 프로세스를 주요 단계들로 나누고 실패 확률이 가장 높은 단계를 발견하여, 해당 단계를 위한 더 세부적인 하위 프로세스를 구상하여 문제 상황을 예방한다.

연결된 품질 관리

ICT 기술의 발전으로 제조업의 패러다임이 빠르게 변화하여 사물인터넷과 사이버 물리 시스템을 통해 생산 공정을 실시간으로 모니터링하고, 잠재적인 결함을 예측하여 예방적인 유지 보수를 수행할 수 있게 되었다. 또한, 기계가 스스로 생산 공정을 제어하고, 누구나 쉽게 공정 상황을 파악할 수 있게 되었다. 또한, 유지 보수 기록을 분석하여 품질 문제를 예방할 수 있는 조치를 취할 수 있게 되었다. [그림 1-8]에 보이는 바와 같이 사물인터넷(IoT) 장비 보급은 선형을 넘어 지수 함수의 형태로 증가하고 있으며, 이 속도는 기술의 발전 속도에 따라 가속화되어 기업들이 예측적 품질 관리를 실행하는 데 있어 기술적인 제약이 점점 줄어들 것으로 기대된다.

연결된 품질 관리(Connected Quality Management)는 일반적인 유지 보수 기간이 아닌 제품 또는 서비스의 현재 상태를 기반으로 적시에 유지 보수를 수행하는 것을 포함하며, 데이터 분석을 통하여 맞춤형 상품이나 서비스를 예측하여 제공하거나, 잠재적인 실패 요소를 사전에 예측하여 제거하는 것과 관련된 모든 활동을 의미한다. 유지 보수 이력의 실시간 모니터링 및 분석을 통해 품질 문제를 일으키는 요인과 패턴을 파악하고 적시에 예방조치를 취함으로써 원가 절감 및 생산성 향상의 원동력이 될 수 있다.

그림 1-8 BI 인텔리전스에서 조사한 사물인터넷 장비 보급 현황

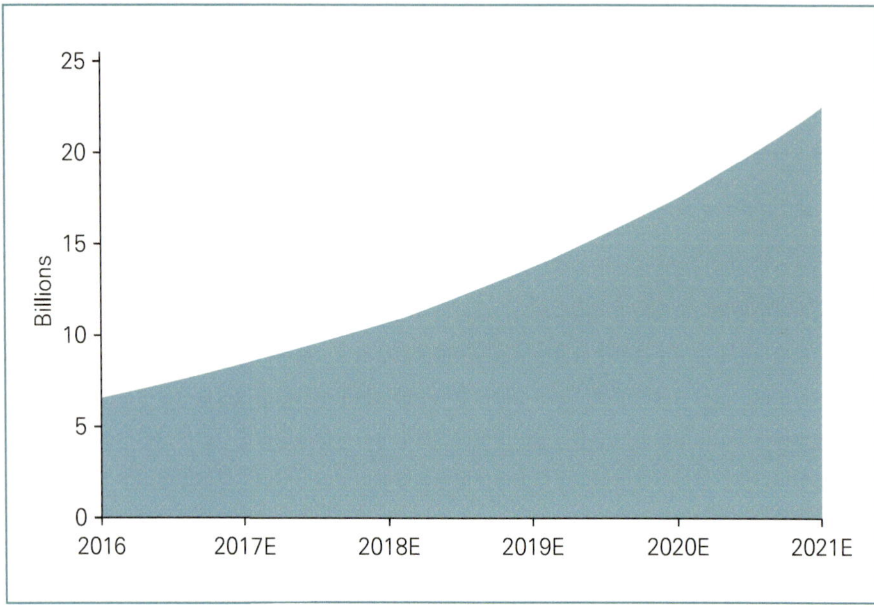

출처: BI 인텔리전스(BI Intelligence)/사물인터넷, 2021년까지 투자액 4조 8천억 달러 이를 것. https://www.digitaltoday.co.kr/news/articleView.html?idxno=109576

연결된 품질 관리는 예측기반 품질 관리(Forecast-based Quality Management)와 상태기반 품질 관리(Condition-based Predictive Service)로 나누어 볼 수 있다.

예측기반 품질 관리

먼저, 예측기반 품질 관리는 고객이 요구하기 전, 알맞은 변화를 먼저 예측하여 적절한 시기에 효과적으로 적용하는 전략이다. 이는 주로 고객 프로필이나 과거 기록과 같은 기존 데이터를 바탕으로 개별적인 고객의 관심사를 예측하고 그에 맞는 고객 맞춤형 상품 및 서비스를 먼저 추천하거나 제공하는 방식으로 이루어진다.

대표적인 사례로는 아마존의 'Anticipatory Shipping'으로 고객이 같은 상품을 다시 주문할 시기를 예측하여 고객이 재주문을 하기 전에 먼저 해당 상품을 주문 및 배달하는 서비스이다. 아마존은 기존 거래 내역과 각 품목의 클릭 횟수 등 고객과 플랫폼 간의 상호 작용 내역을 기반으로 고객이 이후에 다시 결제할 가

능성이 있는 상품을 예측한다. 이외에도 소매상이 모든 재고가 소진되기 전에 소비자 트렌드를 반영하여 먼저 재주문을 하는 경우, 보험 회사가 곧 다가올 폭풍의 강도에 따라 맞춤형 상품을 미리 구상하는 경우, 그리고 은행에서 고객의 특성에 맞춰 제공할 맞춤형 채널을 계획하는 경우도 모두 과거 데이터를 기반으로 적절한 변화를 예측하여 제공하기 때문에 예측기반 품질 관리에 포함된다.

상태기반 품질 관리

상태기반 품질 관리는 지속적인 모니터링을 통해 현재 상태에 기반하여 오류나 실패 상황이 발생하기 전에 예측하여 유지 보수 작업을 진행한다. 상태기반 품질 관리의 기원은 1940년대에 리오 철도공사(Rio Railway Company)에서 처음 도입되었는데, 모니터링 기술을 통해 내부 온도 및 압력 상태를 분석하여 엔진 내부의 고장 및 연료 누출 등을 예측하는 과정을 통해 엔진 교체 시기를 파악하여 큰 성공을 이루었다.

상태기반 품질 관리는 주로 사물인터넷 기술과 결합하여 적용되는데, 예시로는 자동차 내부에 센서를 부착하여 오일의 품질이 일정 수준 이하로 내려갔을 때만 교체를 하는 자동차 산업의 윤활유 센서 모니터링(Lubricant Monitoring)이 있다. 또한, 주로 제조업에서 적용되고 있는 진동 센서 모니터링(Vibration Monitoring)은 기계 장비의 핵심 부품인 모터, 팬, 기어박스, 펌프 등에 진동 센서를 부착하여 비정상적인 패턴 변화를 읽어 고장이 나기 전에 미리 보수 작업을 진행한다. 센서가 장비의 소리를 직접 감지하여 장비의 이상을 예측하는 소리 모니터링(Sound Monitoring)도 이에 해당한다.

선제적 품질 관리와 경영학 이론

본 장에서 문헌연구 및 실제 도입 사례를 통해 선제적 품질 관리에 대한 개념을 알아보았으나 여전히 이론적으로 타당한지에 대한 의문이 남아 있다. 선제적 품질 관리가 이론적으로 타당한지 알아보기 위해 경영·경제학에서 두루 쓰이는 신호 이론과 품질에 대한 보증 사이의 관계를 살펴보고자 한다.

선제적 품질 관리의 개념을 소개할 때 이론적 배경을 짚어봐야 하는 이유는, 이 개념이 경영 전략과 실무에 어떻게 적용되는지를 깊이 이해하기 위해서다. 경영학 이론은 기업이 왜 특정 전략을 선택하고, 그 전략이 어떻게 조직의 성과에 영향을 미치는지 설명하는 데 필수적이다. 선제적 품질 관리(Proactive Quality Management)는 사전에 문제를 예측하고 대응하는 전략적 접근 방식으로, 단순한 실행 기법을 넘어 조직의 전반적인 경영 철학과 연결된다.

신호이론

신호이론(Signaling Theory)은 정보 비대칭성 상황에서 한쪽 당사자가 자신의 정보를 신뢰할 수 있도록 상대방에게 신호를 보내는 행위를 설명하는 이론이다. 이 이론은 1973년 경제학자인 마이클 스펜스(Michael Spence)가 노동 시장에서의 정보 비대칭 문제를 해결하기 위해 처음 제시했다. 신호이론은 이후 다양한 경제 및 경영 상황에 적용되어 중요한 이론적 틀로 자리 잡았다.

신호 이론은 정보가 한쪽에 치우쳐 불균형한 상태에서 이뤄지는 거래(교환)에 초점을 맞춘다. 이러한 경우 판매자는 제품 품질에 관해 완벽한 지식을 갖고 있는 반면, 구매자는 불완전한 정보를 갖고 있다고 가정한다. 소비자에게 있어 시중에 나와있는 수많은 제품들과 서비스의 품질을 고객 스스로 사전에 평가하는 것은 실로 어려운 일이고 대체로 소비 후에 평가가 가능한 경우가 많기 때문에 제품이나 서비스 판매자는 소비자가 제품이나 서비스 구매 전 품질과 관련된 신호를 보내는 경향이 있다. 만약 판매자가 제품이나 서비스의 품질을 보증하는 신호를 전송할 경우, 소비자는 이를 수용하고 구매를 결정할 가능성이 높아지게 된다.

정보 비대칭성이 품질 관리에 미치는 영향

품질 문제는 종종 소비자에게 즉각적으로 드러나지 않는다. 제품이나 서비스의 품질에 대한 정보는 생산자(기업)에게는 잘 알려져 있지만, 소비자에게는 제한적으로 제공된다. 이로 인해 정보 비대칭성이 발생하며, 소비자는 제품이나 서비스의 품질에 대해 불확실성을 가질 수 있다. 이러한 상황에서 기업은 신뢰를 형성하기 위해 선제적 품질 관리를 통해 신호를 보낼 수 있다.

신호의 개념

신호이론에서는 정보 비대칭성을 해소하기 위해 '신호(Signal)'를 사용한다. 신호는 정보가 더 많은 측(보통 판매자나 구직자)이 정보를 적게 가진 측(보통 구매자나 고용주)에게 신뢰할 만한 정보를 전달하는 수단이다. 예를 들어, 구직자가 자신의 능력을 증명하기 위해 학위나 자격증을 제출하는 것이 신호에 해당한다.

선제적 품질 관리의 신호 역할

선제적 품질 관리는 기업이 소비자에게 보내는 중요한 신호로 기능할 수 있다. 여기서 선제적 품질 관리는 단순한 관리 기법이 아닌, 기업이 품질에 대한 높은 기준을 유지하고 있음을 소비자에게 알리는 신뢰의 표식이다.

- 비용성: 선제적 품질 관리를 구현하는 것은 기업에게 상당한 비용이 든다. 이 비용은 데이터 분석 시스템, 예측 유지 보수 기술, 정기적인 품질 점검 및 개선 활동 등을 포함한다. 이러한 투자는 품질 문제를 사전에 예방하기 위한 것이며, 소비자는 이로부터 기업이 품질에 대해 얼마나 진지하게 생각하고 있는지를 판단할 수 있다.
- 신뢰성: 기업이 선제적 품질 관리를 통해 발생할 수 있는 문제를 사전에 해결하고, 이를 공개적으로 알릴 때, 소비자는 그 기업이 실제로 품질을 중요시하며 신뢰할 수 있는 제품이나 서비스를 제공한다고 인식하게 된다. 이는 기업이 경쟁사와 차별화될 수 있는 중요한 요소가 된다.

선제적 품질 관리: 신호이론의 적용

문헌에 따르면 기업은 선제적 품질 관리를 통해 제품이나 서비스와 관련하여 소비자들이 품고 있는 불확실성에 대한 인식을 완화할 수 있으며, 실제로 많은 기업들이 해당 노력을 하고 있다고 한다. 기업은 선제적 품질 관리를 통해 품질 및 인식된 위험과 관련된 문제를 포함하여 소비와 관련된 잠재적 위험을 완화하는 역할을 할 수 있다.

사례: 도요타 도요타는 품질 문제를 사전에 예방하기 위해 도요타 생산 시스템(Toyota Production System: TPS)을 구축했다. TPS는 '지속적 개선(Kaizen)'과 '지연 없는 생산(JIT)'을 통해 품질 관리에 대한 강력한 신호를 시장에 전달한다. 도요타의 선제적 품질 관리는 고객들에게 높은 신뢰를 제공하며, 이를 통해 도요타는 글로벌 자동차 시장에서 강력한 브랜드 이미지를 구축할 수 있었다. 이 시스템은 도요타가 품질에 대한 높은 기준을 유지하며, 고객들에게 그 기준을 신뢰할 수 있다는 신호를 보내는 역할을 한다.

두 번째로 도요타의 리콜 관리 시스템이 있다. 도요타는 제품 결함이 발견되었을 때 즉각적이고 철저한 리콜 조치를 취하는 것으로 유명하다. 2009년과 2010년에 발생한 대규모 리콜 사태에서 도요타는 전 세계적으로 약 1,000만 대 이상의 차량을 리콜했다. 이러한 대규모 리콜 조치는 초기에는 도요타의 이미지에 타격을 줄 수도 있었으나, 도요타는 이 상황을 품질에 대한 진지함과 책임감을 신호하는 기회로 전환했다.

대규모 리콜은 기업에 엄청난 비용을 수반한다. 도요타는 이러한 비용을 기꺼이 감수하며, 소비자에게 품질 문제에 대해 타협하지 않는다는 강력한 신호를 보냈다. 이는 도요타가 단기적인 손실을 감수하더라도, 장기적으로는 품질과 신뢰를 우선시한다는 메시지를 전달하는 것이다.

도요타는 리콜 과정에서 투명성과 신속성을 유지하며, 소비자에게 자신의 제품에 문제가 있을 때 이를 신속히 해결하겠다는 확실한 신뢰를 심어주었다. 이러한 신호는 소비자들에게 도요타가 제품의 품질에 대해 높은 기준을 유지하고 있으며, 이를 위반할 경우에도 즉각적으로 책임을 지겠다는 확신을 준다. ■

사례: 애플 미국 캘리포니아에서 ICT 하드웨어와 그 제품들의 소프트웨어를 설계, 디자인, 생산하는 회사인 애플의 예시도 빠질 수 없다. 애플은 제품 출시 전에 철저한 테스트와 검증을 통해 잠재적 결함을 미리 발견하고 수정하는 과정을 거친다. 이는 애플이 품질 문제를 사전에 예방하는 선제적 품질 관리의 일환이다. 이와 같은 조치는 애플이 고객에게 품질에 대해 얼마나 많은 투자를 하고 있는지 보여주는 신호로 작용하며, 애플 제품에 대한 높은 신뢰도와 고객 충성도를 강화하는 데 기여한다.

애플은 자사의 품질에 대한 강한 신뢰와 자신감을 소비자에게 전달하기 위해 다양한 전략을 사용하고 있다. 그중 대표적인 것이 애플케어(AppleCare) 서비스다.

애플케어는 애플 제품을 구매한 고객에게 제공되는 연장 보증 및 지원 서비스로, 제품의 수리와 지원을 연장해 주는 유료 서비스다. 이는 단순한 보증 연장 서비스를 넘어, 애플이 자사 제품의 품질에 대해 얼마나 신뢰하고 있는지를 보여주는 강력한 신호로 작용한다.

비록 애플케어는 소비자에게 추가 비용을 요구하지만, 애플은 이 서비스를 통해 자사 제품의 품질을 장기간 보증한다는 신호를 보낸다. 이로써 애플은 소비자에게 자신들의 제품이 그만큼 신뢰할 수 있고, 장기적인 사용에도 문제가 없을 것이라는 확신을 심어준다.

위와 같은 논리로 애플케어는 애플 제품이 높은 품질을 유지할 것이라는 신뢰를 소비자에게 심어주는 중요한 신호다. 소비자는 애플케어를 통해 제품이 고장나더라도 애플이 이를 책임지고 신속히 해결해 줄 것이라는 확신을 갖게 된다. 이는 소비자들이 애플 제품을 선택하는 데 중요한 요소로 작용하며, 애플 브랜드에 대한 높은 충성도를 형성하는 데 기여한다.

마지막으로 애플은 애플케어의 제공을 통해 제품 수리와 지원에 대한 명확한 약속을 제공하며, 이를 통해 소비자는 애플이 자사 제품의 품질을 보장하고 있다는 신뢰를 얻게 된다. 이는 애플이 품질과 고객 지원에 대한 신뢰를 구축하는 중요한 방식 중 하나다. ■

도요타와 애플은 각각의 품질 관리와 고객 지원 전략을 통해 소비자에게 신뢰를 전달하는 강력한 신호를 보내고 있다. 도요타의 리콜 관리 시스템은 품질 문제 발생 시에도 소비자에게 신속하고 투명하게 대응할 것이라는 신호를 보냈으며, 애플의 애플케어는 애플 제품의 품질을 장기적으로 보증하는 신호로 작용하고 있다. 이 두 사례는 신호이론이 실제 비즈니스에서 어떻게 적용되고, 기업이 소비자에게 신뢰를 구축하는 데 어떤 역할을 하는지를 보여준다.

이처럼 신호이론의 관점에서 선제적 품질 관리는 기업이 시장에서 자신들의 품질 관리 능력과 신뢰성을 소비자에게 전달하는 중요한 신호가 된다. 이는 정보 비대칭성 상황에서 소비자에게 품질에 대한 불확실성을 줄이고, 기업의 신뢰를 높이는 효과적인 방법이다. 선제적 품질 관리를 통해 기업은 경쟁에서 우위를 점할 수 있으며, 소비자는 품질이 보장된 제품이나 서비스를 안심하고 선택할 수 있게 된다. 따라서 신호이론은 선제적 품질 관리의 중요성을 설명하는 강력한 이론적 근거가 될 수 있다.

인지부조화 이론

인지부조화 이론(Cognitive Dissonance Theory)은 심리학자 리언 페스팅거(Leon Festinger)가 1957년에 제안 개념으로, 사람들이 자신의 행동, 믿음, 또는 지식 사이에 불일치가 발생할 때 경험하는 심리적 불편함을 설명한다. 이 이론은 사람들이 이러한 불편함을 해소하기 위해 자신의 믿음이나 행동을 수정하려는 경향이 있다는 것을 강조한다.

소비자들이 제품을 구매하거나 서비스를 이용할 때, 그들은 특정한 기대를 가지고 있다. 예를 들어, 고가의 제품을 구매한 소비자는 그 제품이 높은 품질을 제공할 것이라는 기대를 갖는다. 그러나 만약 이 제품이 결함이 있거나 성능이 기대에 미치지 못한다면, 소비자는 인지부조화를 경험하게 된다. 이는 소비자에게 심리적인 불편함을 초래하며, 불만족을 유발하고, 브랜드에 대한 신뢰를 잃게 만든다.

이처럼 인지부조화 이론을 통하여 소비자들이 느낄 수 있는 심리적 불편함을 해소하기 위해 선제적 품질 관리 도입이 타당하다는 근거를 확인할 수 있다. 인지부조화 이론에 따르면, 고객들이 제품이나 서비스를 소비한 후 불만족하여 이탈하게 되는 원인은 고객이 자신의 선택을 후회하기 때문에 생기는 감정적인 불안을 극복하려고 하는 행동으로 볼 수 있다. 예를 들어, 충동적으로 값비싼 내구재를 방금 막 구입한 소비자의 경우 방금 저지른 자신의 선택을 다시 생각하고 대안을 떠올려보며 인지부조화를 경험할 수 있다.

이전 연구에 따르면, 인지부조화가 고객이탈에 미치는 영향은 다음과 같다.

1. 고객이 손해를 입거나 불편을 겪은 경우, 제품이나 서비스의 품질과 성과가 기대에 미치지 못하는 경우, 서비스 이용에 불만을 제기할 상황에 놓이거나 서비스 이용을 거부하고 싶게 만드는 여건에 노출되는 경우 인지부조화를 느낀다고 한다. 이와 경우 고객들은 이탈을 통해 부정적인 상황을 해결하려고 노력하게 되는데, 이탈이 발생하면 기업은 고객이 느낀 불만을 바로잡아 신뢰를 회복할 수 있는 기회를 놓치게 된다. 선제적 품질 관리는 이와 같이 고객들이 직접적인 손해나 불만을 겪기에 앞서 능동적으로 고객에게 판매된 제품이나 서비스의 품질을 관리하는 프로그램으로서 신뢰를 지속적으로 두텁게 쌓아 나갈 수 있는 특장점이 존재한다.

2. 서비스의 가변적이고 무형적인 특성으로 인해 서비스 소비자는 서비스 구매와 관련하여 높은 수준의 인지된 위험을 느끼고 항시 인지부조화의 위험에 노출되어 있다. 문헌에서 논의된 것처럼 서비스 제공업체는 고객 이탈과 신뢰 상실을 사전에 방지할 수 있는 도구를 찾아야만 하는데, 선제적 품질 관리 구현 방안 중 하나인 예방적 품질 관리 프로그램을 통하여 고객들이 노출된 위험을 사전에 예방할 수 있다.
3. 소비자는 이전 기대 및 인식에 기초하여 새로운 제품이나 서비스 경험에 대해 편향된 인식을 형성한다. 품질에 대한 고객의 인식은 시간이 지남에 따라 자신이 경험한 분리된 경험과 관련되어 혼란스러워지는 경향이 있다. 결과적으로 제품이나 서비스 품질에 대한 고객의 인식은 시간이 지남에 따라 악화될 수 있는 위험성을 가지고 있다. 궁극적으로 이와 같은 혼란이나 감정적인 불안정성은 고객들로 하여금 인지부조화를 느끼게 할 수 있다. 따라서 선제적 품질 관리를 통해 고객들이 인지부조화를 겪는 것을 미연에 방지할 수 있다면, 고객들이 장차 가지게 될 부정적인 의식도 완화하고 부정적인 형태로 편향이 조성되는 것도 방지할 수 있다.

선제적 품질 관리는 변화하는 상황에 맞춰 기업이 신속하게 대응할 수 있게 만들어주기 때문에 고객 이탈을 사전에 예방하고, 고객이 자칫 경험할 수 있는 인지부조화를 완화할 수 있는 도구가 될 수 있다. 또한, 기업이 잠재적인 품질 문제를 사전에 인지하고 해결함으로써, 소비자는 제품이나 서비스에 대한 기대와 실제 경험이 일치하는 경험을 할 수 있다. 이를 통해 소비자는 인지부조화를 경험하지 않게 되고, 결과적으로 브랜드에 대한 신뢰가 강화된다.

결과적으로 인지부조화 이론은 선제적 품질 관리가 소비자에게 어떤 역할을 하는지 이해하는 데 중요한 이론적 틀을 제공한다. 선제적 품질 관리는 소비자가 제품에 대해 가지고 있는 기대와 실제 경험 사이의 불일치를 최소화함으로써, 인지부조화를 예방하고, 소비자 만족도와 브랜드 신뢰도를 높이는 데 기여한다. 이러한 접근은 기업이 시장에서 경쟁력을 유지하고, 장기적인 고객 충성도를 확보하는 데 중요한 역할을 한다.

Reference

강금식 (2011). 품질경영: 6 sigma, 박영사.

박성현 (2003). 현대실험계획법, 민영사.

임호순, 박광태, & 안철옥 (2022). 위기대응을 위한 서비스 오퍼레이션스 관리. 홍문사.

Ahmad, R., & Kamaruddin, S. (2012). An overview of time-based and condition-based maintenance in industrial application. *Computers & Industrial Engineering*, 63(1), 135-149. https://doi.org/10.1016/j.cie.2012.02.002

Alt, E., Díez-de-Castro, E. P., & Lloréns-Montes, F. J. (2015). Linking employee stakeholders to environmental performance: The role of proactive environmental strategies and shared vision. *Journal of Business Ethics, 128*, 167-181.

Barkai, O., & Harison, E. (2011). Preventive service management: towards pro-active improvement of service quality. *Review of Business Information Systems*, 15(4), 19-30. https://doi.org/10.19030/rbis.v15i4.6009

Beverland, M., Farrelly, F., & Woodhatch, Z. (2007). Exploring the dimensions of proactivity within advertising agency-client relationships. *Journal of Advertising*, 36(4), 49-60. https://doi.org/10.2753/JOA0091-3367360404

Blocker, C., Flint, D., Myers, M., & Slater, S. (2011). Proactive customer orientation and its role for creating customer value in global markets. *Journal of the Academy of Marketing Science*, 39, 216-233. https://doi.org/10.1007/s11747-010-0202-9

Boiral, O. (2006). Global warming: should companies adopt a proactive strategy?. *Long Range Planning, 39*(3), 315-330.

Challagalla, G., Venkatesh, R., & Kohli, A. (2009). Proactive postsales service: when and why does it pay off? *Journal of Marketing*, 73(2), 70-87. https://doi.org/10.1509/jmkg.73.2.70

Challagalla, G. Venkatesh, R. and Kohli, A. K. (2009). "Proactive Post-sales Service when and why does it pay off?," *Journal of Marketing*, Vol. 73, 70-87.

Chen, L., Li, T., Jia, F., & Schoenherr, T. (2022). The impact of governmental COVID-19 measures on manufacturers' stock market valuations: The role of labor intensity and operational slack. *Journal of Operations Management*, 1-22. https://doi.org/10.1002/joom.1207

Clark, P. (2010). Contingency planning and strategies. Association for computing machinery, 131-140. https://doi.org/10.1145/1940941.1940969

Coad, A., Segarra, A., & Teruel, M. (2016). Innovation and firm growth: does firm age play a role? *Research Policy*, 45(2), 387-400. https://doi.org/10.1016/j.respol.2015.10.015

Cole, R., & Matsumiya, T. (2007). Too much of a good thing? Quality as an impediment to innovation. *California Management Review*, 50(1), 77-93. https://doi.org/10.2307/41166417

Corbett, C., Montes-Sancho, M., & Kirsch, D. (2005). The financial impact of ISO 9000 certification in the United States: an empirical analysis. *Management Science*, 51(7), 1046-1059. https://doi.org/10.1287/mnsc.1040.0358

Craighead, C., Karwan, K., & Miller, J. (2004). The effects of severity of failure and customer loyalty on service recovery strategies. *Production and Operations Management*, 13(4), 307-321. https://doi.org/10.1111/j.1937-5956.2004.tb00220.x

Crant, J. M. (2000). Proactive behavior in organizations. *Journal of management, 26*(3), 435-462.

Crosby, P. B. (1979). Quality Is Free: The Art of Making Quality Certain. *New American Library.*

Darnall, N., Henriques, I., & Sadorsky, P. (2010). Adopting proactive environmental strategy: The influence of stakeholders and firm size. *Journal of management studies, 47*(6), 1072-1094.

Dowling, G. (1985). The effectiveness of advertising explicit warranties, *Journal of Public Policy & Marketing*, 4, 142-152. http://www.jstor.org/stable/30000080

Fitch, J. C. (1992). "Proactive maintenance", The cost-reduction strategy for the 90s, *Diesel & Gas Worldwide*, 24(5), 3.

Fitch, E. C. (2013) "Proactive Maintenance for Mechanical Systems", Elsevier.

Foster, S. (1998). The ups and downs of customer-driven quality, *Quality Progress*, 31, 67-72.

Frambach, R. T., Wels-Lips, I., & Gündlach, A. (1997). Proactive product service strategies: an application in the European health market. *Industrial Marketing Management, 26*(4), 341-352.

Foster, S. T., & Gardner, J. W. (2022). *Managing quality: Integrating the supply chain*. John Wiley & Sons.

Garvin, D. (1984). What Does "Product Quality" Really Means? *MIT Sloan Management Review*, 25, 25-43.

Glasser, G. (1967). The age replacement problem. Technometrics, 9(1), 83-91. https://doi.org/10.2307/1266320

Gligor, D., & Holcomb, M. (2012). Antecedents and consequences of supply chain agility: establishing the link to firm performance. *Journal of Business Logistics*, 3(4) 295-308.

Han, Y., Rhim, H., & Yeon, S. (2017). Understanding concepts of proactive services and cases. *Productivity Review, 31*(3), 198-224.

Heckman, J. (1979). Sample selection bias as a specification error. *Econometrica*, 47(1), 153-161. https://doi.org/10.2307/1912352

Hendricks, K., & Singhal, V. (2003). The effect of supply chain glitches on shareholder wealth. *Journal of Operations Management*, 21, 501-522. https://doi.org/10.1016/j.jom.2003.02.003

Hendricks, K., & Singhal, V. (2005). An empirical analysis of the effect of supply chain disruptions on long-run stock price performance and equity risk of the firm. *Production and Operations Management*, 14(1), 35-52. https://doi.org/10.1111/j.1937-5956.2005.tb00008.x

Hentschke, G. C., Parthenon-EY, E., Young, L. L. P., Jacobs, B. C., Jacobs, L. A., & Ladd, H. (2017). Mergers in Higher Education: A proactive strategy to a better future?. *TIAA Institute*.

Hitt, M., & Ireland, R. (1985). Corporate distinctive competence, strategy, industry and performance. *Strategic Management Journal*, 6(3), 273-93.

Hogreve, J., & Gremler, D. (2009). Twenty years of service guarantee research. *Journal of Service Research*, 11(4), 322-343. https://doi.org/10.1177/1094670508329225

Holbrook, R., & Kulik, C. (2001). Customer perceptions of justice in service transactions: the effects of strong and weak ties. *Journal of Organizational Behavior*, 22, 743-757. https://doi.org/10.1002/job.108

Homburg, C., Vollmayr, J., & Hahn, A. (2014). Firm value creation through major channel expansions: evidence from an event study in the United States, Germany, and China. *Journal of Marketing*, 78(3), 38-61. https://doi.org/10.1509/jm.12.0179

Jacobs, B., & Singhal, V. (2020). Shareholder value effects of the Volkswagen emissions scandal on the automotive ecosystem. *Production and Operations Management*, 29(10), 2230-2251. https://doi.org/doi:10.1111/poms.13228

Jacobs, B., Singhal, V., & Zhan, X. (2022). Stock market reaction to global supply chain disruptions from the 2018 US government ban on ZTE. *Journal of Operations Management*, 68(8), 903-927. https://doi.org/10.1002/joom.1197

Kale, J., & Shahrur, H. (2007). Corporate capital structure and the characteristics of suppliers and customers. *Journal of Financial Economics*, 83(2), 321-365. https://doi.org/10.1016/j.jfineco.2005.12.007

Klockner, M., Schmidt, C., & Wagner, S. (2022). When blockchain creates shareholder value: empirical evidence from international firm announcements. *Production and Operations Management*, 31(1), 46-64. https://doi.org/10.1111/poms.13609

Liu, X., Yeung, A., Lo, C., & Cheng, T. (2014). The moderating effects of knowledge characteristics of firms on the financial value of innovative technology products. *Journal of Operations Management*, 32, 79-87. http://dx.doi.org/10.1016/j.jom.2013.11.003

Meyer, J., Gremler, D., & Hogreve, J. (2014). Do service guarantees guarantee greater market value? *Journal of Service Research*, 17(2), 150-163. https://doi.org/10.1177/1094670513505359

Modi, B., Wiles, M., & Mishra, S. (2014). Shareholder value implications of service failures in triads: The case of customer information security breaches. *Journal of Operations Management*, 35(1), 21-39. https://doi.org/10.1016/j.jom.2014.10.003

Murthy, D., & Djamaludin, I. (2002). New product warranty: a literature review. *International Journal of Production Economics*, 79, 231-260. https://doi.org/10.1016/S0925-5273(02)00153-6

Murthy, D., & Jack, N. (2014). Extended warranties, maintenance service and lease contracts. Springer Science & Business Media.

Nair, P. (2023). Anticipatory shipping: an overview on implementation of anticipatory shipping through a managerial perspective. *EPRA International Journal of Economics, Business and Management Studies*, 10(3), 16-21. https://doi.org/10.36713/epra1013

Pacaiova, H., Nagyova, A. (2019). Risk based thinking — new approach for modern enterprises' management. *Advances in Human Factors, Business*

Management and Society, 1(783), 524-536. https://doi.org/10.1007/978-3-319-94709-9_52

Parasuraman, A., Berry, L., & Zeithaml, V. (2002). Refinement and reassessment of the SERVQUAL scale. *Journal of retailing*, *67*(4), 114.

Parker, S. K., Williams, H. M., & Turner, N. (2006). Modeling the antecedents of proactive behavior at work. *Journal of applied psychology*, *91*(3), 636.

Pitt, L. F., Ewing, M. T., & Berthon, P. R. (2002). Proactive behavior and industrial salesforce performance. *Industrial marketing management*, *31*(8), 639-644.

Poll, R., Polyvyanyy, A., Rosemann, M., Roglinger, M., & Rupprecht, L. (2018). Process forecasting: towards proactive business process management. *International Conference on Business Process Management*, 11080, 496-512. https://doi.org/10.1007/978-3-319-98648-7_29

Prajapati, A., Bechtel, J., & Ganesan, S. (2012). Condition based maintenance: a survey. *Journal of Quality in Maintenance Engineering*, 18(4), 384-400. https://doi.org/10.1108/13552511211281552

Rath, F. M.S.I.E. (2008). Tools for developing a quality management program: proactive tools (process mapping, value stream mapping, fault tree analysis, and failure mode and effects analysis). *International Journal of Radiation Oncology*Biology*Physics*, 71(1), 187-190. https://doi.org/10.1016/j.ijrobp.2007.07.2385

Reichheld, F., & Sasser, W. (1990, September-October). Zero defections: quality comes to services. *Harvard Business Review*, 105-111.

RTGE Staff. (2016, February 19). Unilever claims zero-waste achievement. Waste Today. https://www.wastetodaymagazine.com/news/unilever-zero-waste-recycling-600-locations/

Sharma, P., & Sharma, S. (2011). Drivers of proactive environmental strategy in family firms. *Business Ethics Quarterly*, *21*(2), 309-334.

Shou, Y., Shao, J., & Wang, W. (2021). How does reverse factoring affect operating performances? an event study of Chinese manufacturing firms. *International Journal of Operations & Production Management*, 41(4), 289-312. https://doi.org/10.1108/IJOPM-07-2020-0469

Stock, G., Greis, N., & Fischer, W. (2002). Firm size and dynamic technological innovation. *Technovation*, 22, 537-549.

Teplika, K., Senova, A., Hurna, S., & Szalay, Z. (2021). FMEA — a preventive tool of risks assessment and detection of processes failures. *Calitatea*, 22(182), 41-45.

Udell, J., & Anderson, E. (1968). The product warranty as an element of competitive strategy. *Journal of Marketing*, 32(4), 1-8. https://doi.org/10.1177/0022242968032004

Unilever. (2020, January 31). We now use 100% renewable grid electricity globally. Unilever. https://www.unilever.com/news/news-search/2020/we-now-use-100-renewable-grid-electricity-globally/

Unilever. (2019, September 16). We now use 100% renewable electricity across five continents. Unilever. https://www.unilever.com/news/news-search/2019/we-now-use-100-per-cent-renewable-electricity-across-five-continents/

Verdu-Jover, A., Llorens-Montes, F., & García-Morales, V. (2004). The concept of fit in services flexibility research: an empirical approach. *International Journal of Service Industry Management*, 15(5), 499-514. https://doi.org/10.1108/09564230410564957

Wallenburg, C., & Lukassen, P. (2011). Proactive improvement of logistics service providers as driver of customer loyalty. *European Journal of Marketing*, 45(3), 438-454. https://doi.org/10.1108/03090561111107267

Wang, X., Liu, B., & Zhao, X. (2021). A performance-based warranty for products subject to competing hard and soft failures. *International Journal of Production Economics*, 233(12), 107974. https://doi.org/10.1016/j.ijpe.2020.107974

White, V. (2016, February 10). Unilever announces new zero waste to landfill achievement. New Food Magazine. https://www.newfoodmagazine.com/news/22460/unilever-announces-new-zero-waste-to-landfill-achievement/

Zeithaml, V. (1988). Consumer perceptions of price, quality, and value: a means-end model and synthesis of evidence. *Journal of Marketing*, 52(3), 2-22. https://doi.org/10.2307/1251446

제2장 선제적 품질 관리 이론

품질 관리와 품질 관리 대가들

지금까지는 품질 경영이 왜 기업의 경영 활동에 필수적인 요소인지, 그리고 품질이 다양한 관점에서 어떻게 정의될 수 있는지를 살펴보았다. 이제 이러한 품질 경영의 개념이 실무에서 어떻게 구체화되고 발전해 왔는지를 이해하기 위해, 본 절에서는 품질 대가들(Gurus)이 제시했던 철학과 원칙들을 소개한다. 이들은 품질 관리의 기초를 다진 선구자들로, 오늘날의 품질 경영이 어떻게 형성되었는지에 대한 중요한 통찰을 제공하며, 이들의 철학적 사고들이 모여서 품질 경영의 이론(Theory)을 형성하게 된다. 즉, 이론이란 관련 명제(Propositions)들의 일관성 있는(Cohesive) 체계(System) 또는 집합(Set)이라고 정의한다면 품질 관리의 대가들이 제시한 명제들을 살펴볼 필요가 있게 되고, 이러한 명제들을 일관성 있게 모아놓은 것(Collection)이 품질의 이론적 토대가 될 것이다. 따라서 품질 관리의 이론적 백그라운드를 이해하기 위해서는 품질 관리의 대가들의 주의·주장들을 살펴보고 이를 일관성 있게 이해함으로써 품질 관리 이론을 이해할 수 있게 된다.

지금부터 소개할 여러 명의 품질 대가들과 그들의 철학에 대한 내용은 Foster & Gardner(2022)의 서적에서 참고했음을 미리 밝히는 바이다.

데밍의 14포인트 품질 철학

첫 번째로 소개할 대가는 에드워드 데밍(W. Edwards Deming)이다. 데밍은 1994년 12월 24일에 사망하기 전까지 세계 최고의 품질 경영 권위자로 널리 인정받았으며, 특히 일본에서 품질 경영의 아버지로 여겨진다. 미국의 경영학자인 그가 왜 일본에서 더 큰 인정을 받았는가? 그 이유는 2차 세계대전 후 패망한 일본의 산업구조를 재건하는 데 중요한 역할을 했기 때문이다.

1950년대 초, 데밍은 일본에 그의 통계적 품질 관리 기법과 경영 철학을 도입해 일본 기업들이 제품 품질을 획기적으로 개선하고 운영 효율성을 높일 수 있도록 도왔다. 그 결과, 일본은 품질 혁신을 통해 세계 시장에서 경쟁력을 확보하게 되었고, 이러한 공로로 데밍은 지금도 일본에서 깊은 존경을 받고 있다. 이후 미국 기업들도 그의 원칙을 채택하며 품질 경영의 중요성을 재확인하게 되었다. 1951년, 일본과학기술연맹(Japanese Union of Scientists and Engineers: JUSE)은 데밍의 공적을 기리기 위해 데밍 상을 창설했으며, 이 상은 현재까지도 품질 관리 분야에서 최고의 명예와 권위를 자랑하고 있다.

데밍은 그의 품질 철학을 14가지 포인트로 정리하여 경영자들에게 체계적으로 그의 이론을 제시했다. 이 14가지 포인트는 많은 조직에서 범용적으로 활용될 수 있는 품질 경영의 핵심적인 원칙들을 포괄하며, 단순히 제품의 품질 수준을 향상시키는 것을 넘어, 경영자들에게 거시적인 관점에서 조직의 성공을 견인하기 위한 방향키를 제시한다. 지금부터 데밍의 14가지 포인트를 하나씩 살펴보자.

포인트 1: 제품과 서비스의 개선에 대한 일관된 목표를 만들어라.

첫 번째 포인트는 경영자가 제품과 서비스의 지속적인 품질 개선을 목표로 삼아야 한다는 것이다. 즉, 근시안적인 시선으로 당장의 이익이 될 수 있는 경영 활동에 집중하기보다는, 장기적 관점에서 기업의 지속 가능성을 유지하고 꾸준히 일자리를 제공할 수 있는 역량을 갖출 것을 주문했다. 이를 위해 기술 혁신, 연구 개발 등 모든 기업의 활동에 대한 철저한 계획이 필요함을 강조했다. 특히 당시 미국의 경영자들은 데밍이 지적한대로 단기적인 경영 성과에 목을 매는 경향이 있었는데, 이는 결국 승전국 미국이 패전국 일본에게 세계 시장에서 경쟁력을 빼앗기는 결과를 초래했다.

포인트 2: 새로운 철학을 가져라.

두 번째 포인트는 경영자로 하여금 새로운 시대에 적응해야 한다는 필요성을 제시하였는데, 이는 더 이상 전통적인 방식을 고수해서는 경쟁에서 살아남을 수 없다는 것이다. 당시 이 포인트는 주로 낭비를 제거하라는 의미로 받아들여졌다. 여기서 낭비란 부가 가치를 창출할 수 없는 모든 것을 의미하며, 원자재 불량, 작업자의 서투른 솜씨, 그리고 서비스 제공자의 불친절한 접객 태도 등이 해당된다. 이러한 낭비를 지속적으로 제거하고 궁극적으로 불합격이 없는 수준까지 도달하라는 것이 그 당시로서는 새로운 철학으로 작용하였다.

물론 지금도 이러한 철학은 유효하지만, 2024년 현재 많은 기업들이 적절한 비용으로 훌륭한 품질을 제공할 수 있는 역량을 갖추었다. 그렇기 때문에 현 시대의 경영자들은 다시금 새로운 철학을 가져야 할 필요가 있다. 일례로 서비스 산업이 국가 경제에서 차지하는 비중이 점차 늘어나는 지금, 서비스 품질은 새로운 도전이 되고 있으며, 제품의 규격과 강성 등이 기준이 되는 제품 품질과 달리 서비스 품질은 고객이 생각하는 서비스에 대한 만족도가 품질의 기준이 된다. 그렇기에 고객의 욕구를 만족시키는 것뿐만 아니라, 미래 시장에서 경쟁 우위를 가지려면 선제적으로 고객의 불만 요인을 제거하고(낭비를 제거하고), 더 큰 부가 가치를 가져오기 위해 고객이 미처 생각지 못했던 서비스 품질 요소를 발굴하여 선제적으로 제공할 필요가 있다.

포인트 3: 대규모 품질 검사에 너무 의존하지 마라.

세 번째 포인트는 대규모 품질 검사에 너무 의존하지 말라는 것이다. 데밍은 품질이 단순히 완성된 제품의 양품 여부에 의해서만 결정되는 것이 아닌, 경영 관리, 생산 공정 등 근본적인 경영 활동의 개선으로부터 비롯되는 것이라고 하였다. 구체적으로 품질을 개선하기 위해서는 설계 단계와 제조 공정에 초점을 맞출 것을 주문했다. 왜냐하면, 설계 품질이 낮고, 제조 공정이 엉망이면 검사 단계에서는 어차피 불량품이 지속적으로 유입될 것이기 때문에 검사 업무를 아무리 잘해도 재작업 횟수만 늘릴 뿐 근본적인 품질 개선을 가져올 수 없다.

더 심각한 문제는 대규모 검사 업무의 특성상 상당히 지루한 작업이기 때문에 작업자가 집중력을 잃어서 제조 공정에서 만들어진 불량품을 검사 단계에서 미처 걸러내지 못할 수도 있기 때문이다. GIGO(Garbage In Garbage Out)라는 표현처럼, 설계와 제조 역량이 부족하면 아무리 훌륭한 검사 도구를 사용해도 최종 제품의 품질은 좋지 않을 수밖에 없다. 그러므로 데밍은 통계적 품질 관리 기법(5장에서 자세히 다룰 예정)을 토대로 하여, 제조 공정을 치밀하게 관리하고, 설계 품질을 개선하여 애초부터 불량품이 적게 발생하는 환경을 만들 것을 강조했다.

포인트 4: 원가에만 치중해서 계약을 체결하지 마라.

많은 조직들은 구매 비용의 절감을 위해 최저가로 입찰한 공급업체와 계약을 맺는다. 물론 비용 절감은 기업이 추구해야 할 중요한 목표 중 하나다. 그러나 비용 절감을 위해 공급 단가에'만' 치중해서 계약을 맺는 것은 주의해야 한다. 왜냐하면, 해당 공급업체가 최저가에 맞추기 위해 부실한 원자재를 사용하거나, 생산 역량이 부족한 공급업체를 선택할 경우, 품질 문제, 신뢰성 저하, 그리고 공급의 불안정성 등 더 높은 비용을 초래 할 수 있기 때문이다. 만일 낮은 품질의 제품이 고객에게 인도되면, 고객의 불만이 높아지고 고객은 다시는 해당 기업의 제품을 구매하려 하지 않을 것이다. 즉, 단기적인 비용 절감이 오히려 고객의 신뢰를 잃는 더 큰 손실로 이어질 수 있다는 것이다.

이에 데밍은 단순히 가격에만 의존하는 대신 "총 소유 비용(Total Cost of Ownership)"을 최소화하는 접근 방식을 제안했다. 총 소유 비용이란 단순히 구매 비용뿐만 아니라 품질, 신뢰성 등을 포함한 모든 제반 비용을 의미한다. 총 소유 비용을 줄이기 위해 데밍은 품질 관리 역량이 뛰어나고 신뢰성이 높은 업체와 장기 계약을 맺어 파트너십을 유지할 것을 권장했다. 이는 비록 초기 비용은 다소 높을 수 있지만, 시간이 지남에 따라 품질 문제와 공급의 불안정성에 따른 위험을 줄일 수 있고, 파트너와의 굳건한 신뢰 관계는 차후 기업으로 하여금 더 나은 협상력을 제공할 수 있는 기틀을 마련한다. 실제로 일본의 자동차 기업 도요타(Toyota)는 적시 생산 시스템(Just In Time: JIT)을 통해 전 세계 자동차 시장에서 상당한 경쟁력을 확보할 수 있었다. 적시 생산 시스템의 핵심은 데밍이 제시한 대로 소수의 공급업체와 장기적인 신뢰 관계를 구축하고, 이들과의 협력을 통해 필요한 부품을 필요한 시점에 정확하게 제공받는 것이었다. 이를 통해 도요타는 재고 비용을 최소화하고, 공급망의 효율성을 극대화할 수 있었다. 도요타의 성공은 단순히 최저가에만 의존해서 계약하는 것이 아니라, 신뢰할 수 있는 파트너와의 장기적인 협력 관계를 통해 가능한 일이었다.

포인트 5: 지속적으로 개선하라.

데밍의 다섯 번째 포인트는 품질과 생산성을 지속적으로 향상시키는 시스템을 구축하라는 것이다. 이는 조직 내 모든 프로세스, 제품, 서비스가 꾸준히 개선되어야 하며, 이러한 개선이 기업의 경쟁력을 강화하고 총 비용 절감에도 기여해야 한다. 특히 데밍은 일회성 개선이 아닌 끊임없는 개선이 이루어져야 한다고 강조했다. 품질 경영은 지속적인 과정이며, 매일의 작은 개선들이 모여 큰 성과를 이룬다는 철학이다.

기업 경영을 운동 선수로 비유한다면, 품질과 생산성의 지속적 개선은 운동 선수가 은퇴하기 전까지 최상의 컨디션을 유지하기 위해 몸을 가꾸는 과정과 같다. 운동 선수가 최상의 컨디션을 유지하려고 하는 이유는 대회에서 경쟁력을 강화하려고 하는 것처럼, 조직은 품질과 생산성을 지속적으로 개선함으로써 고객 만족도를 높이는 것에 기여할 수 있다. 특히, 요즘에는 고객의 기대는 지속적으로 변화하며, 시간이 흐를수록 그 기대 수준도 높아지고 있다. 따라서 조직의 지속적인 개선은 변화하는 고객의 요구를 충족시키기 위해 필수불가결하다. 또한, 작은 문제를 사전에 예방하고 해결함으로써 총 비용 절감에도 기여할 수 있다.

데밍은 지속적 개선을 위한 도구로 PDCA(Plan-Do-Check-Act) 사이클을 제안했다. 이는 계획(Plan), 실행(Do), 평가(Check), 개선(Act)의 반복적인 과정을 통해 끊임없는 개선을 이끌어낸다는 개념이다. 예를 들어, 한 기업이 신제품을 출시할 때 PDCA 사이클을 적용하여 고객 피드백을 반영하고 제품의 문제점을 개선함으로써 다음 버전을 더욱 나은 품질로 출시할 수 있다. 이 과정이 반복되지 않으면 기업은 경쟁에서 뒤처지고 생존이 어려워질 수 있다. 그래서 PDCA 사이클은 "데밍의 바퀴(Deming Wheel)"라고도 불린다.

포인트 6: 직무 훈련을 체계화하라.

아무리 좋은 시스템을 갖추더라도 이를 운영하는 것은 결국 사람이다. 데밍의 여섯 번째 포인트는 직원들이 업무에 대한 깊은 이해와 역량을 개발할 수 있도록 체계적인 교육을 제공하라는 것이다. 나아가 교육이 단순히 기술적인 지식 전달에 그쳐서는 안 되며, 기업이 지닌 품질 경영의 철학을 이해하고, 이를 실천할 수 있는 능력을 길러주는 것에 중점을 둬야 한다고 강조했다.

이러한 데밍의 철학을 실제 현장에서는 어떻게 구현할 수 있는가? 우선 직원들로 하여금 자신들의 역할을 수행함에 있어서 필요한 기술적 역량을 습득하게 해야 한다. 동시에, 직원들이 품질 경영의 기본 원칙을 이해하도록 함께 교육해야 한다. 이는 자신들이 제품이나 서비스의 품질을 유지하기 위해 필요한 생산 공정의 일부가 아니라, 조직 전체의 전략적 목표를 수행하기 위해 꼭 필요한 존재라는 점을 인식하도록 하기 위함이며, 이를 통해 직원들의 사기를 높일 수 있다.

나아가, 직원 스스로가 문제를 적극적으로 발굴하고 자신들이 팀워크를 발휘해서 이를 해결할 수 있는 역량을 길러줘야 하며, 전사적 사내 문화 측면에서도 이러한 점을 장려하는 문화가 형성되어야 할 것이다. 이러한 목표를 달성하기 위한 대표적인 방법이 바로 품질 분임조(Quality Circle)이다. 품질 분임조란 제조 현장에서 자발적으로 소규모 그룹을 구성해 품질 개선을 목표로 문제를 해결하는 데 중점을 둔다. 품질 분임조는 일반적으로 같은 부서나 작업 현장에 있는 직원들이 모여 분임조를 구성하며, 이들은 자신의 업무와 관련된 문제를 분석하고 개선 방안을 제시한다.

실제로 우리나라 현대제철(Hyundai Steel)의 한 품질 분임조는 형강 열연 공정별 기계 고장 시간을 측정해 본 결과, 절단 공정이 전체 기계 고장 시간 중 약 50% 가량을 차지하는 점을 발견하였다. 원인을 분석해 본 결과, 절단 공정 과정 중 주로 절단기가 문제가 있는 것으로 나타났고, 절단기 공정을 중점적으로 관리하기로 하였다. 절단기 공정을 자세히 평가해 본 결과, 주로 보조설비, 롤러, 상부 프레임에서 발생하는 문제가 전체 공정 중 80% 이상을 차지하는 것으로 나타났고 구체적인 사유로는 윤활유의 온도 문제, 롤러의 베어링 파손과 롤러 교체 시간이 너무 오래 걸린다는 점을 도출했다. 이후 해당 분임조는 네 가지 대책을 제안했는데, 윤활유의 온도를 효과적으로 관리하기 위해 윤활 유닛의 쿨러(Cooler)를 대체하는 것, 롤러 베어링 파손의 주원인이 되는 이물질의 침투를 최소화하기 위해 오일씰로 변경하는 것, 상부 프레임의 수치 오차를 보정하기 위한 측정 메커니즘의 변경, 그리고 설비 부하와 충격량 상승으로 인해 줄어드는 안전률을 높이기 위해 롤러의 축과 하우징을 개선할 것을 제안했다. 이후 해당 분임조는 각 대책을 수행하면서 공정이 어느 정도 개선되었는지 파악하였으며, 결과적으로 3억 530만 원 가량의 비용을 절감할 수 있었다. 이 모든 과정에서 상술했던 PDCA 사이클을 접목했으며, 구체적인 측정 도구로는 5장에서 자세히 소개할 여러 가지 통계적 품질 관리 도구들을 활용하였다. 해당 분임조는 국가 품질 상의 우수 품질 분임조 사례로

2023년 선정되어 동상을 수상하게 되었다. 이처럼 체계화된 훈련을 받은 직원들을 중심으로 기업의 품질과 생산성이 향상될 뿐만 아니라, 직원들의 동기 부여와 만족도도 높아지는 일거양득의 효과를 누릴 수 있다.

포인트 7: 리더십을 개선하라.

과거의 리더십은 강력한 카리스마를 가진 리더가 그를 따르는 사람(Follower)들을 휘어잡고 그들을 통제하는 것으로 여겨졌다. 그러나 최근에는 리더십의 개념이 단순히 직원들에게 업무를 지시하고 관리하는 것이 아닌 직원들이 스스로 더 나은 성과를 낼 수 있도록 지원하는 역할을 해야 한다는 인식이 확산되었다. 데밍의 7번째 포인트 역시 리더십이란 단순한 생산성 증대를 위함이 아니라, 사람, 기계, 시스템이 효과적으로 작동하도록 도움으로써 조직 전체의 품질을 향상시켜야 한다는 점을 강조한다.

구체적으로 조직의 관리자는 단순히 명령을 내리는 것을 넘어, 직원들이 필요로 하는 교육, 자원, 피드백을 제공하는 지원자 역할(코칭)을 해야 한다는 의미다. 그러므로 관리자들은 직원들이 더 나은 성과를 낼 수 있도록 코칭하고, 장애물을 제거해 주는 역할을 맡아야 한다. 또한, 리더는 문제 해결을 촉진하는 역할을 해야 한다. 과거 전통적인 관리자가 문제가 발생했을 때 이를 지적하는 데 그쳤다면, 현 시대의 리더는 직원들이 스스로 문제를 발견하고, 해결책을 찾아내는 능력을 키우도록 도와야 한다.

이를 위해 리더는 직원들에게 정기적인 교육과 피드백을 제공해 직원들이 자신의 업무에 대한 깊은 이해를 가지고 더 나은 성과를 내기 위해 필요한 역량을 갖출 수 있게 함으로써 조직 전체의 성과가 향상될 것이다. 또한, 효과적인 리더십은 개방적이고 지속적인 커뮤니케이션을 통해 이루어진다. 즉, 리더는 직원과의 원활한 소통을 통해 문제를 신속히 파악하고 해결하며, 조직 내 정보가 잘 공유될 수 있도록 해야 한다.

포인트 8: 두려움을 몰아내라.

마음 속에 두려움이 가득하면 누구나 자신의 역량을 100% 발휘할 수 없다. 조직의 구성원들 역시 마찬가지로 조직 내에서 두려움이 존재할 경우 직원들이 자신의 잠재력을 최대한 발휘하지 못하고, 결과적으로 조직 전체의 성과가 저해될 것이다. 그래서 데밍은 두려움을 없애는 것이 조직의 효과적인 운영과 직원들이 능동적으로 문제를 해결할 수 있도록 하는 데 필수적이라고 보았다.

그렇다면 조직 내에서 두려움이 생기는 원인이 무엇인가? 아마 직원의 입장에서 가장 두려운 점은 불이익에 대한 두려움일 것이다. 직원들은 실수나 성과 부진이 처벌이나 불이익으로 이어질까 봐 두려워한다. 이로 인해 새로운 시도를 주저하고, 혁신을 꺼리게 된다. 또 다른 원인은 변화에 대한 두려움이다. 변화는 불확실성을 동반하기 때문에 직원들은 새로운 아이디어를 제안하기보다 기존 방식에 안주하려는 경향이 생긴다. 특히, 조직 내 중역일수록 의사 결정의 파급력이 크기 때문에 변화로 인한 부정적 결과를 두려워하는 경향이 강하다.

이러한 두려움을 없애기 위해서는 우선 직원들이 실수나 실패를 두려워하지 않고, 자유롭게 의견을 제시할 수 있는 조직 문화를 형성하는 것이 필요하다. 특히 직원들이 실수나 실패를 했을 때 그것을 나무라기보다는 실수를 통해 배울 수 있도록 장려해야 한다. 일례로 KAIST는 2021년 실패연구소를 설립했다. 이 연구소는 실패를 두려워하지 않고 과감한 도전을 할 수 있는 캠퍼스 문화를 조성하기 위해 만들어진 조직으로서, 과감한 도전은 실패에 대한 두려움이 없을 때에만 가능하다는 슬로건 하에 실패한 경험들을 자유롭게 공유하고 실패한 결과나 과정에 대한 데이터를 분석함으로써 더 나은 도전을 할 수 있는 발판을 마련한다. 이처럼 조직은 구성원으로 하여금 자신의 잠재력을 최대한 발휘하고, 조직의 품질 개선과 혁신을 촉진할 수 있도록 두려움을 없애기 위한 전략을 적극적으로 도입하고, 개방적이고 심리적 안전감을 주는 조직 문화를 조성해야 할 것이다.

포인트 9: 부서 간 장벽을 허물어라.

우리가 식사를 하는 과정을 생각해 보자. 식사를 하려면 우선 눈으로 식기를 본 다음, 손으로 식기를 쥐고, 밥을 한 숟가락 뜬 다음 그것을 입으로 가져간다. 그리고 다시 젓가락을 들어 마음에 드는 반찬을 고르고 그것을 집은 다음 입으로 가져간다. 이어서 입은 음식을 받아들이고 이빨로 씹고 삼켜서 원활한 소화 과정을 돕는다. 이러한 일련의 과정은 우리 몸의 각 신체 부위가 서로 유기적으로 협력하면서 이루어진다. 만일 눈 따로, 손 따로, 그리고 입이 따로 움직인다면 우리는 식사를 제대로 할 수 없을 것이다.

데밍의 아홉 번째 포인트는 조직 내 각 부서가 마치 한 몸처럼 유기적으로 협력할 것을 주문한다. 지금이야 이 메시지가 매우 당연하게 느껴지지만, 데밍이 활동했던 1960~70년대만 하더라도 기업 내 각 부서가 고립된 채로 운영되는 경우가 많았으며, 데밍은 이러한 부서 간 장벽이 조직 전체의 성과와 품질 개선을 저해한다고 보았다. 그러므로 조직의 목표를 달성하기 위해 부서 간 경계를 허물고, 긴밀하게 협력하는 문화를 조성해야 한다는 것을 강조한다.

조직 내의 장벽이 생기는 원인은 조직 내 각 부서의 역할이 다르고 의사 소통이 제대로 되지 않기 때문이다. 소위 조직 내 디자이너와 개발자가 자주 갈등을 일으킨다고 한다. 디자이너의 경우 색상, UI와 같은 시각적 요소를 설계하는데 몰두한다면, 개발자들은 제품이 실제로 작동할 수 있도록 만드는 역할을 한다. 그 과정에서 디자이너의 의도와 사뭇 다른 결과물이 나오는 경우 디자이너는 개발자에게 디자인을 자신의 의도대로 수정할 것을 요구하고, 그 때마다 개발자들은 어려운 프로그래밍 용어를 근거 삼아 구현이 불가능하다는 말을 한다. 그렇게 회의가 끝나면 디자이너들은 개발자들이 미적 감각 없이 자신의 디자인을 망치는 결과물을 만든다고 생각하고, 개발자들은 디자이너들이 프로그램의 작동 메커니즘도 제대로 모르면서 말도 안 되는 요구만 한다고 생각하게 된다. 그리고 회의가 진행될수록 이러한 갈등의 골은 점점 깊어진다.

이 외에도 조직 내 각 부서 간 장벽이 생기는 원인은 다양한데, 예를 들어 각 부서 간 KPI(핵심 성과 지표)가 다른 경우에는 한 부서의 성과가 높아지면 다른 부서의 성과가 낮아질 수 있다. 그렇기에 각 부서가 자신의 목표만을 중시하고 조직 전체의 목표를 생각하지 않는 경우, 조직 내에서 일관된 전략적 방향을 유지하기 어려워진다. 이는 결과적으로 조직 전체의 성과를 저해할 수 있다.

이러한 장벽을 허물기 위해서는 우선 경영진은 조직 전체의 목표를 명확하게 설정하고, 각 부서가 이 목표를 이해하며, 자신들의 활동이 조직의 목표에 어떻게 기여하는지 명확히 인식하도록 노력해야 한다. 그리고 부서 간 소통을 강화해야 하는데, 앞서 개발자와 디자이너의 갈등의 근본적인 원인은 개발자들은 디자이너들의 요구가 터무니없다고 느끼는 것이고, 반면 디자이너들은 개발자의 고충을 모르기 때문이다. 그렇기에 각 부서들 간 소통을 촉진하는 것이 무엇보다 중요하다고 할 수 있으며, 상호 협력할 수 있는 방향을 지속적으로 논의하는 과정을 통해 부서 간 인식의 격차를 좁혀 나가야 할 것이다. 또한, 각 부서가 서로 다른 부서의 업무를 개략적으로나마 이해할 필요가 있는데, 예를 들어 디자인 팀에게는 개발자들의 업무가 어떻게 흘러가는지, 그리고 개발자들은 그들이 줄기차게 부르짖는 어려운 기술 용어를 알기 쉽게 풀어서 다른 부서에게 조금이나마 이해시키려는 노력이 필요하다.

포인트 10: 슬로건을 제거하라.

우리는 어렸을 때부터 학교에 붙어 있던 급훈, 군인들이 암기해야 할 복무 신조, 그리고 직장에 들어가면 쉽게 볼 수 있는 기업 목표 등 다양한 슬로건을 접하게 된다.

많은 기업들은 그들의 목표를 담은 슬로건을 만든 다음 그것을 전 직원이 볼 수 있게끔 회사 정문 혹은 공장 벽면에 붙여 놓는다. 그러나 데밍은 이러한 슬로건이 종종 실제 문제 해결에는 도움이 되지 않을 수 있음을 지적했다. 특히, "불량률 0%", "생산성 200% 증대"와 같은 사뭇 비현실적인 목표를 담은 슬로건은 오히려 직원에게 불필요한 압박을 가해서 도리어 경영진과 직원 간 갈등을 조장할 수 있다고 하였다.

물론 "불량률 0%"나 "생산성 200% 증대"는 기업이 추구해야 할 목표가 아니냐고 반문할 수 있다. 그러나 이러한 구호는 달성하기 매우 어려운 경우가 많다. 그러므로 구체적인 실행 계획 없이 목표 수준만 제시될 때, 직원들에게 과도한 압박감을 줄 수 있다. 특히 목표를 달성하지 못하면 직원들은 좌절감을 느끼고, 적극적인 태도로 업무에 임하기보다는 안전한 선택에만 의존하게 된다. 또한, 목표 달성 압박이 가중되면, 부서 간 혹은 직원 간에 책임을 전가하거나 비난하는 문화가 형성될 수 있다.

그리고 슬로건 자체는 조직의 근본적인 문제를 해결하진 않는다. 예를 들어 "불량률 0%"라는 슬로건을 제시한다고 해서 생산 공정에서 발생하는 결함이 자동으로 줄어드는 것은 아니다. 이는 구체적인 문제 분석과 시스템 개선이 필요함에도 불구하고, 표면적인 구호로 문제를 덮어버리는 현상을 야기할 수 있다.

정리하면 데밍은 단순한 슬로건이나 비현실적인 목표에 매몰되지 말고, 근본적인 체질 개선을 통해 조직의 성과를 높일 것을 강조한다. 그리고 상술한 바와 같이 경영자는 직원들이 자율적으로 문제를 해결하고 개선 활동을 지속할 수 있는 환경을 조성하는 역할을 수행함으로써 조직의 장기적인 성과를 견인해야 한다.

포인트 11: 작업 표준을 제거하라.

공장에서 근무하게 되면 "오늘 내로 제품을 300개를 완성해야 한다" 혹은 "1시간에 인형의 눈을 60개를 붙여야 한다"라는 작업 목표량을 종종 보게 된다. 이 때 300개, 60개 등은 작업 목표량이 되며, 계수적(Count)인 지표다. 사뭇 이러한 구체적인 작업 기준량을 제시하는 것은 생산 공정의 성과를 평가하기 위해 반드시 필요한 지표로 보인다. 그러나 데밍은 작업 표준이나 계수적인 목표에 지나치게 의존하는 것은 조직에 부정적인 영향을 미칠 수 있다고 지적했다.

예를 들어 직원들의 하루 생산 가능량이 500개라고 하자. 그런데 작업 목표량이 1,000개라면 직원들은 1,000개라는 목표를 달성하기 위해 과도하게 업무를 수행하거나 작업 규정을 어기게 되어 제품의 품질을 저하시키게 된다. 또한, 관리자가 단기 목표에만 집착하게 되면 장기적인 품질 개선이나 시스템의 개선을 소홀히 할 위험이 있다. 이런 식으로 단순히 숫자나 표준만을 강조하면, 조직 내 시스템적 문제를 무시하게 될 수 있다. 예를 들어, 결함률이 높아도 그 원인을 시스템에서 찾지 않고 직원 개인의 성과 문제로만 기인할 수 있다. 그러나 대부분의 품질 문제는 시스템에서 비롯되며, 이를 해결하지 않으면 지속적인 품질 개선이 어렵다.

데밍은 관리자의 역할을 단순히 숫자 목표를 설정하고 성과를 측정하는 것에서 벗어나, 직원들이 더 나은 성과를 낼 수 있도록 돕는 리더십을 발휘해야 한다고 강조했으며, 올바른 리더십에 대해서는 앞서 여러 포인트들에서 설명했기 때문에 여기선 생략하도록 한다.

포인트 12: 직원의 자부심을 빼앗는 장벽을 제거하라.

오늘날에는 고객 만족도와 더불어 조직 구성원의 내부 만족도 역시 중요한 경영 지표로서 자리 잡았다. 이는 조직의 운영이 직원들의 노력에 달려 있기 때문에 직원 만족도가 곧 조직 성과와 직결되어 있다는 논리가 기저에 깔려 있다. 그렇기에 직원의 자부심을 저하시키는 요인들을 방치하면 결과적으로 직원들의 내부 만족도는 떨어지고 조직은 제대로 운영되지 않을 것이다. 그렇기에 데밍은 이러한 장벽을 제거하고 직원들이 자신의 일에 자부심을 느낄 수 있도록 하는 것이, 조직의 성과 향상에 필수적이라고 강조했다.

그렇다면 직원의 자부심을 빼앗는 요인은 무엇이 있는가? 우선 공정하지 않은 성과 평가나 잘못된 피드백 시스템은 직원들에게 좌절감을 줄 수 있다. 직원들이 자신의 성과를 제대로 인정받지 못하거나, 잘못된 방식으로 평가받는다면 이들의 업무에 대한 자부심은 저하될 수밖에 없다. 그리고 지나치게 복잡하거나 비효율적인 업무 절차도 직원들이 자신이 맡은 일을 제대로 수행하지 못하게 만듦으로써 업무 만족도를 저해시킬 수 있고, 나아가 자신의 업무에 자부심을 갖기 어렵게 만든다. 또한, 지나치게 비현실적인 목표 수준을 설정하는 것 역시 직원의 자부심을 빼앗는 요인이다.

그러므로 경영자는 비효율적인 업무 절차를 개선하고, 직원들이 자신의 역할을 효과적으로 수행할 수 있는 환경을 조성해야 할 필요가 있다. 예를 들어, 도요타의 카이젠(Kaizen) 철학이 있다. 카이젠은 일본어로 개선(Improvement)을 뜻하는 용어로 지속적인 프로세스 개선을 내포하고 있다. 카이젠의 대표적인 예시는 앞서 살펴보았던 품질 분임조로서, 직원들이 일선에서 비효율적인 절차를 발견하면 이를 개선하는 권한이 주어지며, 이를 통해 작업 자부심을 높이고, 품질을 개선할 수 있었다.

또한, 공정한 성과 평가 시스템을 도입하고, 직원들에게 정기적으로 피드백을 제공해야 한다. 피드백은 단순히 성과를 평가하는 것이 아니라, 직원들이 어떻게 더 나은 성과를 낼 수 있는지에 대한 지원과 격려의 역할을 수행해야 한다. 예를 들어 구글(Google)은 360도 성과 평가라는 시스템을 운영하고 있는데, 전후, 좌우를 모두 포함한다는 360도라는 표현처럼, 직원의 성과를 평가함에 있어 직원의 동료, 상사, 그리고 부하 직원들이 모두 그 직원의 성과를 평가해 다양한 계층의 피드백을 제공한다. 이를 통해 직원들은 지속적으로 자기 계발을 하며 조직에서의 역량을 강화시킨다.

포인트 13: 교육과 자기개발 프로그램을 도입하라.

지금까지 살펴본 포인트들에서 공통적으로 강조하는 것은 경영자의 역량뿐만 아니라 조직 구성원들 개개인의 역량을 키우는 것이다. 그렇기에 데밍은 13번째 포인트를 통해 조직이 지속적으로 발전하기 위해서는 직원들이 지속적으로 학습하고 성장할 수 있는 기회를 제공해야 한다는 것을 다시금 강조한다.

구체적으로는, 직원들이 자신의 업무에 필요한 기술을 습득하고 업데이트할 수 있는 체계적인 기술 교육이 필요하다. 특히, 기술은 빠르게 변화하고 있으며, 조직은 최신 기술 동향을 반영한 교육을 정기적으로 제공해 직원들의 역량을 관리해야 한다. 또한, 조직은 자기개발 기회를 제공해 직원들이 자신의 경력을 스스로 발전시킬 수 있도록 지원해야 한다. 자기개발은 새로운 자격증 취득, 세미나나 워크숍 참여, 직무 관련 교육 등 다양한 형태로 이루어질 수 있다.

또한, 리더십에 대한 교육도 필요하다. 훌륭한 리더는 하루아침에 만들어지지 않으며, 경험과 교육을 통해 개발된다. 따라서 조직은 리더십 개발 프로그램을 제공해 새로운 관리자가 팀을 이끌고, 직원들이 더 나은 성과를 낼 수 있도록 지원할 수 있는 역량을 키우도록 도와야 한다. 이러한 프로그램은 현재의 관리직뿐만 아니라, 미래의 리더가 될 잠재력을 가진 직원들에게도 제공될 수 있다.

포인트 14: 조직의 변화를 달성하기 위해 모든 구성원이 참여하게 하라.

데밍의 마지막 메시지는 조직의 성공적인 변화와 혁신을 위해서는 조직 내 모든 직원이 그 변화 과정에 적극적으로 참여해야 한다는 것이다. 앞서 살펴보았듯, 데밍은 조직의 변화가 일부 경영진이나 특정 부서의 책임만이 아니라, 전 직원이 함께 이루어 내야 하는 공동의 목표라고 보았다. 그러므로 조직의 변화를 이끌어내려면 전 직원의 협력과 참여가 필수적이다.

조직의 변화를 성공적으로 이끌어내기 위해 경영자는 여러 가지 방법으로 직원들의 협력을 촉진시킬 수 있다. 우선 경영자는 구성원들에게 조직의 변화가 왜 필요한지, 그리고 그 변화가 조직의 목표와 어떻게 연결되는지를 명확하게 제시해야 한다. 그래서 전 직원이 변화의 목적과 방향성을 이해하고 공감해야만 그 변화에 적극적으로 임할 수 있다. 그리고 이 과정에서 직원들의 의견을 적극적으로 수렴하고, 이를 반영하는 노력이 필요하다. 다시 말해 직원들이 변화를 단순히 따르는 것이 아니라, 그 과정에서 주도적으로 참여할 수 있도록 해야 한다는 것이다. 이를 위해 경영자는 정기적인 의견 수렴 활동을 통해 변화에 대한 피드백을 받고, 그 피드백을 실제로 반영하는 절차를 마련해야 할 것이다.

또한, 변화 과정에서 직원들의 적응 수준 또한 반드시 고려해야 한다. 변화가 성공적으로 이루어지기 위해서는 직원들이 새로운 환경에 적응하고, 필요한 기술과 지식을 습득할 수 있도록 교육과 훈련을 제공하는 것이 필수적이다. 이 외에도 변화 과정의 중요한 지점(마일스톤)마다 달성된 성과는 전 직원과 공유하고, 변화

그림 2-1 데밍의 철학에 내포된 이론적 흐름

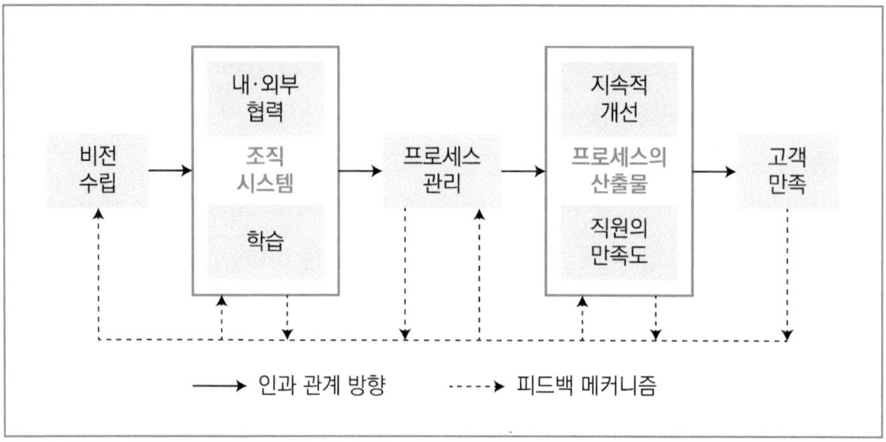

를 성공적으로 이끈 직원들에게는 적절한 보상을 제공해야 한다. 이를 통해 직원들은 자신이 조직의 변화에 기여하고 있다는 자부심을 느낄 수 있으며, 이는 더 큰 동기 부여로 이어질 수 있다.

무엇보다 이러한 변화를 성공적으로 이끌기 위해서는 리더십이 중요한 역할을 한다. 리더는 직원들이 변화에 동참할 수 있도록 격려하고, 그 과정에서 발생하는 문제를 해결하며, 필요한 지원을 제공해야 한다. 리더가 변화의 주체로서 역할을 할 때, 직원들은 그 변화를 신뢰하고 따를 수 있다.

지금까지는 데밍의 14가지 포인트를 살펴보았다. 14가지 포인트를 살펴보면 각 포인트가 서로 이질적이지 않고 하나의 목표를 위해 고려해야 할 여러 측면을 다루고 있다는 느낌을 받게 된다. 데밍의 14가지 포인트는 조직이 장기적인 성과를 달성하고 지속적인 개선을 이루는 데 중요한 지침이 될 수 있으며, 이를 하나의 도표로 요약하면 [그림 2-1]와 같다.

[그림 2-1]을 살펴보면 우선 조직이 앞으로 나아가야 할 비전과 목표를 제시하는 비전 수립(Visionary Leadership)이 자리 잡고 있다. 이는 조직이 행하게 될 변화에 대한 청사진을 담고 있기도 하다. 이윽고 이러한 비전을 달성하려면 조직 내에서 내·외부적 협력(Internal and External Cooperation)이 반드시 필요하며, 그 과정에서 새로운 변화에 잘 적응할 수 있도록 조직 구성원들의 꾸준한 학습(Learning)이 필요하다.

제품/서비스 측면에서는 조직의 새로운 변화를 잘 견인하기 위해서는 꾸준한 프로세스 관리(Process Management)가 필요하다. 구체적으로는 PDCA 사이클에 입각한 꾸준한 개선(Continuous Improvement)을 수행해야 하며, 그 과정에서 시스템을 실질적으로 운영하는 내부 직원들의 만족도(Employee Fulfillment)를 반드시 충족시켜야 한다.

정리하면, 조직의 새로운 비전이 제시되었을 때 전사적 관점에서 전 구성원들이 협력하고 참여하는 문화가 형성되어야 하며, 이를 끊임없는 프로세스 개선과 내부 구성원의 만족도를 바탕으로 구체화해야 한다. 종국에는 이 모든 활동들이 고객 만족(Customer Satisfaction)으로 이어질 것이다. 간과하지 말아야 할 점은, 프로세스의 모든 지점마다 피드백이 발생할 수 있다는 것이다. 올바른 피드백은 단지 상급자가 하급자에게 일방적으로 주는 것이 아닌, 원활한 쌍방향 의사 소통을 가능하게 만들어서 조직의 변화를 촉진하고, 나아가 지속 가능한 경쟁력을 갖추는 건강한 기업으로 자리매김할 수 있는 도구로 활용해야 한다.

쥬란의 품질 철학

두 번째로 살펴볼 품질 대가는 조셉 쥬란(Joseph Juran)이다. 쥬란 역시 데밍과 마찬가지로 일본 산업의 재건에 큰 공헌을 한 품질 경영의 대가다. 그러나 그의 품질 철학은 데밍과 몇 가지 중요한 차별점을 가지고 있다. 쥬란은 전략적 기획과 관리를 통한 품질 개선에 더 중점을 두었으며, 품질을 높이는 과정은 우연이나 사후 대책으로 이루어지는 것이 아니라, 선제적이고 체계적인 기획이 필요하다고 보았다.

쥬란은 대부분의 품질 문제가 초기 생산이나 서비스 설계 단계에서 충분한 기획이 이루어지지 않아 발생한다고 보았다. 이러한 이유로 쥬란은 보다 구조적이고 관리적인 접근법을 통해 품질이 조직 전반에 걸쳐 장기적으로 유지되도록 해야 한다고 주장했다.

쥬란의 트릴로지: 기획, 관리, 개선

쥬란의 대표적인 업적 중 하나는 이른바 쥬란의 트릴로지(Juran Trilogy)라 불리는 품질 개선을 위해 반드시 관리되어야 할 세 가지 기본적인 프로세스를 제시했다는 점이다. 세 가지 프로세스는 품질 기획(Planning), 품질 관리(Control), 그리고 품질 개선(Improvement)으로 이루어져 있다.

품질 기획은 고객의 요구를 충족하는 제품과 서비스를 설계하는 단계로서, 쥬란은 고객이 누구인지, 그들의 요구가 무엇인지를 파악하는 것에서 시작된다고 강조했다. 이를 바탕으로 프로세스와 시스템을 설계하여 이러한 요구를 지속적으로 충족시켜야 한다. 즉, 품질 기획은 목표 설정과 그 목표를 달성하기 위한 로드맵을 수립하는 과정이다.

품질 관리는 기획이 이루어진 후 제품 생산이나 서비스 프로세스가 기획에서 의도한 대로 운영될 수 있는지 체크하는 과정으로서, 성과를 모니터링하고, 이를 기존의 기획에서 설정된 기준과 비교한 후 기준에서 벗어나는 경우 이에 따른 조치를 취하는 과정이다. 이 과정에서 앞서 살펴보았던 통계적 품질 관리 기법을 적용할 수 있다.

마지막으로 품질 개선은 제품이나 서비스의 품질을 지속적으로 개선시키는 것을 의미한다. 데밍이 강조한 것과 일맥상통하게, 쥬란 역시 품질 개선을 지속적이고 반복적인 노력으로 보았으며, 이러한 절차는 일회성에 그치는 것이 아닌 지속적으로 수행해야 함을 강조했다. 이러한 일련의 과정을 가상의 예시를 통해 살펴보자.

[그림 2-2]에서 초록 선은 낮은 품질로 인해 발생하는 품질 비용이다. 이러한 비용은 품질 관리가 잘 되고 있을 때에는 일정 수준을 유지하지만, 어느 순간 허용 수준(그래프에선 품질 관리 수준이라고 표기)에서 벗어나는 순간이 온다. 이 때 품질 관리 단계에서는 문제가 발생하는 지점을 중점적으로 관리해서 품질 비용을 다시금 낮추게 된다. 그래프에서 회색 수직선을 시점으로 품질 비용이 줄어들게 되는데, 이 지점부터 품질 개선 활동이 시작되는 것이다. 그래프를 살펴보면 두 번째 회색 수직선을 기점으로 품질 비용이 다시금 일정해진다. 즉, 회색 수직선 2개 사이의 영역이 쥬란의 트릴로지 중 품질 개선 단계가 이루어지는 시간이 된다. 그리고 이러한 트릴로지는 일회성에 그치면 안 된다. 품질 기획, 관리, 개선의 순환 구조로 조직의 품질을 점진적으로 향상시키는 것을 목표로 해야 한다. 그러므로 품질 개선 과정을 통해 얻은 교훈을 다음 품질 기획에 적극적으로 반영해야 한다.

그림 2-2 쥬란의 트릴로지에 대한 가상의 예시

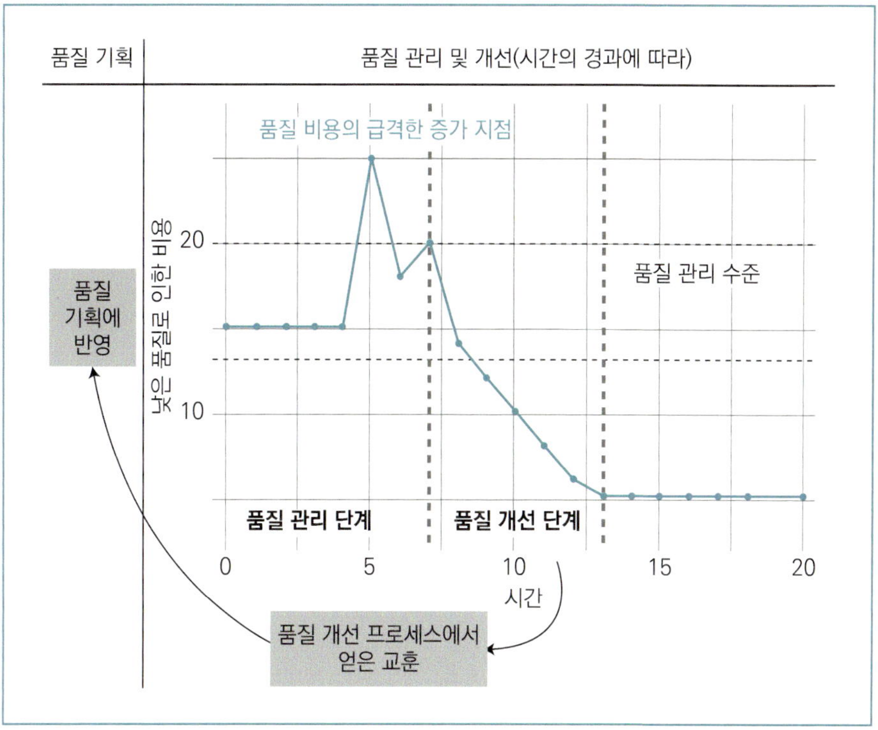

파레토 법칙의 적용

파레토 법칙은 이른바 8:2 법칙으로도 잘 알려져 있다. 이는 모든 문제의 80%는 20%의 원인에서 비롯된다는 원칙으로, 쥬란은 이 원칙을 품질 문제에 적용하여, 조직에서 발생하는 모든 품질 문제의 대부분은 소수의 핵심 요인들로부터 비롯된다고 보았다.

그래서 쥬란은 품질 문제가 발생했을 때 조직이 핵심 요인을 식별하고 개선의 우선순위를 정하는 것이 중요하다고 하였다. 즉, 문제가 발생했을 때 모든 원인에 신경을 분산시키지 않고 소수의 주요 원인, 혹은 근본적인 원인을 파악하고 이에 집중함으로서 더 효율적으로 품질 개선을 가져올 수 있다는 것이다. 이를 위해 조직에서는 이른바 파레토 차트(Pareto Chart)를 이용해서 핵심적인 문제의 원인을 찾는다. [그림 2-3]에 제시된 가상 피자 가게의 파레토 차트를 보자.

그림 2-3 가상 피자 가게의 파레토 차트

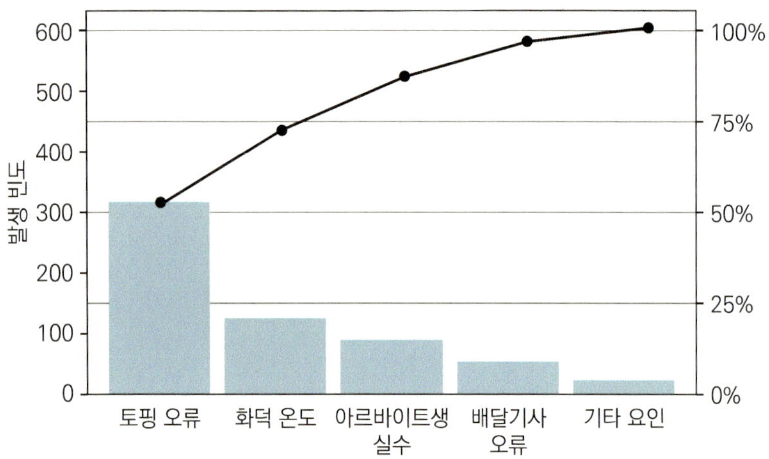

예를 들어 [그림 2-3]에서 보이듯, 이 피자 가게에서 발생하는 모든 품질 문제의 주요 원인은 토핑을 잘못 올렸거나 화덕의 온도를 효과적으로 통제하지 못한 것이다. 이 두 원인의 빈도를 합하면 전체 문제의 75% 가량을 차지하므로 아르바이트생의 실수나 배달기사의 오류도 물론 바로잡아야 하지만, 우선 토핑을 잘못 올리는 것, 그리고 화덕의 온도를 통제하는 것에 집중해도 전체 문제의 75% 가량을 효율적으로 개선할 수 있다는 것이다.

품질 비용

쥬란의 품질 이론에서 또 하나의 중요한 개념은 품질 비용(Quality Cost)이다. 품질 비용은 이름 그대로 품질과 관련된 일련의 비용들을 의미한다. 쥬란은 품질 비용을 유형적 비용(Tangible Cost)과 무형적 비용(Intangible Cost)으로 구분하였다.

유형적 비용이란 금전적으로 측정 가능하고 기업의 재무상태표에 명시되거나 직접 추적할 수 있는 품질 비용으로서, 쥬란은 유형적 비용을 주로 생산 과정에서 발생하는 품질 비용(Factory Account)과 판매 과정에서 발생하는 품질 비용(Sales Account)으로 구분했다.

생산 과정에서 발생하는 품질 비용의 예를 들면 결함이 있는 제품에서 사용된 원자재의 비용, 그리고 결함이 있는 제품을 만들기 위해 투입된 노동력이나 관련 비용이 있다. 이 외에 결함이 있는 제품을 수리하거나 다시 양품으로 만들기 위해 필요한 원자재와 인건비도 여기에 해당되며, 결함을 발견하기 위해 추가로 투입된 품질 검사 비용 및 발생한 결함의 원인을 분석하고 개선하기 위해 투입되는 조사 비용도 이에 해당된다.

판매 과정에서 발생하는 품질 비용은 낮은 품질 수준으로 인해 고객과의 접점에서 발생하는 추가적인 비용들이 주를 이루는데, 결함품에 대해서 일정 부분을 할인해서 판매함으로서 생기는 이익의 감소, 그리고 고객의 불만을 해결하기 위해 필요한 자원의 투입 비용이 이에 해당된다. 또한, 기업이 품질 보증을 수행하는 경우, 품질 보증에 명시된 내용을 이행하는 데 필요한 비용 역시 이에 해당될 것이다.

한편 무형적 비용은 금전적으로 측정되기는 어렵지만 기업의 장기적 성과에 악영향을 미치는 비용들을 의미한다. 예를 들어 결함품이 발생했기 때문에 공정을 잠시 가동 중단한다면, 이로 인해 생산 및 공급망의 운영에 지연을 가져오고 이는 손실로 이어진다. 그리고 결함품이 발생함으로서 고객의 신뢰와 브랜드에 대한 평판이 하락함으로서 생기는 손실도 무형적 비용에 해당된다.

이시카와 카오루의 품질 철학

이시카와 카오루(Ishikawa Kaoru)는 일본의 품질 학자로서 오늘날까지도 쓰이는 통계적 품질 관리 도구인 QC 7 Tools를 고안한 인물이다. 이 일곱 가지 도구들의 주된 특징은 복잡한 통계적 분석을 하지 않더라도 누구든 쉽게 사용할 수 있는 간단하면서도 효과적인 도구들로, 산업 현장에서 작업자와 관리자들이 손쉽게 품질 관리 업무를 수행할 수 있게 도움을 준다. 일곱 가지 도구들로는 앞서 살펴본 파레토 차트, 인과 다이어그램(이시카와 다이어그램 혹은 생선 뼈처럼 생겼다고 해서 어골도라고도 함), 체크시트, 히스토그램, 산점도, 흐름도, 그리고 관리도로 구성되어 있으며, 각 도구들의 구체적인 활용 방법은 5장에서 자세히 다루겠다.

이시카와 카오루는 QC 7 Tools 외에도 11가지 품질 철학을 제시했는데 각 철학을 간략히 설명하면 다음과 같다.

포인트 1: 품질은 교육에서 시작해서 교육으로 끝난다.

데밍이 강조한 것처럼 이시카와 카오루 역시 교육의 중요성을 강조했다. 조직의 품질 문제는 기술적인 측면뿐만 아니라 직원들의 의식과 지식 부족에서 기인할 수 있다. 그러므로 교육을 통해 모든 직원이 품질의 중요성을 이해하고, 이를 실천할 수 있도록 만들어야 한다. 이러한 교육은 단발성이 아니라 지속적으로 이루어져야 한다.

포인트 2: 품질의 첫 번째 단계는 고객의 욕구를 파악하는 것이다.

고객이 원하는 것이 무엇인지를 정확히 파악하지 않으면, 아무리 뛰어난 기술과 프로세스를 적용해도 고객의 기대를 충족시킬 수 없을 것이며, 고객은 해당 기업의 제품을 외면할 것이다. 따라서 품질 관리는 고객의 기대와 요구 사항을 명확히 이해하는 것에서 시작되며, 이를 위해 고객 피드백을 적극적으로 수집하고, 이를 바탕으로 제품과 서비스를 설계해야 한다.

포인트 3: 이상적인 품질 관리는 품질 검사 과정이 더 이상 필요 없을 때이다.

품질 관리가 제대로 이루어진다면 제품이나 서비스를 생산하는 과정에서 결함이 발생하지 않으며, 결과적으로 품질 검사가 더 이상 필요 없는 상태가 이상적인 품질 관리 수준이라는 의미다. 이는 품질이 사후적으로 통제되는 것이 아니라, 생산 프로세스 전반에 걸쳐 내재화되어야 한다는 의미도 함께 내포하고 있다.

포인트 4: 표면적 증상이 아닌 근본적인 원인을 제거하라.

문제를 해결함에 있어 표면적이고 단기적인 증상에만 집중하는 것은 미봉책에 불과하다. 문제를 일으키는 근본 원인을 제거하지 않고 미봉책에만 의존한다면 나중에는 손 쓸 수 없을 정도로 큰 문제로 성장할 수 있다. 그러므로, 문제를 일으키는 근본적인 요인을 찾아 제거하는 것이 진정한 품질 개선이라 할 수 있으며, 이를 위해 앞서 기술한 QC 7 Tools 중 이시카와 다이어그램을 통해 문제의 근본 원인을 체계적으로 분석하는 것이 효과적이다.

포인트 5: 품질 관리는 모든 구성원들의 공통된 책임이다.

앞서 데밍은 품질 관리는 모든 구성원이 함께 협력하고 참여해야 한다고 하였다. 이시카와 카오루 역시 품질 관리는 특정 부서의 일이 아니라, 조직 전체의 책임이라고 하였으며, 모든 부서의 직원들이 자신의 역할 내에서 품질을 관리하고 책임을 져야 한다고 하였다.

포인트 6: 수단과 목표를 혼동하지 말라.

수단은 목표를 달성하기 위한 도구에 불과하지, 수단 자체가 목표가 되어서는 안 된다. 예를 들어, 품질 관리 도구는 품질 개선을 위한 수단이지만, 그 도구를 많이 사용하는 것 자체가 조직의 운영 목표가 되어서는 안 된다는 것이다. 기업의 최종 목표는 항상 제품과 서비스의 품질을 향상시키는 데 두어야 한다.

포인트 7: 품질을 우선시하고 장기적인 목표에 집중하라.

이시카와 카오루 역시 데밍이나 쥬란과 마찬가지로 장기적인 시각을 갖고 품질 관리를 해야 한다고 주장했다. 구체적으로 단기적인 성과를 위해 품질을 희생하는 것은 결코 바람직한 경영이 아니다. 따라서 경영자는 늘 품질을 최우선으로 생각하고, 장기적인 목표에 초점을 맞추어야 한다.

포인트 8: 마케팅은 품질의 시작이자 끝이다.

이시카와 카오루는 마케팅 역량을 품질 관리의 중요한 요소로 보았다. 마케팅은 고객의 요구를 이해하고, 그 요구를 반영한 제품과 서비스를 설계하는 데 중요한 역할을 하는 분야이다. 즉, 두 번째 포인트에서 제시한 바와 같이 마케팅의 역할은 품질 관리의 출발점이자 종착점이 된다. 다시 말해, 고객의 요구를 이해하고, 이를 제품 설계에 반영하는 것이 품질 관리의 핵심이다.

포인트 9: 최고 경영자는 부하 직원이 사실을 이야기할 때 절대 화를 내지 말아야 한다.

이시카와 카오루는 경영자는 직원들이 문제를 보고할 때 개방적인 태도를 가져야 한다고 강조했다. 경영자가 문제를 인정하지 않거나 부정적인 반응을 보이면, 직원들은 문제를 숨기거나 보고를 꺼리게 될 것이다. 이는 결국 품질 관리를 위한 중요한 전략적 정보를 놓치게 만들 수 있다. 따라서 경영자는 문제를 투명하게 공유하고, 이를 해결하기 위해 협력하는 자세를 가져야 한다.

포인트 10: 품질 문제의 95%는 QC 7 Tools로 해결할 수 있다.

이시카와 카오루는 QC 7 Tools를 이용해서 대부분의 품질 문제를 해결할 수 있다고 보았다. 이 도구들은 복잡한 통계적 분석 없이도 쉽게 사용할 수 있으며, 문제의 원인을 파악하고 개선 방안을 도출하는 데 효과적이다. 따라서 조직은 이 도구들을 적극적으로 활용하여 품질 개선 활동을 수행할 수 있다.

포인트 11: 분산 정보가 없는 데이터는 허위 데이터이다.

이시카와 카오루는 데이터 분석 시 분산(Variance)과 같은 데이터의 산포를 나타내는 정보를 반드시 포함해야 한다고 주장했다. 특히 품질 관리 과정에서는 평균이나 총합만으로는 데이터를 올바르게 해석할 수 없는데, 평균 품질 수준이 높더라도 어떤 공정에서는 높은 품질 수준을 보이고, 어떤 공정에서는 낮은 품질 수준을 보인다면, 이는 결코 바람직한 것이 아니다. 바람직한 품질 관리는 전 공정에서 일정한 수준의 품질을 달성해야 한다. 그러므로, 품질 관리를 위해서는 데이터가 어떻게 분포되어 있는지를 파악해야 정확한 결론을 도출할 수 있다. 그러므로 분산 정보를 포함한 데이터를 통해 조직은 품질 문제를 더 정확하게 이해하고, 보다 효과적인 개선 방안을 도출할 수 있다.

파이겐바움의 품질 철학

지금까지 살펴본 3명의 대가들의 철학을 주로 일본에서의 품질 관리를 중심으로 소개했다면, 지금부터 소개할 아르망 파이겐바움(Armand Feigenbaum)은 미국의 품질 관리에 중요한 공헌을 한 인물이다. 파이겐바움은 이른바 전사적 품질 관리(Total Quality Control: TQC) 개념을 미국에 보급하였는데, 1950년대에 그는 품질 개선이 단지 특정 전문가의 영역이 아닌 조직 전체가 참여해야 한다고 주장했는데, 이를 통해 당시 미국에서 품질 관리가 주로 품질 전문가에 의해 수행되는 것에서 벗어나 모든 직원들이 품질 관리에 참여하도록 하는 전환점을 마련했다. 파이겐바움의 품질 철학에서 중요하게 살펴보아야 할 점은 네 가지 치명적인 죄악(Four Deadly Sins), 그리고 19단계 품질 관리 철학이다.

파이겐바움의 네 가지 치명적인 죄악

파이겐바움은 조직에서 품질을 효과적으로 관리하지 못하게 만드는 네 가지 치명적인 죄악을 제시했다. 이 네 가지 문제는 품질 관리에서 흔히 범할 수 있는 실수들을 나타내며, 이를 방지하지 않으면 조직의 품질 개선 노력이 실패할 수 있다고 하였다.

Hothouse Quality. 이는 많은 관심을 받기는 하지만 실질적인 행동으로 뒤따르지 않는 품질 프로그램을 의미한다. 이는 조직이 품질 프로그램을 도입할 때, 처음에는 많은 홍보와 주목을 받지만, 시간이 지남에 따라 이러한 프로그램이 지속적으로 실행되지 않고 단발성으로 끝나버리는 경우를 경고한 것이다. 이처럼 실질적인 개선 없이 보여주기식 품질 관리 프로그램은 장기적인 성과를 거두지 못한다.

Wishful Thinking. 일부 기업들은 경쟁을 피하고, 품질 경쟁에서 보호받기를 원하지만, 파이겐바움은 이러한 접근이 장기적으로 기업을 더 약하게 만들 뿐이라고 주장했다. 마치 온실 속 화초가 야외에서 자라나는 잡초보다 생존력이 떨어지듯, 파이겐바움은 미국의 기업들이 국제적인 품질 경쟁을 피하지 말고, 이를 통해 더 강한 품질 관리 능력을 길러야 한다고 강조했다.

Producing Overseas as a Panacea. 일부 경영자들은 품질 문제를 해결하기 위해 생산 공정을 해외로 이전하는 것이 해결책이라고 생각한다. 그러나 파이겐바움은 이러한 전략은 '눈에서 멀어지면 마음에서도 멀어진다(Out of Sight, Out of Mind)'는 잘못된 믿음에 기반한 것이라고 비판했다. 그는 생산 위치를 바꾸는 것만으로는 근본적인 품질 문제를 해결할 수 없으며, 품질 관리 시스템이 어디서든 동일하게 적용되어야 한다고 강조했다.

Confining Quality to the Factory. 네 번째 죄악은 품질 관리가 생산 현장에서만 이루어져야 한다고 생각하는 전통적인 사고방식을 비판한 것이다. 상술한 바와 같이 파이겐바움은 품질 관리가 공장뿐만 아니라, 설계, 개발, 마케팅, 서비스 등 모든 부서에서 수행되어야 한다고 주장했다. 이는 조직 전체가 품질 관리에 참여해야 한다는 전사적 품질 관리(TQC) 개념과 연결된다.

파이겐바움의 19가지 수칙

파이겐바움은 품질 관리의 성공적인 실행을 위해 19단계의 품질 관리 원칙을 제시했다. 이 원칙들은 조직이 품질을 효과적으로 관리하기 위해 따라야 할 구체적인 지침이 된다. 본 절에서는 19가지 수칙과 이에 대해 간략히 설명한다.

수칙 1: 전사적 품질 관리(TQC)는 본질적으로 경영 개선 시스템이다.
파이겐바움은 TQC가 단순히 품질 문제를 해결하는 도구가 아니라, 전체적인 경영 시스템의 개선을 목표로 하는 포괄적인 접근 방식이라고 하였다. 이는 품질이 조직 전체에서 관리되고 개선되어야 함을 의미한다.

수칙 2: Big Q가 Little q보다 중요하다.
파이겐바움은 Big Q를 전사적 품질 관리의 개념으로 정의했다. 이는 조직 전체의 품질을 의미하며, 제품과 서비스뿐만 아니라 경영 활동 전반에서 품질을 관리해야 한다는 의미다. 반면, Little q는 개별 제품이나 공정의 품질 관리에 국한된 개념이다. 파이겐바움은 조직의 성공을 위해서는 Big Q 품질에 중점을 둬야 한다고 강조했다.

수칙 3: 품질 관리는 네 가지 단계로 이루어진 경영 도구이다.
파이겐바움은 품질 관리를 위한 네 가지 단계를 제시했다. 이는 품질 목표 설정, 수행 기준 설정, 실제 성과와 기준 비교, 수정 조치 시행으로 이루어진다.

수칙 4: 품질 관리는 분리된 활동들의 통합이 필요하다.
파이겐바움은 조직 내에서 품질 관리 활동이 각기 다른 부서에서 분리되어 이루어지면 효과적이지 않으며, 모든 부서와 활동이 하나로 통합되어 운영되어야 한다고 강조했다.

수칙 5: 품질 향상은 수익성을 증가시킨다.
파이겐바움은 품질 관리는 비용을 줄이는 데 기여하며, 이는 결국 수익성을 높이는 결과로 이어진다고 주장했다. 그는 품질 개선이 단기적인 비용 절감만이 아니라, 장기적인 수익 증대를 가져오는 중요한 전략적 요소라고 보았다.

수칙 6: 품질은 기대되는 것이지, 바라는 것이 아니다.
오늘날의 소비자는 일정 수준 이상의 품질을 기대(Expect)하지, 단순히 품질이 좋기를 바라는 것(Desire)은 아니다. 파이겐바움은 기업이 고객의 기대를 충족시키기 위해 최고의 품질을 제공해야 한다고 강조했다.

수칙 7: 인간은 품질에 영향을 미친다.

파이겐바움은 사람의 역할이 품질에 큰 영향을 미친다고 보았다. 품질 관리에서 사람의 기술, 의사소통, 태도 등은 중요한 요소이며, 이러한 인적 요소들을 관리하는 것이 품질 개선의 핵심이다.

수칙 8: 전사적 품질 관리는 모든 제품과 서비스에 적용된다.

품질 관리가 특정 제품이나 서비스에만 국한되지 않고, 모든 제품과 서비스에 적용되어야 한다는 점을 강조했다. 이는 조직이 제공하는 모든 결과물에서 품질을 관리해야 한다는 의미다.

수칙 9: 품질은 전체 생애 주기에서 고려되어야 한다.

파이겐바움은 제품이나 서비스의 품질은 단순히 생산 단계에서 끝나는 것이 아니라, 개발, 설계, 생산, 판매, 서비스, 폐기까지 모든 단계에서 고려되어야 한다고 주장했다.

수칙 10: 프로세스를 통제하라.

파이겐바움은 프로세스 관리의 중요성을 강조했다. 품질을 개선하기 위해서는 각 프로세스가 제대로 통제되고 있는지 확인하고, 필요할 경우 수정 조치를 취해야 한다.

수칙 11: 전사적 품질 시스템은 회사 전체의 업무 구조에 포함되어야 한다.

파이겐바움은 품질 관리가 회사의 전체 운영 과정에 자연스럽게 내재화되어야 한다고 보았다. 이를 통해 모든 부서와 직원이 품질 관리 시스템의 일환으로 제 역할을 수행해야 한다.

수칙 12: 품질에는 여러 가지 운영 및 재무적 이점이 있다.

품질 관리는 단순히 제품의 성능을 향상시키는 것만이 아니라, 비용 절감, 고객 만족도 증가, 시장 점유율 확대와 같은 여러 운영적 및 재정적 이점을 가져다 줄 수 있다.

수칙 13: 품질 비용은 품질 관리 활동을 측정하는 수단이다.
파이겐바움은 조직이 품질 관리에 들이는 비용을 추적하고, 이를 바탕으로 개선 활동을 평가해야 한다고 주장했다.

수칙 14: 품질 관리를 위한 조직 구조를 마련하라.
품질 관리를 효과적으로 수행하기 위해서는 조직 내에 품질 관리를 담당하는 명확한 구조가 마련되어야 한다. 이 구조는 모든 부서가 품질 관리 활동에 참여할 수 있도록 지원해야 한다.

수칙 15: 관리자는 품질의 촉진자이지, 경찰이 아니다.
파이겐바움은 관리자가 직원들이 품질 목표를 달성할 수 있도록 지원하고, 격려하는 역할을 해야 하며, 단순히 규칙을 강요하는 역할을 해서는 안 된다고 하였다.

수칙 16: 지속적 헌신을 추구하라.
파이겐바움은 품질 관리는 일회성 활동이 아니며, 지속적인 헌신이 필요하다고 하였다. 그러므로 조직이 품질 관리에 지속적으로 헌신하고, 이를 장기적인 목표로 삼아야 한다고 강조했다.

수칙 17: 통계적 도구를 사용하라.
파이겐바움은 데이터를 기반으로 한 의사 결정이 품질 문제를 해결하는 데 핵심적인 역할을 한다고 보았고, 데이터를 효과적으로 다루기 위해 통계적 도구의 사용을 강조했다.

수칙 18: 자동화는 만병 통치약이 아니다.
파이겐바움은 자동화는 품질 개선의 중요한 도구일 수 있지만, 모든 문제를 해결해 주는 만병통치약은 아니라고 경고했다. 즉, 자동화가 모든 품질 문제를 해결할 수 없으며, 인적 요소와 프로세스 관리도 함께 이루어져야 한다고 강조했다.

수칙 19: 품질을 원천에서 통제하라.
품질 문제는 발생 후에 수정하는 것이 아니라, 원천에서 통제되어야 한다. 파이겐바움은 문제가 발생하기 전에 품질 관리가 이루어져야 한다고 강조했다. 즉, 제품이나 서비스가 처음부터 높은 품질을 유지할 수 있도록 관리하는 것이 중요하다.

이처럼 파이겐바움의 철학 역시 앞서 소개했던 3명의 품질 대가들이 공통적으로 주장했던 내용과 비슷한 점을 강조하고 있다. 다시 말해, 품질 관리는 특정 부서가 아닌 전사적 참여가 필요한 경영 활동이며, 이를 위해 모든 직원들이 적절한 교육과 훈련을 받아야 하며, 문제의 표면적 증상보다는 근본적인 원인에 집중하고 무엇보다 품질 개선 활동이 지속적으로 이루어져야 한다는 것이다.

파이겐바움의 품질 비용

앞서 우리는 품질 비용이 네 가지 요소로 구분된다고 하였다. 파이겐바움 역시 제품이나 서비스의 결함 수준에 따라 총 품질 비용이 어떻게 변하는지 제시하였는데, 이는 [그림 2-4]와 같다.

[그림 2-4]를 살펴보면 X축은 제품이나 서비스가 결함이 100% 결함이 있는 상태에서 결함이 전혀 없는 상태까지 도달하는 과정을 나타내며, Y축은 이에 따른 비용이다. 우선 굵은 회색 선으로 표시된 내부 및 외부 실패 비용을 살펴보면, 품질 수준이 낮을수록 실패 비용이 더욱 커진다. 반면, 품질 수준이 높아질수록

그림 2-4 결함 수준에 따른 총 품질 비용의 변화 추이

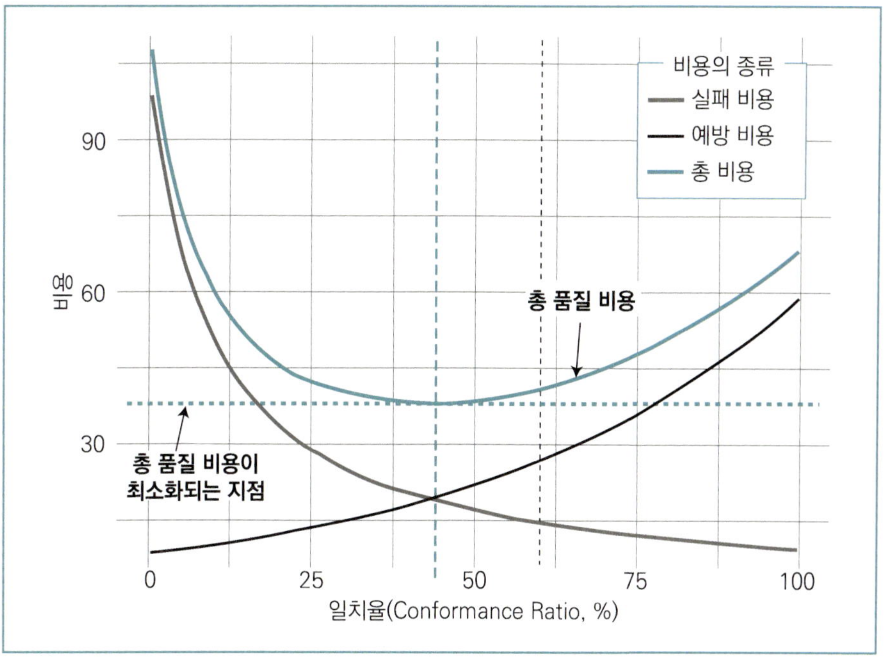

이 실패 비용은 감소한다. 반대로, 검은색 선으로 표시된 예방 및 검사 비용은 품질 수준이 높아질수록 비용이 증가하는데, 이는 품질 수준을 높이기 위해 사전에 투자되기 때문이다. 이렇게 2개의 곡선이 합해진 것이 초록색 굵은 선으로 나타낸 총 품질 비용이다. 살펴보면 총 품질 비용은 결점 수준이 매우 높을 때에는 당연히 높지만, 어느 정도의 품질 수준을 달성함에 따라 총 품질 비용은 줄어든다. 그러나 특정 지점(그래프에서 초록색 굵은 수직 점선으로 나타낸 지점)부터는 일치율로 표기한 품질 수준이 올라가도 비용이 함께 증가하는데, 이는 고품질을 달성함에 따라 실패 비용의 크기는 줄어들지만, 고수준의 품질 역량을 갖추기 위해서는 그만큼 예방 비용에 해당하는 요소들에 더 많은 투자를 해야 하기 때문이다. 그러므로 파이겐바움의 총 품질 비용의 핵심은 품질 수준이 높을수록 무조건 낮아지는 것이 아닌 총 비용을 최소화하는 최적의 지점이 존재한다는 것이다. 이는 후술할 크로스비의 품질 철학과 대비되는 점이다.

크로스비의 품질 철학

필립 크로스비(Philip Crosby)는 이른바 "품질은 무료다(Quality is Free)"라는 그의 서적으로 잘 알려져 있다. 그는 앞선 여러 품질 대가들과 마찬가지로 품질 관리가 단순히 비용을 증가시키는 요소가 아니라, 조직의 수익성을 높이는 중요한 수단이 될 수 있다고 주장했다. 그는 품질이 적절하게 관리되는 프로세스라면, 품질 개선이 오히려 비용 절감과 수익성 증대로 이어진다고 강조했다.

그가 다른 품질 대가들의 품질 철학과 차별화되는 지점이라면 크로스비는 제로 결함(Zero Defects)을 강조했다는 것이다. 즉, 품질을 결함 없이 관리해야 한다는 것이다. 그렇다면 그는 왜 사뭇 비현실적으로 보이는 결함률 0%를 반드시 달성해야 한다고 했는가? 이 배경에는 그가 몸 담았던 항공 우주 산업의 특징에서 비롯된 측면이 있는데, 그는 과거 미국의 항공우주 관련 제조회사인 마틴(Martin Company)사에서 근무하였다. 항공기나 우주선과 같은 제품은 인간의 생명과 직결되며, 작은 결함이나 오류도 대형 사고로 이어질 수 있기 때문에, 이 산업에서는 결함이 허용되지 않는다는 문화가 자리 잡고 있다. 이를 통해 크로스비는 작은 결함도 용납하지 않겠다는 제로 결함 개념을 제시하였고, 이는 기존의 품질 대가들이 가지고 있던 결함은 불가피하다는 생각을 전면적으로 반박하는 것이다.

그런데 우리는 [그림 2-4]를 통해 총 품질 비용이 제로 결함에 가까울수록 다시 증가하는 모습을 확인했다. 그렇기 때문에 크로스비는 새로운 품질 비용 개념을 제시했는데, 그는 품질 비용을 '불량이나 결함을 방지함으로써 절감할 수 있는 비용'이라는 관점을 제시하였고, 품질 개선이 이루어지면 이루어질수록 품질 비용을 절감할 수 있다고 주장하였다. 그렇기에 그의 "품질은 무료다"라는 말의 의미는 불량품을 제거하고 품질 수준을 높일수록 조직에 추가적인 비용을 발생시키는 것이 아닌 장기적으로 더 큰 비용 절감을 가능하다고 본 것이다. 그의 품질 비용에 대한 관점은 [그림 2-5]로 나타낼 수 있다.

[그림 2-5]에 나타났듯, 크로스비의 품질 비용에 대한 견해는 기존의 품질 대가들의 주장과 달리 총 품질 비용은 품질을 개선할수록 지속적으로 줄여 나갈 수 있다는 것이 핵심이다.

그림 2-5 크로스비의 품질 비용 구조

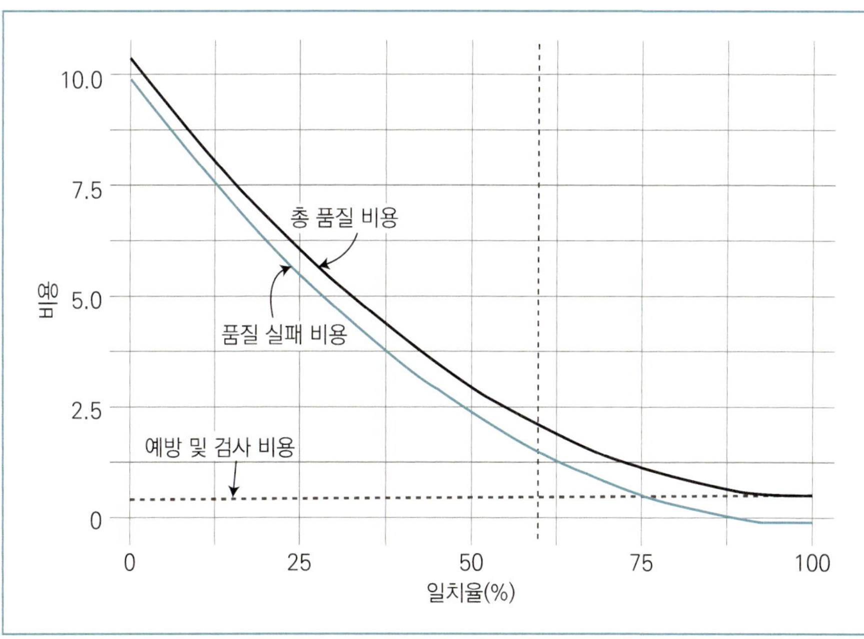

타구치의 강건 설계 기법

마지막으로 소개할 품질 대가는 일본의 겐이치 타구치(Genichi Taguchi)다. 타구치는 품질 개선 프로세스에 대한 접근법에서 다른 대가들과 차별점을 보이는데, 그는 품질을, 제품이나 서비스가 사전에 정의된 규격과 일치하는 정도로 평가한다. 그의 관점에서 이상적인 품질이란 최소한의 수용 가능한 기준을 충족하는 것만이 아니라, 최적의 목표를 지속적으로 달성하는 것을 의미한다. 타구치에 따르면, 품질은 제품의 특성이 전통적인 규격 한도 내에 있는 것이 아닌, 이 이상적인 상태와 얼마나 일치하는지를 기준으로 측정해야 한다고 주장한다. 그의 이러한 철학은 이른바 타구치 기법(Taguchi Method)이라 불리는, 손실 함수(Loss Function)에 입각해서 제품의 변동을 최소화하고 강건성을 향상시키는 데 중점을 둔 품질 공학 기법에 잘 드러나 있다. 여기서 손실 함수란 목표 사양에서 벗어난 제품이 사회에 미치는 비용을 정량화한 것으로, 편차가 커질수록 손실이 증가하며, 제품이 허용 오차 범위 내에 있더라도 손실이 발생한다.

[그림 2-6]을 살펴보면, 녹색 곡선이 손실 함수로 얻어진 비용 값이다. 이를 보면 타구치의 이론은 기존의 품질 관리 기법과 사뭇 다르다는 것을 알 수 있는데,

그림 2-6 타구치 손실 함수의 개념 예시

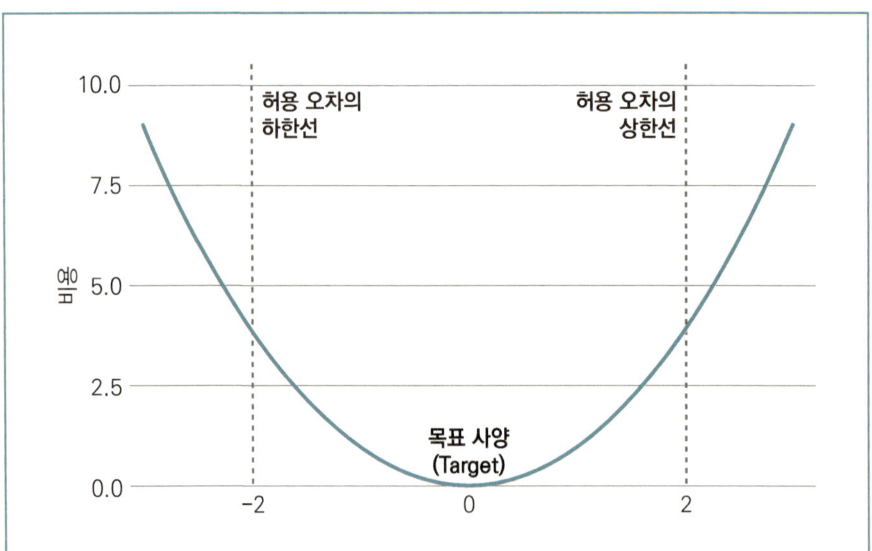

기존의 품질 관리에서는 제품이 특정 허용 오차 범위 내에 있으면(즉, 회색 수직 점선 사이에서 품질 수준이 결정되면) 수용 가능한 것으로 간주한다. 그러나 타구치는 이러한 접근 방식이 결함이 있다고 주장하며, 목표 사양(그래프에서 Target이라고 찍힌 지점)에서 조금이라도 벗어나면 비용이 발생하기 때문에 결국 비용을 최소화한다는 목적함수에 대한 최적해는 Target이 되는 지점밖에 없다.

타구치의 접근법의 이해를 돕기 위해 한 가지 예를 들면, 자동차 엔진이 특정 연료-공기 비율에서 가장 효율적으로 작동하도록 설계되었다면, 이 비율에서 조금이라도 벗어나면 허용 가능한 범위 내에 있더라도 연료 낭비와 엔진 마모를 초래할 수 있다. 시간이 지남에 따라 이러한 작은 편차가 누적되어 연료 소비 증가와 더 높은 수준의 오염 등으로 이어질 수 있다. 이처럼 타구치는 이러한 약간의 편차도 손실로 치부하는 엄밀한 설계 함수에 반영했고, 결과적으로 이 손실 함수를 최소화한다는 것은, 그만큼 이상적인 규격에 가까워지는 과정을 의미한다. 그렇기 때문에 타구치 기법은 강건 설계 기법(Robust Design)이라고도 한다.

지금까지는 다양한 품질 대가들의 철학을 살펴보았다. 각 대가들의 접근 방식은 서로 다르게 보일 수 있지만, 그들의 철학을 깊이 들여다보면 공통적으로 강조하는 핵심 가치들이 존재한다는 것을 발견할 수 있을 것이다.

이들은 모두 품질 관리를 단순한 기업의 한 기능으로 보는 것이 아닌 전사적 참여가 필요한 핵심적인 경영 활동으로 강조했다. 품질 개선을 위해서는 조직 내 모든 직원이 참여해야 하며, 이를 위해 모든 직원들이 적절한 교육과 훈련을 받아야 한다. 더 나아가, 문제 해결은 표면적인 증상보다는 근본적인 원인에 집중해야 하며, 무엇보다도 품질 개선 활동이 지속적으로 이루어져야 한다는 점을 강조했다. 또한, 생산되는 제품과 서비스에 대해서는 품질 수준의 변동을 최소화해야 하며 이를 지속적으로 관리하고 개선해야 한다고 주장했는데, 예를 들어 데밍은 통계적 공정 관리를 통해, 이시카와 카오루는 QC 7 Tools를 통해, 그리고 타구치는 강건 설계를 통해 이러한 생각을 구체화했다.

정리하면, 품질 대가들의 철학은 품질이 단순히 기업의 한 부서로서의 업무를 넘어서 지속 가능한 경영을 실현케 하는 필수적인 요소라는 점을 강조한다. 품질에 대한 그들의 통찰은 오늘날 경영자들이 직면한 여러 도전과제와도 밀접하게 연결되어 있으며, 이는 모든 기업이 추구해야 할 하나의 나침반이 된다.

Reference

강금식 (2011). 품질경영: 6 sigma, 박영사.

박성현 (2003). 현대실험계획법, 민영사.

임호순, 박광태, & 안철옥 (2022). 위기대응을 위한 서비스 오퍼레이션스 관리. 홍문사.

Feigenbaum, A.V. (1991). *Total Quality Control*. New York: McGraw-Hill.

Foster, S. (1998). The ups and downs of customer-driven quality. *Quality Progress*, 31, 67-72.

Foster, S. T., & Gardner, J. W. (2022). *Managing quality: Integrating the supply chain*. John Wiley & Sons.

Ishikawa, K. (1998). *What is total quality control*. Tradução de Iliana Torres,-Controle de Qualidade Total-Maneira Japonesa. Editora Campus Ltda.

Juran, J. M., Gryna, F. M., & Bingham, R. S. (1979). *Quality Control Handbook (3rd ed.)*. New York: McGraw-Hill.

Krajewski, L. J., & Malhotra, M. K. (2022). *Operations management: Processes and supply chains*. Pearson.

Rafael, A. (1991). *Dr. Deming: the American who taught the Japanese about quality*, Touchstone.

Sullivan, L. P. (1987). The power of Taguchi methods to impact change in US Companies. *Quality Progress*, 76-79.

Taguchi, G. (1993). *Robust technology development*. Mechanical Engineering-CIME, 115(3), 60-63.

제3장
품질 관리의 제도 및 선제적 품질 관리

우리나라를 포함한 세계 각국에서는 품질 향상에 괄목할 수준의 공헌을 한 개인이나 단체(주로 기업)를 대상으로 품질 경영상을 수여하고 있다. 국가 차원에서 품질 경영상 제도를 도입하여 포상하는 이유는 기업의 경쟁력을 강화하고, 선진 품질 경영 기법의 도입과 확산을 촉진하기 위함이다. 예를 들어, 미국은 1980년대 일본 기업들에 비해 경쟁력이 현저히 떨어졌던 상황에 대해 그 원인 중 하나로 일본 기업들이 선제적으로 도입한 품질 경영 전략을 지목했다. 이에 따라 미국 내 기업들의 품질 경영 시스템의 도입을 독려하기 위해 말콤 볼드리지 국가 품질 상을 제정했으며, 이 상은 현재까지도 이어지고 있다. 또한, 말콤 볼드리지 국가 품질 상을 수상한 기업들은 대체로 주식 시장에서 높은 투자 수익률을 기록하며, 미국 내 타 기업들에게 기준점 역할(Benchmark)을 성공적으로 수행하여 미국의 전반적인 품질 경영 수준을 높일 수 있었다. 우리나라에서는 표준 협회가 국가 품질 상 제도를 시행하고 있고 능률 협회나 생산성본부 등에서 유사한 포상 제도를 시행하고 있는데 과연 말콤 볼드리지 국가 품질 상과 같은 역할을 하고 있는지에 대하여는 엄밀한 리서치를 통하여 그 효과에 대하여 알아볼 필요가 있다고 본다.

본 장에서는 세계 각국에서 시행되는 품질 경영 상 중 가장 대표적인 포상 제도인 말콤 볼드리지 품질 상과 데밍 상을 소개한다. 구체적으로 각 품질 경영 상들이 가진 배경과 포상 기준을 소개하고, 이를 선제적 품질 관리와 연결해서 분석할 것이다. 또한, 국제적인 품질 표준인 ISO 9000 시리즈, HACCP를 소개하고 이러한 국제적 품질 표준과 선제적 품질 관리 사이의 관계 또한 살펴볼 것이다.

말콤 볼드리지 국가 품질 상

말콤 볼드리지 국가 품질 상이란

1980년대, 미국 경제는 쇠퇴의 길을 걷고 있었다. 특히 일본 기업들의 공격적인 시장 확장으로 인해 미국 기업들은 글로벌 경쟁에서 점차 밀리기 시작했고, 기업의 경쟁력 회복이 국가적 과제로 떠올랐다. 당시 레이건 행정부는 이러한 위기 속에서 일본의 품질 경영 전략이 그들의 성공을 뒷받침하고 있다는 사실에 주목했다. 이에 품질 경영을 촉진하고 미국 기업들의 경쟁력을 회복시키기 위해 1987년 8월 국가품질개선법(National Quality Improvement Act)이 제정되었고, 당시 상무장관이었던 말콤 볼드리지(Malcolm Baldrige)의 이름을 따서 말콤 볼드리지 국가 품질 상(Malcolm Baldrige National Quality Award)이 제정되었다.

이 상은 우수한 품질 경영을 통해 탁월한 성과를 거둔 기업들에게 대통령이 직접 수여하며, 최초로 이 상을 수상한 기업들로는 모토로라(Motorola Inc.), 웨스팅하우스의 핵연료사업부(Westinghouse Electric Corporation - Commercial Nuclear Fuel Division), 그리고 글로브 메탈루지컬(Globe Metallurgical) 등이 있었다. 이후로도 현대에 이르기까지 매년 최우수 기업을 선정하여 포상함으로서, 미국 내 기업들의 품질 경영에 대한 인식을 높이고, 이를 통해 산업 전반에 혁신적인 변화를 일으키는 중요한 역할을 해 왔다.

말콤 볼드리지 국가 품질 상의 특징 및 시상 기준

말콤 볼드리지 국가 품질 상이 처음 제정되었을 때는 제조업과 서비스업 분야의 기업들이 시상 대상이었다. 그러나 현재는 시상 범위가 확장되어 제조업과 서비스업 외에도 중소기업, 교육 기관, 헬스케어 기관, 그리고 비영리 단체가 포함된 총 여섯 가지 부문에서 시상이 이루어지고 있다.

상술한대로 말콤 볼드리지 국가 품질 상의 목적은 미국 내 기업들이 품질 경쟁력을 강화하고, 지속 가능한 성과를 달성할 수 있도록 장려하는 것이다. 그래서 이 상은 기업의 단기적인 재무적 성과만을 평가하는 것이 아니라, 장기적인 성과 달성을 위한 기업의 경영 철학과 비즈니스 시스템 전반을 종합적으로 평가한다. 실제로 말콤 볼드리지 국가 품질 상을 수상한 기업 중에는 수익이 감소하거나 망한 기업도 있었는데, 모토로라, 페덱스(FedEx), 그리고 플로리다 전력회사가 그 예다. 이 세 기업은 상을 수상한 후 오히려 수익이 감소하였는데, 이 때문에 말콤 볼드리지 국가 품질 상의 실효성에 대한 비판을 받기도 하였다. 그러나 이 중 처음 두 기업이 상을 수상할 수 있었던 것은 단기적인 수익성에 집중하기보다는 장기적인 품질 개선을 위한 투자에 집중하였기 때문에 말콤 볼드리지 국가 품질 상의 평가 기준에서 높은 점수를 받을 수 있었고, 마지막에 제시된 플로리다 전력회사의 경우 단기 수익의 감소로 인하여 회사가 망해버린 사례이다. 생각해 보면 단기적인 재무적 성과를 극대화하기 위해 장기적 품질 개선을 위해 필요한 투자를 하지 않는다면, 이는 말콤 볼드리지 국가 품질 상의 목적과는 상반된 모습일 것이며 이와 반대로 장기적인 품질 개선에만 집중한다고 한다면 기업의 단기적 현금흐름의 문제로 인하여 지속 가능 역량에 심각한 문제가 발생할 수 있을 것이다. 그렇기 때문에 말콤 볼드리지 국가 품질 상은 단기적 재무 성과에만 치중해서 평가하지 않으며 단기적 재무 성과와 장기적 지속 가능성에 대한 균형 있는 시각에 의하여 평가를 수행한다.

말콤 볼드리지 국가 품질 상은 총 7개의 핵심 범주를 중심으로 평가 대상 기업을 포괄적으로 평가하는데, 각 핵심 범주 내에는 각각 5개 정도의 세부 평가 기준들이 존재한다. 7개의 핵심 범주와 각 핵심 범주에서 중점적으로 평가하는 사항은 다음과 같다.

1. 리더십(Leadership): 이 범주에서는 조직의 최고 경영자가 어떻게 리더십을 발휘하여 조직의 전략과 비전을 수립하고, 조직 전체가 이를 달성하기 위해 어떻게 협력하는지를 평가한다. 세부적인 평가 항목으로는 최고 경영자의 리더십 부문과 기업의 지배 및 사회적 책임 부문으로 나눠지며, 최고 경영자의 리더십 부문에서는 기업의 비전, 가치, 사명과 경영자의 의사소통 및 조직 성과를 평가한다. 그리고 지배 및 사회적 책임 부문에서는 조직 지배력, 법률 및 윤리적 행위, 그리고 기업의 사회적 책임을 평가한다.
2. 전략 계획(Strategic Planning): 이 범주는 조직이 장기적인 목표를 설정하고 이를 실행하기 위한 구체적인 계획을 수립하는 방식을 평가한다. 세부적으로는 전략 개발 항목과 전략 전개 항목으로 나눠지며, 전략 개발 항목에서는 전략 개

발 과정 및 전략 목표를 평가한다. 그리고 전략 전개 항목에서는 전략 실행 계획 개발과 전개, 그리고 성과의 추정을 평가한다.

3. 고객 및 시장에 집중(Customer and Market Focus): 조직이 고객의 요구와 기대를 어떻게 이해하고, 이를 충족시키기 위해 어떠한 노력을 기울이는지를 평가한다. 세부적으로는 고객 참여 항목과 고객의 소리(Voice of Customer: VOC) 항목으로 나눠진다. 이 중 고객 참여 항목에서는 제품 제공 및 고객 지원 역량, 그리고 고객 문화의 구축 정도를 평가한다. 그리고 고객의 소리 항목에서는 고객의 목소리를 경청하는지, 그리고 고객 만족도를 평가한다.
4. 측정, 분석 및 지식경영(Measurement, Analysis and Knowledge Management): 이 범주는 조직이 경영 성과를 얼마나 잘 측정하고, 측정된 자료를 이용해서 얼마나 효과적으로 의사 결정을 뒷받침하는지 평가한다. 또한, 이 과정에서 기업이 정보 기술(IT)을 얼마나 잘 활용하는지 평가한다. 세부적인 평가 항목으로는 조직 성과의 측정, 분석 및 개선 항목과 지식 및 IT 경영 항목으로 나눠지며, 조직 성과 측정, 분석 및 개선 항목에서는 조직 성과의 측정, 조직 성과 분석 및 검토, 그리고 조직 성과 개선을 평가하며, 지식 및 IT 경영 항목에서는 데이터를 정보로 가공하고 이를 궁극적으로 지식 경영으로 활용하는 역량, 그리고 정보 자원 및 기술 경영 역량을 평가한다.
5. 인적 자원에 집중(Human Resource Focus): 이 항목은 인적 자원을 어떻게 관리하고, 인재를 육성하며, 직원의 만족도를 어떻게 유지하는지를 평가한다. 세부적인 평가 항목으로는 종업원 참여 항목, 그리고 종업원의 환경 항목으로 나뉜다. 이 중 종업원 참여 항목은 세부적으로 종업원 비옥화, 종업원 및 리더 육성, 그리고 종업원의 참여 정도를 평가한다. 그리고 종업원 환경은 종업원의 재능과 능력, 그리고 근무 환경을 평가한다.
6. 프로세스 관리(Process Management): 조직이 핵심 프로세스를 어떻게 설계하고 운영하며, 프로세스를 어떻게 개선하는지를 평가하는 범주다. 세부적으로는 업무 시스템 항목과 작업 프로세스 항목으로 구분되며, 이 중 업무 시스템 항목은 업무 시스템의 설계, 주요 업무 프로세스, 그리고 긴급 대응 역량을 평가한다. 그리고 작업 프로세스 항목에서는 업무 프로세스의 설계, 관리 및 개선 역량을 평가한다.

7. 사업 성과(Business/Organizational Performance Results): 조직이 고객 만족도, 재무 성과, 인적 자원 관리, 운영 효율성, 사회적 책임 이행 등 다양한 측면에서 어떤 성과를 달성했는지를 평가한다. 상술한 바와 같이 말콤 볼드리지 국가 품질 상은 단순히 재무적 성과가 뛰어난 기업에게 주어지는 상이 아니다. 그렇기 때문에 재무적 측면뿐만 아니라 기업의 전체적인 오퍼레이션스(Operations)에서 발생하는 여러 측면의 성과를 종합적으로 평가한다. 세부적 평가 항목으로는 제품 및 서비스 성과, 고객 중시 성과, 재무 성과, 인력 중시 성과, 프로세스 유효성 성과, 그리고 리더십 성과로 이루어져 있다.

지금까지 소개한 말콤 볼드리지 국가 품질 상의 일곱 가지 핵심 범주들은 기업의 목표와 운영 프로세스 간의 조화를 도모하며, 기업의 종합적인 평가 기준으로 작용한다. 그렇다면 말콤 볼드리지 국가 품질 상은 왜 이 일곱 가지 범주를 핵심적인 요소로 선정했는가? 우선 [그림 3-1]을 보자.

[그림 3-1]을 살펴보면, 그림 좌측에 서로 연결된 리더십, 전략 계획, 그리고 고객 및 시장에 집중이라는 세 가지 요소는 전략의 계획과 고객과 시장에 초점을 맞춘 리더십 역량을 강조한다. 그리고 우측에 서로 연결된 인적 자원, 프로세스 관리, 사업 성과의 경우, 조직이 달성해야 할 성과 지표들을 모아둔 것으로 기업의

그림 3-1 말콤 볼드리지 국가 품질 상 프레임워크

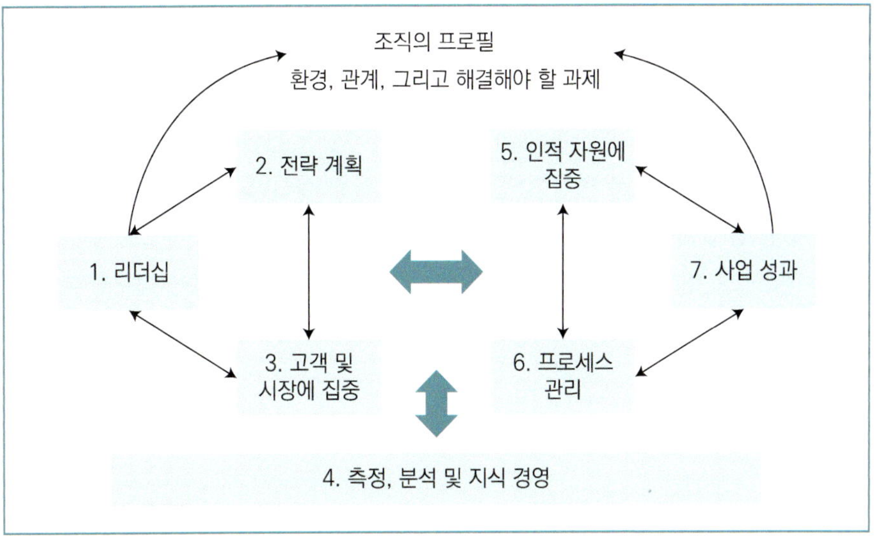

인적 자원과 핵심적인 프로세스를 통해 조직의 성과를 높일 수 있게 도움이 되어야 함을 의미한다. 또한, 사업의 성과 그리고 조직의 경쟁력을 강화하기 위해서는 언제나 조직에서 발생하는 자료를 통해 정보를 얻어내고, 이에 기반한 지식 경영 시스템을 구축함으로서 조직을 운영하는 단단한 토대가 된다.

다시 말하면, 기업이 해결해야 할 문제와 이를 둘러싼 외부 환경을 맞닥뜨린 최고 경영자 층의 리더십에서 설정한 조직의 비전이 전략 계획에 반영되고, 이렇게 수립된 전략은 반드시 고객과 시장의 욕구를 반영해야 한다. 그리고 이러한 거시적 목표와 전략적 방향을 구체적으로 구현하기 위해서 프로세스 관리 역량이 이를 뒷받침해야 하며, 무엇보다 조직의 프로세스를 실질적으로 수행하는 모든 구성원들의 적극적인 참여와 지속적 역량 개발을 통해 궁극적으로 조직의 성과로서 나타나야 한다. 이러한 일련의 과정이 실제로 잘 수행되고 있는지 끊임없이 측정하고 분석함으로서 개선 방향을 도출해야 하며, 이 과정에서 생기는 관리적 지식과 노하우 등을 IT를 이용한 지식 경영 시스템에 지속적으로 기록함으로서 조직은 시행 착오를 줄이고 지속적으로 학습하고 발전할 수 있는 단단한 기틀을 마련하는 것이다.

말콤 볼드리지 국가 품질 상의 평가 절차

말콤 볼드리지 국가 품질 상의 평가 절차는 [그림 3-2]와 같다.

[그림 3-2]에서 확인할 수 있듯, 말콤 볼드리지 국가 품질 상을 받기를 희망하는 기업들은 우선 심사 위원 개개인의 평가를 받은 다음, 심사 위원들이 모여서 함께 평가하는 컨센서스 평가 단계까지 통과해야 한다. 컨센서스 평가 단계까지 통과한 기업들을 대상으로 현장 방문을 하여 평가를 실시한다. 현장 방문 평가에서도 우수한 품질 수준을 가지고 있다고 판단되는 기업들은 최종적으로 수상 대상 후보 기업으로 추천이 이루어지며, 최종 심사 결과를 해당 기업에 송부한다. 그리고 심사에 참여했던 모든 기업들은 자사의 강점과 개선해야 할 사항이 기술된 피드백을 받게 된다.

그림 3-2 말콤 볼드리지 국가 품질 상의 평가 절차

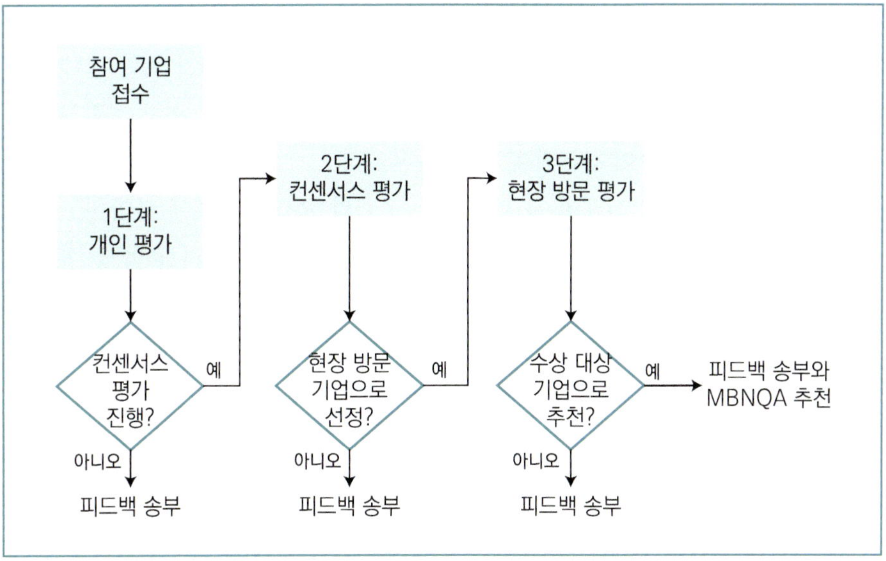

선제적 품질 관리와의 연관성

말콤 볼드리지 국가 품질 상에서 제시하는 좋은 기업의 청사진과 선제적 품질 관리는 둘 다 궁극적으로는 기업의 지속 가능한 경쟁력 강화를 추구한다는 공통점이 있다. 그리고 두 개념 모두 조직의 성과를 개선하고 장기적인 성공을 달성하기 위해 필수적인 요소들을 평가하고 관리하는 접근 방식을 제시한다.

선제적 품질 관리와 말콤 볼드리지 국가 품질 상의 관계를 정의하면 말콤 볼드리지 국가 품질 상의 핵심 범주들은 선제적 품질 관리를 구현하기 위한 필요 조건이라는 점이다. 일곱 가지 핵심 범주들 중 결과 지표인 사업 성과를 제외한 여섯 가지 핵심 범주들과 선제적 품질 관리 간의 관계를 정리하면 다음과 같다.

- 리더십: 선제적 품질 관리는 경영진이 향후 발생할 수 있는 품질 문제 혹은 미발굴된 고객의 욕구 파악을 우선순위로 두고, 이와 관련된 명확한 비전과 목표를 제시할 때 효과적으로 구현된다. 말콤 볼드리지 상에서 평가하는 리더십 범주는 선제적 품질 관리의 필수적인 출발점으로, 최고 경영자가 선제적으로 품질 문제를 예방하고 해결하기 위한 리더십을 발휘하기 위한 정신적 토대가 된다.

- 전략 계획: 선제적 품질 관리는 결코 하루 아침에 이루어질 수 없으며, 장기적인 전략과 구체적인 실행 계획에 의해 주도된다. 말콤 볼드리지 상의 전략 계획 항목은 조직이 장기적인 목표를 어떻게 설정하고, 이를 달성하기 위한 전략을 어떻게 수립하는지를 평가한다. 선제적 품질 관리의 성공은 이 전략 계획 역량이 얼마나 제대로 갖추어 졌는가에 따라 좌우된다.
- 고객 및 시장에 집중: 선제적 품질 관리는 고객의 요구를 사전에 파악하고 이에 맞춰 품질을 관리하는 것을 목표로 한다. 말콤 볼드리지 상의 고객 및 시장 집중 항목은 기업이 고객의 기대를 어떻게 반영하고, 고객 만족도를 어떻게 높이는지를 평가한다. 이는 선제적 품질 관리가 추구하는 목표와 직접적으로 연결된다.
- 측정, 분석 및 지식 경영: 선제적 품질 관리는 데이터를 기반으로 문제를 사전에 예측하고, 이를 분석해 개선하는 과정이 필수적이다. 말콤 볼드리지 상 역시 조직이 성과를 어떻게 측정하고, 측정된 데이터를 활용해 어떻게 지식으로 변환시키는지를 중시한다. 이러한 역량은 선제적 품질 관리에서 문제를 사전에 파악하고 예방하기 위해 필요한 핵심 요소가 된다.
- 인적 자원에 집중 및 프로세스 관리: 선제적 품질 관리는 조직의 모든 구성원이 적극적으로 참여하고, 프로세스가 효과적으로 관리될 때 성공할 수 있다. 말콤 볼드리지 상은 인적 자원 관리와 프로세스 관리 항목을 통해 조직이 인재를 육성하고, 프로세스를 어떻게 설계, 관리, 개선하는지를 평가한다. 이는 선제적 품질 관리 시스템이 원활하게 구현될 수 있는 기반을 마련해 준다.

이처럼 말콤 볼드리지 국가 품질 상의 핵심 범주들은 선제적 품질 관리를 위한 기본 조건이 된다. 이 범주들에서 요구하는 기준을 충족하지 못하면, 선제적 품질 관리 전략을 제대로 수행할 수 없다. [그림 3-1]에서 제시된 말콤 볼드리지 국가 품질 상의 핵심 범주들의 관계는 선제적 품질 관리가 실현되기 위한 중요한 프레임워크를 제공하는데, 그럼에도 불구하고 MBNQA에서는 이 프레임워크가 규정적(Prescriptive)인 것은 아니라고 주장한다. 따라서 이를 벤치마킹함으로써 조직은 지속 가능한 경쟁력을 갖기 위한 필요 조건을 충족시킬 수는 있으나 벤치마킹되는 회사가 유일한 대안이라거나 다른 비즈니스 모형을 가져가는 것이 잘못되었음을 의미하는 것은 아니다.

데밍 상

데밍 상이란

데밍 상(Deming Prize)은 말콤 볼드리지 국가 품질 상과 더불어 품질 관리와 경영 혁신 분야에서 가장 권위 있는 상 중 하나로, 글로벌 품질 경영의 발전에 큰 영향을 미쳤다. 이 상은 1장에서 자세히 소개한 바 있는 미국의 저명한 품질 관리 전문가이자 전후 일본의 산업을 다시금 부흥시킨 에드워즈 데밍(W. Edwards Deming)의 업적을 기리기 위해 제정되었다.

데밍 박사는 2차 세계대전 이후 일본에 초청되어 그의 품질 관리 기법을 전파하였는데, 그의 철학은 "측정할 수 없는 것은 관리할 수 없다"라는 원칙으로 요약되며, 이는 통계적 공정 관리(Statistical Process Control: SPC) 기법을 기반으로 하고 있다는 것을 의미한다. 데밍의 이러한 사상은 품질 관리에서 데이터를 기반으로 한 관리의 중요성을 강조하며, 특히 제조업을 비롯한 다양한 산업에서 생산 공정의 안정성과 효율성을 높이는 데 핵심적인 역할을 했다. 이러한 데밍의 철학은 일본 기업들에 의해 적극적으로 수용되었고, 이는 일본의 경제 성장에 중대한 역할을 했다. 일본은 1950년대부터 품질 경영을 통해 글로벌 시장에서 경쟁력을 강화하였으며, 이러한 성장은 많은 경제 전문가들이 일본의 품질 경영 역량을 경제 발전의 핵심 요소로 평가하는 이유가 되었다. 이러한 데밍의 공적을 기리기 위해 일본과학기술연맹(Japanese Union of Scientists and Engineers: JUSE)은 1951년 데밍 상을 창설하였고, 이후 이 상은 품질 관리 분야에서 최고의 명예와 권위를 지니는 상으로 자리 잡게 되었다.

데밍 상의 도입은 일본 내 품질 경영의 확산에 큰 기여를 했으며, 일본 기업들은 이 상을 목표로 삼아 품질 경영 시스템을 도입하는 것에 전념해 왔다. 한편, 미국의 기업들은 데밍의 철학에 크게 공감하지 않았는데, 당시 미국은 2차 세계대전의 주요 승전국으로서 생산 능력 및 품질 등 모든 면에서 세계 시장을 주도하고 있었기 때문에 굳이 기존의 운영 방식을 수정할 필요를 느끼지 못했던 것이다. 그 결과, 1970년대와 1980년대에 이르러서는 그간 지속적으로 품질 경영 시스템을 체계화해 온 일본 기업들의 노력이 결실을 맺어, 글로벌 시장에서 독보적인 경쟁력을 갖게 되었으며, 미국이 일본 기업의 경쟁력을 따라잡기 어려운 지경에 이르게 되었다. 이는 당시 미국 기업들에게 큰 충격을 주었고 미국에서도 뒤늦게나마 일본 기업의 성공을 분석하며 품질 경영의 중요성이 대두되었고, 1980년 NBC 뉴스에서 방영된 다큐멘터리 〈만일 일본이 할 수 있다면… 왜 우리는 안 되는가?(If Japan Can… Why Can't We?)〉에서 미국 산업의 부진과 일본 기업의 성공의 원동력을 집중적으로 조명함으로서 미국 내에서 품질 관리의 중요성을 재조명하는 계기가 되었다. 이 다큐멘터리는 데밍 박사의 이름을 미국에서도 널리 알리게 했으며, 이후 말콤 볼드리지 국가 품질 상과 같은 포상 제도가 미국에서도 생겨나는 하나의 배경이 되었다. 또한, 1990년 제임스 워맥(James P. Womack), 다니엘 존스(Daniel T. Jones), 그리고 다니엘 루스(Daniel Roos)는 〈Machine that changed the world〉라는 책을 통해 일본의 자동차 회사가 미국의 대량 생산 시스템에 근거한 자동차 제조사들보다 어떻게 경쟁력이 있는지를 조사하여 품질 관리 면에서도 앞서 가 있는 일본의 자동차 회사를 조망하였다.

데밍 상의 시상 기준

데밍 상은 단순히 경영 성과만을 평가하는 것이 아니라, 통계적 품질 관리 기법을 기반으로 한 품질 및 프로세스 개선 활동을 평가하는 것에 중점을 둔다. 특히, 품질 관리 과정에서 통계적 품질 관리를 얼마나 효율적으로 운영하였는지, 그리고 새로운 품질 관리 기법을 개발하여 품질 관리에 어떻게 활용하였는지를 중점적으로 평가한다. 그리고, 한 해에 수여되는 개인이나 기업의 수에는 별도의 제한이 없으며, 어떤 참가자도 조건을 충족시키지 못할 경우 그 해 데밍 상을 시상하지 않는다. 이는 데밍 상이 단순한 상을 넘어서, 지속 가능한 품질 관리 시스템 구축에 대한 높은 기준을 유지하려는 데 목적이 있기 때문이다.

데밍 상은 크게 세 가지 범주로 나뉜다. 첫 번째는 데밍 실시 상(Deming Application Prize)으로, 통계적 품질 관리 기법을 전사적으로 적용해 성공적인 품질 관리 활동을 수행하였고, 향후에도 품질 관리를 위한 노력을 지속할 것이라 판단되는 기업에게 수여된다. 두 번째는 데밍 개인 상(Deming Prize for Individuals)으로, 품질 관리 분야에서 탁월한 기여를 한 개인에게 주어지며, 이 상은 품질 관리 이론과 실천의 발전에 기여한 공로를 기린다. 마지막으로 데밍 소사 상(Deming Quality Control Award for Factories)은 생산 공정에서 통계적 품질 관리 기법을 성공적으로 도입하여 품질 성

표 3-1 데밍 상의 평가 기준

1. 정책(Policy)	5. 분석(Analysis)	9. 효과(Effect)
2. 조직(Organization)	6. 표준화(Standardization)	10. 장래 계획(Future Plan)
3. 교육(Education)	7. 유지 관리(Control)	
4. 정보(Information)	8. 품질 보증(Quality Assurance)	

과를 낸 기업에게 주어지는 상이다. 데밍 상은 원래 1980년대 중반까지 일본 외 기업에는 수상을 허락하지 않았으나, 이후에는 일본 외 기업에도 문호를 개방하였다.

데밍 상의 심사 기준은 매년 조금씩 수정되지만, 기본적으로 10개의 카테고리로 구성되어 있다. 각 카테고리는 10점 만점으로 평가되며, 총 100점 만점이 되는 체계다.

이 평가 기준은 통계적 품질 관리의 원칙을 얼마나 잘 적용하고, 이를 통해 기업의 품질 관리 시스템을 얼마나 효과적으로 운영했는지를 중심으로 삼고 있다.

1. 정책: 이 항목은 경영진이 설정한 품질 관리 정책이 얼마나 명확하고 체계적인지를 평가한다. 구체적으로 품질 관리 정책이 경영에서 차지하는 위치와 중요성, 그리고 그 정책이 어떻게 결정되는지, 정책과 조직의 장기 및 단기 계획 간의 연계성 등이 평가 요소다. 또한, 품질 관리 정책이 조직 내에 어떻게 전달되고 실행되는지, 경영자와 관리자의 리더십이 이 과정에서 어떻게 발휘되는지를 평가한다. 이 외에도 품질 관리 정책의 달성 여부를 파악하고 관리하는 능력 또한 평가된다.
2. 조직: 이 항목은 품질 관리를 위한 조직의 구성이 얼마나 적절한지를 평가한다. 조직 내에서 품질 관리 책임이 명확하게 할당되었는지, 종업원들이 품질 관리에 적극적으로 참여하는지, 그리고 부서 간 협력이 원활하게 이루어지는지 등이 주요 평가 요소다. 또한, 소모임이나 프로젝트 팀을 활용하여 품질 개선 활동을 촉진하는지도 살펴보며, 이외에도 관련 기업과의 협력 관계가 품질 관리에 어떻게 기여하고 있는지가 중요한 평가 항목이 된다.
3. 교육: 2장에서 소개한 여러 품질 대가들이 공통적으로 강조했듯, 인적 자원 개발은 조직의 지속적인 품질 관리 역량 강화를 위한 필수 요소다. 이 항목은 교

육 훈련의 계획과 실적, 그리고 품질 관리에 대한 종업원들의 이해도와 참여도를 평가한다. 특히 품질 의식과 관리 의식의 확립, 통계적 사고 및 품질 관리 기법에 대한 이해와 활용이 중요한 평가 요소가 되며, 품질 분임조 활동의 활성화 여부와 협력 업체의 인재 육성 지원 상황도 평가된다. 이 외에도 조직이 종업원의 동기 부여를 제대로 하는지, 자기 개발 및 자기 실현을 지원하는지 여부도 중요한 평가 요소가 된다.

4. 정보: 이 항목은 사외 정보와 사내 정보를 얼마나 효과적으로 수집하고 전달하는지, 그리고 수집된 정보를 분석하고 해석하는 과정에서 통계적 기법을 얼마나 잘 활용하는지를 평가한다. 구체적으로는 정보 보관의 적절성, 정보 활용의 효율성, 그리고 정보 처리에 있어 컴퓨터 활용의 수준을 평가하며, 조직이 정보를 얼마나 체계적으로 관리하고, 이를 품질 개선에 어떻게 활용하는지에 초점이 맞춰진다.
5. 분석: 품질 관리의 핵심 요소 중 하나는 품질 관리 활동이 일회성에 그치지 않고 지속적인 개선 활동으로 이어져야 한다는 것이다. 그리고 그 과정에서 경영 데이터의 올바른 활용이 필수적이다. 이 항목은 조직이 중요 과제를 어떻게 선정하고 분석하는지, 그리고 분석 과정에서 통계적 기법을 얼마나 잘 활용하는지를 평가한다. 그리고 개선 활동이 실제로 성과를 내고 있는지, 그 효과가 계량적으로 확인되고 유지되고 있는지도 중요한 평가 요소다.
6. 표준화: 표준화는 일관된 품질을 유지하기 위한 품질 경영의 근간이 되는 요소라 할 수 있다. 이 항목은 표준 체계의 적절성과 표준의 제정 및 개정 절차를 평가한다. 표준이 얼마나 잘 제정되고 있으며, 그 내용이 효과적으로 적용되고 있는지, 그리고 표준이 조직 내에서 얼마나 잘 준수되고 있는지가 주요 평가 요소다. 또한, 기술의 조직적 개발과 축적, 전송, 활용 상황도 평가하며, 표준화된 프로세스가 조직의 품질 관리 수준을 어떻게 높이는지, 그리고 이러한 표준이 지속적으로 유지되고 개선되는지 여부도 중요한 요소로 작용한다.
7. 유지 관리: 이 항목은 PDCA(Plan-Do-Check-Act) 사이클의 적절한 운영 여부를 평가한다. 품질 관리 과정에서 중요한 관리 항목과 관리 수준이 어떻게 결정되고 있는지, 관리도 등의 통계적 기법이 어떻게 활용되고 있는지가 평가의 핵심이다. 이 외에 응급 대책과 근본 대책이 적절히 수립되고 실행되고 있는지, 원가와 납기 관리 시스템이 품질 보증 시스템과 어떻게 연결되어 있는지도 중요한

평가 요소다. 그리고 품질 관리 시스템의 유지 관리가 조직의 품질 보증 활동에 얼마나 효과적으로 기여하는지도 종합적으로 평가한다.

8. 품질 보증: 이 항목은 기업의 품질 보증 시스템의 구축과 운영 상태를 평가하는 항목이다. 여기에는 비단 기업이 얼마나 매력적인 품질 보증 체계를 고객에게 제안하는지를 평가하는 것뿐만 아니라, 기업의 품질 관리 시스템의 진단 현황, 신제품 개발 현황, 공정 관리 및 공정 개선 활동 현황, 검사와 품질 평가 등이 종합적으로 평가된다. 또한, 설비 관리, 계측 관리, 구매 및 외주 관리, 그리고 포장, 보관, 배송, 판매, 서비스 등 모든 관련 활동이 품질 보증의 관점에서 어떻게 관리되고 있는지 평가되며, 고객 만족도 파악과 재활용 상황, 신뢰성 및 안전성, 환경 영향에 대한 배려도 중요한 평가 요소다.
9. 효과: 이 항목은 품질 관리 활동의 결과로 나타난 성과를 평가한다. 여기에는 유형의 효과(예: 생산성 향상, 원가 절감)와 무형의 효과(예: 종업원 만족도, 조직 문화 개선) 모두가 포함된다. 이러한 평가에서는 비단 효과의 크기뿐만 아니라, 유, 무형의 효과를 어떻게 측정했는지, 그리고 고객 만족도와 종업원 만족도가 얼마나 향상되었는지, 나아가 이러한 효과가 관련 기업이나 지역 사회, 국제 사회에 미친 영향도 중요한 요소로 다룬다. 다시 말해, 조직의 품질 관리 활동이 기업 내부와 고객, 그리고 지역 사회에 종합적으로 얼마나 긍정적인 결과를 낳았는지를 평가한다.
10. 장래 계획: 장래 계획은 조직의 지속 가능성을 평가하는 요소다. 이 항목은 PDCA 사이클이 장기적으로 어떻게 운영될 계획인지, 품질 관리 항목과 수준이 어떻게 설정될 예정인지 등을 평가한다. 또한, 응급 대책과 근본 대책이 지속적으로 마련되고 있는지, 원가 및 납기 관리 시스템이 장기적으로 어떻게 운영될 것인지, 품질 보증 시스템과 관리 시스템이 어떻게 연계되어 발전할 것인지를 평가한다. 즉, 조직이 미래에도 지속 가능한 품질 관리 체계를 구축하고 유지할 수 있는지 여부가 이 항목의 핵심 평가 요소다.

정리하면, 데밍 상은 단순히 품질 관리를 얼마나 제대로 하고 있는지 평가하는 상이 아닌, 기업과 개인이 품질 관리에 있어 장기적인 성공을 도모할 수 있는 체계적 경영 방식을 고취시키는 데 중요한 역할을 하고 있다. 그러나 이러한 데밍 상의 정신이 오늘날에도 기업들의 품질 경영의 핵심 지침서로 기능하고 있는지에 대하여는 의문이 남는다. 이러한 의문점에 대하여는 데밍 상을 수상하는 최근 수상 기업들의 구성을 각자 살펴보기 바란다.

선제적 품질 관리와의 연관성

통계적 공정 관리 기법의 활용. 데밍 상과 선제적 품질 관리는 모두 지속적인 프로세스 개선과 품질 관리의 체계적 접근을 강조한다는 점에서 공통점을 지니고 있다. 다시 말해, 데밍 상은 통계적 공정 관리(SPC) 기법을 통해 기업이 품질 문제를 사전에 파악하고 개선할 수 있는 역량을 강조하는데, 이러한 접근은 선제적 품질 관리가 고객의 기대와 요구를 미리 예측하고, 이를 충족시키기 위한 전략적 품질 관리 활동을 전개한다는 점에서 깊은 연관을 가지고 있다고 할 수 있다.

지속적인 프로세스 개선. 더 자세히 살펴보면, 우선 데밍 상과 선제적 품질 관리는 선제적 문제 예방 및 지속적 프로세스 개선을 강조한다는 공통된 목표를 지향한다. 데밍 상은 선제적 문제 예방을 위해 통계적 품질 관리 도구의 활용을 중요한 평가 항목으로 삼는데, 이는 기업이 단순히 문제가 발생한 후에 대응하는 것이 아니라, 통계적 기법을 통해 데이터를 분석하여 향후 발생할 수 있는 품질 문제의 혐의 인자를 사전에 탐지하고 이를 예방하는 것을 목표로 한다. 이는 데이터를 기반으로 품질의 이상 징후를 조기에 발견하고, 문제를 미리 예방한다는 선제적 품질 관리에서 강조하는 핵심 개념 중 하나와 일맥상통한다.

지속적 프로세스 개선 역시 선제적 품질 관리와 깊은 연관성을 지닌다. 선제적 품질 관리의 또 다른 중요한 목표는 아직 발굴되지 않는 고객의 욕구를 사전에 파악해서 이를 선제적으로 충족시킬 수 있는 역량을 갖추는 것이다. 그렇기 때문에 선제적 품질 관리 활동은 필연적으로 기업이 현재의 품질 제공 수준에서 멈추는 것이 아닌 지속적인 개선을 통해 급변하는 고객의 욕구를 충분히 충족시킬 수 있는 역량을 갖출 것을 주문한다. 이를 위해서 조직은 지속적으로 프로세스를 모니터링하고 관리하고, 더 효과적인 방향으로 개선해 나가야 한다. 이는 데밍 상의 중요한 평가항목 중 하나인 '유지 관리'에서 평가하고자 하는 사항과 일맥상통한다. 따라서 데밍 상을 목표로 하는 조직은 필연적으로 선제적 품질 관리의 개념을 도입하고 실행해야 할 것이다.

조직 내 품질 문화 정착. 비단 통계적 품질 관리 기법에 기초한 프로세스 개선 외에도 데밍 상과 선제적 품질 관리는 다양한 측면에서 서로 연관성을 지닌다. 일례로, 데밍 상은 직원 교육과 인적 자원 개발 수준을 평가하는데, 선제적 품질 관리에서도 직원 교육을 매우 중요하게 여긴다. 선제적 품질 관리 활동이 원활하게 이루어지려면 조직 내 모든 구성원이 각자의 역할을 일관되게 수행해야 하기 때문이다. 이를 위해서는 직원들이 적절한 교육을 받고 선제적 품질 관리 도구와 기법 사용에 능숙해져야 한다. 다시 말해, 데밍 상과 선제적 품질 관리 개념 모두 지속 가능한 품질 경영 시스템을 구축하기 위해서 조직이 직원들의 역량을 지속적으로 개발하고 강화해야 한다는 점을 강조한다는 점에서 매우 중요한 연관성을 지닌다.

품질 보증 활동 강조. 데밍 상은 품질 보증 활동을 평가 기준으로 포함하고 있다. 선제적 품질 관리 역시 품질 보증 시스템을 중요한 축으로 다루고 있는데, 이는 품질 보증 제도가 존재할 때 고객은 제품이나 서비스가 그들의 기대를 더 효과적으로 충족시킬 수 있을 것이라고 생각할 수 있는 신호(Signal)로서 작용할 수 있으며, 이를 통해 고객의 신뢰를 더 효과적으로 얻을 수 있기 때문이다. 이 외에도 정교한 품질 보증 제도는 제품과 서비스가 품질 보증 사항에 기록되어 있는 일정한 품질 기준을 충족하도록 촉진하는 역할을 한다. 이 표준화된 절차는 기업이 일관된 품질을 유지함에 있어서 기준점으로 작용하며, 이를 통해 선제적 품질 관리를 위한 안정된 기반을 제공할 수 있다. 또한, 품질 보증 활동은 제품이 생산 단계에서부터 발생할 수 있는 결함을 예방하는 데 중점을 둔다. 왜냐하면 품질 문제가 발생하면 품질 보증을 위한 비용을 투입해야 하기 때문에, 제품의 생산자나 서비스 제공자는 사전에 문제가 발생할 소지를 더 민감하게 탐지하고, 이를 선제적으로 관리할 수 있다. 다시 말해, 정교한 품질 보증 제도가 존재한다는 것은 그 자체로 제품이나 서비스가 고객에게 도달하기 전에 발생할 수 있는 잠재적인 문제들을 효과적으로 관리할 수 있게 해 준다. 나아가 선제적 품질 관리는 품질 보증 과정에서 발견된 문제를 더욱 깊이 분석하고, 이를 통해 향후 발생할 수 있는 또 다른 문제를 예측하여 추가적인 개선 활동을 수행하고, 미처 발견하지 못했던 고객의 욕구를 발굴할 수 있는 기반을 마련한다.

지금까지의 논의를 정리하면, 데밍 상을 목표로 하는 기업들은 통계적 품질 관리 도구의 활용, 지속적인 프로세스 개선, 조직 내 품질 문화 정착, 품질 보증 강조 등을 통해 자연스럽게 선제적 품질 관리를 수행할 수 있는 역량을 키우게 된다. 이는 고객의 숨겨진 욕구를 예측하고 미래에 발생 가능한 문제를 사전에 예방하는 선제적 품질 관리의 핵심 요소를 실천하게 할 수 있는 중요한 토대가 된다. 한편, 선제적 품질 관리는 미래의 계획을 데밍 상에서 제시하는 기준보다 더 능동적으로 접근한다. 데밍 상에서 강조하는 장래 계획은 주로 기업이 지속 가능한 품질 관리 시스템을 어떻게 구축하고 유지할 것인지에 대한 계획을 평가하며, 이는 PDCA 사이클을 기반으로 품질 관리 활동이 장기적으로 일관되게 유지되도록 하는 전략에 중점을 둔다. 반면 선제적 품질 관리는 지속적 개선을 일관되게 강조하지만, 동시에 미래 시장에서 행할 수 있는 새로운 도전 과제와 기회를 사전에 파악하여 이에 맞는 개선 활동을 수행함으로써, 기업이 구축한 품질 관리 시스템의 유지 및 보수를 넘어 필요하면 기존의 품질 관리 시스템을 처음부터 재설계하는 유연성을 허락하여 불확실한 미래 시장을 선도할 수 있는 품질 관리 역량을 추구하도록 한다.

ISO 9000 시리즈

ISO 9000 시리즈란

앞서 소개했던 말콤 볼드리지 국가 품질 상이나 데밍 상처럼 우수한 품질 경영 시스템을 운영하는 기업에 주는 상(Award)이지만, 지금부터 소개할 ISO 9000 시리즈는 기업에 부여하는 상이 아닌 품질에 대한 표준(Standard)이다. 따라서 ISO 9000 인증을 받았다는 것의 의미는 기업 내부에 품질과 관련된 표준이 존재하며, 최소한의 기준을 맞추고 있다는 것을 의미한다.

ISO 9000 시리즈는 전 세계적으로 인정받는 품질 관리 및 품질 보증을 위한 국제 표준으로, 조직이 고객의 요구를 충족시키고 지속 가능한 품질 개선을 달성하는 데 도움을 주는 체계적인 기준을 제공한다. "ISO"는 스위스 제네바에 본부를 둔 국제 표준화 기구(International Organization for Standardization)를 의미하며, 이 기구는 다양한 산업 분야에서 표준을 제정하여 국제적 일관성을 확보하는 역할을 한다.

ISO 9000 시리즈는 1987년에 처음 제정되었으며, 이후 몇 차례의 개정을 통해 발전해 왔다. 가장 최근의 개정은 2015년에 이루어졌으며, 따라서 현재의 표준은 ISO 9000:2015라고 불리기도 한다. ISO 9000 시리즈의 목적은 유럽 국가에서 사업을 하는 기업들에 대하여 통일된 품질 표준을 제시함으로서 해당 기업이 유럽 국가에서 원하는 품질 수준을 충족하는지 여부를 판단하는 것이다. 따라서 동남아시아 지역의 기업체들이나 개발 도상국 기업들에게는 해외로 진출하기 위해서는 반드시 필요한 여권(Passport)과 같은 역할을 한다.

ISO 9000 시리즈는 세 가지 표준으로 구성되어 있는데, ISO 9000, ISO 9001, 그리고 ISO 9004이다. 각 구성 요소를 하나씩 살펴보자.

ISO 9000

ISO 9000은 품질 인증이 아닌, 품질 경영 시스템의 기초적인 개념과 용어를 정의한 표준이다. 이 표준은 기업이 품질 관리 활동을 수행할 때 필요한 기본적인 이해를 촉진하며, 품질 경영의 원칙과 접근 방식을 체계적으로 설명한다. 예를 들어, 품질 경영 시스템이란 무엇인지, 품질 관리의 중요한 요소는 무엇인지를 명확히 정의하여, 모든 조직이 공통의 기준을 따를 수 있도록 한다. 이는 후술할 ISO 9001과 같은 구체적 표준을 준수하기 위한 필수적인 지침 역할을 한다.

ISO 9001

ISO 9001은 ISO 9000 시리즈 중 가장 널리 알려진 표준으로, 기업이 품질 경영 시스템을 구축하고 운영하기 위한 구체적인 요구 사항을 제시한다. ISO 9001은 전 세계적으로 품질 관리 시스템을 평가하는 데 사용되는 가장 대표적인 인증 기준으로, ISO 9001 인증을 획득하려면 기업은 제3자 심사 기관의 평가를 받아야 하며, 이를 통해 조직의 품질 관리 시스템이 국제 표준을 충족하고 있음을 공인받게 된다. 이 표준은 고객 만족, 리스크 관리, 지속적 개선 등의 중요한 품질 관리 요소를 포함하고 있다. ISO 9001 인증의 주요한 특징 중 하나는, ISO 9001 인증을 받은 기업은 한 번 인증을 받았다고 해서 계속해서 인증을 유지할 수 있는 것이 아닌, 인증 기관에서 권하는 일정한 간격으로 갱신을 해야 한다는 것이다. 또한, ISO 9001에는 별도의 등급이 없다. 그저 기업이 ISO 9001 인증을 받았는지,

받지 못했는지만 알 수 있다. 예를 들어 두 기업이 모두 ISO 9001 인증을 받았다고 해서 두 기업 간의 품질 경영 수준이 반드시 동일한 수준이라고 판단할 수는 없으며, 두 기업이 모두 ISO 9001에서 제시하는 엄격한 기준을 통과했다고 해석하는 것이 바람직하다.

ISO 9004

ISO 9004는 ISO 9001과는 달리 별도의 인증이 아닌, 기업이 품질 경영 시스템을 넘어 전반적인 경영 성과를 개선할 수 있도록 하는 가이드라인을 제공하는 문서다. 이 표준은 리더십, 전략 기획, 자원 관리, 성과 측정 등 기업 경영의 모든 측면을 다루며, 조직이 장기적으로 경쟁력을 유지하고 지속 가능한 성과를 달성할 수 있는 역량을 갖출 수 있게 지원하는 것이 목적이다. 보다 구체적으로, ISO 9004는 기업의 품질 경영 시스템이 조직의 핵심 목표나 비전 등 거시적인 목표와 최대한 일치하게끔 하는 것에 중점을 둔다. 이를 통해 조직은 품질 경영 시스템을 지속적으로 개선하는 원동력을 유지하되, 그 힘의 방향을 기업이 추구하고자 하는 미래 비전과 동기화시킬 수 있는 역량을 가질 수 있게 된다.

ISO 9000 시리즈는 이를 구성하는 일곱 가지 원칙이 있는데, 고객 중심적 사고, 리더십, 직원들의 참여, 프로세스 접근법, 지속적 개선, 사실 및 근거 기반 의사 결정, 그리고 공급자와의 상호 관계 관리가 있다. 일곱 가지 원칙을 보다 구체적으로 살펴보면 다음과 같다.

1. 고객 중심적 사고: 기업은 현재 그리고 향후 발생할 고객의 요구를 정확히 파악하고, 그 기대를 충족시키기 위해 지속적으로 품질 개선 활동을 해야 한다는 것이다.
2. 리더십: 조직의 리더들은 명확한 비전과 목표를 제시하고, 이를 달성하기 위한 적절한 환경을 조성해야 하며, 전사적으로 모든 구성원이 참여할 수 있는 품질 문화를 구축해야 한다는 것이다.
3. 직원들의 참여: 모든 직원은 품질 관리의 중요한 일원으로서, 조직의 목표를 달성하기 위해 직원들이 적극적으로 참여하고, 그들의 역량을 최대한 발휘할 수 있도록 해야 한다.

4. 프로세스 접근법: 조직이 수행하는 모든 활동과 관련된 자원들을 일련의 프로세스 관점에서 관리할 때, 조직의 목표를 더 효율적으로 달성할 수 있게 한다.
5. 지속적 개선: 품질 경영의 핵심은 지속적인 개선으로서, 조직은 품질을 개선하기 위한 기회를 지속적으로 모색하고, 이러한 기회를 활용하여 기업 성과를 향상시키는 것을 영구적인 목표로 삼아야 한다.
6. 사실 및 근거 기반 의사 결정: 효과적인 의사 결정은 데이터와 정보를 기반으로 해야 한다. 즉, 기업은 운영 과정에서 발생하는 제반 의사 결정들을 객관적인 근거를 바탕으로 문제를 분석하고 해결책을 모색할 것을 지향해야 한다.
7. 공급자와의 상호 관계 관리: 기업은 공급자와의 상호 의존적이며 상호 이익이 될 수 있는 관계를 형성해야 하며, 이를 통해 부가 가치를 창출할 수 있는 능력을 향상시켜야 한다.

이상의 내용을 정리하면, ISO 9000 시리즈는 단순히 제품과 서비스의 품질을 관리하는 것에서 그치지 않고, 조직 전반의 운영 효율성과 성과를 향상시키는 데 중점을 둔다. 이 표준을 도입함으로써 기업은 품질 관리 시스템을 체계적으로 구축할 수 있으며, 이를 통해 고객 만족도를 높이고, 조직의 성과를 극대화할 수 있다. 또한, ISO 9000 시리즈는 직원들의 참여를 촉진하고, 조직 내에서 품질 문화를 확립하는 데 기여한다. ISO 9000 시리즈의 주요 목적 중 하나는 조직의 구성원들이 품질 목표를 명확히 이해하고, 그 목표를 달성하기 위해 적극적으로 참여할 수 있도록 장려하는 품질 문화를 구축하는 것이다. 그리고, 조직 내 구성원들만 아니라 외부 공급자와 파트너 기업과의 협력 관계를 개선하여, 기업이 보다 안정적인 공급망 체계를 구축하고 시장에서 경쟁 우위를 확보할 수 있는 역량을 갖출 수 있다.

ISO 9000 시리즈의 인증 절차

ISO 9000 시리즈 인증을 받기 위한 절차는 [그림 3-3]과 같다.

[그림 3-3]에 나타난 ISO 9000 시리즈 인증 절차의 각 단계를 세부적으로 살펴보자.

그림 3-3 ISO 9000 시리즈 인증 절차

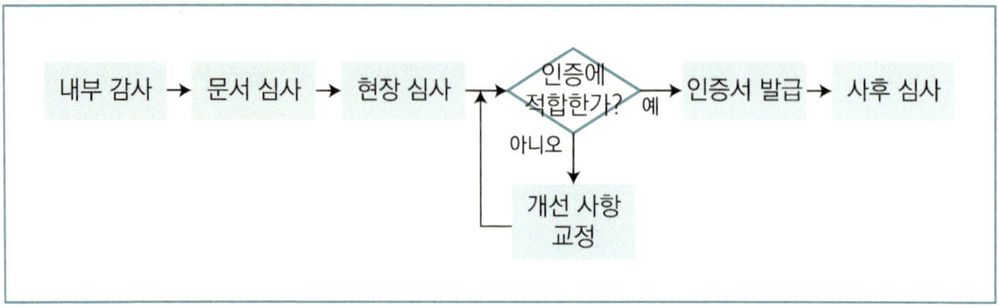

내부 감사

ISO 9000 시리즈 인증을 취득하고자 하는 기업은 우선 현재 자사의 품질 경영 시스템이 ISO 9000 시리즈 인증을 받을 준비가 되어 있는지 점검해야 한다. 내부 감사는 조직 내부에서 자체적으로 진행되며, ISO 9000 시리즈에서 제시한 표준에 따라 시스템이 적절하게 운영되고 있는지, 또는 표준을 충족하기 위해 추가적인 개선이 필요한 부분이 있는지를 평가한다. 내부 감사가 완료된 후, 조직은 인증 기관에 ISO 9000 시리즈 인증을 위한 심사 신청서를 제출한다. 이 신청서에는 조직의 품질 경영 시스템에 대한 개요와 함께, ISO 9000 시리즈 인증을 받기 위한 조직의 준비 상태에 대한 설명이 포함된다.

문서 심사

신청서가 제출되면, 인증 기관은 문서 심사를 수행한다. 문서 심사는 현장 심사에 앞서 심사를 받으려는 기업에서 제출한 제반 문서들을 중심으로 ISO 9000 시리즈에서 제시한 기준과 얼마나 부합하는지 평가한다. 문서 심사는 인증 기관 내부에서 이루어질 수도 있지만, 필요하다면 심사를 받으려는 조직의 준비 상태를 확인하기 위해 현장 방문을 통해 이루어질 수도 있다. 궁극적으로 문서 심사 과정은 현장 심사에 앞서 조직의 준비 상태를 인증 기관의 시선으로 사전에 점검하는 과정이라고 볼 수 있다. 문서 심사를 통해 인증 기관은 조직이 어떤 부분에서 준비가 부족한지를 사전에 파악하고 개선할 수 있도록 도움을 준다.

현장 심사

문서 심사가 완료되면 인증 기관은 현장에 방문하여 심사를 수행한다. 현장 심사는 조직의 실제 운영 현장에서 품질 경영 시스템이 조직에서 제출한 문서에 규정된 대로 운영되고 있는지를 확인한다. 이 과정에서 인증 기관의 심사원들은 조직의 프로세스가 ISO 9000 시리즈의 표준에 부합하는지, 품질 관리 활동이 일관되게 이루어지고 있는지를 중점적으로 평가한다. 현장 심사는 매우 철저하게 진행되며, 모든 프로세스가 표준을 준수하고 있는지 확인하는 중요한 단계다.

인증 심의

현장 심사가 완료된 후, 인증 기관은 심사 결과를 바탕으로 보고서를 작성한다. 이 보고서에는 심사를 받는 기업이 ISO 9000 시리즈의 요구 사항을 충족하는 부분과, 부적합 사항이나 개선이 필요한 부분이 기록되어 있다. 만일 심사를 받은 기업이 모든 기준에서 ISO 9000 시리즈에서 요구하는 기준을 통과했다면 ISO 9000 시리즈 인증서를 발급받을 수 있다. 그러나, 부적합 사항이 하나라도 발견되는 경우, 심사를 받으려는 조직은 해당 사항에 대해 반드시 ISO 9000 시리즈에서 요구하는 기준을 충족시키기 위한 시정 과정을 거쳐야 하며, 해당 항목에 대한 요구 기준을 충족시켰을 때 재심사를 받을 수 있다. 재심사 결과, 조직이 모든 요구 사항을 충족하고 부적합 사항이 해결되었다고 판단되면, 인증 기관은 ISO 9000 시리즈 인증을 승인하게 된다.

인증서 발급

ISO 9000 시리즈에서 제시한 모든 기준이 충족되었다면, 인증 기관은 조직에게 ISO 9000 시리즈 인증서를 발행한다. 이 인증서는 조직이 ISO 9000 시리즈에서 제시한 표준에 따라 품질 경영 시스템을 운영하고 있음을 공식적으로 인정하는 문서로서, 일반적으로 3년 동안 유효하며, 이 기간 동안 조직은 ISO 9000 시리즈에서 제시한 표준을 유지해야 한다.

사후 심사 및 재인증 심사

ISO 9000 시리즈 인증을 받았다고 해서 심사가 끝나는 것은 아니다. 인증을 받은 후에도 조직은 정기적인 사후 관리 심사를 받아야 하는데 일반적으로 6개월에서 1년 간격으로 이루어지는 이 심사는 조직이 인증을 받은 후에도 꾸준히 ISO 9000 시리즈 표준을 준수하고 있는지를 확인하는 과정이다. 사후 심사를 통해 조직은 ISO 9000 시리즈 인증을 유지할 수 있으며, 만일 부적합 사항이 발견될 경우 즉시 개선 조치를 취해야 한다.

상술한대로, ISO 9000 시리즈는 인증이 유효한 기간이 있다. 그래서 ISO 9000 시리즈 인증은 일반적으로 3년마다 재인증 심사를 거쳐야 하는데, 이 심사에서는 조직의 품질 경영 시스템이 여전히 ISO 9000 시리즈의 요구 사항을 충족하고 있는지 여부를 다시 평가한다. 재인증 심사를 통해 조직이 지속적으로 품질 관리 시스템을 개선하고 유지하고 있다고 여겨질 때, 해당 조직은 ISO 9000 인증의 유효 기간을 연장할 수 있다.

정리하면, ISO 9000 시리즈 인증을 받는 과정은 단순한 일회성 심사가 아니라, 조직의 품질 경영 시스템을 지속적으로 유지하고 개선하는 데 중점을 둔다. 초기 심사 과정에서 내부 감사와 현장 심사, 그리고 부적합 사항에 대한 교정 조치를 통해 기업은 ISO 9000 시리즈에서 제시하는 기준을 충족할 수 있는 품질 경영 시스템을 구축하는 것이 필수적이며, 인증을 받은 후에도 정기적인 사후 관리 심사와 재인증 절차를 통해 품질 관리 수준을 지속적으로 유지해야 한다.

ISO 14000

1992년 리우 지구정상회의를 계기로 친환경 경영의 중요성이 대두되면서 ISO는 ISO 9000 시리즈 이후로 환경 경영 시스템을 위한 표준인 ISO 14000 시리즈를 제정했다. 이 표준은 조직 내의 별도의 환경 관리 부서에 국한되었던 친환경 관련 경영 관리 방식에서 벗어나 전사적 차원에서 기업이 환경에 미치는 영향을 체계적으로 관리하고, 지속 가능한 경영을 통해 환경적 책임을 다할 수 있도록 장려하기 위해 만들어졌다.

ISO 14000 시리즈는 품질 관리에 중점을 둔 ISO 9000 시리즈와 유사하게,

조직이 환경을 고려한 경영 활동을 수행할 수 있는 체계적인 프레임워크를 제공한다. ISO 14000 시리즈는 모든 규모의 조직이나 산업에 적용될 수 있으며, ISO 9000 시리즈와 마찬가지로 여러 개의 표준으로 구성되어 있으며 그중 주요 표준들은 다음과 같다.

ISO 14001(환경 경영 시스템)

ISO 14001은 ISO 14000 시리즈 중 가장 널리 알려진 표준으로, 조직이 환경 경영을 효과적으로 수행하고 환경 성과를 향상시키기 위해 사용하는 환경 경영 시스템이 갖추어야 할 구체적인 요구 사항들로 구성되어 있다.

구체적으로는 ISO 14001은 조직의 환경 경영 시스템의 현황, 환경 경영을 위한 리더십, 조직의 경영 활동이 환경에 미치는 영향, 조직의 환경 목표 및 이를 위한 기획 등을 평가한다. ISO 14001에서 제시하는 기준에 부합하는 환경 경영 시스템을 구축함으로서 조직은 자원의 효율적 사용, 폐기물 최소화, 오염 방지 등의 활동을 체계적으로 관리할 수 있으며, 이를 통해 환경 성과를 지속적으로 개선할 수 있다.

ISO 14004

ISO 14004는 환경 경영 시스템의 구현에 대한 지침을 제공하는 표준으로, ISO 14001과 함께 사용된다. 이 표준은 조직이 환경 경영 시스템을 어떻게 효율적으로 운영하고 개선할 수 있는지에 대한 구체적인 방법을 제시하며, ISO 14001의 요구 사항을 보다 효과적으로 충족할 수 있는 방향을 제시한다.

ISO 14006

ISO 14006은 제품 및 서비스의 설계와 개발 과정에서 환경적 고려 사항을 통합하기 위한 지침을 제공한다. 이 표준은 특히 에코디자인(Eco Design)과 같은 개념을 강조하며, 조직이 시장에 출시하는 모든 제품들에 대해서 그 수명 주기 전반에서 발생하는 환경에 미치는 영향을 최소화하는 것이 목적이다. 이를 통해 기업은 제품의 초기 설계 단계에서부터 환경적 요소를 반영함으로써, 장기적으로 친환경적 관점에서 지속 가능한 제품을 개발할 수 있도록 독려한다.

그림 3-4 환경 라벨

(1) 유럽연합의 Ecolabel　　(2) 한국환경산업기술원의 환경 표지

ISO 14020 시리즈

이 시리즈는 환경 라벨링 및 환경 선언(Environmental Product Declarations: EPD)에 대한 표준들로 구성되어 있다.

환경 라벨은 소비자에게 제품이 환경 친화적으로 생산되었음을 인증하는 라벨로서 해당 기업이 친환경 경영을 하고 있다는 것을 소비자에게 명확하게 알려줄 수 있는 도구가 된다. 이를 통해 소비자들로부터 신뢰를 얻을 수 있으며, 특히 친환경성을 중시하는 소비자 층에는 확실하게 어필할 수 있는 수단이 된다. 대표적인 환경 라벨로는 유럽 연합의 Ecolabel, 그리고 우리나라의 친환경 마크가 있다.

이러한 환경 라벨이 그 가치를 인정 받으려면 무엇보다 환경 라벨이 공신력을 갖추고 있어야 할 것이다. 그렇기에 ISO 14020 시리즈는 이러한 환경 라벨에 대한 표준을 제공함으로서 환경 라벨의 신뢰성을 보장할 수 있다. 또한, ISO 14020 시리즈를 통해 인증된 환경 라벨을 획득하는 기업은 그렇지 않은 기업에 비해 시장에서 소비자들에게 그들의 친환경 경영 역량을 더 강력하게 소구할 수 있을 것이다.

ISO 14064 시리즈

ISO 14064 시리즈는 온실가스(GHG) 배출 및 제거량과 관련한 표준들로 구성되어 있다. ISO 14064 시리즈는 ISO 14064-1, ISO 14064-2, 그리고 ISO 14064-3으로 구성되어 있으며, 이 중 ISO 14064-1은 기업의 온실 가스 배출량과 관련된 표준이다. 다시 말해, 기업의 탄소 발자국을 관리하기 위한 표준이라 할 수 있다. ISO 14064-2는 온실가스 제거 및 배출량 감소를 정량화하고 기록하는 것과 관련된 지침들로 구성되어 있으며, 마지막으로 ISO 14064-3은 온실 가스에 대한 검증 혹은 그 유효성을 확인하기 위한 절차와 요구 사항을 담고 있으며, 구체적으로는 온실 가스 인벤토리, 온실 가스 프로젝트 및 제품의 탄소 발자국과 관련된 온실가스 성명의 검증을 위한 지침들을 담고 있다. ISO 14064 시리즈는 ISO 14000 시리즈 중 특히, 기후 변화에 대응하기 위한 국제적 노력의 일환으로, 조직이 온실가스 배출을 투명하게 보고하고 감축할 수 있도록 체계적인 방법을 제공한다.

지금까지의 논의를 정리하면, ISO 14000 시리즈는 기업이 환경적 책임을 다하고, 지속 가능한 경영을 추구할 수 있도록 하는 중요한 도구다. 이 표준을 도입함으로써 조직은 경영 활동이 환경에 미치는 영향을 체계적으로 관리하고, 이를 통해 환경 성과를 개선할 수 있다. 특히, ISO 14001에 기반한 환경 경영 시스템을 구현하면, 기업은 자원 사용의 효율성을 높이고, 환경 오염을 줄이며, 규제 준수를 넘어 환경 보호에 기여할 수 있다.

그래서 최근 여러 기업들은 우선 그들의 품질 경영 시스템 역량을 높이기 위해 ISO 9000 시리즈를 먼저 달성한 다음, 그들의 경영 시스템의 친환경성을 추가로 달성하기 위해 ISO 14000 시리즈를 함께 도전하는 추세다. 이 2개의 인증을 모두 받는다면 해당 기업은 소비자로 하여금 품질 경영 역량과 더불어 친환경 경영 역량을 모두 갖춘 기업이라는 강력한 신호를 보낼 수 있으며, 결과적으로 건강한 경영 시스템과 더불어 소비자들의 신뢰를 함께 얻을 수 있는 일거양득의 효과를 누릴 수 있을 것이다.

기업의 사회적 책임, ESG, 그리고 ISO 26000

기업의 사회적 책임의 중요성과 개념의 변천사. 다음 절로 넘어가기 앞서 독자 여러분에게 한 가지 질문을 던지고자 한다.

'기업의 존재 목적과 그 역할은 무엇인가?'

독자 여러분 중에 경영학을 전공한 독자가 있다면, 이 질문은 아마 1학년 '경영학 개론' 수업에서 한번쯤은 들어봤을 것이다. 그리고 우리는 보통 이 질문에 '수익을 극대화하는 것'이라는 답변을 해 왔다. 실제로 우리나라로 치자면 전국경제인연합회에 해당하는 미국의 비즈니스 라운드테이블(Business Roundtable: BRT) 역시 1997년부터 계속 기업 경영의 대원칙은 주주 이익의 극대화라는 입장을 분명히 해 왔다.

그러나 2019년 BRT에서 아마존의 제프 베조스(Jeff Bezos), 애플의 팀 쿡(Tim Cook) 등 미국의 주요 181개 기업의 CEO들이 모여 발표한 기업 목적 선언(Statement on the Purpose of a Corporation) 이후로 이러한 기조는 바뀌었다. BRT는 '기업의 새로운 목적'으로서 더 이상 주주 가치의 극대화에 국한되는 것이 아닌 기업의 모든 이해 관계자와 사회 전반에 대한 책임을 강조한다.

BRT가 이처럼 갑자기 기업의 새로운 목적을 정의하는 것은 다양한 이유가 제시되고 있지만, 이를 한 마디로 요약하면 세상이 변화하고 있고, 이에 따라 고객과 조직 구성원들의 기대치가 달라지고 있기 때문이다. 예를 들어 과거 소비자들은 제품을 소비함으로서 얻는 효용이 제품을 구매한 비용보다 높으면 제품을 구매하였다. 즉, 제품을 구매함에 있어서 소비자들은 그 제품의 사용 가치에 주목하였다. 그러나 오늘날의 고객들은 단순히 제품을 소비하여 효용을 얻는 것을 넘어서 제품의 생산 및 유통 전 과정에서 기업들이 윤리적으로, 그리고 친환경적으로 운영하기를 원하고 있고, 이에 따른 제반 사회적 책임을 다하기를 원한다.

이러한 변화에 대응하기 위해 오늘날의 기업들은 이른바 기업의 사회적 책임(Corporate Social Responsibility: CSR) 역량을 갖추기 위해 상당한 노력을 기울이고 있다. 기업의 사회적 책임이란 기업이 생산 및 영업활동을 하면서 환경경영, 윤리경영, 사회 공헌과 노동자를 비롯한 지역사회 등 사회 전체에 이익을 동시에 추구하며, 그에 따라 의사 결정 및 활동을 하는 것을 의미하는데, 사실 이 개념은 최근에 새로 제시된 것은 아니다. 놀랍게도 CSR의 개념은 지금으로부터 약 70여 년 전에 이미 논의되었는데, CSR의 개념을 처음 제시한 사람은 미국의 경제학자인 하워드 보웬(Howard Bowen)으로서 1953년 그의 저서 '기업가의 사회적 책임(Social Responsibilities of the Businessman)'에서 기업가의 사회적 책임이란 사회가 바라는 목적과 요구하는 가치에 부합하게 기업의 바람직한 책임을 행동으로 옮기는 것이라고 정의하였다. 이후 1991년 아치 캐롤(Archie B. Carroll)은 기업의 사회적 책임을 경제적 책임(Economic Responsibilities), 법적 책임(Legal Responsibilities), 윤리적 책임(Ethical Responsibilites), 그리고 자선적 책임(Philanthropic Responsibilities)으로 구분하여 체계화하였다.

가장 기본이 되는 경제적 책임은 기업이 가지는 가장 기본적인 책임으로서 이윤 창출 및 고용을 확대하는 것이다. 다음으로 법적 책임은 이른바 준법 경영으로서 경영 활동을 수행함에 있어서 불법을 저지르지 않고, 사회에서 정한 법과 제도를 준수하는 것을 의미한다. 그 다음 단계인 윤리적 책임은 법적 책임보다 한층 더 강도가 높은데, 법적 책임이 경영자의 실제 마음가짐과는 관계 없이 법과 제도라는 강제적인 테두리를 준수하기만 한다면 달성되는 것이라면 윤리적 책임은 법으로는 규정하고 있지 않으나 기업이 능동적이고 자율적으로 도덕적 주체로서 요구되는 도덕적 규율을 준수하는 것을 의미한다. 마지막으로 자선적 책임은 기업이 창출한 이윤의 일부를 사회에 환원하는 것으로 이른바 기업의 사회 공헌 활동으로 잘 알려진 여러 활동들이 이에 해당된다.

이처럼 기업의 사회적 책임이라는 개념이 1950년대부터 이미 논의되어 왔음에도 불구하고 그동안 주목을 받지 못했던 이유가 무엇인가? 그 이유 중 하나로 기업의 CSR 활동을 체계적으로 평가할 수 있는 도구가 사실상 부재했기 때문이라고 여겨진다. 그렇기에 기존 기업 경영의 모습을 살펴보면 CSR은 기업 경영에 있어 필수적인 것은 아니며, 몇몇 기업들의 자발적이고 단편적인 활동으로 그치는 경우가 많았다. 이번 절에서 알아볼 ISO 26000 역시 이러한 필요성에 의해 개발된 기준인데, ISO 26000에 대해서는 잠시 후에 본격적으로 알아보기로 하자.

ESG 개념의 대두. 상술했던 CSR이 가지는 한계를 극복하기 위해 등장한 개념이 바로 최근 우리가 언론이나 전문 서적을 통해 자주 접하게 되는 ESG다. ESG는 기업의 역할을 환경, 사회, 그리고 지배구조라는 3개의 축으로 구분하여 CSR의 가치를 보다 체계적이고 측정 가능한 방식으로 확장하였다. ESG라는 용어는 2005년 국제금융공사(IFC)의 보고서에서 처음 등장하였는데, Environment, Social, 그리고 Governance로 이루어진 이 용어는 투자를 결정하는 과정에서 단순히 기업의 수익성이나 재무 건전성 등 재무적 지표만 살펴볼 것이 아닌 기업의 환경 보호에 대한 책임, 역할, 영향과 사회적 책임 이행 정도, 그리고 지배 구조의 건전성 등 비재무적 요소를 함께 고려할 것을 제안하였다.

ESG가 전 세계적으로 확장된 계기는 2006년 UN 책임투자 원칙(UN Principles for Responsible Investment: UN PRI)과 세계 최대 자산운용사 블랙록(Black Rock)의 선언을 들 수 있다.

UN 책임투자 원칙은 투자 의사 결정 시 반영해야 할 원칙으로서 ESG의 핵심 가치를 담은 투자 원칙으로 투자 의사 결정 및 투자 운용에서 ESG 이슈를 반영할 것을 제시하며, 이에 대한 33가지 세부 실천 프로그램으로 구성되었다. 그리고 2020년 1월, 세계 최대 자산 운용사 블랙록의 CEO 래리 핑크가 투자자와 기업 CEO에게 보낸 연례 서한에서 탄소 배출 억제 노력을 하지 않는 기업에 대한 투자를 중단할 수 있으며, 투자 결정 시 지속 가능성이 큰 기업들의 가치가 그렇지 않은 기업보다 높아지고 있다고 하며, 앞으로 투자 결정의 기준을 기업의 지속 가능성으로 삼겠다고 선언하였다. 이에 따라 기존에 ESG 경영에 소극적이었던 기업들도 본격적으로 ESG 경영 시스템을 구축해야 할 강한 동기를 얻게 된 것이다.

이러한 추세에 맞물려, 최근에는 ESG가 더 이상 자율이 아닌 점차 의무화되고 있는 추세이다.

특히, ESG를 구성하는 3개의 축 중 특히 환경 영역에서 ESG 규제가 강화되는 추세인데, 몇 가지 예시를 들면 2023년 6월 유럽 연합 의회에서 EU 내 원자재 가공처리 비율을 50%, 원자재 재활용 비율을 20%까지 확대하는 핵심원자재법(Critical Raw Material Act: CRMA)이 확정되었고, 그로부터 1달 전 5월에는 EU 내 기업들의 공급망(Supply Chain) 내 인권 및 환경 보호를 강화하기 위한 실사법인 EU 기업 지속 가능성 실사법(Corporate Sustainability Due Diligence Directive: CS DDD)이 확정된 바 있다. 또한, 일종의 탄소세 개념으로서 비 EU 국가에서 생산되어 수입되는 철강, 알루미늄, 시멘트 등의 품목들의 생산 과정에서 배출되는 탄소배출량에 따른 세금을 수입자에게 부과하는 EU 탄소국경조정제도(Carbon Border Adjustment Mechanism: CBAM)도 2023년 5월에 발효하였고, 약 3년 간의 전환 기간을 거쳐 2026년 1월부터 본격적으로 시행할 예정이다.

이 외에도 최근 여러 국가에서 재무 정보를 공시함에 있어서 ESG에 대한 정보를 함께 공시하는 것에 대한 기준 확립 및 관련 법령의 제정이 활발하게 이루어지고 있다. 대표적으로 유럽과 미국은 2023년부터 재무 정보를 공시함에 있어 비재무적 정보를 함께 공시하는 것에 대한 공시 기준을 확정하였다. 국가별로 간단하게 살펴보면 프랑스는 재무 정보 외에 사회, 환경정보에 대해서 의무적으로 공시해야 하며, 덴마크의 경우 2008년부터 이미 대기업은 사업 보고서 내에 CSR에 대한 사내 정책, 내용 및 결과를 보고하는 것이 의무화되었다. 그리고 스웨덴이나 스페인은 공기업의 지속 가능보고서를 의무적으로 발간해야 한다.

이처럼 이미 ESG 관련 정보를 공시하는 것이 의무화된 국가들도 있지만, 아직 ESG 관련 정보를 공시하는 것이 의무가 아닌 국가들도 있다. 그러나 아직 의무가 아니더라도 ESG 정보 공시를 의무화하는 것을 적극적으로 검토하는 나라들이 늘어가는 추세인데, 일본의 경우 2025년 3월에 ESG 정보 공시에 대한 로드맵을 발표할 예정이며, 대만의 경우 2026년부터 단계적으로 ESG 정보 공시를 의무화할 예정이다. 그리고 칠레의 경우 국제회계기준(IFRS)에 기초하여 ESG 공시 기준을 제정하는 작업을 착수하였다. 우리나라도 2024년 4월 한국 회계기준원 지속 가능성기준위원회(이하 KSSB)에서 지속 가능성 공시기준을 위한 공개 초안을 발표했는데, 이 초안은 지속 가능성 사안과 관련된 개념적인 사항(제1호), 기후 관련 공시 요구 사항(제2호), 그리고 정책 목적을 고려한 추가 공시 사항(제101호)로 구성되어 있다. 현재로서는 초안을 공개한 단계이기 때문에 아직 본격적으로 의무화가 된 것은 아니지만 금융위원회에 의하면 2025년부터 기업 규모에 따라 의무 공시를 단계별로 시행할 예정이며 2030년부터 전 코스피 상장사를 대상으로 의무공시를 할 계획이라고 한다. 이에 따라 우리나라 역시 ESG 정보 공시의 의무화 흐름을 피할 수 없게 되었다.

지금까지의 논의를 요약하면 전 세계적으로 CSR, 그리고 이를 구체화한 ESG를 도입하는 것은 더 이상 선택이 아닌 필수가 되어 가고 있다고 할 수 있다. 그러나 비단 법적인 규제가 아니더라도 시대의 변화에 따라 소비자들은 기업이 사회적 책임을 다할 것을 요구하고 있기 때문에, ESG의 도입은 기업 생존을 위한 필수적인 요구 사항이 되어 가고 있는바, 기업이 강건한 ESG 경영 시스템을 갖추는 것은 필수불가결하다.

그렇다면 기업은 ESG 경영을 실천하고 시스템화하기 위해서 구체적으로 어떤 노력을 기울여야 하는가? 다시 말해 ESG의 핵심 가치를 실현하고 이를 평가하기 위한 일종의 기준점은 없는가? 이 질문에 답하기 위해 다음 절에서 소개할 ISO 26000을 통해 지속 가능한 경영을 위한 구체적 가이드라인을 살펴보자.

ISO 26000. 기업의 사회적 책임에 대한 관심이 고조됨에 따라 ISO에서는 2004년 10월부터 기업이 사회적 책임을 이행하기 위한 기준과 지침을 개발하기 시작하였다. 이 과정에는 전 세계 99개국, 42개 국제 조직에서 약 600명의 전문가가 참여하였고, 6년의 시간이 지난 2010년 11월에 ISO 26000을 공포하였다. 이 기준은 비단 기업뿐만 아니라 공공기관, 비영리단체와 같은 모든 조직이 적용할 수 있도록 설계된 것이 특징이다.

ISO 26000이 다른 ISO 시리즈와 갖는 한 가지 차이점은 ISO 26000은 인증이 아닌 지침(Guidance)이라는 점이다. 다시 말해 ISO 26000은 다른 ISO 시리즈와 달리 별도의 인증서를 발행하는 것이 아닌 그저 기업의 사회적 책임이 무엇인지 명확하게 제시하고, 기업과 조직으로 하여금 사회적 책임을 다할 수 있는 경영활동을 수행하기 위한 일종의 나침반 역할을 하는 것이다.

이처럼 ISO 26000은 강제력을 가진 인증은 아니지만, 일각에서는 ISO 26000이 그럼에도 불구하고 결국에는 기업 간 거래에서 중요한 기준으로 작용할 것이라는 점에 동의하고 있다. 나아가 ISO 26000이 일종의 무역 장벽으로서 작용할 것이라고 내다보는 이들도 있다. 그 주된 근거로는 설사 ISO 26000이 인증제도가 아니라고 하더라도 선진국 정부나 연구 기관 등에서 앞으로 이를 기준으로 평가기준 및 인증 제도를 설계할 가능성이 높고, 나아가 이러한 평가 기준들이 입찰이나 계약을 체결함에 있어서 하나의 장벽이 될 수 있을 것이라는 점이다.

실제로 세계 각국에서는 ISO 26000의 가이드라인에 맞추어서 그들의 법규 및 관련 규정들을 정비하고 있는데, 미국의 경우 CSR과 관련된 주요 법규들을 정비하여 CSR 관련 규율을 강화함과 동시에 사회책임투자(SRI) 펀드의 활성화를 통해 기업들이 자발적으로 CSR을 수행할 수 있도록 장려하고 있다. 영국의 경우 연금법을 개정하여 SRI를 연금펀드투자 기준을 의무화하였으며, 2001년에는 전 세계에서 처음으로 CSR을 전담하는 CSR 장관을 새롭게 임명하였다. 한편, CSR을 '선진국의 무역장벽'이라고 비판해 오던 중국 역시 시간이 지남에 따라 CSR을 적극적으로 수용하기 시작하였는데, 2006년 중국 기업의 CSR 가이드라인을 제정하고, 회사법에 CSR을 명시하여 기업이 사회적 책임을 다해야 한다는 점을 규정했다. 그리고 2008년 신노동법을 개정하여 노동자 보호조항을 삽입하였다.

그럼 지금부터 ISO 26000의 구체적인 내용을 살펴보자.

ISO 26000은 크게 7개의 핵심적인 주제를 담고 있는데, 이는 [그림 3-5]와 같다.

각 일곱 가지 핵심 주제의 주요 내용은 다음과 같다.

1. 지배구조: 의사 결정 과정이 투명하고 각 이해 관계자들이 모두 골고루 참여하

그림 3-5 ISO 26000의 7개 핵심 주제

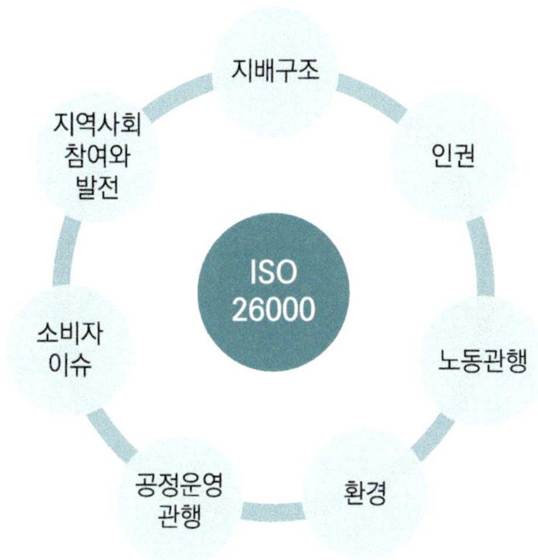

는가? 그리고 여성이나 소수 인종 등 사회적으로 소외되기 쉬운 주체들의 의사 결정 참여를 보장하는가?

2. 인권: 직장에서의 근로자들에 대해 기본적인 인권을 존중하는가? 각 구성원의 표현의 자유를 존중하고 인권유린 공모를 회피하는가? 또한, 구성원들의 정치, 경제, 사회, 그리고 문화적 권리를 충분히 보장하는가?
3. 노동 관행: 직장 내의 보건 및 안전을 잘 관리하고 있는가? 고용 관계가 안정적이며 국제노동기구의 기준을 준수하는가? 그리고 노조 대표의 작업장, 노동자, 그리고 조직 정보에 대한 접근을 보장하는가?
4. 환경: 조직이 환경 오염을 방지하기 위해 노력하는가? 구체적으로 지속 가능한 자원을 사용하고 기후 변화 완화, 자연보호 및 복원에 노력하는가?
5. 공정운영 관행: 조직이 부패를 방지하고 감시하는 것에 노력을 기울이는가? 공정 경쟁과 재산권을 존중하는가? 그리고 내부 고발자에 대해 보복의 두려움이 없도록 충분히 보호하는가?
6. 소비자 이슈: 공정한 마케팅, 위조 및 표절 금지, 소비자 보건 및 안전, 지속 가능한 소비를 위해 합리적인 유지 보수 서비스를 제공하는가? 그리고 소비자의 정보와 사생활을 충분히 보호하는가?

7. 지역사회 참여와 발전: 조직이 지역 공동체에 참여하고, 고용 창출과 고용 확대가 가능한 기술을 꾸준히 개발하는가? 조직은 부와 소득을 창출하고 조세 의무를 잘 이행하는가? 조직은 책임 있는 투자를 하고 나아가 사회적인 투자를 하는가?

지금까지의 논의를 정리하면 ISO 26000은 조직이 사회적 책임을 실천하기 위한 구체적인 지침의 역할을 한다. 이를 통해 조직은 거시적으로는 ESG 활동을 체계화하고, 이해 관계자와의 신뢰를 강화함으로서 궁극적으로 글로벌 경쟁력을 확보할 수 있을 것이다. 그리고 미시적인 전술적 관점에서는 ISO 26000의 7대 핵심 주제를 경영 프로세스에 통합함으로써 지속 가능성과 사회적 가치를 동시에 추구하는 구체적인 전술을 수립할 수 있을 것이다. 예를 들어, 환경적 책임을 강화하기 위해 윤리적 조달 정책을 수립하거나, 공정 운영 관행을 통해 공급망의 투명성을 제고하는 방식으로 구체적인 전술을 설계할 수 있다. 그리고 이러한 구체적 액션 플랜을 통해 조직은 단순한 CSR 활동을 넘어 조직의 전략과 운영 전반에 지속 가능성을 내재화하는 데 직·간접적으로 도움을 받을 수 있을 것이다.

결과적으로 ISO 26000은 단기적 성과 개선에 그치지 않고, 글로벌 표준에 부합하는 경영 방식을 통해 기업의 장기적인 경쟁력을 확보하고 변화하는 시장과 규제 환경에 유연하게 대응할 수 있는 기반을 제공할 것이다. 이는 기업이 단순히 사회적 요구를 충족시키는 것을 넘어, 지속 가능한 미래를 선도하는 책임 있는 경영의 모형으로 자리 잡는 데 핵심적인 역할을 수행할 것이다.

선제적 품질 관리와의 연관성

그렇다면 ISO 9000 시리즈도 선제적 품질 관리와 연관성을 지니는가? 답은 '그렇다'이다. ISO 9000 시리즈와 선제적 품질 관리는 본질적으로 품질 향상과 고객 만족을 목표로 하는 관리 체계라는 점에서 긴밀하게 연결되어 있다. 즉, 두 개념 모두 조직이 지속 가능한 경쟁력을 확보하고, 변화하는 시장 환경에 능동적으로 대응할 수 있도록 돕는 중요한 지침을 제공한다. 두 개념 사이의 구체적인 연관성은 다음과 같다.

첫째, ISO 9000 시리즈의 데이터 기반 접근법은 선제적 품질 관리를 실질적으로 구현할 수 있는 기틀을 제공한다.

ISO 9000 시리즈를 통해 기업은 품질 경영 시스템을 체계적으로 구축할 수 있다. ISO 9000 시리즈에서 강조하는 품질 경영 시스템의 특징은, 기업이 프로세스의 표준화를 달성하고, 품질 관리 과정에서 일어나는 모든 활동들에 대한 데이터를 수집 및 분석하고 이를 기반으로 한 합리적 의사 결정을 강조한다. 이러한 데이터 기반 접근법을 통해 기업은 선제적 품질 관리에서 강조하는 고객의 변화하는 요구를 사전에 인지하고, 이를 반영한 품질 개선 활동을 통해 문제를 미리 방지할 수 있다.

둘째, ISO 9000 시리즈와 선제적 품질 관리 모두 지속적 개선을 강조한다.

ISO 9001은 조직이 품질 관리 시스템을 통해 지속적으로 프로세스를 개선할 것을 강조한다. 그리고 지속적 개선의 목표는 생산되는 제품의 품질 관리를 더 잘 하는 것뿐만 아니라 궁극적으로는 고객의 변화하는 요구를 효과적으로 충족시켜 줄 수 있는 역량을 다지기 위함이다.

선제적 품질 관리 역시 문제가 발생한 후 대응하는 것에 그치지 않고, 이를 바탕으로 기업의 품질 관리 시스템을 지속적으로 개선할 수 있는 체계를 마련하여, 향후에 발생할 수 있는 문제를 사전에 방지하고, 나아가 지속적으로 변화하는 고객의 요구를 선제적으로 파악하고 대응하는 데 중점을 둔다. 따라서, ISO 9001을 도입한 기업은 자연스럽게 선제적 품질 관리를 수행할 수 있는 기반을 다질 수 있다.

셋째, ISO 9000 시리즈와 선제적 품질 관리 모두 전사적 참여와 협력이 필수적이다.

ISO 9000 시리즈는 리더십, 직원 참여, 프로세스 접근 등을 중시하며, 이를 통해 조직의 모든 구성원이 품질 관리 활동에 적극적으로 참여하도록 유도한다. 선제적 품질 관리 역시 조직 내 모든 구성원의 협력과 참여가 필수적이며, 이를 통해 고객 요구를 보다 신속하게 파악하고 대응할 수 있는 유연한 조직 구조를 형성할 수 있다.

정리하면, ISO 9000 시리즈는 품질 경영 시스템을 체계적으로 구축하고 지속적인 개선을 촉진함으로써 조직이 고객의 요구를 예측하고 대응할 수 있는 역량을 다짐으로서 선제적 품질 관리의 기반을 마련한다. 특히 데이터 기반 접근과 전사적 참여는 선제적 품질 관리의 핵심 요소와 연결되며, 이를 통해 기업은 문제를 사전에 예방하고 고객의 욕구를 지속적으로 만족시켜 기업의 가치를 지속적으로 향상시킬 수 있다. 즉, ISO 9000 시리즈는 지속적 개선을 통한 건강한 품질 관리 시스템을 구축하기 위한 기초를 제공하면서, 동시에 선제적 품질 관리로 나아가는 출발점이 된다.

HACCP

HACCP란

HACCP(Hazard Analysis and Critical Control Points)는 식품 안전을 보장하기 위한 체계적인 관리 프로그램으로, 1959년 미국 NASA의 우주식량 안전성을 확보하기 위해 미국의 필즈버리(Pillsbury)사, 미 육군 나티크(Natick) 연구소, 그리고 NASA가 협력하여 개발했다. HACCP가 개발되기 전 사용되던 식량의 품질 검사 방식은 최종적으로 생산된 식품에 대한 검사에 국한되어 있기 때문에 실질적인 식품 안전을 충분히 보장하지 못하는 문제가 있었다. 그래서 HACCP는 원재료에서부터 제조, 가공, 조리, 유통에 이르기까지 식품이 최종 소비자에게 도달하는 모든 과정에서 위해물질이 혼입되거나 오염될 위험성을 사전에 방지하기 위한 새로운 관리 방식으로 등장했다.

HACCP는 식품 안전을 보장하는 효과적인 방법으로 인정받아, 이후 전 세계 식품 제조업체, 가공업체, 유통업체에서 널리 사용되고 있다. HACCP는 위해 요소 분석(Hazard Analysis)과 중요 관리점(Critical Control Points)이라는 2개의 용어로 구성된 합성어인데, 식품 생산 공정에서 발생할 수 있는 식품 안전에 미칠 수 있는 잠재적인 위험을 식별(위해 요소 분석)하고 그 위험을 방지하기 위한 중요한 관리 지점을 설정하는 데 사용되는 식품 안전에 대한 체계적인 접근 방식이다. 대한민국에서도 1990년대 중반에 HACCP 인증을 도입했으며, 현재 식품의약품안전처가 이를 관리하고 있다.

HACCP는 크게 일곱 가지 원칙으로 구성되어 있는데, 각 원칙들은 식품 생산 프로세스에서 발생할 수 있는 모든 위험 요소들을 체계적으로 분석하고 관리하는 과정을 담고 있으며, 각 원칙에 대한 내용은 다음과 같다.

그림 3-6 우리나라의 HACCP 인증 마크

원칙 1: 위해 요소 분석. HACCP 시스템 구축의 첫 단계는 위해 요소 분석을 수행하는 것이다. 여기서 위해 요소란 인체의 건강을 해칠 우려가 있는 인자(Factor)나 조건을 포괄하는 표현으로, 위해 요소 분석이란 식품 및 축산물 안전에 영향을 줄 수 있는 생물학적, 화학적, 그리고 물리적 위해 요소와 이를 유발할 수 있는 조건을 파악하는 것이다.

위해 요소 분석의 구체적 과정은 세 가지 종류(생물학, 화학, 물리)에 대해 각각의 카테고리에서 위해 요소를 도출한다. 그리고 그 위해 요소의 심각성, 그리고 문제가 발생할 가능성을 점수로 매긴 다음에, 그 둘을 곱해서 종합적인 위해 평가를 실시한다. 위해 평가가 완료된 후에는 각 위해 요소별로 문제가 발생하는 원인 및 예방 조치와 관리 방법을 도출한다.

원칙 2: 중요 관리점 도출(CCP). 위해 요소를 식별한 후, 이러한 위험을 제어할 수 있는 중요한 지점을 결정한다. 여기서 중요 관리점이란 식품의 안전성을 확보할 수 있는 중요한 생산 과정, 혹은 공정을 의미한다. 예를 들어 위해 요소 분석 결과 어떤 균(Germ)이 위험한 요소로 도출되었다고 하자. 그런데 이 균은 열에 취약해서 고열에 닿으면 죽는다고 하자. 이 경우 이 균으로 인한 위험을 통제하는 가장 확실한 방법은 식품을 가열하는 것일 것이다. 그러므로 이 경우 가열 처리 공정이 중요 관리점으로 도출될 가능성이 높다.

중요 관리점 도출 단계에서는 보통 위해 평가 결과 높은 점수를 받은 위해 요인들을 중심으로 해당 요인을 효과적으로 통제할 수 있는 핵심 공정을 규명하는데, 이 과정에서 CCP 결정도라는 도구를 주로 활용한다. CCP 결정도는 확인된 위해 요소를 관리하기 위한 방법이 이미 있는지, 위해의 발생 가능성을 허용 수준까지 낮출 수 있는 공정인지 등을 기준으로 중요 관리점을 결정하는 기법이다. 일반적으로 가열 처리 공정, 냉각 공정, 소독 공정 등이 중요 관리점으로 자주 결정된다.

원칙 3: 한계 기준 설정. 선정된 중요 관리점이 실제로 효과적으로 통제되는지 확인하기 위해 한계 기준을 설정한다. 이는 마치 관리도를 이용해서 품질 수준이 관리 상한선 및 하한선 내로 들어오면 공정이 잘 관리되고 있다고 판단하고, 만일 한

그림 3-7 CCP 결정도

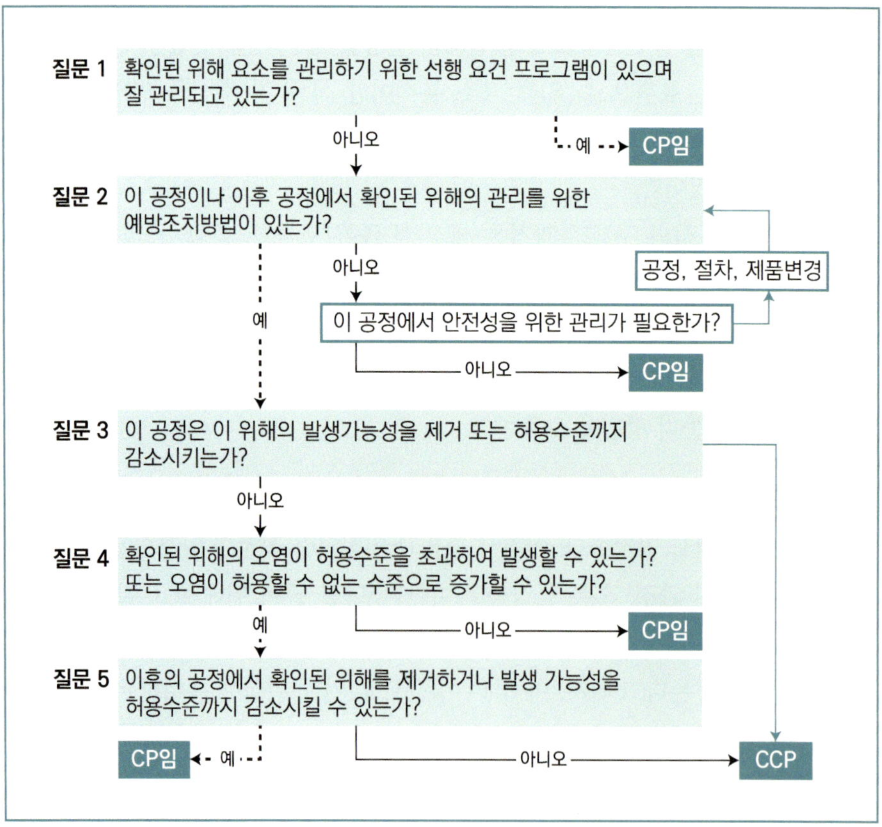

계선을 벗어나면 공정이 문제가 있다고 판단하는 것처럼, HACCP에서의 한계 기준 역시 중요 관리점을 통해 관리되는 여러 가지 위해 요소가 허용 가능한 수준인지 판단하는 준거가 된다. 이 기준은 과학적 방법이나 규제 지침에 따라 설정된다.

원칙 4: 모니터링 체계 확립. 각 중요 관리점에서 원칙 3에서 정한 한계 기준을 충족하는지 지속적으로 확인하기 위해 모니터링 시스템을 구축한다. 이는 물리적 또는 화학적 테스트, 시각 검사 등 다양한 방법을 통해 이루어지며, 이를 통해 생산 공정이 한계 기준을 벗어나지 않고 안정적으로 운영되고 있는 지 점검한다.

원칙 5: 개선 조치 방법 수립. 모니터링 결과 중요 관리점에서 한계 기준을 충족시키지 못하는 경우 취해야 할 개선 조치를 사전에 수립해야 한다. 이 단계에서는 기준 이탈의 원인을 규명하고, 어떤 방법을 써야 할지, 그리고 이미 한계 기준에서 이탈된 제품은 어떻게 처리해야 할지, 이탈 시 조치해야 할 작업의 책임자는 누구인지 등을 체크하며, 생산 중단, 프로세스 수정 등 다양한 방법으로 문제를 해결하려 시도한다.

원칙 6: 검증 절차 및 방법 수립. HACCP 시스템이 효과적으로 작동하고 있는지를 검증하기 위해 주기적인 검사를 포함한 다양한 검증 절차를 수립하는 단계다. 이를 통해 HACCP 시스템의 신뢰성과 효과성을 지속적으로 확인하고 개선해 나갈 수 있다.

원칙 7: 문서화 및 기록 유지. 비단 식품뿐만 아니라 여러 산업에서 문서화의 중요성은 더 이상 설명할 필요가 없을 정도다. HACCP 역시 기록 유지는 필수적이며 기록 유지 없이 시스템을 운영한다면 시스템이 규정에 맞게 운영되고 있는지 확인할 방법이 없다. 그렇기 때문에 HACCP 시스템의 실행 과정을 문서화하고 기록을 유지함으로써, 지속적인 HACCP 시스템 실행을 위한 근거 자료로 활용해야 한다.

상술한 HACCP의 일곱 가지 원칙을 통해 식품 생산자는 식품 생산 프로세스에서 발생할 수 있는 잠재적 위해 요소를 체계적으로 분석하고 관리할 수 있으며, 이를 통해 식품 안전성을 확보하고, 소비자에게 미치는 위험을 최소화할 수 있다. 그리고, HACCP 인증은 소비자들로 하여금 식품 안전에 대한 신뢰성을 높이고, 식품과 관련해서 발생할 수 있는 여러 가지 리스크를 줄이는 데 중요한 역할을 한다.

그림 3-8 HACCP 인증 절차

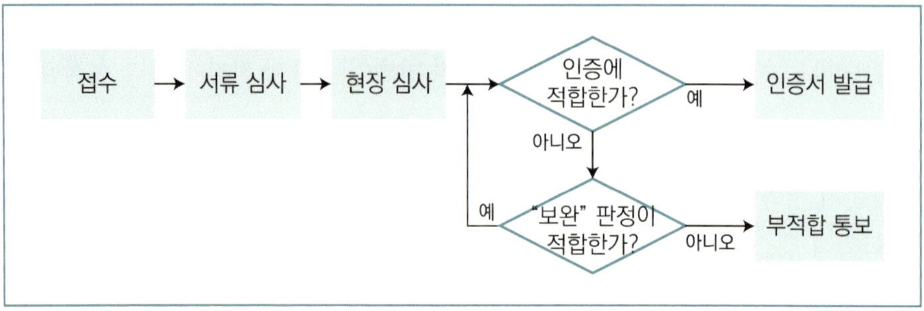

HACCP 인증 절차

본 절에서는 대한민국에서 HACCP 인증을 받는 절차에 초점을 맞추어 소개하겠다.

상술한 바와 같이 대한민국에서의 HACCP 인증에 대한 관리는 식품의약품안전처에서 수행하며, 그중 HACCP 인증 심사 업무는 한국식품안전관리인증원에서 수행하고 있다.

HACCP 인증을 받고자 하는 조직은 우선 HACCP 관리계획서, 그리고 중요관리점의 한계기준, 모니터링 방법, 그리고 개선 조치와 검증 방법을 기술한 식품안전관리인증계획서를 한국식품안전관리인증원에 제출해야 한다. 이후, 조직이 제출한 서류를 바탕으로 서류 심사를 수행한 다음, 해당 사항이 있는 경우 서류 보완 요구를 하거나 결격 사유가 없다면 다음 단계인 현장 심사를 실시한다.

현장 심사를 마친 후 HACCP 인증을 받기에 적합하다고 판단되는 경우 HACCP 인증서를 발급하며, HACCP 인증을 받기에 적합하지는 않지만 보완 후 적합이라고 판단되는 경우 3개월의 시간을 주고 보완을 요구한다. 그리고 재심사 후 인증에 적합한 수준까지 도달했다면 HACCP 인증서를 발급한다. 만일 HACCP 인증을 받기에 적합하지 않으며, 보완을 해도 적합하지 않을 것이라 판단되는 경우 해당 조직에 부적합 통보를 발송한다.

선제적 품질 관리와의 연관성

HACCP는 앞에서 소개했던 말콤 볼드리지 국가 품질 상, 데밍 상, 그리고 ISO 9000 시리즈와 달리 식품 안전에 특화된 품질 관리 시스템이지만, 그 원칙을 살펴보면 선제적 품질 관리와 많은 유사점을 지닌다.

첫째, HACCP와 선제적 품질 관리는 모두 위험 요소를 사전에 식별하고 예방하는 것이 주된 목적이다.

HACCP는 식품 생산 과정에서 발생할 수 있는 물리적, 화학적, 생물학적 위해 요소를 분석하여 이를 사전에 예방하는 것을 목표로 한다. 선제적 품질 관리 역시 향후 발생할 것으로 보이는 품질 문제를 사전에 예측하고 예방하는 접근 방식을 취한다. 다시 말해, 두 시스템 모두 문제가 발생한 후 이를 대응적으로(Reactive) 관리하는 것이 아니라, 문제를 미리 발견하고 예방하는 선제적인 관리를 강조한다.

둘째, HACCP와 선제적 품질 관리는 모두 지속적인 모니터링과 개선을 강조한다.

HACCP는 중요 관리점에서의 지속적인 모니터링을 통해 위해 요소가 효과적으로 통제될 수 있는지 여부를 확인하고, 기준을 충족하지 못할 경우 지속적으로 개선 조치를 취하는 것을 핵심으로 한다. 선제적 품질 관리 역시 지속적인 모니터링과 경영 데이터를 기반으로 한 개선 활동을 통해 품질 수준을 유지하고 향상시키는 것을 주된 골자로 삼는다. 이처럼 두 시스템은 모니터링과 끊임 없는 개선을 통해 지속 가능한 품질과 안전성을 유지하려는 접근을 취한다.

셋째, HACCP와 선제적 품질 관리는 모두 데이터에 입각한 과학적 의사 결정을 강조한다.

HACCP는 과학적 데이터를 바탕으로 한계 기준을 설정하고, 모니터링 및 개선 활동을 수행한다. 선제적 품질 관리 역시 데이터 분석과 통계적 기법을 통해 품질 문제를 예측하고 대응한다. 이처럼 두 시스템 모두 데이터를 기반으로 한 과학적 의사 결정을 중시하며, 이를 통해 보다 정교한 문제 해결과 예방을 실현할 수 있다.

넷째, HACCP와 선제적 품질 관리의 성공은 조직 구성원의 참여에 달려 있다.

HACCP 프로그램이 효과적으로 수행되려면 비단 생산 공정에서의 품질 관리뿐만 아니라 조직의 모든 구성원이 식품 안전을 위해 협력해야 한다. 선제적 품질 관리도 마찬가지로, 조직 전체가 품질 관리 활동에 적극적으로 참여하고 협력할 것을 강조한다. 이처럼 두 시스템은 조직 내 모든 구성원이 품질과 안전 목표를 달성하기 위해 함께 노력해야 한다는 점에서 공통점을 지닌다.

결론적으로, HACCP와 선제적 품질 관리는 위험 예방과 품질 보장을 위한 체계적인 접근 방식을 취하며, 문제를 사전에 식별하고 해결하는 점에서 밀접하게 연결되어 있다. 다만 HACCP는 식품의 안전에 특화된 시스템이라면, 선제적 품질관리는 특정한 산업에 국한되지 않는 일반적인 개념이다. 그러나, 두 시스템 모두 제대로 적용한다면, 해당 조직은 품질과 안전성을 효과적으로 관리하고, 고객에게 신뢰를 제공하는 경쟁력을 확보할 수 있을 것이다.

Reference

김연성, 방상찬, 박영택, 박희준, 서영호, 유한주, & 이동규 (2008). 글로벌 품질경영, 박영사.

김선영, 류정령, 박관, 임태진, & 최영호 (2013). 기후변화 대응과 온실가스 저감. 숭실대학교 출판국.

박혜진 (2020). 글로벌 ESG 투자의 최근 동향과 주요 논점. 자본시장연구원.

식품의약품안전처, "HACCP GMP", 식품의약품안전처. https://mfds.go.kr/brd/m_584/view.do?seq=18277&srchFr=&srchTo=&srchWord=&srchTp=&itm_seq_1=0&itm_seq_2=0&multi_itm_seq=0&company_cd=&company_nm=&page=3 (accessed August 18, 2024)

유한주, 김연성, 정욱, & 박민재 (2019). 품질경영. 생능출판사.

이상복 (2019). 말콤 볼드리지상, 미국 경영자의 생각을 바꾸다, 월간 품질 그리고 창의.

지식경제부 (2010). '사회적 책임 국제표준' 우리 사회 체질개선의 기회로! — ISO 26000, 국제표준(ISO)으로 최종 승인, 지식경제부.

진달래 (2023). "기업 CSR, CSV, ESG… 다 같은 말 아닌가요?", 서울시공익활동지원센터

한국식품정보원, "[정책정보] 해썹 HACCP 7원칙 12절차", 한국식품정보원 공식 블로그. https://blog.naver.com/kfilee235/221486583423 (accessed August 18, 2024)

한국환경산업기술원, "환경표지 인증", 한국환경산업기술원. https://www.keiti.re.kr/site/keiti/02/10203010000002018092810.jsp (accessed August 18, 2024)

Behnam, N. (1994). The Deming Baldrige and European Quality Awards. *Quality Progress, 27*(4), 33-37.

Bowen, H. R. (2013). *Social responsibilities of the businessman*. University of Iowa Press.

Business Roundtable (2019). Business Roundtable Redefines the Purpose of a Corporation to Promote 'An Economy that Serves All Americans', Business Roundtable.

Carroll, A. B. (1991). The Pyramid of Corporate Social Responsibility: Toward the Moral Management of Organizational Stakeholders. *Business Horizons*.

Foster, S. T., & Gardner, J. W. (2022). *Managing quality: Integrating the supply chain*. John Wiley & Sons.

Gopalakrishna, P., & Chandra, M. (1998). Malcolm baldrige, deming prize and european quality awards: A review and synthesis. *Handbook of total quality management*, 755-769.

Wikipedia contributors, "EU Ecolabel," *Wikipedia, The Free Encyclopedia*. https://en.wikipedia.org/w/index.php?title=EU_Ecolabel&oldid=1236169829 (accessed August 18, 2024).

Wikipedia contributors, "ISO 9000 family," *Wikipedia, The Free Encyclopedia*. https://en.wikipedia.org/w/index.php?title=ISO_9000_family&oldid=1240522568 (accessed August 18, 2024).

제4장
선제적 품질 관리와 시스템적 사고

시스템적 사고란 복잡한 문제를 분석할 때, 문제의 개별적 요소들에 집중하여 미시적으로 분석하기보다는, 그 요소들이 전체 시스템 내에서 어떻게 상호작용하는지 이해하는 접근법이다. 다시 말해, 문제의 표면적인 증상에 집중하는 대신, 문제의 근본 원인을 찾고 그 메커니즘을 분석하는 것에 초점을 맞춘다. 선제적 품질 관리 역시 문제가 발생하기 전에 그 잠재적 원인을 사전에 파악하고 해결하는 접근을 취한다는 점에서 시스템적 사고와 매우 밀접한 연관을 가지고 있다. 본 장에서는 시스템적 사고의 개념과 핵심요소, 그리고 시스템의 동태(Dynamics)를 설명하는 여덟 가지 아키타입을 살펴보고, 실제 경영환경의 불확실성을 시스템적 사고로 분석하는 시나리오 플래닝 개념을 소개할 것이다. 본 장에서 소개하는 시스템적 사고 부분은 필자의 또 다른 저서인 "위기대응을 위한 서비스 오퍼레이션스 관리"를 주로 참고했음을 밝힌다.

시스템적 사고

시스템의 의미와 시스템적 사고

시스템(System)이란 하나의 공통된 목적을 달성하기 위해 각 구성 요소들이 서로 긴밀히 연결되어 지속적으로 영향을 주고받는 조직화된 집합체다. 이러한 특성 때문에 시스템은 "서로 긴밀히 연결된(Hang Together)" 집합체라고 해석할 수 있다.

시스템이라는 단어는 그리스어 동사 "sunistanai"에서 유래했는데, 이 단어는 그리스어로 "함께 서게 한다"라는 뜻이다. 시스템이라는 개념이 일견 추상적으로 보일 수 있으나, 우리 주변에서 시스템의 예는 생각보다 쉽게 찾아볼 수 있다. 한 예로 자동차를 생각해 보면, 자동차는 엔진, 바퀴, 제어 시스템, 연료 공급 장치 등 여러 가지 구성 요소로 이루어져 있으며, 이 요소들이 서로 유기적으로 영향을 주고받으며 "운전자가 원하는 곳으로 이동한다"라는 목표를 달성하게 한다.

서비스 산업을 예로 들면, 음식점을 생각해 볼 수 있다. 음식점은 요리를 전담하는 주방, 접객에 집중하는 종업원, 청소를 전담하는 팀 등 여러 가지 팀(요소)으로 구성되어 있다. 음식점을 하나의 시스템이라고 생각한다면, 주방에서는 음식을 준비하고, 접객을 전담하는 종업원은 고객에게 주문을 받고 음식을 서빙하고, 청소를 전담하는 팀은 고객이 깔끔한 환경에서 식사를 할 수 있도록 한다. 이러한 모든 요소들이 협력하여 고객에게 좋은 서비스 경험을 제공하는데 기여하며, 식당 운영이 원활하게 이루어지도록 상호작용한다.

그렇다면, 시스템은 단순히 시스템을 구성하는 여러 가지 요소들의 합이라고 정의할 수 있는가? 이 질문에 답하기 전에 [그림 4-1]을 살펴보자.

이 그림을 보면 무엇이 보이는가? 우선 노파의 모습이 보인다. 그런데 노파 얼굴의 왼쪽에 초점을 맞추어서 살펴보면 고개를 돌리고 있는 젊은 여성의 모습이 보인다. 이 그림은 착시 현상을 설명하는 유명한 그림 중 하나인데, 시스템 역시 겉으로 보이는 시스템의 모습 외에도 그 안에서 보이지 않는 요소들도 시스템을 운영하는 데 기여하고 있으며, 그렇기에 가시적으로 보이는 요소들의 단순한 합이 시스템이라고 정의하기에는 무리가 따른다.

그림 4-1
노파와 아가씨가 혼재된 그림

정리하면 시스템은 여러 요소들이 상호작용하여 하나의 목적을 달성하기 위한 통합된 구조이기 때문에, 시스템을 이해한다는 것은 시스템의 개별적 요소에 집중하기보다는, 시스템의 전체를 보

는 시각이 필요하다. 시스템적 사고는 바로 이 전체적인 시각을 제공하는 사고 방식으로서, 시스템을 구성하는 개별 요소 간 상호작용을 이해하고, 이러한 상호작용을 통해 전체 시스템이 어떻게 작동하는지 분석할 수 있게 된다. 시스템적 사고를 체득한 경영자는 자신이 직면한 경영 문제에서 각 요소 간의 상호작용을 파악하고, 이를 통해 복잡한 문제를 더 깊이 이해하여 근본적인 해결책을 도출할 수 있다.

시스템적 사고를 이해하기 위한 핵심 요소

그렇다면 시스템적 사고를 체화하려면 어떻게 해야 하는가? 시스템적 사고를 이해하는 것에는 정해진 하나의 답이 있는 것은 아니지만, 몇 가지 핵심적인 개념을 우선 이해할 필요가 있는데, 복잡성, 레버리지, 부가 효과, 피드백, 그리고 지연이다.

복잡성

흔히 복잡성(Complexity)이라고 하면 부정적인 의미로 받아들이는 경우가 많다. 그러나 복잡성이라는 개념 자체는 시스템이 지닌 고유한 특성으로서 긍정적이거나 부정적인 개념으로 단정지을 수 없다. 다만 복잡성이 부정적으로 작용한다는 것은, 시스템이 복잡하다는 사실 자체가 아닌 그 복잡성이 제대로 관리되지 않아 시스템의 성과(Performance)에 악영향을 미칠 때다.

그렇기에 시스템을 이해하고, 시스템의 성과를 분석함에 있어서 복잡성은 매우 중요한 개념이라 할 수 있다. 구체적으로 복잡성을 관리한다는 것은 시스템을 이루는 여러 요인과 그 상호작용을 이해하고 제어하는 것을 뜻한다. 하지만 복잡성은 눈에 보이거나 단순히 수치화할 수 있는 것이 아니기 때문에 하나의 일관된 공식이나 함수로 나타내는 것에는 한계가 있다.

복잡성은 크게 두 가지로 구분되는데, 첫 번째는 세부 복잡성(Detail Complexity)으로, 시스템을 구성하는 요소가 늘어남에 따라 발생하는 복잡성이다. 두 번째는 동적 복잡성(Dynamic Complexity)으로, 시간의 경과나 시스템과 외부 환경과의 상호작용에 따라 발생하는 복잡성이다. 동적 복잡성은 구성 요소 간 인과 관계가 얽히고설켜 있어 전통적인 경영관리 기법으로는 효과적으로 해결하기 어려운 문제다.

예를 들어, 기업의 경영 활동에서 제품 생산, 마케팅 전략 수립, 인재 채용 및 교육 등 여러 요소들이 서로 영향을 주고받으면서 기업 활동이 이루어지기에, 동적 복잡성이 증폭될 수 있다. 그러므로 대부분의 경영 환경에서 이러한 동적 복잡성을 이해하는 것은 세부 복잡성보다 더 큰 도전이 될 수 있다. 따라서 복잡성 개념을 시스템적 사고에 적용하려면 기존의 단순한 선형적인 인과 관계를 규명하는 것에 그치는 사고에서 벗어나, 시스템 내 요소들이 어떻게 서로 연결되어 있는지 이해하고, 시스템의 전체적인 흐름과 변화를 관찰하는 사고 방식으로의 전환이 필요하다.

시간의 흐름에 따른 시스템의 변화에 대한 구체적인 예시를 생각하면 은행 산업을 들 수 있다. 과거 높은 실적을 기록했던 은행이라 할지라도 최근 고객의 감소와 거래량이 감소함에 따라 은행들은 각 지점을 효율적으로 운영해야 하는 과제에 직면했다. 특히 과거에는 고객이 점포를 방문해 서비스를 이용했지만, 최근 인터넷 뱅킹과 폰 뱅킹의 발전으로 새로운 비즈니스 모형이 등장하면서 전통적인 은행 서비스의 중요성이 점차 줄어들고 있다. 이에 1999년 모 은행에서는 향후 그들의 은행을 이용하는 고객 수가 어떻게 변할지 예측하여 이러한 위기에 대처하고자 하였다. 다만, 전통적인 수요 예측 기법 대신 시스템의 시간의 흐름에 따른 변화를 분석하는 시간-경로 분석을 적용하기로 하였다. 분석 결과는 [그림 4-2]에 제시되어 있다.

[그림 4-2]에 제시된 은행의 사례를 구체적으로 분석해 보면 전통적인 수요 예측 기법을 적용하였을 때와 사뭇 다른 모습을 보이는데, 이는 과거 수요 자료를 이용해서 하나의 수요 예측 결과만을 제시하는 전통적인 수요 예측 모형과는 달리, 시간-경로 분석은 은행 입장에서 최선의 시나리오와 최악의 시나리오를 모두 제시한 것이다.

구체적으로 [그림 4-2]에서 보이는 것과 같은 시스템 다이내믹스(System Dynamics) 분석들은 기존의 여러 수요 예측 모형들의 근본을 형성하는 전통적인 통계적 방법론들이 지나치게 많은 가정과 예외적인 변수들에 의존하기 때문에 추정의 대상이 되는 개념(여기서는 고객 수)의 동적인 변화를 제대로 포착하지 못한다는 비판에서 출발한 기법이다. 따라서 시스템 다이내믹스는 통계적 엄밀성보다는 시스템 내에서 일어나는 실질적인 동태의 패턴을 파악하는 데 중점을 둔다.

그림 4-2 1999년부터 12년 간 고객 변화 추세 시나리오 분석

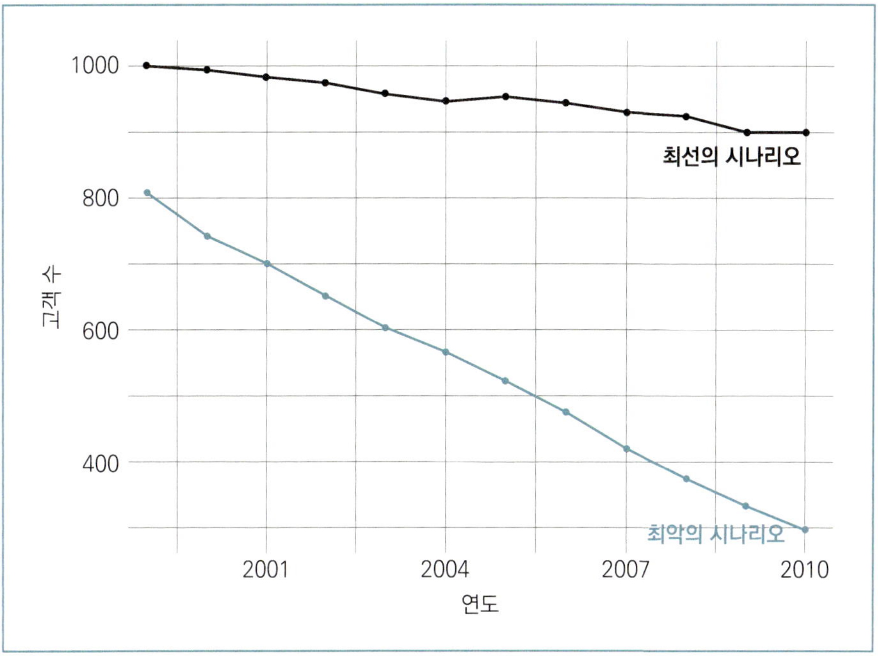

레버리지

레버리지(Leverage) 효과는 소위 지렛대 효과로 잘 알려진 개념으로, 작은 힘으로도 큰 변화를 일으킬 수 있는 원리를 의미한다. 이는 마치 지렛대를 이용해서 무거운 물체를 효과적으로 들어 올리듯, 적절한 지점에 힘을 가하면 작은 노력으로도 큰 성과를 가져올 수 있음을 뜻한다.

시스템에서 레버리지 효과란 소규모의 잘 집중된 행동들(무거운 물체를 들어 올리기 위해 들이는 힘)이 상당히 지속적인 개선(들어 올려진 무거운 물체)을 가져올 수 있음을 의미한다. 다만, 레버리지 효과가 제대로 작용하려면 단순히 집중된 행동만이 아닌 그 행동의 "방향성" 역시 적절해야 한다. 예를 들어 슬라이딩 도어는 작은 힘으로도 쉽게 열 수 있다. 하지만 이 작은 힘을 문을 옆으로 미는 데 사용해야 문이 열리지, 다른 방향으로 힘을 들이면 아무리 큰 힘을 들여도 문을 열 수 없다. 이처럼 시스템 내에서 레버리지가 될 수 있는 지점을 찾고 그것을 올바른 방향으로 노력을 가할 때, 기대 이상의 큰 변화를 일으킬 수 있는 힘이 발휘된다. 다시 말해,

경영자는 작은 변화로도 시스템 전체에 긍정적인 영향을 미칠 수 있는 핵심 지점을 파악할 수 있는 시선이 필요하며, 그 지점에 적절한 행동을 집중시켜야 한다.

부가 효과

시스템적 사고를 위한 세 번째 중요한 개념은 부가 효과(Side Effect)다. 대다수의 시스템에서, 시스템을 구성하는 요소를 조정할 때, 시스템의 운영자가 기대한 효과 외에도 의도하지 않은 부가적인 결과가 함께 발생한다. 이러한 부가 효과는 종종 문제를 해결하기 위해 취한 행동이 예상치 못한 방식으로 시스템에 영향을 미치면서 나타나며, 긍정적일 수도 있고 부정적일 수도 있다.

예를 들어, 기업이 비용 절감을 위해 인력을 줄인다면, 예상된 효과는 비용 절감을 통한 수익성 개선 혹은 운영의 효율화지만, 동시에 예상하지 못한 부작용으로 직원들이 자신도 언제 해고될지 모른다는 불안감을 줘서, 이는 직원의 사기 저하를 가져온다. 또한, 직원을 필요 이상으로 많이 줄이면 생산성 감소와 같은 부정적인 결과가 나타날 수 있다. 이는 시스템 내에서 한 가지 요소를 조정하면 그 영향이 다른 요소에 파급되어 복잡한 상호작용을 일으킬 수 있음을 보인다.

한편, 긍정적인 부가 효과의 예로는 백신을 생각해 볼 수 있는데, 보통 백신을 개발하는 것은 특정 질병을 예방하기 위함이다. 그러나 일부 백신의 경우 목표가 되는 특정 질병 외에도 긍정적인 효과를 가져오는 경우가 있는데, 결핵 예방 백신의 경우 원래는 결핵 예방을 목적으로 하지만, 다른 호흡기 질환이나 일부 암 치료에도 긍정적인 영향을 미칠 수 있다고 한다.

피드백

시스템적 사고에서 가장 핵심적인 개념은 피드백(Feedback)이다. 앞서 설명한 대로, 시스템을 구성하는 여러 요소는 서로 밀접하게 상호작용하며 영향을 주고받는다. 이러한 상호작용을 가능하게 하는 것이 바로 피드백 메커니즘으로, 피드백은 시스템의 각 요소가 서로 고립되지 않고 영향을 미칠 수 있는 경로를 형성한다.

피드백에서 중요한 점은, 피드백이 단순히 한 방향으로 작용하는 원인과 결과의 관계가 아니라는 점이다. 예를 들어, 제품 품질이 고객 만족에 영향을 미치고, 고객 만족은 직원의 사기에 영향을 준다. 동시에, 직원의 사기는 다시 제품 품질

그림 4-3 피드백 루프의 예시

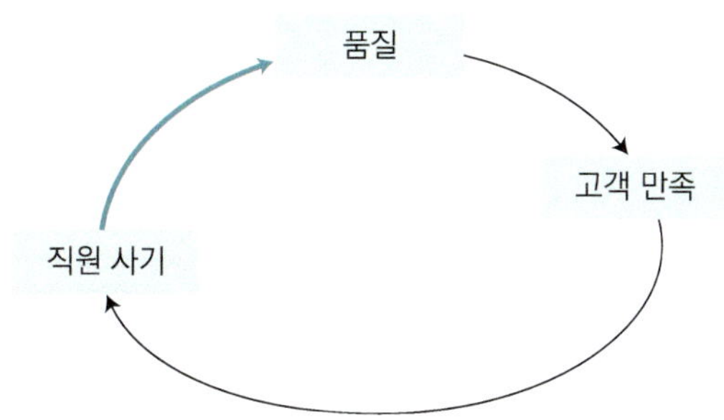

에 영향을 미치는 방식으로, 제품 품질, 고객 만족, 그리고 직원의 사기라는 세 가지 요소 간에 순환적인 연결고리가 형성된다. 이 순환적인 연결 고리를 소위 "루프(Loop)"라고 한다. 이처럼 피드백은 모든 요소가 서로에게 동시에 원인과 결과로 작용하는 복잡한 상호작용 구조를 나타낸다.

이러한 피드백 루프는 강화될수록 시스템을 성장시킬 수도 있고 더 악화시킬 수도 있다. 앞서 설명했듯이, 피드백 루프는 긍정적인 영향과 동시에 부정적인 영향 역시 모두 포괄한 개념이기 때문이다. 그리고 피드백 루프가 강화되면서 생기는 영향력은 단순한 선형 관계가 아닌 지수분포 형태의 성장폭을 보인다. 즉, 기하급수적인 성장 혹은 급격한 쇠퇴를 보이게 된다. 이러한 과정을 강화 피드백(Reinforcing Feedback)이라고 한다.

강화 피드백의 전형적인 예로 복리 이자를 들 수 있는데, 복리 이자는 매번 이자가 원금에 더해지면서 다음에 받게 될 이자의 크기를 증가시켜 시간이 지남에 따라 기하급수적 성장을 이끌어낸다. 또 다른 예로는 신제품 출시를 들 수 있는데, 신제품의 품질이 높을수록 소비자들이 서로 신제품을 추천할 가능성이 커지고, 이로 인해 더 많은 고객이 제품을 구매하게 된다. 그 결과, 매출액이 증가하고 회사는 더 많은 자원을 투자해 제품의 품질을 더욱 개선할 수 있게 된다. 이러한 과정이 반복되면서 신제품의 성공이 더욱 강화되는 피드백 루프가 형성된다.

이처럼 강화 피드백이 시스템 내에서 기하급수적인 변화를 만들어내는데, 강화 피드백이 지속되면 관리자가 시스템을 효과적으로 운영하기 어려운 수준에 이를 수 있다. 그러므로 시스템의 안정성을 유지하고 변동을 억제하는 메커니즘으로 균형 피드백(Balancing Feedback)이 존재한다. 균형 피드백은 쉽게 말해 시스템에서 억제기 역할을 하며, 강화 피드백의 과도한 성장을 제한하여 시스템이 통제 불가능한 상태에 빠지지 않도록 균형을 잡아준다.

균형 피드백은 일반적으로 강화 피드백과 함께 발생하며, 시스템의 변화를 제어함으로써 성장폭을 제한하는 역할을 한다. 시스템의 안정성을 유지하기 위해서는 이러한 균형 피드백 메커니즘이 필수적이다.

균형 피드백이 원활하게 작동하기 위해서는 세 가지 요소가 필요하다. 목표 수준, 실제 수준, 그리고 목표와 실제 수준 간의 격차다. 쉽게 말해 강화 피드백 활동으로 인해 목표 수준과 실제 수준 사이에 큰 격차가 발생할 경우, 균형 피드백이 이러한 격차를 감소시켜 시스템의 균형을 회복하는 것이다. 특히 세 가지 요소 중 목표 수준을 명확히 설정하는 것이 매우 중요하다. 실제 수준은 현재 시스템의 상태이므로 관리자가 직접적으로 조작할 수 없는 반면, 목표 수준은 관리자가 설정할 수 있다. 따라서, 너무 과도하거나 현실과 동떨어진 목표를 설정하면, 오히려 시스템의 질적 저하를 초래할 수 있으므로, 올바른 목표 설정은 시스템의 균형을 유지하는 데 중요한 역할을 한다.

균형 피드백의 예시로는 신체의 체온 조절을 들 수 있다. 인간의 몸은 항상 일정한 체온을 유지하려고 하며, 체온이 너무 높아지면 땀을 흘려서 열을 배출하고, 반대로 체온이 너무 낮아지면 몸이 떨어서 열을 발생시킨다. 이 과정에서 목표 수준은 체온을 일정하게 유지하려는 것(36.5°C)이 되고, 실제 수준은 현재의 체온이 된다. 현재 체온이 목표 체온에서 벗어나면 신체의 균형 피드백 메커니즘이 작동해 체온을 다시 적정 수준으로 돌려놓는다. 이처럼 균형 피드백은 시스템이 안정적인 상태를 유지하도록 도와준다.

지연

시스템적 사고에서 살펴보아야 할 다섯 번째 개념은 지연(Delay)이다. 지연이란 시스템에서 특정한 행동이나 변화가 즉각적인 결과를 낳지 않고, 일정 시간이 경과한 후 나타나는 현상을 의미한다. 지연은 시스템이 작동하는 과정에서 피드백 루프가 즉시 반응하지 않도록 하며, 이는 강화 피드백과 균형 피드백 모두에서 발생할 수 있다.

다이어트를 예로 들 수 있다. 우리가 체중을 줄이기 위해 운동을 시작하고 식단을 개선했을 때, 당장 체중 감량의 효과를 보기 어려울 수 있다. 다이어트 초기에는 체중이 거의 변하지 않거나 오히려 증가할 수도 있다. 하지만 시간이 지나면서 이러한 꾸준한 생활습관 변화는 점차 체중 감량이라는 목표에 도달하게 만든다. 이 과정에서 운동과 식단 조절의 결과가 나타나는 데 시간이 걸리므로, 그 사이에 느껴지는 지연은 강화 피드백 루프가 바로 작동하지 않도록 하는 역할을 하는 셈이다.

경영자가 주목해야 할 점은, 이러한 지연이 발생할 때 경영자는 수정된 전략을 통해 얻어지는 결과를 빨리 확인하고 싶어하는 경향이 있기 때문에 과도한 대응을 하거나 조급해질 수 있다. 이로 인해 도리어 시스템이 불안정해지거나, 결과가 더 크게 변동하는 진동(Oscillation) 패턴이 나타날 수 있다. 지연은 시스템이 복잡하게 작동하는 원인 중 하나로, 이를 제대로 인식하지 못하면 의도치 않은 결과를 초래할 수 있다.

예를 들어, 공급망 내의 한 소매업체에서 특정 제품의 재고를 관리하는 상황을 생각해 보자. 고객의 수요 패턴의 급격한 변화로 일시적으로 재고가 부족해지면 고객에게 제품을 제공하지 못하는 상황이 발생할 수 있으므로, 관리자는 재고를 급하게 추가 주문한다. 하지만 공급망 상의 상류에 위치한 제조업체 혹은 도매업체에서 제품이 도착하는 데 시간이 걸리기 때문에(Lead Time), 그만큼 시간적 지연이 발생한다. 그 동안 수요는 계속 발생할 것이며, 관리자는 추가 주문이 충분하지 않았다고 조급하게 판단하여 더 많은 주문을 하게 될 수 있다. 결국 시간이 지나면서, 처음 주문한 재고와 추가 주문한 재고가 한꺼번에 도착해 과도한 재고가 쌓이게 된다. 이로 인해 관리자는 재고가 너무 많다고 판단하고, 다시 발주량을 줄이거나 멈추게 된다. 시간이 지나 재고가 다시 소진되면, 또다시 재고 부족 상태가 발생하며 같은 과정을 반복하게 된다. 이러한 과정에서 재고 수준이 계속해서 과도한 상태와 부족한 상태를 오가게 되므로, 결과적으로 재고 관리 시스템에서 진동 패턴이 발생한다. 이러한 추세를 시각적으로 나타내면 [그림 4-4]와 같다.

그림 4-4 재고 관리 과정에서의 진동 패턴 예시

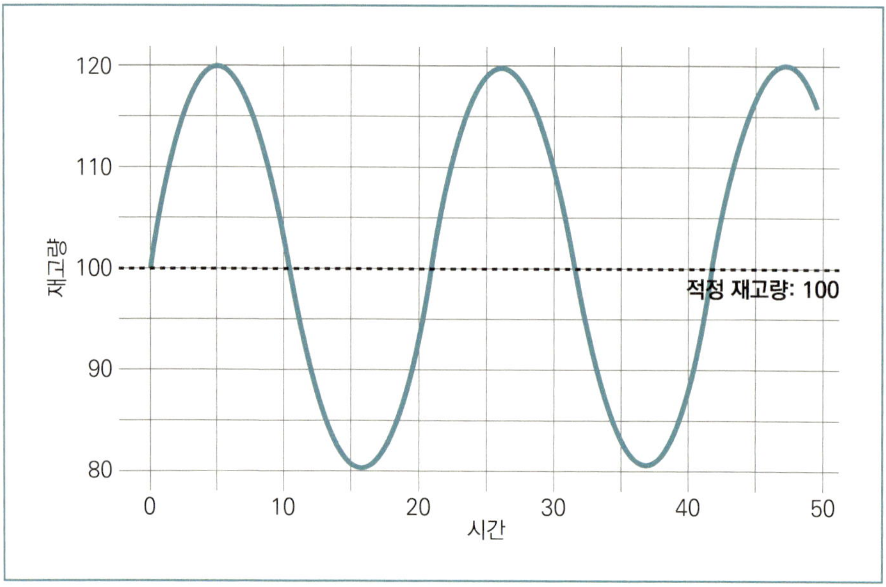

시스템적 사고와 전통적 관리 접근법의 비교

지금까지 기존의 전통적 관리 접근법과 차별화되는 시스템적 사고의 필요성과 그 핵심 요소를 살펴보았다. 본 절에서는 시스템적 사고와 전통적 관리 접근법을 비교 함으로서 시스템적 사고의 개념을 다시금 정리해 보고자 한다.

시스템적 사고를 한 마디로 비유하면 '나무보단 숲을 보는' 접근법으로서, 전체 시스템의 거시적 맥락에서 문제를 이해하고 해결하는 방법론이다. 이는 각 요소가 서로 어떻게 상호작용하는지, 그리고 시간이 지남에 따라 시스템이 어떻게 변화하는지를 파악하는 데 중점을 둔다. 시스템적 사고는 복잡성, 레버리지, 피드백 등 여러 핵심 요소에 기반하며, 피드백 루프를 바탕으로 강화 피드백과 피드백 루프의 균형을 맞추는 과정을 거친다. 이는 마치 사이버네틱스나 기계 공학에서 활용되는 서보 메커니즘의 개념과 유사하다. 서보 메커니즘은 시스템에서 해당 기기를 시스템이 요구하는 특정 위치로 이동하거나, 특정한 수치(속도, 토크 등)만큼 가동시킬 때, 피드백이나 에러 정정을 통해 정확하게 제어할 수 있는 구조를 갖춘 메커니즘을 의미한다. 즉, 피드백 루프를 바탕으로 강화 피드백과 피드백 루프의 균형을 맞추는 시스템의 활동 원리가 서보 메커니즘의 동작 원리와 유사하다고 할 수 있다.

전통적 관리 접근법과 비교하면, 시스템적 사고는 몇 가지 중요한 차이점을 가지고 있다. 먼저, 전통적 접근은 정적인 상태에 초점을 맞춘다. 즉, 시스템의 특정 시점에서의 상황에 집중하여 그 순간의 문제를 해결하는 데 주력하는 방식이다. 반면, 시스템적 사고는 시스템이 시간의 흐름에 따라 어떻게 변화하고 진화하는지, 즉 동적인 상태에 더 주목한다. 또한, 전통적 관리 접근법은 일방적인 인과 관계 추론에 중점을 둔다. 다시 말해 원인은 결과를 낳고, 결과는 단순히 원인의 결과로 나타나는 현상에 불과하다는 직선적인 사고다. 반면, 시스템적 사고는 시스템 내에서 원인과 결과는 서로에게 영향을 미치며, 이 상호작용이 계속 반복되면서 시스템이 발전하거나 변형된다는 순환적 인과 관계를 강조한다.

더 나아가, 전통적 관리 접근법은 현상을 중시하며, 이러한 현상을 측정하고 예측하는 데 초점을 맞춘다. 그렇기에 통계적 기법과 같은 전통적 도구를 통해 결과를 정밀하게 예측하고자 한다. 그러나 시스템적 사고는 그러한 통계적 접근이 오히려 현실을 온전히 반영하지 못할 수 있다고 지적하며, 특정 시점에서 시스템의 원인과 결과에 대한 정확한 추정보다는 시간의 흐름에 따른 시스템의 동태적 변화 패턴을 분석하고 이해하는 데 중점을 둔다. 이는 시스템의 장기적인 변화와 상호작용을 분석하는 시스템 다이내믹스와 같은 기법을 통해 이루어진다.

정리하면 전통적 관리 접근법과 시스템적 사고는 "정적인 현상 분석"과 "시스템의 동적인 변화 파악"이라는 상반된 시각을 가지고 있으며, 문제를 해결하는 방식, 사용하는 원칙과 방법론 모두 차이를 보인다. 그리고 시스템적 사고는 보다 유연하고 장기적인 관점에서 시스템 전체를 이해하고 관리하는 데 중점을 두는 반면, 전통적 접근은 특정 문제를 빠르게 해결하는 데 주력한다.

시스템적 사고와 선제적 품질 관리의 연관성

상술한 바와 같이, 시스템적 사고는 단순히 현재의 문제에 대응하는 것만이 아니라, 문제의 근본 원인을 이해하고 이를 통해 장기적으로 지속 가능한 해결책을 찾는 데 중점을 둔다. 그렇기에 시스템적 사고는 선제적 품질 관리를 수행하기 위한 핵심적인 사고 방식이라 할 수 있다. 선제적 품질 관리는 "문제가 발생하기 전에 잠재적 원인을 사전에 파악해서 예방"하고, 나아가 "잠재된 소비자의 욕구를 선제적으로 파악하여 고객 만족도를 높여 부가 가치를 최대화시키는" 것을 목표로 한다.

시스템적 사고는 이러한 접근을 가능하게 하는 중요한 도구로서, 기업이 품질 관리 과정에서 발생하는 표면적인 현상에만 주목하는 것이 아니라, 경영 시스템 전체를 분석하여 문제를 발생시키는 근본적인 요인을 파악할 수 있게 한다. 이는 선제적 품질 관리가 지향하는 예방적 품질 관리와 일치하며, 시스템의 복잡성을 이해하고 그 안에서 발생하는 상호작용을 관리함으로써 품질 문제를 사전에 효과적으로 관리할 수 있도록 한다.

예를 들어, 품질 관리는 단순한 생산 과정에서의 제품의 결함을 검사하는 개념에 국한되지 않고, 공급망 관리, 인적 자원 관리, 구매 관리, 고객 요구 발굴 등 다양한 요인들이 만들어내는 복합적인 상호작용을 관리하는 경영 활동이다. 시스템적 사고를 통해 이러한 요소들이 어떻게 연결되어 있는지 이해함으로써, 단순한 효율적인 품질 관리의 개념을 넘어 경영 시스템 전체의 성과를 높일 수 있으며, 이러한 과정이 지속되면 결과적으로 강화 피드백이 작용하여 지속 가능한 경영을 달성할 수 있다.

또한, 시스템적 사고는 피드백 루프를 통해 품질 관리 프로세스에서 발생하는 여러 현상들 간 순환적인 인과 관계를 분석하고 관리할 수 있게 하는 중요한 도구가 된다. 예를 들어, 고객 불만이 매출에 영향을 미치고, 매출 저하가 품질 관리 자원 부족으로 이어져 다시 품질 문제가 발생하는 악순환이 일어날 수 있다. 시스템적 사고는 이러한 순환적 관계를 인식하고, 이를 선제적으로 관리함으로써 악순환을 제어할 수 있는 통찰을 제공한다. 따라서 시스템적 사고는 선제적 품질 관리를 달성하기 위한 필수적인 요소다.

정리하면, 시스템적 사고는 성공적인 선제적 품질 관리를 위한 핵심적인 사고방식이다. 이를 통해 기업은 단기적인 문제 해결을 넘어 경영 시스템 전체를 분석하고 관리하며, 장기적인 관점에서 품질 문제를 예방하고 개선할 수 있다. 이러한 접근은 선제적 품질 관리의 목표와 일치하며, 기업이 지속 가능한 경쟁력을 유지하는 데 중요한 역할을 한다.

시스템적 사고의 법칙

시스템적 사고에는 여러 가지 중요한 법칙이 있다. 이 법칙들은 시스템 내에서 일어나는 복합적인 상호작용을 이해함에 있어서 도움이 된다.

첫째, 오늘의 문제는 어제의 해법으로부터 시작한다.
다시 말해 어제 내린 결정이 오늘의 결과로 이어지고, 오늘 내린 결정은 내일의 문제로 이어질 수 있다는 의미다. 예를 들어, 기업이 단기적으로 비용을 절감하기 위해 연구 개발 예산을 삭감하면, 당장은 재무 상태가 개선될 수 있지만, 장기적으로는 기술 경쟁력 부족으로 인해 시장에서 도태될 위험이 있다. 이는 어제의 해법이 오늘의 문제로 다가오는 전형적인 예다.

둘째, 더 세게 밀수록 시스템의 저항도 커진다.
강압적으로 변화를 밀어붙일수록 시스템의 저항은 강해진다. 예를 들어, 정부가 환경 규제를 강화하려고 할 때, 기업들은 이를 피하기 위해 로비를 하거나 규제를 합법적으로 피할 수 있는 방법을 모색한다. 결과적으로 정부가 목표로 했던 환경 문제는 해결되지 않고 오히려 더 악화될 수 있다.

셋째, 결과물은 나빠지기 전에 먼저 좋아진다.
어떤 조치들은 단기적으로 긍정적인 효과를 보이지만, 장기적으로는 부정적인 부가 효과가 나타날 수 있다. 예를 들어, 과도한 할인 행사를 통해 매출을 단기적으로 늘릴 수 있지만, 장기적으로는 브랜드 가치 하락과 수익성 악화로 이어질 수 있다.

넷째, 쉬운 방법이 최선의 방법은 아니다.
문제의 근본적인 원인에 대한 진단이 없이, 단순히 이미 잘 알고 있는 방법에만 의존해서 문제를 해결하려고 하면, 문제는 일시적으로 해결될지 모르지만 장기적으로 다시 발생할 가능성이 커진다. 예를 들어, 공장에서 발생하는 문제를 단순히 작업자의 실수로 치부하고 교육만 강화한다면, 근본적인 설비 문제나 공정 문제를 해결하지 못하고 결국 동일한 문제가 반복될 수 있다.

다섯째, 해결책이 오히려 문제를 악화시킨다.
미봉책이나 임시방편적인 해결책은 종종 문제를 더 심각하게 만든다. 예를 들어, 교통 혼잡을 줄이기 위해 도로를 확장하는 것은 단기적으로는 혼잡을 완화할 수 있지만, 더 많은 차량이 유입되면서 결국 혼잡은 다시 심화될 수 있다.

여섯째, 최단 거리가 빠른 것만은 아니다.

다시 말해, 최단 경로라고 해서 반드시 항상 가장 효율적인 경로는 아닐 수 있다. 예를 들어 서울과 미국 시애틀까지 최단 거리를 계산하면 해양 교통을 이용하는 것이 최적이다. 그러나, 실제로 선박보다 항공기를 이용하는 것이 훨씬 빠르다.

일곱째, 원인과 결과가 꼭 연관되어 있지는 않다.

원인과 결과가 발생하는 시점과 장소는 반드시 일치하지 않는다. 예를 들어, 한 나라에서 발생한 경제 위기는 글로벌 시장에 영향을 미칠 수 있으며, 그 영향은 시간이 지나면서 점차 확대될 수 있다. 마찬가지로, 기업 내의 문제도 특정 부서에서 발생했더라도, 그 파급 효과는 그 부서에만 영향을 주는 것이 아닌 전사적 관점에서 악영향을 미칠 수 있다.

여덟째, 작은 변화가 큰 결과를 가져온다.

앞서 레버리지 효과에서도 언급했듯, 작은 변화가 시스템 전체에 큰 영향을 미칠 수 있다. 예를 들어, 고객 서비스 품질을 조금만 개선해도 고객 만족도가 크게 상승하고, 이로 인해 매출 증가로 이어질 수 있다. 그러나 이러한 작은 변화는 쉽게 포착되지 않을 수 있으며, 적절한 레버리지 포인트를 찾는 것이 중요하다.

아홉째, 일거양득이 가능한 경우는 쉽게 볼 수 없지만, 장기적으로는 가능하다.

단기적으로는 한 가지 목표를 달성하기 위해 다른 목표를 희생해야 할 수도 있지만, 장기적으로 보았을 때 두 가지 목표를 모두 달성할 수 있는 경우를 쉽게 찾아볼 수 있다. 예를 들어, 기업이 친환경 기술을 도입하면 단기적으로는 비용이 증가하지만, 장기적으로는 환경 규제 준수와 비용 절감이라는 두 가지 목표를 달성할 수 있다.

열 번째, 코끼리를 반으로 나눈다고 해서 두 마리 코끼리가 되진 않는다.

코끼리를 반으로 나누면 두 마리 코끼리가 아니라 그냥 죽은 코끼리가 되는 것처럼 시스템 역시 일부 기능을 분리했을 때, 시스템 자체가 망가질 수 있다. 예를 들어, 기업 내 한 부서에서 문제가 발생했을 때 특정 부서만 조정해서 문제를 해결하려 하는 것은 결과적으로 다른 부서에 악영향을 미칠 수 있다. 즉, 문제를 해결하려면 특정 부서만 조정하는 것은 근본적 해결책은 아닐 수 있으며, 거시적 관점에서 시스템 전체를 고려해야 한다.

열한 번째, 누구도 탓할 수 없다.

시스템적 사고에서는 문제의 원인을 특정 개인이나 부서에 돌릴 수 없다. 이는 문제 상황 역시 시스템 내에서 발생하는 여러 요소들의 상호작용의 결과로 인식하기 때문에, 문제를 해결하려면 전체적인 관점에서 시스템을 분석해야 한다.

열두 번째, 정답은 없다.

시스템은 유기적인 구조를 가지고 있기 때문에, 하나로 수렴된 정답을 찾기 어렵다. 따라서 문제 해결에서도 유연한 사고가 필요하며, 다양한 해결책이 가져올 수 있는 잠재적 인과 관계를 분석하는 것이 중요하다.

시스템 아키타입

본 절에서는 복잡한 시스템 내에서 전형적으로 나타나는 패턴을 이해하는 중요한 도구인 시스템 아키타입(Archetype)에 대해 소개한다. 아키타입이라는 용어는 그리스어 'Archetypos'에서 유래했으며, '최초의'라는 뜻이다. 심리학자 칼 융(Carl Jung)은 이 단어를 민족이나 인종을 초월해 반복적으로 나타나는 무의식적 관념을 설명하기 위해 사용했다. 마케팅에서 아키타입은 특정 제품에 대한 인식의 정점을 의미하는데, 예를 들어 누군가에게 대표적인 스마트폰을 물었을 때 "갤럭시 S"라고 답한다면, 그 사람의 머릿속에서 갤럭시 S가 스마트폰의 아키타입이다.

아키타입의 개념이 시스템적 사고에 본격적으로 활용된 배경을 살펴보면, 기존 시스템 다이내믹스에 대한 연구들은 주로 복잡한 인과 루프와 컴퓨터 모델링에 의존해 왔는데, 제니퍼 케메니(Jennifer Kemeny) 등은 시스템의 움직임에서 자주 나타나는 현상을 보다 쉽게 이해할 수 있도록, 8개의 그림을 통해 이를 시각화하려고 했다. 이 그림들은 시스템 내에서 반복적으로 발생하는 전형적인 동태적 구조를 단순하게 표현하며, 복잡한 시스템을 보다 명확하게 이해하고 문제를 예측하는 데 도움을 준다. 이를 시스템 아키타입이라고 한다.

제니퍼 케메니는 8개의 아키타입을 제시하였고, 이 중 강화 루프(Reinforcing Loop), 균형 잡기 루프(Balancing Loop), 그리고 지연(Balancing Loop with Delay)은 앞서 살펴보았던 피드백 루프에서의 개념과 같다. 그래서 나머지 5개의 아키타입을 대상으로 하나씩 살펴보겠다.

그림 4-5 제니퍼 케메니가 제시한 여덟 가지 시스템 아키타입

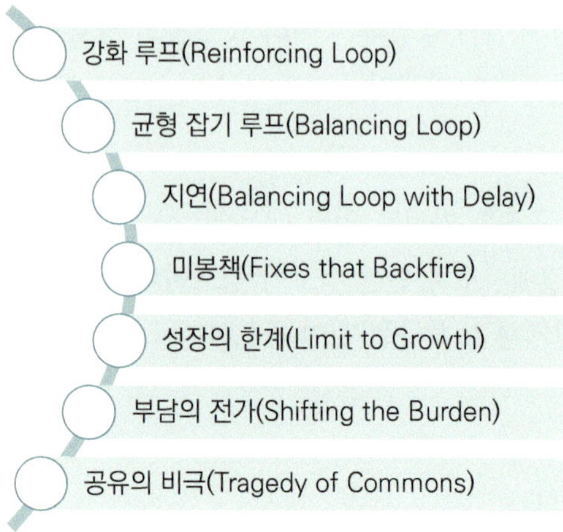

미봉책

첫 번째 아키타입은 미봉책(Fixes that Backfire)으로서, 어떤 해결책이 처음에는 문제를 해결하는 것처럼 보이지만, 시간이 지남에 따라 그 해결책이 예상치 못한 부작용을 일으키고, 결국 더 큰 문제를 만들어내는 경우를 의미한다.

예를 들어, 많은 사람들이 피로 해소를 위해 카페인을 섭취한다. 커피나 에너지 음료를 마시면 일시적으로 피로가 풀린 것처럼 느껴지지만, 시간이 지날수록 카페인 의존도가 높아지고 결국 피로감이 더 심해지는 악순환에 빠질 수 있다. 또한, 장기적으로는 수면의 질이 떨어지고, 건강에도 악영향을 미칠 수 있다.

기업 경영 관점에서는 주로 단기적 이익을 위해 근본적인 해결책보다는 표면적인 해결책에만 의존할 때 이 현상이 자주 발생하는데, 예를 들어 어느 기업이 시장 점유율을 높이기 위해 지나치게 가격을 인하하는 전략을 사용했다고 하자. 이 경우 처음에는 매출이 증가하고, 고객들이 저렴한 가격에 물건을 구매하기 위해 구름처럼 몰려들어 성공적인 전략으로 보일 수 있다. 그러나 시간이 지나면 과도한 가격 인하로 인해 이익이 감소하고, 기업은 제품의 품질을 유지하기 어려워진다. 결과적으로 고객 신뢰도는 하락하고, 도리어 시장에서 점유했던 포지션을 다시 잃게 되는 악순환에 빠질 수 있다. 이를 [그림 4-6]과 같이 나타낼 수 있다.

그림 4-6 미봉책의 예

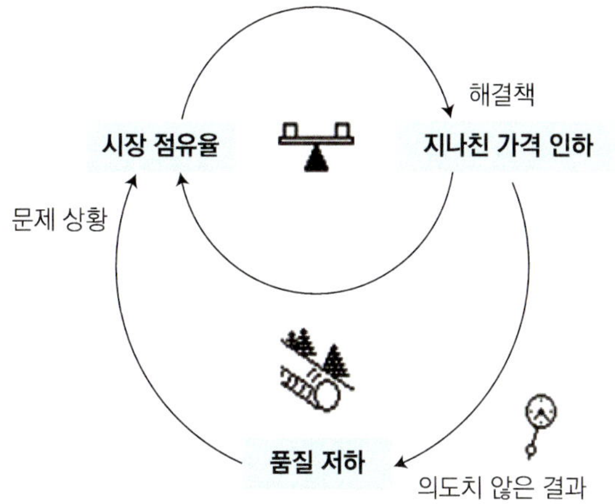

그렇다면 미봉책의 함정에 빠지지 않으려면 어떻게 해야 하는가?

이 현상은 주로 일시적인 문제 해결을 위해 뒤따를 영향을 고려하지 않을 때 생기는 문제로서, 미봉책의 함정을 피하려면, 우선 단기적인 해결책을 사용할 때 그로 인해 발생할 수 있는 부작용을 예측하고, 의도치 않은 결과를 인식하는 능력을 길러야 한다. 예를 들어, 가격 인하 전략을 사용하기 전, 장기적으로 이익 감소와 브랜드 이미지 훼손이 발생할 수 있는지 충분히 분석해야 한다.

또한, 근본적인 문제를 해결하는 데 초점을 맞춰야 한다. 즉, 문제의 표면적인 증상만을 해결하는 것이 아니라, 그 문제의 원인이 무엇인지 깊이 파악해야 하며, 장기적인 관점에서 지속 가능한 전략을 세워야 한다. 가격 인하 전략의 경우, 단순히 가격을 낮추기보다는 고객이 더 높은 가치를 느낄 수 있는 제품 혁신이나 서비스 개선에 투자하는 것이 더 효과적일 수 있다.

마지막으로, 조직의 비전과 일관된 전략 수립이 필요하다. 단기적인 성과에 집착해 조직의 장기적인 목표를 망각한다면, 미봉책의 함정에 빠질 위험이 높아진다. 그러므로, 경영 전략을 수립할 때는 조직의 비전과 가치가 충분히 반영되었는지 확인하고, 장기적인 성장과 성공을 위한 방향성이 일치하는지를 항상 염두에 두어야 한다.

성장의 한계

두 번째 아키타입은 성장의 한계(Limit to Growth)이다. 이 아키타입은 '모든 성장이 결국에는 저항에 부딪히고, 성장이 정체되거나 멈추는 현상'을 나타낸다.

실생활에서 성장의 한계의 예를 찾아보면, 개인의 운동 계획을 들 수 있다. 처음에는 규칙적으로 운동을 하면 체력이 빠르게 좋아지고 근력이 향상된다. 하지만 일정 수준에 도달하면 더 이상 같은 속도로 체력이 향상되지 않고, 운동량을 늘려도 성장이 느려지거나 정체된다. 이 경우, 단순히 운동량을 더 늘리는 것만으로는 한계를 극복할 수 없으며, 새로운 운동 방식이나 회복 시간 관리와 같은 다른 접근법을 찾아야만 한다.

조직 역시, 초기에 성장하기 위해 다양한 노력을 기울인다. 그러나, 시간이 지나면서 조직의 성장을 방해하는 요소들이 미치는 악영향이 점차 강해진다. 이로 인해 처음에는 빠르게 성장하던 조직이 어느 순간부터 더 이상 성장하지 못하고 정체되는 상황에 처하게 된다. 예를 들어, 기업은 초기에 혁신적인 제품을 출시하면서 빠르게 시장 점유율을 확대할 수 있다. 그러나 시간이 지남에 따라 출시 당시엔 혁신성이 있었던 기술이 진부한 기술로 여겨지거나, 혁신을 유지하기 위한 자본이 부족하거나, 인적 자원의 제약 등 여러 요인들이 조직의 성장을 제한하게 된다. 또한, 규제, 경쟁 심화, 공급망 문제 등 외부 요인도 성장을 늦추는 중요한 요소가 될 수 있다. 결국, 성장을 촉진하기 위해 더 많은 자원을 투입하더라도 이러한 저항 요인들이 점점 더 커져서 성장이 멈추거나 도리어 악영향이 더 커져서 조직의 규모가 줄어들 수 있다.

이러한 문제점을 해결하기 위해서는 우선 강화 프로세스에 더 많은 자원을 투입하려는 유혹을 경계해야 한다. 정체된 상황에서 성장을 촉진하기 위해 강화 프로세스를 위주로 자원을 투입하는 것은 처음에는 즉각적 효과가 있을 수 있지만, 결국 강화 프로세스 역시 저항 요인들이 더욱 커지면 성장의 한계에 부딪히게 된다. 이 과정에서 기업의 관리자들은 종종 과거 비슷한 상황에서 효과가 있었던 방법에 집착하는 경우가 있는데, 성장이 정체되는 상황에서는 기존 방식을 고수하기보다는 새로운 접근이 필요하다. 앞서 운동 계획의 예시처럼 체력 향상이 멈췄을 때, 단순히 운동량을 늘리는 대신 휴식과 영양 관리에 집중하거나 새로운 운동 방식을 도입하는 것이 필요할 수 있다. 이는 조직 경영에서도 마찬가지다. 성장의 한

그림 4-7 성장의 한계의 예

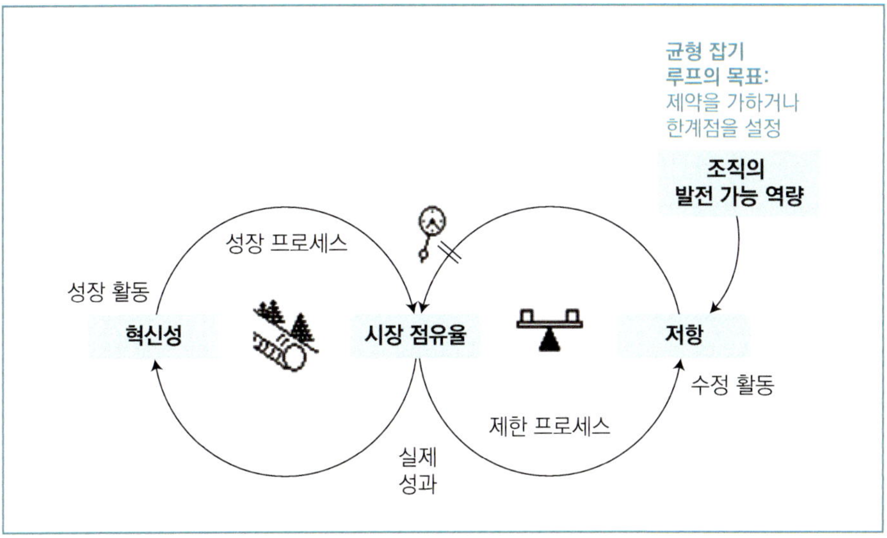

계에 부딪혔다면, 기존 자원을 계속 강화하는 대신, 성장을 방해하는 요인을 찾아 그에 맞는 해결책을 찾아야 한다.

또 다른 방법으로는 성장을 촉진할 수 있는 새로운 원동력을 찾는 것이다. 성장의 한계가 나타나는 이유는 기존의 성장 원동력이 점차 제약을 받기 때문이다. 이때는 다른 성장 동력을 찾아 새로운 기회를 모색하는 것이 필요하다. 예를 들어, 한 기업이 기존 제품의 성장의 한계에 봉착했다면, 새로운 시장에 진출하거나 혁신적인 제품 개발을 통해 새로운 성장을 도모할 수 있다.

부담의 전가

세 번째는 부담의 전가(Shifting the Burden)다. 이 아키타입은 문제를 해결할 때 근본적인 원인에 접근하지 않고, 즉각적인 효과를 내는 단기적 해결책에만 의존하는 경우를 나타낸다. 이 방식은 일시적으로는 문제를 해결하는 것처럼 보이지만, 장기적으로는 근본적인 문제를 해결하지 못해 도리어 더 큰 문제를 초래할 수 있다. 이 과정에서 시스템이 스스로 문제를 해결할 수 있는 능력도 약화되며, 결국 문제의 증상이 더 심화된다.

예를 들어, 스트레스 해소를 위해 일시적으로 쇼핑이나 과식을 하는 경우를 생각해 볼 수 있다. 스트레스가 쌓일 때 쇼핑을 하거나 음식을 과도하게 섭취하면 일시적으로 기분이 좋아지지만, 근본적인 스트레스 원인을 해결하지 않으면 시간이 지나면서 건강 문제나 재정적 문제로 이어질 수 있다. 이러한 방식은 결국 더 큰 스트레스를 야기하며, 근본적인 해결책 없이 반복되는 악순환을 초래한다.

조직에서 발생할 수 있는 부담의 전가의 예를 생각해 보면, 회사가 고객 불만이 증가하자, 근본적인 문제를 해결하기보다는 고객 불만 처리 전담팀을 급히 확충하여 문제를 임시로 해결하려 할 수 있다. 처음에는 불만 처리가 빨라지고 문제가 해결된 것처럼 보이겠지만, 제품 품질이나 서비스 개선 같은 근본적인 문제점을 뜯어 고치지 않으면, 시간이 지나면서 고객 불만은 더 증가하고, 처리 전담팀만 더 커지는 악순환에 빠지게 된다. 결국, 장기적인 해결책이 단기적 처방에 악영향을 미친다는 것이다.

이러한 문제점에 효과적으로 대응하기 위해서는 우선 근본적인 문제 해결에 집중해야 한다. 단기적인 해결책은 일시적으로 효과가 있을 수 있지만, 궁극적인 해결책은 근본적인 문제를 파악하고 해결하는 것이다. 예를 들어, 고객 불만을 단

그림 4-8 부담의 전가의 예

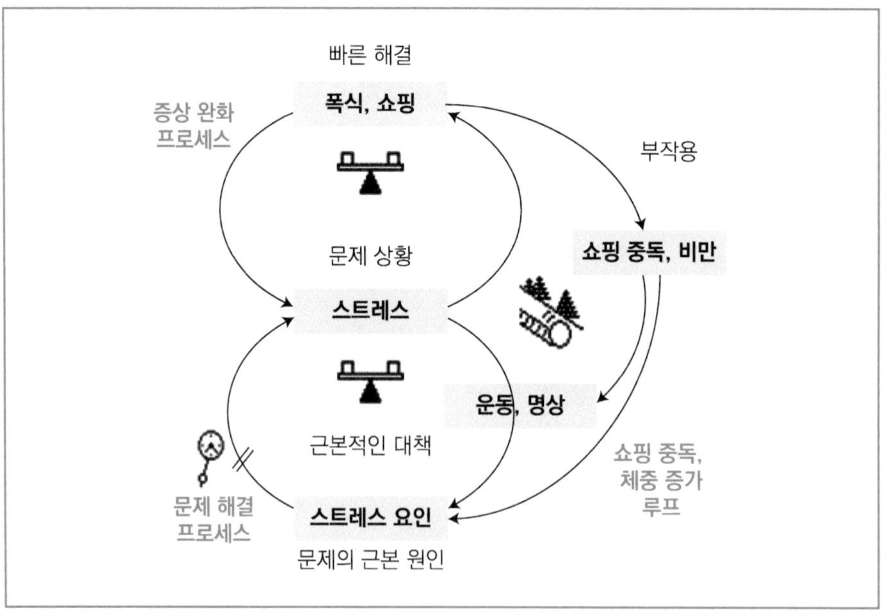

순히 처리팀을 확충해서 빠르게 처리하는 것에만 그치지 않고, 제품 품질과 서비스 개선을 통해 고객이 불만을 제기할 이유 자체를 없애는 것이 필요하다.

또한, 장기적인 해결책을 꾸준히 강화해야 한다. 부담의 전가는 장기적인 해법보다 단기적인 대응책에 의존할 때 쉽게 발생한다. 따라서 장기적인 관점에서 문제를 해결할 수 있는 방안을 꾸준히 개발하고, 이를 실행할 수 있는 역량을 강화하는 것이 중요하다. 스트레스 해소의 경우에도, 일시적인 방식 대신 꾸준한 운동이나 명상, 생활 패턴 개선과 같은 지속 가능한 방식으로 문제를 해결해야 한다. 동시에, 단기적 해결책에 대한 의존도도 함께 줄여 나가야 한다. 장기적인 해결책이 뒷받침될 수 있는 체계가 갖춰졌다면, 단기적인 대안에만 의존하지 않도록 시스템을 재조정해야 한다.

공유의 비극

공유의 비극(Tragedy of Commons)은 여러 개인들이 공유된 자원을 사용할 때, 각자가 자신의 이익만 극대화하려고 해서 결국 모든 사람에게 피해를 주는 상황을 나타낸다.

실제로 아랄해(Aral Sea)는 한때 세계에서 네 번째로 큰 호수였으나, 1960년대부터 구 소련이 호수로 흐르는 시르다리야강과 아무다리야강의 물을 대규모 관개용수로 사용하면서 급격히 수위가 낮아졌다. 각 지역에서 농업 생산을 극대화하기 위해 물을 끌어다 쓰는 바람에 결과적으로 아랄 해는 거의 말라버렸고, 동시에 생태계는 파괴되었고 어업과 같은 생계수단도 사라졌다.

또 하나의 예로는 아마존 열대우림의 파괴를 들 수 있는데, 아마존 열대우림은 세계 최대의 열대우림으로, 지구의 "허파"로 불릴 정도로 중요한 생태계다. 그러나 브라질을 비롯한 여러 남미 국가에서 경제 개발과 농업 확장을 위해 열대우림을 무분별하게 벌목하고 개간하면서, 아마존의 생태계가 심각하게 파괴되고 있으며, 이는 기후 변화에도 큰 영향을 미치고 있다. 결국, 지역 주민들의 생산성을 높이려고 했던 행동이 도리어 자신들뿐만 아니라 전 세계가 피해를 입는 결과를 초래했다.

조직 내에서도 공유의 비극의 예를 쉽게 살펴볼 수 있다. 우선 [그림 4-9]에 나타난 시스템을 살펴보자.

그림 4-9 공유의 비극의 예

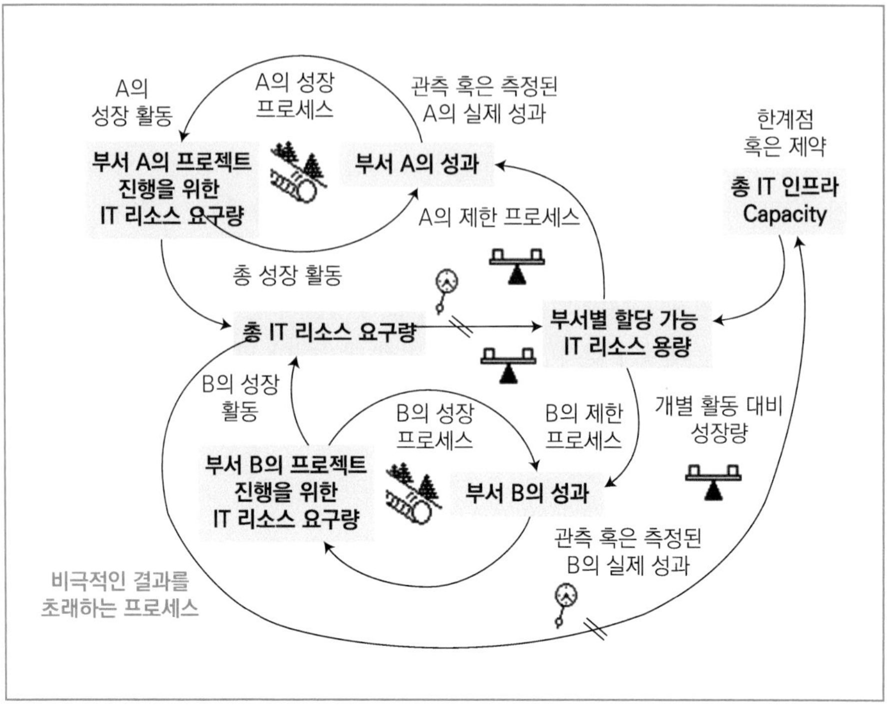

예를 들어, 한 기업에서 공유 IT 인프라(예: 서버, 데이터베이스, 네트워크 리소스)를 사용한다고 하자. 이 인프라는 여러 부서에서 공통적으로 사용되며, 각 부서는 자신의 프로젝트나 업무 효율을 높이기 위해 가능한 한 많은 IT 리소스를 활용하려고 할 것이다.

초기에 각 부서는 자신이 담당하는 프로젝트의 성공을 위해 IT 자원을 많이 요청한다. 이는 각 부서의 개별적인 성과를 극대화할 수 있는 방법처럼 보일 수 있다. 하지만 시간이 지나면서 이러한 요구가 누적되고, IT 리소스의 제공 가능 용량이 한계에 도달하게 한다. 과부하가 걸리기 시작하면 시스템이 느려지거나 불안정해지며, 결국 모든 부서의 작업이 지연되거나 중단되는 상황이 발생한다. 이 상황에서 각 부서는 더 많은 리소스를 확보하려고 경쟁하게 되지만, 기업의 총 IT 인프라 용량은 제한되어 있기 때문에, 최종적으로는 모든 부서가 피해를 입게 된다. 즉, 공유된 자원을 부서별로 무분별하게 사용한 결과, 도리어 조직 전체의 생산성이 저하되고, 심각한 손실로 이어질 수 있다.

이러한 공유의 비극에 대처하기 위해서는 우선 공유 자원의 사용을 관리하는 시스템이 필요하다. 예를 들어 어업의 경우, 정부가 어획량을 제한하거나 특정 기간 동안 어업을 금지하는 규제를 도입할 수 있다. 이러한 규제를 통해 자원의 고갈을 방지하고, 장기적으로 지속 가능한 자원 관리를 할 수 있다. 그리고 기업 경영 관점에서는 시스템적 접근을 통해 조직 내 공유 자원의 한계를 고려한 장기적인 해결책을 마련해야 한다. 이를 위해 공유 자원의 사용이 조직 전체에 어떤 영향을 미치는지 분석 및 전사적으로 공유하고, 이를 기반으로 공유 자원의 지속 가능성을 높이는 전략을 수립하는 것이 필요하다. 예를 들어, 특정 부서가 일정 기간 동안 사용할 수 있는 자원의 양을 제한하거나, 자원 사용 우선순위를 설정하는 방식으로 자원의 남용을 방지할 수 있다. 그리고 장기적으로는 IT 인프라의 확장 계획이나 효율적 사용 방안을 마련하는 것이 필요하다.

우발적 악연

마지막으로 우발적 악연(Accidental Adversaries)은 원래 서로 협력 관계였던 두 조직이, 각자의 이익을 극대화하기 위해 취한 행동이 의도치 않게 상대방에게 부정적인 영향을 미치며, 그 결과 파트너십이 무너지는 상황을 나타낸다.

한 회사에서 영업팀과 생산팀이 각자 회사의 성공을 위해 서로 다른 전략을 취했다고 하자. 영업팀은 매출 목표를 달성하기 위해 대규모 할인 프로모션을 기획하였고, 이를 통해 더 많은 고객을 확보하고 회사의 매출을 급격히 증가시키는 것이 목표다. 반면 생산팀의 경우 비용 절감과 효율성 극대화를 목표로 하고 있다. 생산팀은 생산 공정을 효율적으로 관리하기 위해 재고를 최소화하는 전략을 도입한다. 즉, 불필요한 재고를 줄이고 필요한 만큼만 생산하는 방식을 통해 비용을 절감하고 생산성을 높이려는 전략이다.

문제는 영업팀의 성공적인 프로모션으로 인해 생산팀은 갑작스러운 대량 주문을 소화해야 한다. 하지만 생산팀은 현재 보유 재고를 최소화한 상태이기 때문에, 갑작스러운 대량 주문을 처리하기 위해서는 추가 인력 고용이나 야근이 필요하다. 이는 생산 비용을 급격히 증가시키고, 공정에 과부하가 걸리면서 품질 관리에도 문제가 발생한다. 그 결과, 고객에게 납기일을 맞추지 못하거나 품질이 떨어진 제품이 공급되면서 소비자의 불만이 발생한다.

그림 4-10 우발적 악연의 예

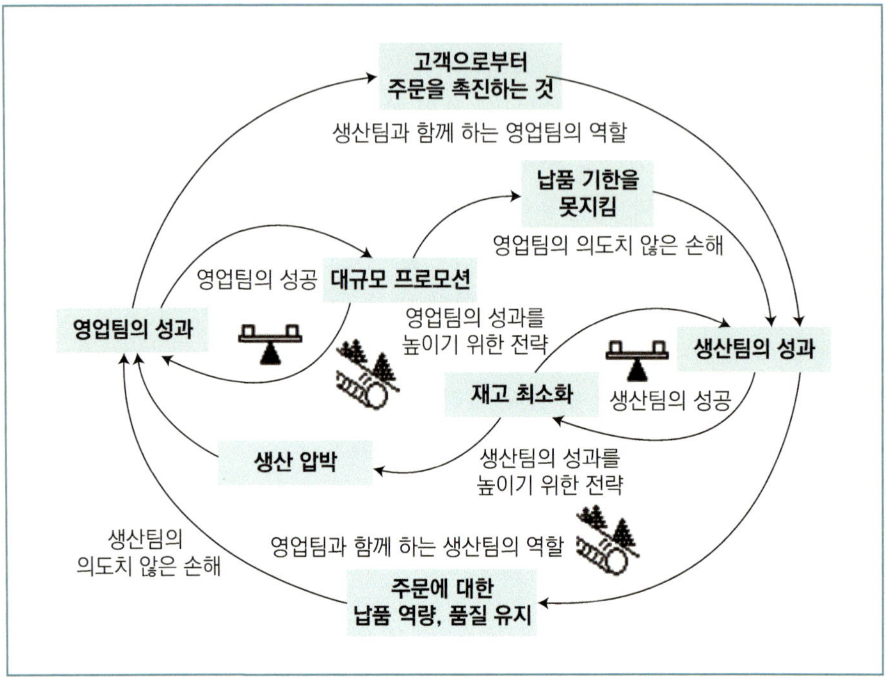

이로 인해 영업팀의 성과도 타격을 입게 될 것이다. 고객들은 프로모션으로 주문한 제품이 늦게 도착하거나 품질이 떨어지는 것에 불만을 느끼고, 회사에 대한 신뢰가 떨어지게 된다. 결국, 영업팀의 매출 증대 전략이 생산팀의 효율성 전략과 충돌하면서 회사 전체의 성과에 부정적인 영향을 미치게 된 것이다.

이러한 우발적 악연은 실제 상황에서도 종종 일어난다. 팝 아트의 거장 앤디 워홀의 그림으로도 잘 알려져 있는 캠벨(Campbell)이 좋은 사례다.

캠벨은 매년 한 번씩 대규모 할인 행사를 진행하였다. 유통업체들은 이 때를 이용해 1년 치 판매 물량을 한꺼번에 사들였다. [그림 4-10]에서 보았던 우발적 악연의 예시와 마찬가지로 이런 방식은 예측하지 못한 수요의 큰 변동을 일으켜, 치킨 수프 제조에 필요한 닭을 공급하는 농장이 과도한 부담을 짊어져야 했다. 이로 인해 캠벨의 생산 비용도 증가했고, 유통업체들도 이 대량의 제품을 보관하기 위한 추가 비용을 부담하게 되었다. 이를 해결하기 위해 캠벨은 유통업체들과의 정보 공유를 바탕으로 공급망 운영을 개선했다. 유통업체들은 매일 자신들의 수요

그림 4-11 앤디 워홀의 캠벨 수프 캔 그림

와 재고 상황을 캠벨에 전달했고, 캠벨은 이를 바탕으로 필요한 만큼만 지속적으로 재고를 보충해 주는 시스템을 도입했다. 특히, 캠벨의 제품들이 비교적 안정적인 수요를 가지고 있었기 때문에, 이 방식은 매우 효과적으로 작동했다. 결과적으로, 정보 공유와 효율적인 재고 관리 덕분에 관계가 험악해질 위기였던 캠벨과 유통업체들 모두가 상호 이익을 누릴 수 있는 구조를 구축하게 되었다.

이처럼 우발적 악연 상황에 효과적으로 대처하려면, 우선 각 기업의 결정이 파트너에게 미칠 영향을 충분히 고려하는 것이 필요하다. 이를 위해 양측은 캠벨이 유통업체와 정보 공유를 바탕으로 공급망을 운영했듯, 투명한 의사소통과 협력을 통해 서로의 니즈를 명확히 이해하고, 장기적인 성공을 위한 전략을 공동으로 수립해야 한다. 그리고, 파트너십이 악화되는 것을 방지하기 위해 정기적으로 상호간 회의를 하고, 발생한 문제 혹은 발생 가능한 문제를 초기에 발견하여 신속히 해결하는 구조를 마련하는 것이 필요하다.

시스템 아키타입의 표기법

지금까지 살펴본 시스템 아키타입들은 각 요소들 간의 관계를 화살표로 연결해 시각적으로 표현했다. 이렇게 하면 시스템 내 요소들이 서로 어떻게 영향을 주고받는지 쉽게 이해할 수 있다. 특히, 시스템은 피드백 루프를 통해 작동하기 때문에,

이 피드백 구조를 명확하게 보여주는 것이 중요하다. 본 장에서는 인과 지도(Causal Map)를 통해 시스템의 구성 요소들 간의 관계를 단순하고 효과적으로 도식화하는 방법을 소개한다. 이를 통해 기업이 구상하고 있는 전략이 어떤 영향을 미칠지 쉽게 시각화할 수 있으며, 이는 조직 내 모든 구성원들의 이해를 촉진할 것이다.

인과 지도의 구성 및 작성 요령

인과 지도는 시스템 내 변수들 간의 인과 관계를 시각적으로 표현하는 도구다. 이 지도에서는 각 변수의 영향을 화살표로 나타내며, 원인이 결과에 미치는 영향이 긍정적인지(+), 혹은 부정적인지(-) 여부에 따라 다른 기호로 표시한다. 이러한 표기를 통해, 시스템 내에서 발생하는 복잡한 상호작용을 쉽게 파악할 수 있다.

특히, 시스템은 피드백 루프를 중심으로 작동하기 때문에, 이러한 루프를 인과 지도에서 명확하게 표현하는 것이 중요하다. 루프의 유형에 따라 강화 루프(Reinforcing Loop)와 균형 잡기 루프(Balancing Loop)의 앞 글자를 따서 각각 R과 B로 표기한다. 이를 통해 시스템 내의 상호작용이 지속적으로 강화되는지 또는 균형을 찾아가는지를 명확히 알 수 있다. 아래 예시를 살펴보자.

[그림 4-12]와 같이 우선 광고가 효과적으로 작용해 더 많은 소비자가 제품을 구매하게 되면, 매출이 높아진다. 매출이 높아지면 회사는 추가적인 수익을 광고에 재투자할 수 있으며, 더 많은 광고가 이루어져 매출이 더 증가하게 되는 긍정적인 강화 루프가 형성된다. 반면, 매출이 급증하면 재고가 빠르게 소진된다. 재고가 줄어들면, 주문 처리 속도가 느려지거나 제품을 공급하지 못해 고객 만족도가 떨어질 수 있다. 이로 인해 매출 성장 속도도 느려지게 된다. 그러므로 매출과 재고량 간에는 부정적인 균형 잡기 루프를 형성하게 되며, 재고 부족은 매출 증가를

그림 4-12 광고, 매출, 재고량 간의 인과 관계

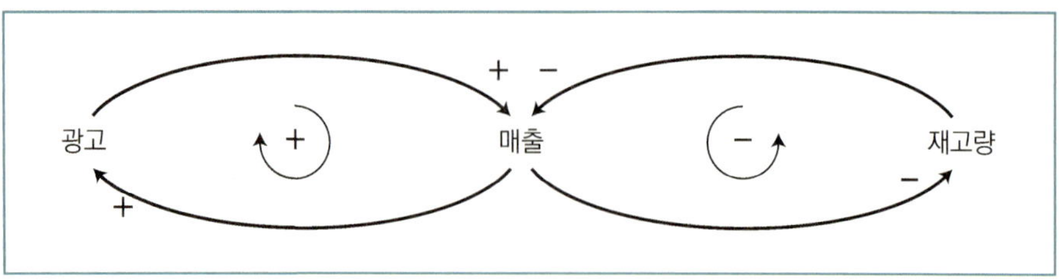

억제하는 역할을 하게 된다.

인과 지도를 작성하는 목적은 시스템 내 각 요소들의 관계를 명확하고 간결하게 나타내는 것이다. 그러므로 이와 관련된 몇 가지 주의해야 할 사항을 살펴보자.

첫째, 변수는 명사형으로 간결하게 표시해야 한다. 예를 들어 "가격 증가"보다는 "가격"이라는 단어로 명확하게 표기하는 것이 좋다. 또한, 긍정적인 방향의 용어를 사용해 혼란을 줄여야 한다. 예를 들어 "손실"보다는 "수익"을 변수로 설정하는 것이 더 효과적이다.

둘째, 변수의 이름은 명확한 인과 관계를 가진 것으로 선정해야 한다. 예를 들어 수요가 늘어날수록 가격도 증가하므로 긍정적인 인과 관계가 있다. 그러나 가격과 재고라는 두 개념 사이에는 구체적으로 어떤 개념이 원인이 되고, 어떤 개념이 결과로 작용하는지 명확치 않다. 그러나, 고객 주문이 늘어날수록 재고량도 줄어들고, 재고량의 변화가 제품 가격에도 명확하게 영향을 주는 원인이 되므로, 수요, 가격, 재고라는 세 가지 개념보다는 고객 주문, 재고, 가격이라는 세 가지 개념 간 인과 지도를 작성하는 것이 적합하다.

셋째, 인과 관계와 상관 관계를 혼동해서는 안 된다. 인과 관계는 특정 변수가 다른 변수에 직접적인 영향을 미치는 것을 의미하는 반면, 상관 관계는 두 변수 간의 통계적 연관성을 나타내지만 원인과 결과를 보장하지는 않는다. 인과 관계를 작성할 때는 관계의 방향성을 명확히 하고, 피드백 루프 내에서 변수들 간의 상호작용을 이해해야 한다.

넷째, 중간 과정을 명확히 제시해야 한다. 예를 들어, 시장 점유율이 단위당 원가에 영향을 미친다고 할 때, 중간 과정으로 "시장 점유율 상승 → 생산량 증가 → 경험 축적 → 단위당 원가 감소"와 같이 구체적으로 설명해야 한다.

그림 4-13 명확치 않은 인과 관계와 명확한 인과 관계의 예시

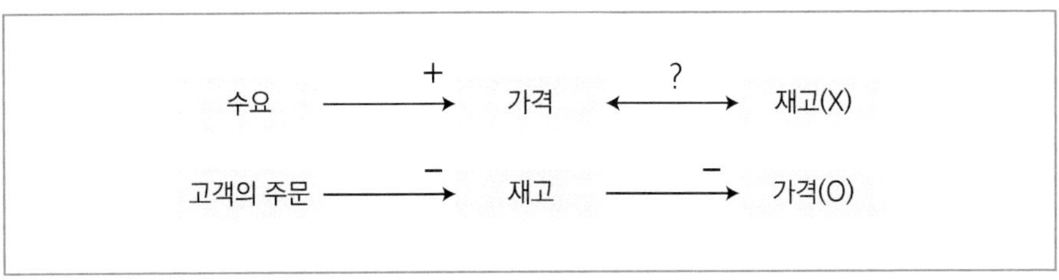

다섯째, 인과 지도에서 모든 루프를 하나의 큰 도표에 포함시키는 것은 지양해야 한다. 특히 균형 잡기 루프의 경우, 루프가 달성하려는 목표와 그 과정에서의 상호작용을 명확하게 보여줘야 하기 때문에 복잡한 다이어그램보다는 변수들 간의 인과 관계를 간결하게 표현하는 데 집중해야 하며, 교차하는 선을 최소화하여 시인성을 높이는 것이 중요하다.

여섯째, 변수 주위에 불필요한 도형이나 기호를 사용하지 않는다. 필요하지 않은 도형이나 기호는 도리어 혼란을 가중시킬 수 있다. 따라서 인과 지도는 가능한 한 단순하게 설계되어야 하며, 필요하다면 여러 번 수정 작업을 거쳐 가장 명확한 형태를 찾는 것이 바람직하다.

시나리오 플래닝

지금까지 시스템적 사고의 필요성과 선제적 품질 관리와의 연관성, 그리고 시스템적 사고를 위한 구체적 도구인 시스템 아키타입에 대해 살펴보았다. 이제 마지막으로 시스템적 사고를 촉진하기 위한 도구인 시나리오 플래닝에 대해 소개한다. 시나리오 플래닝은 미래에 발생할 수 있는 다양한 가능성을 고려하여 조직이 보다 유연한 전략을 수립할 수 있게 하는 도구로서, 특히 선제적 품질 관리와의 연관성을 중심으로 살펴보도록 하겠다.

시나리오 플래닝의 개념

시나리오 플래닝(Scenario Planning)은 불확실성이 높은 상황의 변화를 사전에 예측하고 이에 따른 다양한 시나리오를 설정하고, 시나리오별 대응 전략을 수립함으로써 잠재적 불확실성을 줄여 나가는 기법이다. 이 기법은 1970년대 쉘(Shell)사의 피에르 왁(Pierre Wack)이 오일 쇼크에 대한 여러 시나리오를 바탕으로 이에 대응하기 위한 경영 전략을 수립하기 위해 사용하였고, 유의미한 성과를 거두었다. 그 이후로 많은 기업들이 시나리오 플래닝을 적극적으로 도입하기 시작했고 오늘날 주요한 경영 전략 수립의 도구로 자리매김했다.

시나리오 플래닝의 주된 특징은 하나로 수렴된 예측 결과에만 의존하지 않고, 여러 가지 가능성을 동시에 고려함으로써 조직이 유연하게 대응할 수 있도록 한다. 이는 급변하는 경영 환경에서 경영자들이 직면할 수 있는 다양한 도전과 위험을 효과적으로 분석하고 준비하는 데 매우 유용하다.

시나리오 플래닝의 핵심은 미래를 예측하는 것이 아니라, 불확실성 속에서 발생할 수 있는 여러 상황을 준비하는 것이다. 즉, 기업이 겪을 수 있는 다양한 미래를 미리 가정하고, 그에 맞는 전략을 세워 어떤 상황에서도 적절히 대응할 수 있게 하는 것이다. 이러한 과정은 기업이 특정 시나리오에 맞춘 고정된 전략에 의존하지 않고, 미래에 발생할 수 있는 다양한 가능성을 수용하며 지속적으로 적응할 수 있게 만든다.

시나리오 플래닝과 시스템적 사고

시나리오 플래닝과 시스템적 사고는 상호 보완적인 도구로, 복잡한 문제를 분석하고 해결하는 데 필수적인 역할을 한다. 이 두 개념은 불확실한 미래에 대비하고, 조직이 지속 가능한 성장을 이루는 데 중요한 역할을 한다.

시스템적 사고는 복잡한 시스템 내에서 발생하는 다양한 상호작용을 이해하는 데 중점을 둔다. 이는 단편적인 문제 해결이 아닌, 문제의 근본 원인을 파악하고 이를 통해 장기적인 해결책을 모색하기 위함이다. 이를 통해 조직은 변수들 간의 관계와 상호 작용, 그리고 이러한 관계가 전체 시스템에 미치는 영향을 깊이 있게 분석할 수 있다.

시나리오 플래닝은 이러한 시스템적 사고를 바탕으로 조직이 직면할 수 있는 불확실한 미래 상황을 시뮬레이션하고, 이에 대한 다양한 대응 방안을 마련하는 데 중점을 둔다. 예를 들어, 특정 시장의 변화나 기술 혁신이 조직에 미칠 영향을 다양한 시나리오를 통해 가정하고, 각 시나리오에 맞는 대응 전략을 사전에 세우는 것이다.

정리하면, 시스템적 사고는 시나리오 플래닝을 위한 기초를 제공한다. 시스템적 사고를 통해 조직 내·외부의 요소들을 분석하고, 이들 간의 상호작용을 이해함으로써 시나리오 플래닝에서 고려해야 할 중요한 요소들을 판단할 수 있다. 예를 들어, 공급망의 복잡성을 분석해 특정 시장 변화가 조직에 미칠 영향을 예측하고 이를 시나리오에 반영할 수 있다. 시나리오 플래닝은 이러한 분석 결과를 구체적인 전략으로 바꿔주는 역할을 한다. 즉, 시스템적 사고와 시나리오 플래닝은 상호 보완적 관계로서, 시스템적 사고가 문제의 근본적 원인을 파악하는데 주력한다면, 시나리오 플래닝은 이를 바탕으로 다양한 미래의 가능성을 대비한 전략을 수립한다.

시나리오 플래닝과 선제적 품질 관리

시나리오 플래닝과 시스템적 사고 간의 관계와 마찬가지로 시나리오 플래닝과 선제적 품질 관리의 관계 역시, 불확실한 경영 환경 속에서 기업이 성공적으로 미래에 대비하고, 품질 문제를 예방하기 위해 필수적으로 활용해야 할 두 가지 전략적 도구라 할 수 있다. 이 두 가지 접근 방식은 상호 보완적인 관계를 형성하며, 함께 사용될 때 기업이 보다 탄력적이고 지속 가능한 경영을 실현할 수 있도록 도와준다.

보다 구체적으로, 시나리오 플래닝은 다양한 시나리오를 설정함으로써 기업이 직면할 수 있는 여러 가지 미래 가능성을 미리 파악할 수 있다. 이 과정에서 기업은 각 시나리오가 품질 관리에 미칠 영향을 분석할 수 있으며, 이를 통해 선제적으로 대응할 수 있는 문제들을 사전에 인식할 수 있다. 예를 들어, 공급망 중단이나 원자재 가격 상승과 같은 요소들이 품질에 어떤 영향을 미칠지 시나리오 플래닝을 통해 예측할 수 있다. 이 정보는 선제적 품질 관리의 중요한 기반이 된다.

이를 통해 향후 발생할 것으로 예상되는 품질 문제를 관리할 수 있는 여러 가지 대응 방안을 미리 수립하는 것이 중요하다. 예를 들어, 새로운 기술이 도입될 경우 품질 관리 체계에 어떤 변화가 필요할지를 미리 예측하고 준비함으로써, 품질 문제를 예방할 수 있는 것이다.

정리하면, 시나리오 플래닝과 선제적 품질 관리는 단순한 전략적 도구를 넘어, 기업이 미래의 불확실성에 대비하고 품질 문제를 예방하기 위한 중요한 접근 방식이다. 이 두 가지 도구는 상호 보완적이며, 기업이 변화하는 환경 속에서 지속 가능한 성장을 이룰 수 있도록 도움을 준다. 즉, 시나리오 플래닝을 통해 미래에 발생 가능한 잠재적 문제를 파악하고, 선제적 품질 관리를 통해 이러한 문제를 선제적으로 관리함으로써, 기업은 보다 유연하고 탄력적인 품질 관리 체계를 구축할 수 있을 것이다.

시나리오 플래닝의 수행 절차

마지막으로 시나리오 플래닝의 구체적인 수행 절차에 대해 알아보자.

Step 1. 문제 정의. 시나리오 플래닝의 첫 번째 단계는 핵심 문제와 목표를 명확히 정의하는 것이다. 특히, 시나리오의 주제는 최대한 구체적으로, 그리고 전략적 의사 결정을 수반하는 중요한 문제여야 한다. 다만, 시나리오 주제는 이해 관계자나 의사 결정자의 관점에 따라 다양하게 달라질 수 있다. 예를 들어, 새로운 기술 도입에 따른 경쟁 우위 확보 방안, 또는 변화하는 규제 환경에 대한 대응 전략 등이 핵심 문제로 설정될 수 있다.

Step 2. 의사 결정에 영향을 미치는 주요 변수 선정(핵심 변화 동인). 두 번째 단계에서는 기업은 자신이 직면한 문제와 목표에 영향을 미칠 수 있는 주요 변수를 찾아내는 것이다. 즉, 시나리오에 직접적인 영향을 줄 수 있는 요소를 찾고 선정하는 단계다. 이 때 주요 변수(혹은 Driver)들은 3~5개 정도를 도출하며, 이러한 변수들을 선정함에 있어서 다양한 전문가의 의견을 폭넓게 수렴할 필요가 있다. 이러한 핵심 요인의 선정에는 STEEP이라고 일컬어지는 다섯 가지 범주 내에서 검토가 이루어지는데, 각 철자는 사회(Social), 기술(Technology), 경제(Economic), 환경(Environment), 그리고 정치(Political)에서 따왔다. 이를 기준으로 경영 환경의 변화를 가져오는 여러 원인 중에서 불확실성의 정도가 높으면서도 그 요인이 미칠 파급력이 큰 것을 중심으로 핵심 변화 동인을 선정한다.

이때, 가능하면 파급력의 예측이 어렵고 불확실성이 큰 요인에 집중하는 것이 권장된다. 이러한 불확실성이 클수록 다양한 시나리오를 설정하는 데 중요한 역할을 하게 되기 때문이다. 또한, 변수가 외부 환경의 변수로서 자사가 통제하기 불가능에 가까운 변수여야 한다. 예를 들어 경쟁사의 움직임이나 고객의 움직임 등이 해당된다.

이러한 기준으로 선정된 변수들 중 핵심적인 요인을 선별해야 하는데, 핵심 요인은 2~3개 정도로 결정하며, 이를 선정하기 위해 설문 조사, 민감도 분석, 전문가 기법 등 질적 도구와 양적 도구를 모두 활용할 수 있다.

Step 3. 시나리오 구축. 주요 변수를 규명했다면, 이제 이 변수들을 다양하게 조합해서 미래에 발생 가능한 시나리오를 설계해 볼 수 있다. 이 때 각각의 시나리오는 하나의 발생 가능한 미래 상황을 나타내며, 각 시나리오에서 조직이 어떤 상황에 놓이게 될지 가정하는 것이다. 일반적으로 시나리오는 3~5개 사이로 결정한다.

이 때 좋은 시나리오는 현실적으로 설득력이 있어야 하고, 미래에 발생 가능한 위험을 잘 나타내야 하며, 최대한 객관적이어야 한다. 그리고 각 시나리오에는 핵심 변화 동인이 긍정적인지, 혹은 부정적인 영향을 미치게 될지 상세히 기술해야 한다.

Step 4. 시나리오에 따른 전략 수립. 네 번째 단계는 각 시나리오에 따라 전략을 수립하는 과정이다. 각 시나리오에 맞춰 조직이 취해야 할 전략적 대응 방안을 마련하고, 이를 구체적인 실행 계획으로 전환한다. 이 단계에서 중요한 것은 유연한 전략 수립이다. 특정 시나리오에 고정된 전략보다는, 다양한 시나리오에 효과적으로 대응할 수 있는 유연한 전략을 개발하는 것이 필요하다.

예를 들어, 특정 시장의 성장 가능성을 가정한 시나리오에서는 그 시장을 공략하기 위한 자원 배분과 마케팅 전략을 마련할 수 있다. 반면, 시장이 예상보다 축소될 경우를 대비해 비용 절감 방안을 미리 고려해 볼 수 있다. 이렇게 각 시나리오에 맞는 대응 전략을 구체화함으로써, 시나리오별로 산업이나 조직에 미치는 파급력을 예측하고 이에 효과적으로 대응할 수 있는 전략적 시사점을 도출한다.

Step 5. 시나리오의 전개 과정 모니터링 및 실행. 마지막으로, 시나리오에 대한 전략 수립에 그치지 않고 조직은 구축된 시나리오와 전략을 주기적으로 검토하고, 실제 상황과 비교해 조정해야 한다. 이를 위해 시나리오가 전개되는 상황이 해당 조직에 긍정적인지 혹은 부정적인지 여부를 판단하기 위해 평소 조직의 상태와 대비해서 그 수준을 결정해야 한다. 이를 위해 각 조직은 선정한 핵심 변화 동인의 상태를 평가하기 위한 여러 평가 지표를 활용한다.

이 외에도, 시나리오 플래닝의 효과를 극대화하기 위해서는 정기적인 검토와 업데이트가 필수적이다. 그러므로 변화하는 외부 환경에 따라 시나리오를 수정하거나 새로운 시나리오를 추가하는 과정이 필요하다.

지금까지의 논의를 정리하면, 시나리오 플래닝은 불확실한 미래를 대비하기 위한 효과적인 도구로서, 시나리오 플래닝의 전개 과정을 통해 조직이 잠재적 위험을 예측하고, 그에 따른 유연한 대응 전략을 마련할 수 있도록 유도한다. 특히, 전통적인 예측 기법이 한계를 드러내는 복잡한 환경에서, 시나리오 플래닝은 조직이 다양한 가능성에 대비해 경쟁력을 유지할 수 있는 강력한 수단이 될 수 있다.

Reference

임호순, 박광태, & 안철옥 (2022). 위기대응을 위한 서비스 오퍼레이션스 관리. 홍문사.

Ackoff, R. L. (1964). General system theory and systems research: Contrasting conceptions of system science. In *Proceedings of the Second Systems Symposium at Case Institute of Technology*, 51-60.

Bradfield, R., Wright, G., Burt, G., Cairns, G., & Van Der Heijden, K. (2005). The origins and evolution of scenario techniques in long range business planning. *Futures*, *37*(8), 795-812.

Culot, G., Orzes, G., Sartor, M., & Nassimbeni, G. (2020). The future of manufacturing: A Delphi-based scenario analysis on Industry 4.0. *Technological forecasting and social change*, *157*, 120092.

Goodman, M. (n.d.). Systems Thinking: What, Why, When, Where, And How?, *Systems Thinker*.

Kim, D. (n.d.). From Key Success Factors to Key Success Loops, *Systems Thinker*.

Kim, D. H., & Anderson, V. (1998). Systems archetype basics. *Waltham, Mass, Pegasus Communications Inc.*

Lindgren, M., & Bandhold, H. (2003). Scenario Planning: An Introductory Overview. *Scenario Planning: The Link Between Future and Strategy*, 21-46.

Meadows, D. H. (2008). *Thinking in systems: A primer*. chelsea green publishing.

Shell (2008). "Scenarios: An Explorer's Guide", Shell Global.

Wright, G., & Cairns, G. (2011). *Scenario thinking: Practical approaches to the future*. Springer.

Wright, G., Cairns, G., O'Brien, F. A., & Goodwin, P. (2019). Scenario analysis to support decision making in addressing wicked problems: Pitfalls and potential. *European Journal of Operational Research*, *278*(1), 3-19.

제5장
선제적 품질 관리의
도구 및 프로세스

본 장에서는 선제적 품질 관리를 위한 도구들과 프로세스들을 다루도록 한다. 구체적으로 품질 개선 활동에 활용되는 기본적인 일곱 가지 도구인 QC 7 Tools를 소개하는데, QC 7 Tools는 1960년대 후반 이시카와 카오루가 현장의 품질 개선 활동을 편리하게 할 수 있게 정립한 일곱 가지 도구를 의미한다. QC 7 Tools는 수치 자료를 기반으로 한 정량적 분석 기법이라는 특징이 있지만, 아이디어 창출이나 문제 해결 과정에서 필요한 정성적 분석에는 한계가 있다. 이를 보완하기 위해 언어 자료를 바탕으로 한 정성적 분석 도구인 New QC 7 Tools를 함께 소개해 본다. 이처럼 두 가지 형태의 품질 관리 도구를 활용하는 궁극적인 목적은 수치 및 언어 자료를 활용해서 자료를 정리 및 해석하여 기업의 품질 경쟁력을 높이고, 발생 가능한 문제들을 선제적으로 대처할 수 있는 새로운 정보를 생성하는 것이다. 나아가, 선제적 품질 관리 프로세스를 제시함으로써 선제적 품질 관리를 수행하기 위한 구체적인 절차와 절차별로 어떤 도구들이 활용될 수 있는지를 알아보도록 한다.

품질 관리의 일곱 가지 도구, QC 7 Tools

QC 7 Tools는 [그림 5-1]과 같이 7개의 도구로 구성되어 있다.

[그림 5-1]에 제시된 일곱 가지 도구들에 대해 하나씩 살펴보도록 하자.

그림 5-1 QC 7 Tools

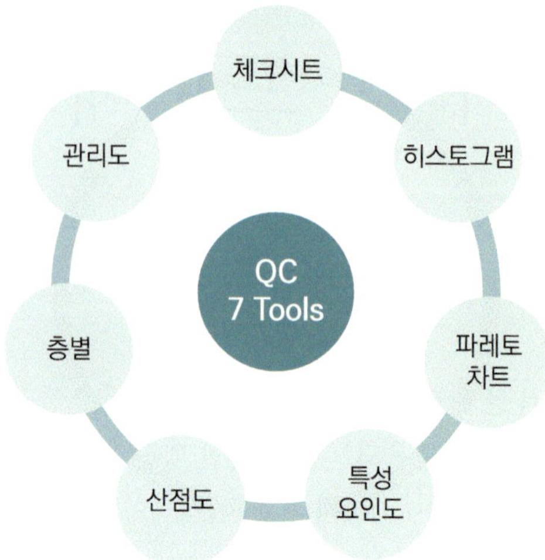

체크시트

체크시트(Check Sheet)는 생산 공정으로부터 필요한 자료를 수집할 수 있는 가장 흔하고 쉽게 사용할 수 있는 도구로서, 품질 관리자가 관심을 가질 법한 셀 수 있는 데이터(예: 불량품의 수, 결점수 등)를 기록할 수 있는 표를 의미한다. 이 체크시트를 활용함으로서 자료를 비교적 쉽게 얻을 수 있을 뿐 아니라, [그림 5-1]에 소개된 다른 품질 관리 도구인 히스토그램, 파레토 차트, 관리도를 작성하기 위한 기초 자료로도 활용할 수 있다.

체크시트에 정해진 양식은 없으나, 일반적으로 품질 관리자 혹은 생산 관리자가 조사하고자 하는 내용, 해당 내용이 발생한 빈도 혹은 위치를 표시하게끔 되어 있다. 예를 들어 어느 화장실에 [표 5-1]과 같은 체크시트가 부착되어 있다고 하자. 이 체크시트는 5일 간의 기간 동안 화장실의 소변기, 좌변기, 세면대, 그리고 바닥의 청소 상태를 세 가지 기호로 나타냈다.

체크시트를 해석하면, 5일간 통틀어 이 화장실은 전반적으로 좌변기와 세면대의 청소 상태는 양호했으나(우수 3일, 보통 1일, 불량 1일), 소변기와 바닥의 경우 상대적으로 청소 상태가 양호하지 못했다(우수 1일, 보통 2일, 불량 2일). 그러

표 5-1 체크시트의 예시(가상의 화장실 청소 상태)

	소변기	좌변기	세면대	바닥
1일	▲	○	○	▲
2일	X	○	▲	X
3일	X	○	○	▲
4일	○	X	○	X
5일	▲	▲	X	○

○: 우수, ▲: 보통, X: 불량

므로 추후 청소할 때 소변기와 바닥의 청소 상태를 더 신경 써서 청소를 수행해야 함을 보여주고 있다.

이처럼 체크시트는 품질 관리자가 관심을 갖고 있는 정보에 대해 비교적 쉽게 자료를 획득할 수 있으면서도, 비교적 세부적인 내용(예: 특정 결점이 어떤 시간대에 주로 발생하는가)까지 파악할 수 있다는 장점을 지닌다.

히스토그램

히스토그램(Histogram)은 자료를 도수나 상대 도수로 정리한 후 이것을 수집된 자료가 존재하는 범위를 몇 개의 구간으로 나누어 막대 그래프의 형태로 나타낸 도구로서 자료의 전반적인 분포를 손쉽게 파악할 수 있는 도구다.

품질 관리에서 히스토그램의 용도는 공정의 상태를 파악하기 위한 것으로, 체크시트를 통해 공정에서 개별적인 자료는 수집할 수 있으나, 수집된 자료의 전체적인 분포, 수집된 자료들의 중심점 및 산포의 형태 등을 파악할 수는 없다. 그러므로 히스토그램을 통해 이러한 정보를 정리하여 공정 상태에 대한 판단을 내릴 수 있게 한다. 또한, 히스토그램을 통해 구한 공정 상태에 대한 자료를 이용해서 불량률을 추정할 수도 있는데, 이를 통해 현재 생산 공정의 능력을 평가하는 것에도 활용할 수 있다.

히스토그램의 작성 절차는 다음과 같다.

Step 1. 관심 대상이 되는 자료를 수집한다.(예: 결점수)

Step 2. 구한 자료들의 최대값(X_{max})과 최소값(X_{min})을 구한다.

Step 3. 구한 자료들의 범위($R = X_{max} - X_{min}$)를 구한다.

Step 4. 자료들의 계급의 수(k)와 계급의 폭(h)을 결정한다.

일반적으로 계급의 수는 자료의 개수의 제곱근에 근사한 값으로 정한다. 예를 들어 자료의 수가 100개라면, $\sqrt{100}$ = 10이므로 계급의 수를 10개로 정한다. 계급의 폭은 다음의 공식을 이용한다.

$$h = \frac{R}{k}$$

Step 5. 계급의 경계치와 중앙치를 계산한다.

계급의 경계치는 최소치와 최대치를 포함하도록 결정하며, 중앙치는 양쪽의 경계치 간 평균을 활용한다.

Step 6. 도수 분포표를 작성한다. 도수 분포표란, 수집한 자료를 각 계급으로 구분하고, 각 계급에 대해 발생하는 빈도수를 나타내는 표를 의미한다.

Step 7. 히스토그램을 작성한다. 이 때 가로축은 자료의 값(중심값)을 기록하고, 세로축에 계급별 도수를 표시한다.

상술한 절차를 이용해서 다음 〈예시 5-1〉을 통해 히스토그램을 작성해 보자.

예시 5-1 A사는 가구를 생산하는 공장을 운영하고 있다. A사의 품질 관리 담당자는 현재 자사의 공정에서 생산되는 책상의 높이 수준을 파악하고자 한다. 이를 위해 [표 5-2]와 같이 최근 생산된 100대의 책상의 높이 자료를 획득했다고 하자. 이 자료를 이용해서 히스토그램을 작성하여 현재 A사에서 생산되는 책상들의 대략적인 높이 분포를 살펴보자.

이를 이용해서 도수 분포표를 작성하면 [표 5-3]과 같다.

[표 5-3]에서 작성한 도수 분포표를 이용해서 히스토그램을 작성하면 [그림 5-2]와 같다.

표 5-2 A사에서 생산된 책상의 높이 자료

40.75	41.73	40.79	38.11	38.22	45.86	45.34	44.31	44.61	40.72
42.77	38.59	38.37	45.53	35.82	45.28	42.45	38.29	35.15	44.56
45.40	39.09	41.81	42.15	44.67	39.80	38.26	36.11	39.18	36.50
35.87	42.08	44.72	43.21	41.41	39.85	42.10	42.19	40.28	39.95
39.80	42.68	41.41	38.53	40.03	43.84	40.43	44.52	37.77	44.81
45.85	41.81	37.41	36.92	39.70	40.80	44.85	38.37	36.63	39.49
37.26	41.75	43.38	45.31	37.73	43.63	35.97	36.41	39.75	42.57
43.79	43.92	40.57	40.91	43.24	35.60	35.92	38.87	37.02	42.47
39.15	39.97	39.85	44.79	41.70	44.03	45.72	40.05	38.09	39.51
39.06	39.02	43.24	42.03	39.15	43.98	35.38	40.12	39.56	43.00

표 5-3 A사의 책상 높이 자료에 대한 도수 분포표

계급	중앙치	빈도	상대빈도	누적빈도	누적상대빈도
$35.14 \le X < 36.22$	35.68	8	0.08	8	0.08
$36.22 \le X < 37.29$	36.75	6	0.06	14	0.14
$37.29 \le X < 38.36$	37.83	8	0.08	22	0.22
$38.36 \le X < 39.43$	38.89	11	0.11	33	0.33
$39.43 \le X < 40.50$	39.97	16	0.16	49	0.49
$40.50 \le X < 41.58$	41.04	8	0.08	57	0.57
$41.58 \le X < 42.65$	42.11	13	0.13	70	0.70
$42.65 \le X < 43.72$	43.19	8	0.08	78	0.78
$43.72 \le X < 44.79$	44.25	11	0.11	89	0.89
$44.79 \le X < 45.87$	45.33	11	0.11	100	1.00
계		100	1.00		

[그림 5-2]에 작성된 히스토그램을 통해 A사의 품질 관리자는 A사가 현재 생산하고 있는 책상들의 높이가 이루는 분포의 형태, 관측된 자료의 산포, 그리고 분포의 중심점을 파악할 수 있다. 이 외에도 히스토그램에서 보이는 자료의 형태

그림 5-2 A사의 책상 높이 자료의 히스토그램

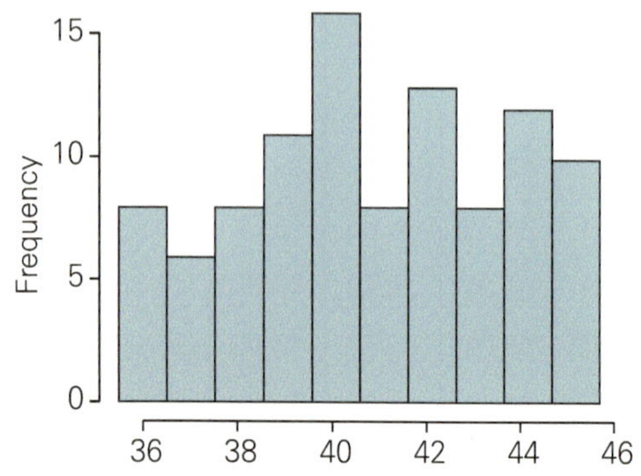

를 이용해서 A사가 사전에 정한 규격 상한, 혹은 규격 하한치 간의 비교를 통해 현재 공정의 생산 능력에 대한 평가를 함께 할 수 있다.

특성 요인도

특성 요인도는 QC 7 Tools를 정립한 이시카와 카오루에 의해 개발된 도구로서, 원인 결과 도표(Cause and Effect Diagram) 혹은 생선 뼈 모양을 닮았다고 해서 어골도(魚骨圖: Fish Bone Diagram)라고도 불린다.

특성 요인도를 구성하는 내용들은 개선하고자 하는 문제점의 성격에 따라 다르나, 일반적으로 사람(Man), 기계(Machine), 재료(Materials), 그리고 방법(Method)으로 내용을 구성한다. 이 네 가지 구성 요소를 뜻하는 영단어의 앞 글자가 모두 M으로 시작한다는 것에 착안하여 4M이라고도 한다.

특성 요인도를 작성하기 위해서는 우선 해결하고자 하는 문제를 정의해야 한다. 이 문제를 특성 요인도의 가장 오른쪽에 기록한다. 그리고 해당 문제를 발생시키는 다양한 원인들을 규명하는데, 상술한 바와 같이 4M의 관점에서 원인을 탐색하기도 하며, 세부적인 원인까지 탐색해 나간다. 탐색을 마친 후에는 각 원인들을 분류하여 주요 원인 아래에 생선 뼈처럼 가지를 그려서 작성한다. 다음 예시를 통해 특성 요인도를 활용하는 방법을 살펴보자.

예시 5-2 피자 가게를 운영하는 B는 최근 고객으로부터 피자에 대한 클레임을 다수 접수 받고 있다. 그래서 잘못된 피자가 발생하는 원인을 탐색하고자 직원들을 소집해서 현재 피자 가게에서 발생하는 문제를 이야기하고 그 원인에 대해 브레인스토밍하였다. 그 결과를 종합하여 [그림 5-3]와 같은 특성 요인도를 작성하였다.

잘못된 피자가 발생할 수 있는 원인은 다양하다. 이 원인들을 크게 기계, 방법, 재료, 사람이라는 네 가지 카테고리로 구분하여 살펴 본 결과, [그림 5-3]과 같이 특성 요인도를 통해 일목요연하게 정리할 수 있다.

특성 요인도의 작성을 마친 후에는, 나열된 원인 중 가장 가능성이 높은 원인을 추출하여, 해당 원인이 실제로 근본적인 원인인지, 그리고 이를 해결하기 위한 방법에는 어떤 것이 있는지를 규명해야 한다. 그러한 관점에서 특성 요인도는 다음 절에서 소개할 파레토 차트와 함께 활용될 수 있는데, 특성 요인도는 이번 절에서 살펴본 바와 같이 통해 특정한 목표에 대해 발생 가능할 법한 모든 제반 문제들을 규명하고, 그 원인들에 대한 정보 혹은 하위 원인들을 크게 4개의 카테고리로 구분하여 정리하는 도구이다. 파레토 차트는 다음 절에서 자세히 설명하겠지만, 특정한 문제를 발생시키는 원인들을 정의하고, 그 빈도를 측정하여 그래프로

그림 5-3 피자 가게의 특성 요인도

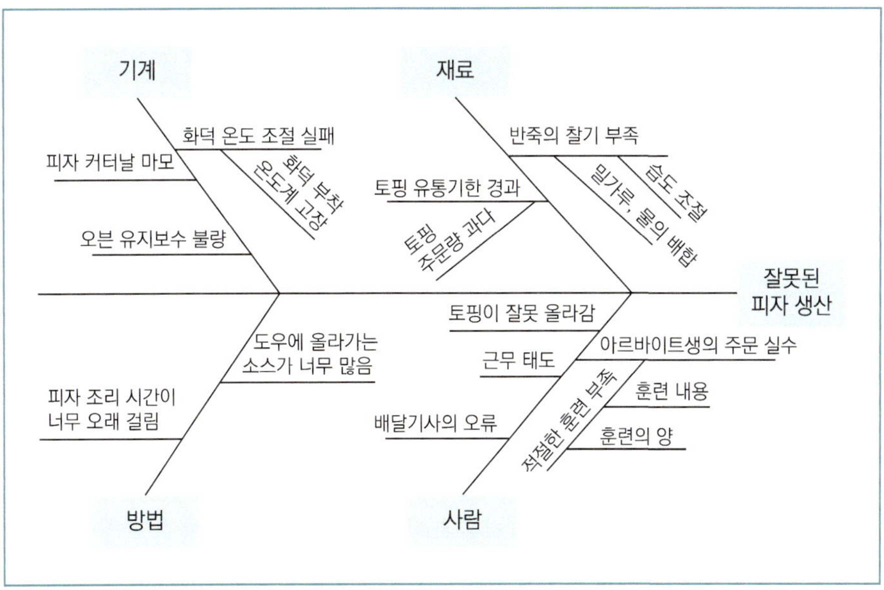

도식화하여 어떤 원인을 우선적으로 해결해 나가야 할지 판단하는 데 도움을 주는 도구이다. 다시 말해, 특성 요인도를 통해 해결하고자 하는 문제에 대해 그 원인들과 제반 현상들에 대한 정보를 획득한 상태에서, 실제로 특성요인도에서 규명한 문제들이 어느 정도의 빈도를 가지고 있는지 파레토 차트로 나타냄으로서 문제 해결을 위한 구체적인 행동의 우선순위를 책정할 수 있다. 그렇다면 지금부터 파레토 차트에 대해 함께 알아보도록 하자.

파레토 차트

파레토 차트(Pareto Chart)는 공정에서 발생하는 문제의 형태 및 원인을 분류하고, 각 현상 및 원인에 속하는 빈도를 계산, 빈도가 높은 순서대로 정리하여, 막대 그래프로 나타낸 표다. 파레토 차트는 이탈리아의 경제학자 빌프레도 파레토(Vilfredo Pareto)가 주장한 파레토 법칙에서 유래한 도구로서, 파레토 법칙은 '이탈리아 인구의 20%가 이탈리아 전체 부(Wealth)의 80%를 차지한다'는 것을 의미한다.

이를 접목하여, 품질 관리 과정에서 발생하는 문제점의 80%가량은 20%의 소수의 원인으로부터 발생한다는 점에 기인하여, 가장 많은 빈도를 차지하는 순서대로 문제점들을 나열하여 대다수의 문제를 발생시키는 소수의 원인들을 탐색해 나가기 위한 도구가 파레토 차트이다.

즉, 파레토 차트는 어떤 항목이 가장 큰 문제를 일으키는지 일목요연하게 파악할 수 있고, 문제의 크기의 순위를 쉽게 파악할 수 있다. 또한, 막대 그래프를 이용하기 때문에 어렵지 않게 작성할 수 있다는 장점을 지니고 있다. 앞서 다루었던 〈예시 5-2〉에서 활용한 특성 요인도를 기반으로 하여 파레토 차트를 작성해 보자.

예시 5-3 B는 현재 피자 가게에서 발생하고 있는 여러 문제들에 대한 원인들을 특성 요인도를 통해 파악했고, 특성 요인도에 작성된 원인들이 실제로 어느 정도의 빈도를 가지고 발생하는지 조사하였다. 조사 결과 [표 5-4]와 같이 문제들의 종류와 그 빈도를 집계하였다. 이를 이용해서 파레토 차트를 작성해 보자.

[표 5-4]에 주어진 문제의 종류, 그리고 문제별 발생 빈도 자료를 이용해서 [그림 5-4]와 같이 파레토 차트를 작성할 수 있다.

표 5-4 피자 가게에서 발생하는 문제의 종류 및 원인

문제의 종류 및 원인	빈도	퍼센트
토핑이 잘못 올라갔다.	315	52.1%
화덕의 온도 조절 실패	124	20.5%
아르바이트생이 주문을 잘 못 받았다.	87	14.4%
배달 기사의 오류	56	9.2%
기타 요인	23	3.8%
계	605	100%

그림 5-4 피자 가게의 문제에 대한 파레토 차트

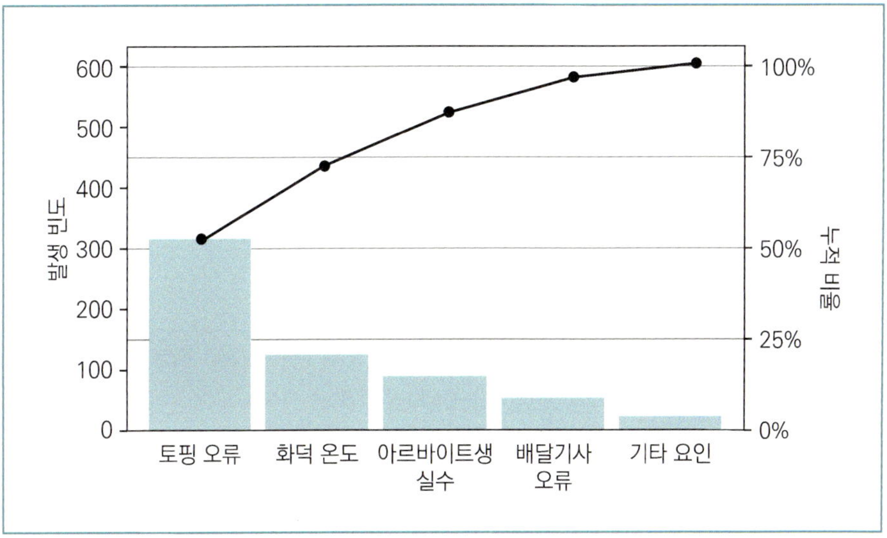

[그림 5-4]과 같이 작성된 파레토 차트를 살펴보면, 현재 피자 가게에서 발생하는 문제의 절반은 토핑을 잘못 올리는 오류에서 기인하고 있으며, 화덕 온도 조절을 실패한 것, 아르바이트생이 실수한 것이 그 뒤를 잇고 있다. 파레토 차트상의 점과 점으로 이어진 선을 살펴보면, 토핑을 잘못 올리는 실수를 줄이는 것, 화덕 온도를 제대로 조절하는 것, 그리고 아르바이트생의 실수만 개선해도 전체 문제의 약 80% 가량을 해결할 수 있다는 것이다. 이처럼 파레토 차트는 현재 공정에서 발생하는 문제점을 일목 요연하게 정리해서 보여줄 수 있는 장점을 지닌다.

그러나, 파레토 차트는 근본적인 문제를 시각화해서 보여주는 도구이지, 그 문제를 해결해 주는 도구는 아니다. 파레토 차트로 규명된 가장 근본적인 문제에 대한 구체적인 원인 및 해결 방안을 모색하기 위해서는 또 다른 도구를 필요로 하는데, 이는 다음에 소개할 산점도를 통해 알아보자.

산점도

산점도(Scatter Plot)는 2개의 변수 간의 대략적인 관계를 알아보기 위해 2차원 그래프의 각 축에 두 가지 변수의 자료의 산포를 표시하는 도구이다. 앞 절에서 소개한 특성 요인도는 해결하고자 하는 문제와 그 문제를 야기하는 여러 원인들을 밝혀내는 도구지만, 구체적으로 그 원인이 해결하고자 하는 문제와 어느 정도 관련성이 있는지 도출하지는 못한다.

산점도는 그러한 약점을 보완할 수 있는 도구로서, 원인과 결과를 나타내는 변수를 정의하고, 그 변수와 관련된 자료를 수집한다. 그 다음, 원인과 결과를 X축 그리고 Y축에 각각 할당한 다음 각 변수에 대해 수집한 자료를 그래프 상에 표시한다. 간단한 예시를 통해 산점도의 활용법을 살펴보자.

예시 5-4 다음 자료는 어느 치킨 가게의 근무자들의 근속연수와 해당 근무자가 하루 동안 발생시킨 불량 치킨의 개수 자료이다. 이 자료를 통해 근무자들의 근속연수와 발생시킨 불량 치킨의 개수 간 관계를 추정해 보자.

주어진 자료를 통해 산점도를 작성한 결과는 [그림 5-5]와 같다.

산점도를 살펴보면, 전반적으로 근속 연수가 길어짐에 따라 불량 치킨의 개수 역시 줄어드는 현상을 확인할 수 있다. 그러므로, 관리자는 이를 통해 근속연수가 짧은 직원들을 상대로 교육 훈련 증대와 같은 방법을 통해 근속연수가 짧은 직원들의 성과를 개선하는 방향으로 운영 전략을 구상할 수 있다.

이처럼, 산점도상에 표시된 자료의 방향을 통해 원인과 결과 간의 관계의 방향성을 파악할 수 있는데, 〈예시 5-4〉에 제시된 방향성 외에도 [그림 5-6]와 같이 다양한 형태의 산점도가 작성될 수 있으며 산점도의 모양에 따라 각기 다른 해석이 가능하다.

표 5-5 어느 치킨 가게의 근무자의 근속연수 및 불량품 개수 자료

근무자	근속연수	불량 치킨의 개수	근무자	근속연수	불량 치킨의 개수
1	5	4	11	3	6
2	6	3	12	1	9
3	4	5	13	2	7
4	6	5	14	6	5
5	1	8	15	7	2
6	2	7	16	5	4
7	8	3	17	9	1
8	10	1	18	8	3
9	9	2	19	2	8
10	3	6	20	10	2

그림 5-5 치킨가게 근로자의 근속연수와 불량품 개수에 대한 산점도

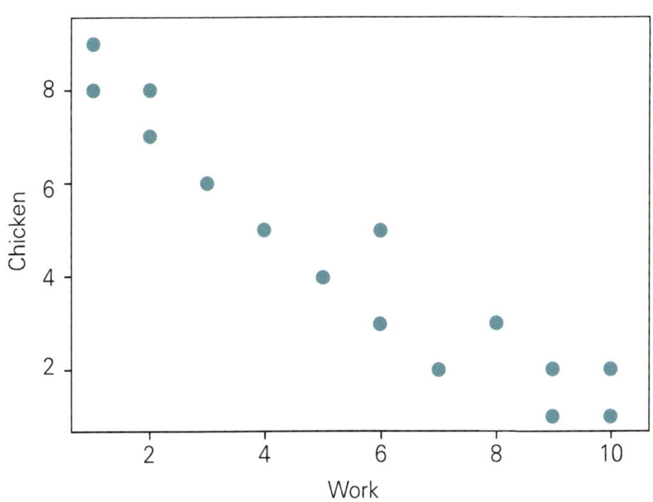

그림 5-6 다양한 형태의 산점도

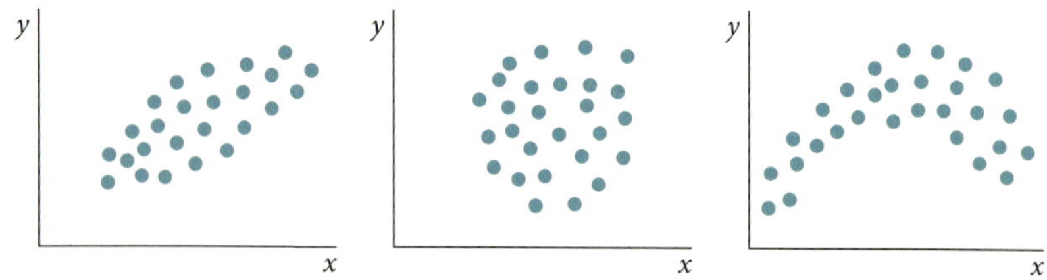

비록 산점도를 통해 일견 변수들 간의 관계를 도출할 수 있을 것처럼 보이지만 그 관계의 크기를 수리적으로 엄밀하게 관측할 수는 없다. 그러므로 관리자는 산점도를 통해 확인한 원인과 결과 간의 관계의 크기를 보다 엄밀하게 정의 하기 위해 상관 분석, 그리고 회귀 분석 등의 기법과 같은 더 정교한 수치 분석을 통해 자료 간의 관계성을 규명할 필요가 있다.

층별

층별(Stratification)은 자료들을 몇 가지 특징들에 따라 범주화(Categorization)하여 구분하는 것을 의미한다. 품질 관리에서는 층별 작업은 수많은 자료들 중 어떤 요인이 품질 수준에 크게 영향을 미치는지 탐지하거나, 반대로 특정 문제가 발생했을 때 수많은 자료들 중 어떤 범주에 있는 자료들이 특히 문제를 유발하는 원인이 되는지 밝혀 내기 위함에 있다.

일반적으로 층별 작업을 수행하는 과정은 우선 관심의 대상이 되는 영역을 정의한 후, 해당 결과를 유발하는 원인이라고 여겨지는 것들을 여러 개의 그룹으로 구분하는데, 그룹을 구분하는 기준으로는 시간, 작업자, 설비, 작업 방법, 재료 등과 같은 기준들이 있다.

층별을 수행하기 위한 범주 정의가 끝났으면, 이제 각 범주에 해당하는 자료를 구분하고 집계한다. 집계를 마쳤으면 막대 그래프와 같은 시각화 도구를 통해 어떤 범주에 속하는 자료들이 가장 두드러지는가를 살피거나, 혹은 각 범주 간 자료

분포를 비교함으로서 관리자는 어떤 범주에 속하는 것을 개선시켜야 할지 의사결정을 내릴 수 있다. 〈예시 5-5〉를 살펴보자.

예시 5-5 D사는 최근 생산 공정에서 불량품의 개수가 늘어나고 있다는 사실을 확인했다. 이를 위해 지난 1달 간 1개의 생산 로트(Lot)에서 발생하는 불량품의 개수를 집계하였는데, 그 결과는 [표 5-6]과 같다.

표 5-6 D사의 로트별 불량품 발생 빈도 통계

불량품의 수	발생 빈도	불량품의 수	발생 빈도
1	15	6	30
2	35	7	20
3	45	8	15
4	30	9	13
5	25	10	8

이 자료를 막대 그래프로 나타내면 [그림 5-7]과 같다.

현재 D사의 품질 관리자는 불량품이 발생하는 원인을 탐색하기 위해 여러 가

그림 5-7 D사의 로트별 불량품 발생 빈도 그래프

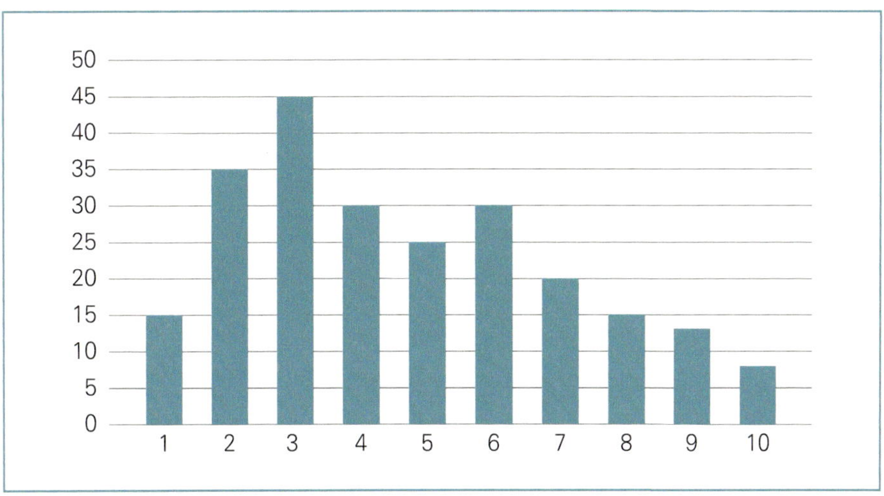

그림 5-8 D사의 팀별 로트당 불량품 발생 빈도

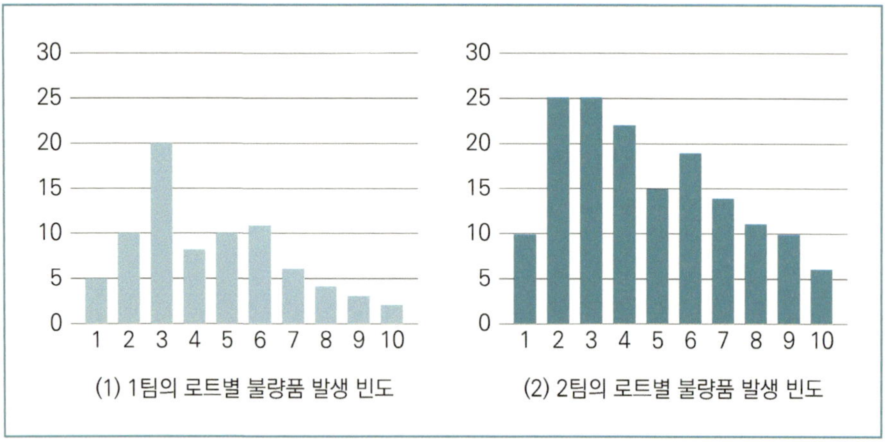

지 원인을 생각하던 중, 현재 생산 공정이 2개의 작업 팀에 의해 가동된다는 사실에 기인하여 팀별로 구분하여 따로 불량품의 개수를 집계해 보았다. 그 결과는 [그림 5-8]과 같다.

[그림 5-8]을 보면 전반적으로 2팀에서 발생하는 불량품의 개수가 현저히 많은 것을 파악할 수 있는데, 이처럼 최근 D사에서 발생하는 불량품의 개수가 늘어나는 현상에는 다양한 원인들이 있을 것이지만, 그중 2개의 작업팀 간의 차이도 그 원인으로 작용하고 있음을 층별 작업을 통해 손쉽게 파악할 수 있었다.

이 자료를 통해, 관리자는 2팀에서 불량품 발생 빈도가 왜 높게 나타나는지 그 원인을 탐색하는 것으로 문제 해결을 위한 탐색 범위를 좁힐 수 있으며, 나아가 상술했던 특성 요인도나 산점도 같은 도구를 함께 활용함으로써 더 나은 개선 방안을 도출하는 데 도움을 줄 수 있을 것이다.

관리도

QC 7 Tools의 마지막 도구는 관리도(Control Chart)다. 일반적으로 생산 공정에서는 초기에 설정했던 설계 목표에 부합하는 제품을 균일한 품질로 생산하는 것을 목표로 한다. 그러나 제조되는 제품 간 품질에는 반드시 차이가 발생하는데, 이를 산포라고 한다.

산포가 발생하는 원인에는 다양한 요인들이 있으나, 크게 공정에서 항상 발생하는 불가피한 원인들인 "우연 원인(Common Cause)"과 예측이 불가능했거나 평소와는 크게 다른 형태의 산포가 발생하는 "이상 원인(Special Cause)"으로 구분할 수 있다.

이 중 우연 원인의 경우 이미 관리자가 생산 과정에서 우연 원인에 의한 산포가 발생한다는 것을 충분히 숙지하고 있기 때문에 우연 원인의 경우 일반적으로 잘 관리되고 있는 경우가 대다수다. 그러므로, 우연 원인만 존재하는 공정을 "안정 상태(In Control)"라고 부르기도 한다.

반면, 이상 원인이 작용하는 경우 관리자가 이상 원인에 의한 산포를 예측하기 힘들기 때문에 더 이상 공정은 안정 상태가 아니며, 차후 생산될 제품의 품질 수준 또한 예측하기 어려운 "이상 상태(Out of Control)"가 된다. 그러므로 관리자의 입장에서는 품질 수준의 산포가 너무 높은 경우, 이상 원인을 규명하여 이상 원인을 발생시킨 원인들을 탐색하여 이를 해결함으로써 다시금 공정을 안정 상태로 만드는 것이 하나의 목표가 된다.

관리도는 관리자로 하여금 그러한 목적을 달성하기 위한 하나의 도구로서, 중심선을 기점으로 하여, 우연 원인으로 인한 품질의 산포 수준의 최대 허용치를 가감한 관리 상한선과 관리 하한선으로 구성된 도표이다. 그 다음, 생산되는 제품의 품질을 나타내는 특성치를 도표 상에 기록하는데, 이 때 만일 공정이 안정 상태라면, 품질의 산포 수준이 우연 원인에 의해서만 발생하는 것이므로, 해당 특성치는 관리 상한선과 관리 하한선 내의 영역에 자리 잡을 것이다. 그러나, 만일 이상 원인이 작용해서 공정이 이상 상태라면 더 이상 특성치는 관리 상한선과 하한선이 이루는 영역 내에 자리 잡을 수 있으리란 보장은 없다. 이 경우, 관리자는 상술한 바와 같이 이상원인을 규명하고 그 원인을 찾아 해결해야 한다.

요약하면, 관리도는 공정이 현재 안정 상태인지, 혹은 이상 상태인지 비교적 손쉽게 파악할 수 있는 도구로서, 지속적인 공정 상태를 탐지함으로써 안정 상태를 유지하게끔 하여, 품질 수준을 높이는 것에 그 목적이 있다.

관리도는 측정 대상, 그리고 측정 기법에 따라 여러 종류로 구분되나 크게 계량형 관리도와 계수형 관리도로 구분된다. 계량형 관리도는 제품의 길이, 두께, 무게, 강도 등을 대상으로 한 관리도로 공정의 평균 그리고 산포를 관리하는 목적으로 활용되며 대표적으로 x 관리도, $\overline{x}$-R 관리도, $\overline{x}$-σ 관리도 등이 있다. 계수형 관리도는 제품의 불량 수, 불량률, 결점 수 등을 관리하는 것이 주된 목적인 관리도로 대표적으로 p 관리도, pn 관리도, c 관리도, μ 관리도가 있다.

관리도를 작성하는 세부적인 방법에서는 통계학적 이론에 의거하여 복잡한 수식을 활용하기 때문에, 본서에서는 생략하는 대신 [표 5-7], 그리고 해당 자료로 작성한 관리도를 보고 의사 결정을 하는 방법으로 설명을 대체하고자 한다.

[표 5-7]의 자료는 제조 공정에서 각 샘플당 총 5회 씩 제품 특성치를 관측, 총 15개의 샘플에 대해 관측된 특성치를 정리한 표다. [표 5-7]의 자료를 이용해서 [그림 5-9]와 같이 두 가지 형태의 관리도를 작성할 수 있다.

[그림 5-9]에서 작성한 관리도는 R 관리도로서, 자료가 구성하는 산포의 변화를 탐지하는 관리도다. 관리도를 보면 8번째 샘플에서 한 번 관리 상한선(Upper Control Limit: UCL)을 넘어가는데, 이를 통해 현재 공정에서 생산되는 제품들의 산포 수준이 전반적으로는 안정되어 있으나, 이상 요인이 한 번 작용한 만큼, 생산되는

표 5-7 샘플별 관측 자료

샘플 번호	관측치 1	관측치 2	관측치 3	관측치 4	관측치 5
1	10.68	10.689	10.776	10.798	10.714
2	10.79	10.860	10.601	10.746	10.779
3	10.78	10.667	10.838	10.785	10.723
4	10.59	10.727	10.812	10.775	10.730
5	10.69	10.708	10.790	10.758	10.671
6	10.75	10.714	10.738	10.719	10.606
7	10.79	10.713	10.689	10.877	10.603
8	10.74	10.779	10.110	10.737	10.750
9	10.77	10.773	10.641	10.644	10.725
10	10.72	10.671	10.708	10.850	10.712
11	10.79	10.821	10.764	10.658	10.708
12	10.62	10.802	10.818	10.872	10.727
13	10.66	10.822	10.893	10.544	10.750
14	10.81	10.749	10.859	10.801	10.701
15	10.66	10.681	10.644	10.747	10.728

그림 5-9 제조 공정 자료를 이용해 작성한 R 관리도

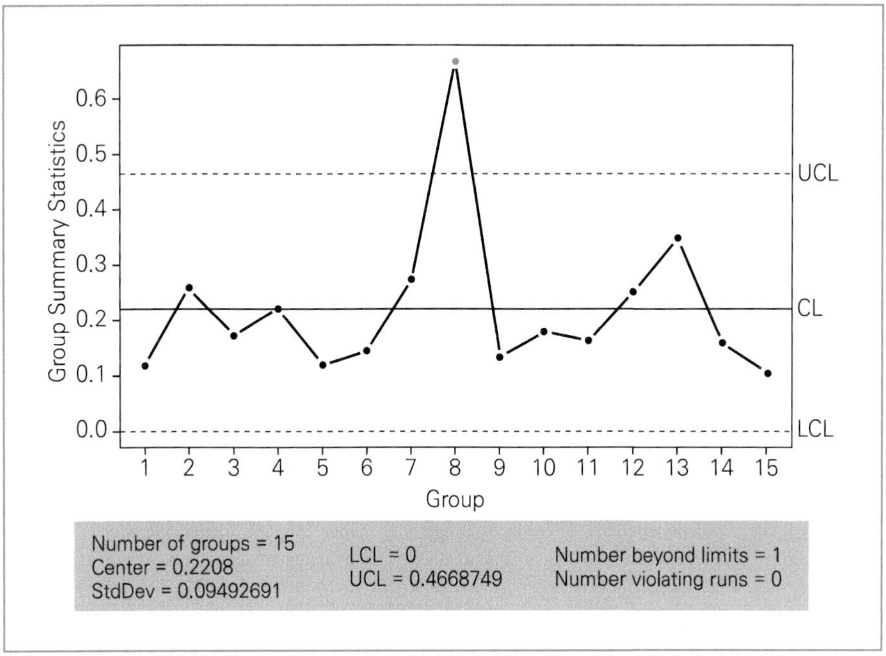

제품의 산포 수준에 대해 관심을 가지고 대응할 필요가 있다는 점을 의미한다. 같은 자료를 이용해서 또 다른 종류의 관리도를 하나 더 살펴보자.

[그림 5-10]에서 작성한 관리도는 $\bar{x}$ 관리도로서, 자료의 평균치에 대한 관리도로서, 앞서 각 샘플마다 5번의 관측을 수행했는데, 각 관측치의 평균을 이용해서 각 샘플이 전반적으로 균일한 품질의 제품을 생산하고 있는지 살펴보기 위한 용도이다. 그 결과, 모든 샘플이 전반적으로 안정 상태에 있다는 것을 알 수 있으나, 8번 샘플이 상대적으로 관리 하한선에 근접한 것을 확인할 수 있는데, 앞서 R 관리도에서도 8번 샘플이 관리 상한선을 넘어간 것을 확인했듯이, 8번 샘플에 대한 전체적인 조사가 필요하다는 결론을 맺을 수 있다.

이처럼 관리도는 현재 생산 중인 공정의 상태를 파악하기 위한 도구로서, 주기적으로 관리도를 통해 공정의 안정 상태를 점검한다면, 균등한 품질의 제품을 지속적으로 생산함으로서 경쟁력을 갖출 수 있게 도움을 줄 수 있다. 나아가, 품질 관리 상의 문제가 발생하는 것을 대비해 선제적인 대응을 위해서도 주기적인 관리도 작성을 통해 공정 이상 상태를 탐지함으로서 도움을 줄 수 있을 것이다.

그림 5-10 제조 공정 자료를 이용해 작성한 $\bar{x}$ 관리도

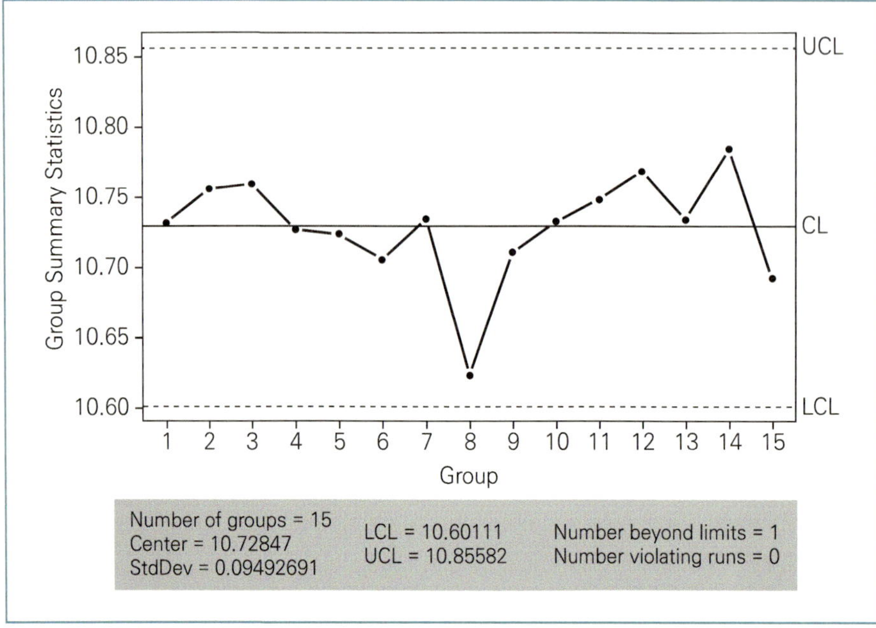

품질 관리의 새로운 일곱 가지 도구, New QC 7 Tools

QC 7 Tools는 생산되는 제품의 품질 그리고 공정의 상태를 파악하기 위한 수치 자료에 기반한 계량적인 기법이다. 그리고 전통적인 QC 7 Tools만으로도 품질 문제의 80% 이상을 해결할 수 있다.

그러나, 요즈음의 경영환경은 품질 관리에 있어서 전사적인 참여의 필요성을 강조함에 따라 전통적인 QC 7 Tools를 보완하기 위해 언어 자료를 이용한 질적 분석 방법인 New QC 7 Tools가 1977년 일본과학기술연맹 QC 기법 개발부(Committee of the Japanese Society for QC Technique Development)에 의해 개발되었다. New QC 7 Tools는 [그림 5-11]과 같다.

[그림 5-11]에 제시된 일곱 가지 도구들에 대해 하나씩 살펴보기 전에 본서에서는 선제적 품질 관리를 위한 New QC 7 Tools 중 연관도를 4장에서 다루었던 인과 지도로 대체할 것을 제안한다. 왜냐하면 기존의 New QC 7 Tools에 포함된 연관도는 우리가 4장에서 다루었던 인과 지도와 근본적으로 같은 도구이기 때문

그림 5-11 New QC 7 Tools

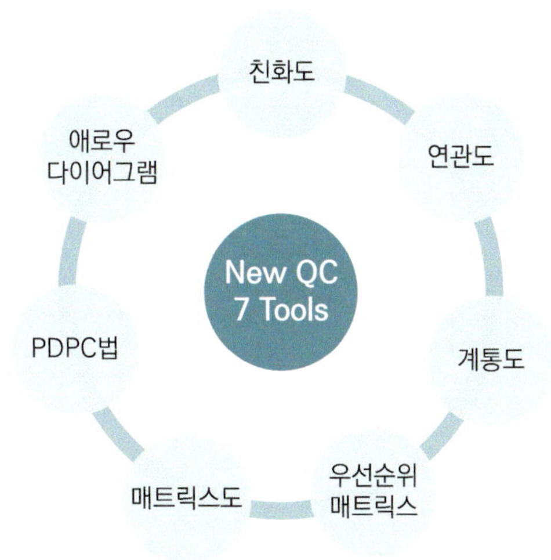

에 연관도를 인과 지도로 대체해도 무방하며, 또한 연관도가 비록 각 이슈에 대한 원인과 결과를 시각적으로 효과적으로 표현할 수 있는 도구이지만, 인과 지도는 이에 더해서 시스템 다이내믹스(System Dynamics)나 시나리오 계획(Scenario Planning)에도 활용될 수 있는 도구이기 때문에 확장성 측면에서 연관도보다 더 유리하다. 그러므로 본서에서 제안하는 선제적 품질 관리를 위한 New QC 7 Tools로서 연관도 대신 인과 지도로 대체하고자 한다.

그렇다면 선제적 품질 관리를 위한 New QC 7 Tools를 구성하는 도구들에 대해서 하나씩 살펴보도록 하자.

친화도

친화도(Affinity Diagram)는 팀이 문제를 파악하고 각 문제들을 다시 하위 문제로 분류함으로써, 팀이 근본적인 문제를 찾아 이에 대한 해법을 제공할 수 있도록 하는 브레인스토밍에 기초한 도구이다. 다시 말해, 브레인스토밍을 통해 얻은 언어 자료를 관련 있는 하위 그룹으로 분류하고, 이를 시각화함으로서 근본적인 문제를 해결하는 데 도움을 주는 기법이다. 친화도는 [그림 5-12]와 같이 작성한다.

그림 5-12 친화도 작성의 예

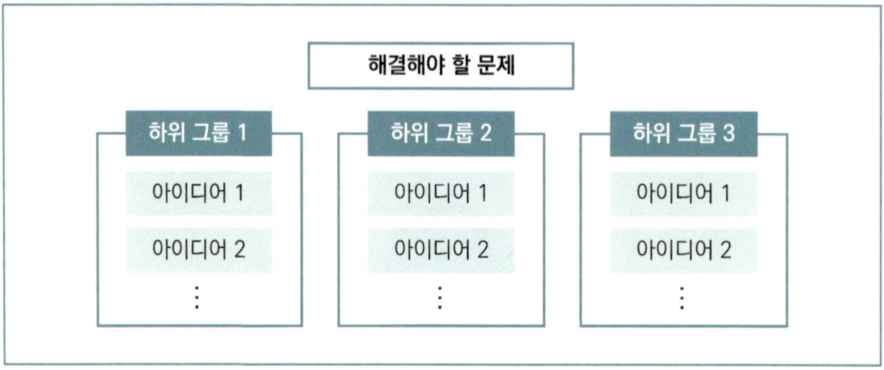

친화도를 작성하는 절차는 우선 문제를 정의한 다음, 팀 구성원들에게 충분한 시간을 주어 문제와 관련된 이슈들을 자유롭게 기록하도록 한다. 이후, 모든 사람들이 볼 수 있게 각 팀원이 적은 내용을 공개한 후, 모든 팀원들이 각 내용을 읽고 검토한다. 이 때, 종이에 적힌 내용에 동의할 수 없다면, 아무 말도 하지 않고, 그저 카드를 옆으로 이동시킨다. 이 과정을 반복해서 만일 어떤 카드가 모든 이들에게 동의를 얻는다면, [그림 5-12]와 같은 친화도에 해당 내용을 추가한다.

친화도를 작성함으로서, 신선한 아이디어를 도출할 수 있게끔 자극을 하고 유용한 전략을 도출할 수 있게끔 도움을 줄 수 있다. 또한, 모든 이들이 참여하고 문제와 문제를 해결할 수 있는 방안을 함께 논의하는 과정을 통해 현재 조직이 처한 문제가 무엇인지 정확하게 파악하고, 모든 팀원이 문제를 명확히 인식할 수 있도록 도움을 준다. 또한, 친화도를 작성하는 과정에서 모든 이들의 동의를 얻은 아이디어를 중심으로 친화도에 반영하기 때문에 팀 전체의 의견을 반영할 수 있는 장점이 있다. 다음의 예를 통해 친화도가 어떻게 활용될 수 있는지 살펴보도록 하자.

예시 5-6 A 피자 가게는 최근 고객들로부터 공통된 몇 가지 클레임을 받았다. 고객들의 공통된 클레임으로는 '긴 대기 시간', '메뉴판이 너무 헷갈리게 구성', 그리고 '제공되는 피자의 질이 들쑥날쑥하다'는 점이었다. A 피자 가게의 주인은 이 문제에 대한 해결책을 모색하기 위해 직원들을 모두 소집하여 고객들의 클레임을 공유하고 이에 관한 이슈들과 아이디어들을 토의하였다. A 피자 가게에서 논의된 이슈들과 아이디어를 [그림 5-13]과 같은 친화도로 작성하였다.

그림 5-13 A 피자 가게의 친화도 작성의 예

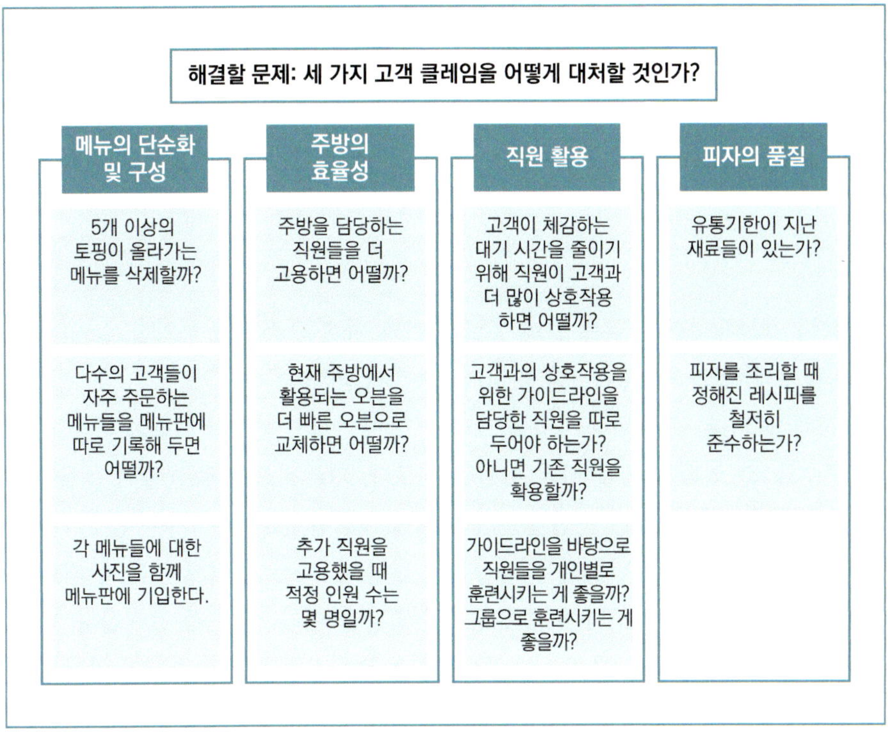

[그림 5-13]에 의하면, 피자 가게의 직원들은 현재 주어진 문제에 대해 크게 '메뉴의 단순화 및 구성', '주방의 효율성', '직원의 활용', 그리고 '피자의 품질'이라는 네 가지 주제로 접근하여 각 주제에 맞는 아이디어들을 제시하였다. 이를 통해 세 가지 고객의 클레임을 해결하기 위해 A 피자 가게는 크게 네 가지 이슈에 집중하여 문제 해결에 접근할 수 있으며, 각 이슈에 해당하는 아이디어들 중 가장 주가 되는 아이디어를 선정하여 차례로 적용해 볼 수 있다.

인과 지도

인과 지도(Influential Diagram)는 시스템이나 현상을 구성하는 다양한 변수 간의 인과 관계를 화살표로 표현하고, 정의한 원인이 결과에 긍정적인 혹은 부정적인 영향을 +, − 기호로 표시하여 단순히 변수와 변수 간 일대일 관계가 아닌, 시스템을

그림 5-14 출산율, 사망률 그리고 인구 변화 간 인과 지도의 예

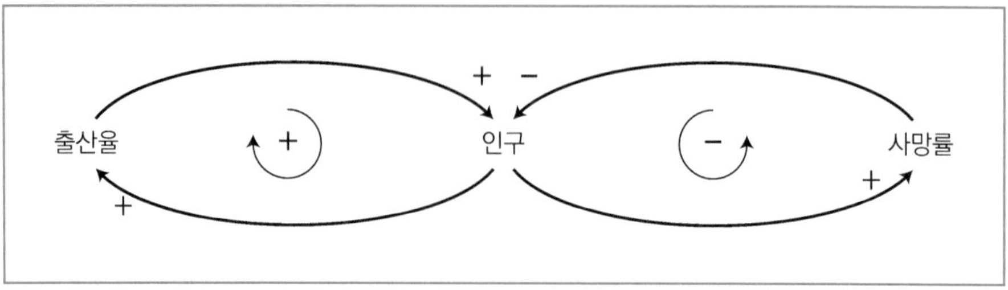

구성하는 다른 여러 변수들 간의 종합적 인과 관계를 손쉽게 파악할 수 있게 해주는 도구다. 인과 지도는 [그림 5-14]와 같이 작성한다.

[그림 5-14]은 출산율과 사망률 그리고 그 사이에서 인구의 변화에 따른 세 가지 변수들 간 인과 관계를 나타낸 인과 지도다. 기본적으로 출산율이 높을수록 인구 수 또한 높아지므로 출산율은 인구에 긍정적인 영향을 미치는 변수가 되므로 출산율로부터 인구 방향으로 화살표를 작성하고 +로 표시해 둔다. 반대로 사망률이 높다는 것은 인구의 수에 부정적인 영향을 미치므로 –로 표시한다. 한편, 인구가 많다는 것은 그만큼 출산을 할 수 있는 적령기의 부부가 존재할 확률이 높다는 이야기이므로 인구 수는 출산율에도 긍정적인 영향을 주고받는다. 또한, 인구 수가 많다는 것은 그만큼 사망할 수 있는 가능성을 가진 이들도 많다는 것이므로, 사망률을 높이는 것에도 기여를 할 수 있다.

그림 중간의 순환하는 모양의 화살표는 4장에서 다루었던 피드백 루프를 나타낸 것으로서, 출산율과 인구의 경우 서로 긍정적인 영향을 주고 받기 때문에 긍정적인 방향의(+) 강화 루프를 형성하며, 반대로 사망률과 인구는 서로 부정적인 방향의(–) 루프를 형성하는 것이다.

이처럼, 인과 지도는 시스템적 사고에 기초하여 현상이나 시스템을 구성하는 여러 변수늘 간의 상호 인과 관계를 일목요연하게 파악할 수 있게 함으로서 관리자로 하여금 경영 전략을 수립할 때 어떤 변수들을 어떻게 고려하는 것이 바람직한지 알려주는 도구다. 상술한 바와 같이 선제적 품질 관리는 거시적인 관점에서 시스템을 조망해야 할 필요가 있기 때문에 인과 지도는 선제적 품질 관리를 수행함에 있어서 필요한 도구라 할 수 있다.

계통도

계통도(Tree Diagram)은 기본적으로 달성하고자 하는 목표와 그와 관련된 하위 목표를 달성하기 위해 수행되어야 할 작업들을 시각화하는 도구로서, 문제의 규모를 명료하게 간단하게 나타낼 뿐만 아니라 목적을 달성하기 위해 추구해야 하는 방법을 정의하는 데 도움이 된다. 계통도는 [그림 5-15]와 같이 작성한다.

계통도를 작성하는 방법은, 우선 친화도에서 가장 상위에 위치한 아이디어들을 모두 집계하여, 해당 카드를 가장 중요하게 다루어야 할 사안임을 나타낸다. 이 과정을 통해 달성해야 할 목표를 정의한 다음, 팀원들에게 "이 목적을 달성하기 위해서 수행해야 할 단계들은 무엇인가"라는 질문을 한다. 이후, 핵심적으로 수행해야 할 작업들이 정의된다면, 각 작업의 다음 수준으로 넘어가, 세부적인 활동 방안들에 대해서 토의한다. 그리고 이 작업을 더 이상 아이디어가 없을 때까지 반복한다.

이처럼 계통도는 문제를 해결하기 위한 절차에 대한 체계적이며 논리적인 접근 방식을 통해 전략 수립에 도움이 되며, 무엇보다 설득력 있는 전략을 도출하는 데 도움이 된다. 또한, 앞서 소개한 2개의 도구와 마찬가지로 팀원 전체의 참여를 필요로 하기 때문에 팀원 간의 합의를 촉진하는 데도 도움이 된다.

[그림 5-16]은 어느 장난감 공정에서 생산되는 장난감들의 품질 향상을 위해 수행해야 할 사항들을 정리한 계통도의 예다.

그림 5-15 계통도 작성의 예

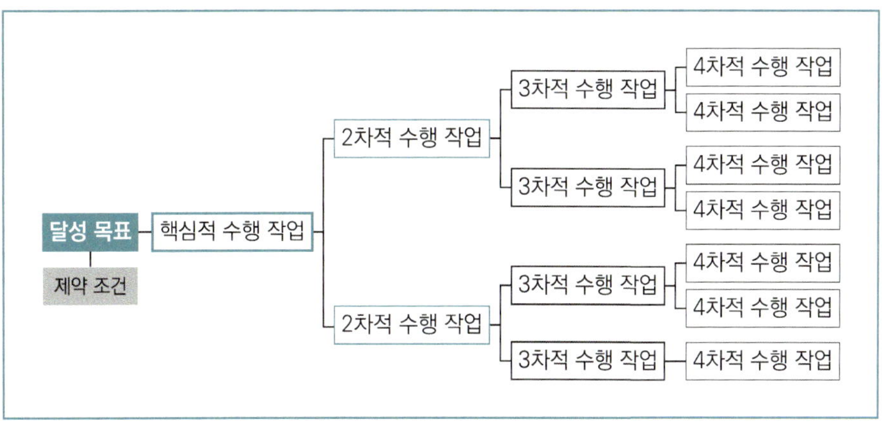

그림 5-16 장난감 공정의 품질 향상 목표를 위한 계통도

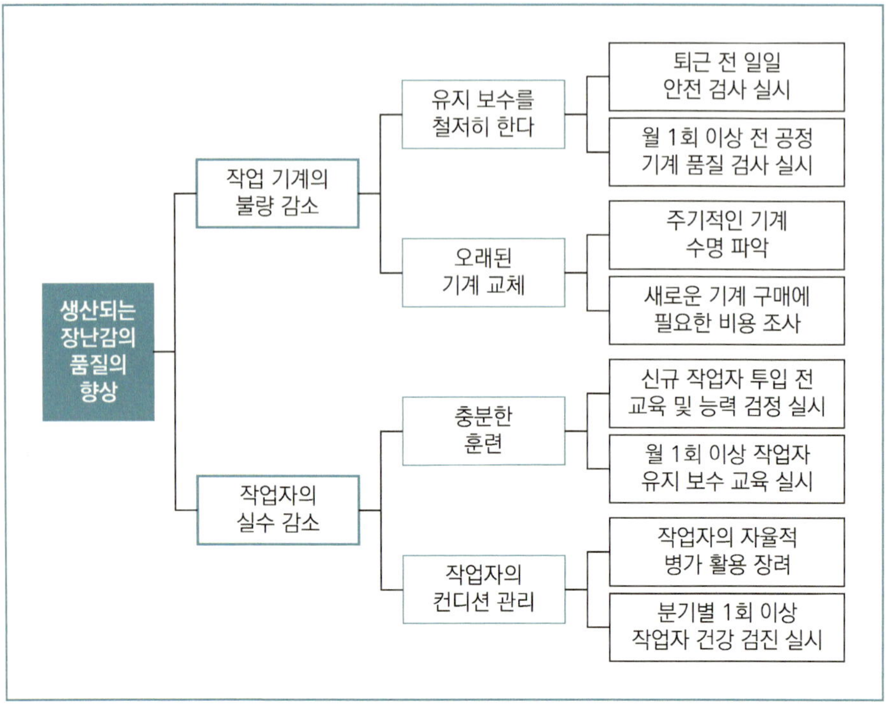

[그림 5-16]을 살펴보면, 해당 공정에서 생산되는 장난감의 품질 향상을 위해 수행해야 할 과제로 크게 "작업용 기계"와 "작업자"를 관리하는 것으로 결론을 지었다. 작업용 기계를 우선 살펴보면, 기계로 인한 불량을 감소시키기 위해 기계의 유지 보수를 철저히 하고, 노후화된 기계를 교체한다는 방안을 도출했다. 그리고 각 방안을 수행하기 위해 퇴근 전 일일 안전 검사, 주기적 기계 수명 파악과 같은 구체적인 실행 방안을 도출하였다. 작업자를 관리하는 것을 살펴보면, 작업자의 실수로 인한 품질 불량을 감소시키기 위해 충분한 훈련 및 작업자의 컨디션 관리라는 방안을 도출했고, 이를 위한 구체적 방안들을 도출하였다.

이처럼, 계통도는 문제를 해결하기 위한 절차에 대한 계층적 접근을 통해 목표 달성을 위한 전략과 구체적인 실행안 수립에 도움을 주는 도구라고 할 수 있다.

우선순위 매트릭스

우선순위 매트릭스(Prioritization Matrix)는 다양한 기준 하의 의사 결정에 도움을 주기 위한 기법으로, 각 기준에 가중치를 할당하여 기준별 우선순위를 측정한다. 그러므로 이 기법은 질적 분석 기법들로 구성된 New QC 7 Tools 중 유일하게 계량적인 방법이라 할 수 있다.

우선순위 매트릭스를 작성하는 절차는 다음과 같다.

첫째로 팀이 달성하고자 하는 목표, 목표를 달성하기 위한 대안, 그리고 평가 기준을 정의한다. 그리고 각 평가 기준들을 가장 중요한 순서대로 나열하며, 각 기준에 대해 합이 100%이 되도록 중요하게 여기는 비율을 할당한다. 이후, 각 기준에 대해 평가한 개개인의 가중치를 모두 더해서 전체적인 순위를 산출한다. 그리고 평균 순위를 산출하기 위해 더해진 가중치를 대안의 수로 나누어 준다.

이후, 각 기준과 관련하여 각 대안들의 순위를 산출하고, 각 순위와 대안의 가중치를 곱해 준다. 이렇게 곱해진 결과를 중요도 점수라고 하며, 각 대안의 중요도에 따라 최종적인 대안의 순위를 매긴다.

다음의 〈예시 5-7〉을 통해 우선순위 매트릭스를 작성해 보자.

예시 5-7 A사는 생산 공정에서 활용할 기계를 구매하기 위해 5종류의 기계 중 하나를 구매하려고 한다. A사에서 기계를 평가하기 위해 활용하는 기준은 사용의 편의성, 유지 보수, 비용, 기대 수명, 그리고 평판이다. 최종 의사 결정을 내리기 위해 A사는 3명의 관리자에게 5개의 기준에 대해 얼마나 중요시 여기는지 물어보았고, 그 결과는 [표 5-8]과 같다. 이를 이용해서 최종적으로 어떤 기계를 구매해야 하는가?

표 5-8 각 관리자의 기준별 중요도 배분

기준	관리자 1	관리자 2	관리자 3	순위
사용의 편의성	40%	20%	50%	1
유지 보수	30%	30%	30%	2
비용	20%	20%	10%	3
기대 수명	5%	10%	5%	5
평판	5%	20%	5%	4

우선 [표 5-8]의 정보를 바탕으로 3명의 관리자의 기준별 평균을 구하면, 36.6%, 30%, 16.6%, 6.6%, 10%가 된다. 그러므로 사용의 편의성, 유지 보수, 비용, 평판, 그리고 기대 수명 순으로 중요도를 가지고 있다고 할 수 있다.

이후, 3명의 관리자에게 5개의 기준에 따라 기준별로 5대의 기계가 얼마나 각 기준에 부합하는지 순위를 측정하게 하였다. 5개 중 사용의 편의성을 보면 [표 5-9]와 같다.

표 5-9 사용의 편의성 기준에 대한 각 관리자의 대안 평가

대안	관리자 1	관리자 2	관리자 3	합계	순위
기계 1	1	1	1	3	1
기계 2	2	3	2	7	2
기계 3	4	4	4	12	4
기계 4	5	5	5	15	5
기계 5	3	2	3	8	3

평가 결과 3명의 관리자들은 사용의 편의성 기준에서는 기계 1을 가장 선호하는 것으로 나타났다. 이후 4개의 기준에 대해서도 각기 평가를 하여 순위를 산출했고, 각 기준에 대해 대안별 순위 산출 결과는 [표 5-10]과 같았다고 하자.

표 5-10 5개의 기준에 대한 각 관리자의 대안 평가

기준 순위	1	2	3	5	4
기준	사용의 편의성	유지 보수	비용	기대 수명	평판
기계 1	1	1	5	1	5
기계 2	2	2	4	2	4
기계 3	4	5	1	4	1
기계 4	5	4	2	5	2
기계 5	3	3	3	3	3

[표 5-10]에서 주어진 자료를 이용해서 최종적인 대안 간 순위는 [표 5-11]과 같다.

3명의 관리자의 기준별 선호도와 각 기준에 따른 대안 평가 결과를 종합한 결과, 기계 3이 가장 기준에 적합한 기계임이 드러났고, 최종적으로 A사는 기계 3을 구매할 것이다.

표 5-11 최종 대안 선정

점수	최종 순위
기계 1: 1(1)+2(1)+3(5)+5(1)+4(5)=43	2
기계 2: 1(2)+2(2)+3(4)+5(2)+4(4)=44	3
기계 3: 1(4)+2(5)+3(1)+5(4)+4(1)=41	1
기계 4: 1(5)+2(4)+3(2)+5(5)+4(2)=52	5
기계 5: 1(3)+2(3)+3(3)+5(3)+4(3)=45	4

매트릭스도

매트릭스도(Matrix Diagram)는 친화도나 영향도 등을 통해 얻은 정보들, 이를테면 특정한 활동이나 아이디어 등을 대상으로 이들 간의 연관성의 정도나 관련성을 2차원 그래프에 기호를 이용해서 표기하는 기법으로, 매트릭스도의 예시는 [표 5-12]와 같다.

표 5-12 매트릭스도의 예

	데이터베이스 개선	프로세스 단순화	작업 환경 개선	원가 절감	총점
품질 향상	◎	○	◎	△	28
원가 효율성	△	○	○	◎	23
납기일자 준수	△	○	◎	△	21

◎: 강한 관계(10점), ○: 중간 관계(5점), △: 약한 관계(3점)

[표 5-12]를 살펴보면, 현재 기업의 목표는 품질 향상, 원가 효율성, 그리고 납기일자 준수이다. 그리고 이를 달성하기 위해 데이터베이스 개선, 프로세스 단순화, 작업환경 개선 그리고 원가 절감이라는 네 가지 전략을 수행한다. 이 때, 총점에서도 나와 있듯이 목표와 그에 대한 전략 간 연관 수준이 높지 않은 경우, 이는 현재 수행중인 전략으로는 해당 목표를 달성하기에 큰 도움이 되지 않을 수 있음을 의미한다.

이처럼 매트릭스도는 각 변수들의 인과 관계를 규명하고, 각 변수들이 가진 관계들의 상대적인 중요성을 구분하는 용도로 활용된다. 매트릭스도는 브레인스토밍을 위한 도구로서 활용되는 경우가 많으며, 또한 제품의 품질 특성을 기획하고 정의하는데 활용되는 도구인 품질 기능전개(Quality Function Deployment: QFD)와 유사한 측면이 있다. 또한, [표 5-12]에서 보았듯 목적 달성을 위해 어떤 인과 관계에 더 주목해야 하는지 우선순위를 결정하는 것에 도움을 준다.

PDPC법

PDPC(Process Decision Program Chart)법은 문제의 정의부터 해결까지의 전 과정에서 발생할 수 있는 모든 활동, 그리고 해결해야 할 하위 문제들을 브레인스토밍하고, 시각적으로 나타낼 수 있는 도구로서, 프로그램의 시작 단계에서 향후 발생할 수 있을 법한 문제들을 도시화하고, 이를 기반으로 가장 바람직한 결과물까지 이를 수 있는 프로세스를 선정하는 데 활용된다. PDPC의 예시는 [그림 5-17]과 같다.

PDPC를 수행하는 절차를 살펴보면, 우선 상자가 수준별로 순서대로 나열된 계통도를 작성한다. 첫 번째 수준의 상자에는 해결하고자 하는 문제 혹은 달성 목표를 작성하고 그 다음, 두 번째 수준에 있는 상자 목록에는 목표를 달성하기 위한 구체적인 대안들을 적어 넣는다. 그리고 세 번째 수준의 상자 목록에는 두 번째 수준에서 작성한 대안들이 제대로 수행되지 않을 경우를 몇 가지 상정하여 적어 넣은 다음, 마지막 네 번째 수준에서는 세 번째 수준에서 작성한 하위 문제들을 해결할 수 있는 방안을 적은 다음, 만일 해당 방안이 실행 가능하다면 “O”, 아니면 “X”로 기입하여 PDPC 작성을 마친다.

선제적 품질 관리 과정에서는 발생 가능한 문제를 조기에 탐지하고 문제가 실제로 발생하기 전 선제적으로 그 문제를 해결할 수 있는 역량이 매우 중요한데,

그림 5-17 PDPC의 예

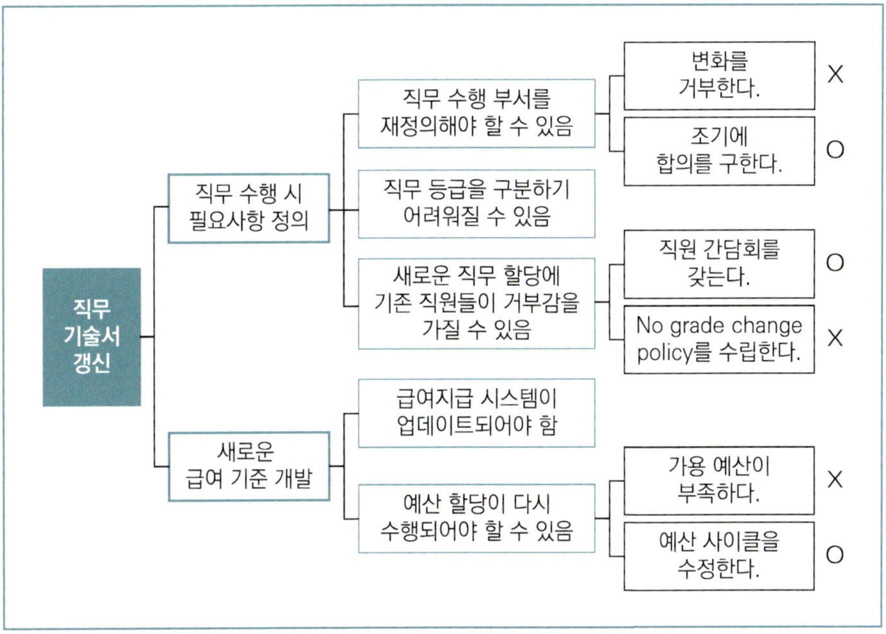

PDPC를 통해 조직이 나아가고자 하는 방향에서 발생 가능할 법한 상황이나 문제점을 사전에 예측함으로써, 해당 문제가 발생하기 전에 이를 선제적으로 해결 조치할 수 있는 방안을 탐색해 볼 수 있는 이점이 있을 것이다.

애로우 다이어그램

애로우 다이어그램(Arrow Diagram)은 목표 달성을 위한 여러 가지 활동들에 필요한 시간과 활동 간의 선, 후행 관계를 도형으로 나타낸 기법으로 소위 프로젝트 일정 관리 도구인 PERT(Program Evaluation and Review Technique) 혹은 CPM(Critical Path Method)라고도 알려져 있다. 애로우 다이어그램에서는 특정 활동을 원, 그리고 활동 간의 선, 후행 관계를 화살표로 나타내는데, 애로우 다이어그램의 예시는 [그림 5-18]과 같다.

[그림 5-18]을 통해 애로우 다이어그램을 해석해 보면, 해당 프로젝트는 1~9까지 9개의 활동들로 구성되어 있다. 그리고 1번 작업이 끝나야 2번 작업을 수행

그림 5-18 애로우 다이어그램의 예

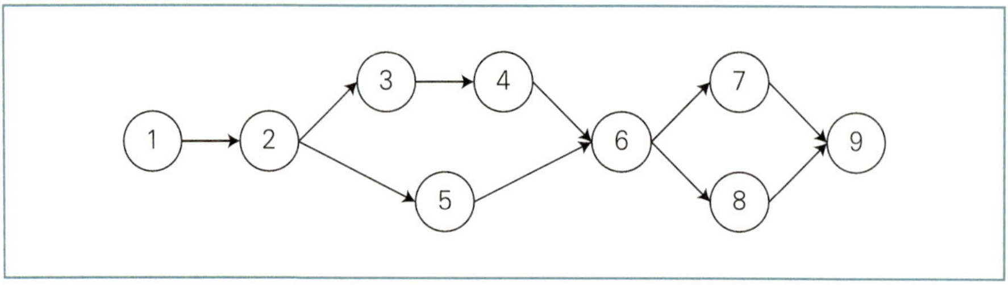

할 수 있으며, 2번과 6번 사이의 3번부터 5번까지의 작업들을 보면, 3번과 5번은 2번 작업을 마치면 동시에 수행할 수 있다. 그러나 4번 작업의 경우 반드시 3번 작업을 마친 후에 착수할 수 있으며, 6번 작업은 4번과 5번이 모두 마쳐야 시작할 수 있다. 즉, 5번 작업을 빠르게 마친다고 해도 4번 작업이 끝나지 않았다면 4번 작업을 마무리 지을 때까지 시간을 낭비해야 한다는 것이다. 6번 작업이 끝나면, 앞서 3번과 5번 작업과 같이 7번과 8번 작업을 동시에 수행할 수 있으며, 마지막 작업인 9번 작업 역시 7번과 8번 작업이 모두 끝나야 착수할 수 있는 것이다.

이처럼 애로우 다이어그램을 통해 특정 목표를 달성하기 위한 활동, 혹은 프로젝트 프로세스의 전 과정을 일목요연하게 살펴볼 수 있으며, 특히 프로젝트의 전체 일정을 지연시킬 수 있을 법한 작업을 탐색하는 용도로도 활용될 수 있다.

애로우 다이어그램을 통해 선제적 품질 관리 과정에서는 특정 프로젝트를 수행할 때 가장 병목(Bottleneck)으로 작용할 수 있는 활동을 조기에 파악하여 그것을 개선시킬 수 있는 방안에 집중할 수 있게 함으로서, 프로젝트 일정 관리에 차질을 빚지 않게끔 선제적으로 대처할 수 있게 도움을 주는 도구라 할 수 있다.

선제적 품질 관리 프로세스

본 절에서는 선제적 품질 관리를 위한 구체적인 절차에 대해서 살펴본다. 특히, 범용 프로세스(Generic Process)에 초점을 맞추어 선제적 품질 관리를 위한 절차가 어떻게 이루어지는지 살펴보며, 각 절차마다 앞 절에서 소개했던 선제적 품질 관리를 위한 도구들이 어떻게 사용될 수 있는지 소개한다.

선제적 품질 관리를 위한 범용 프로세스

선제적 품질 관리를 위한 범용 프로세스는 [그림 5-19]와 같다.

우선 프로세스의 정의는 선제적 품질 관리를 위한 모든 프로세스의 첫 걸음이다. 품질 관리를 위한 모든 작업 및 제반 업무들은 모두 프로세스라 할 수 있다. 이 단계에서는 각 작업과 제반 업무들에 대해 필요한 투입물(Inputs), 산출물(Outputs) 그리고 투입물을 산출물로 바꾸는 프로세스(Processes)를 명확히 정의하는 것이다. 보다 구체적으로, 투입물로 산출물로 바꾸는 프로세스에서 어떤 것을 조정(Control)할지 정의하는 것이 프로세스 정의 단계에서 수행한다.

두 번째 단계는 목표 품질 수준을 설정하는 것이다. 이 단계는 조직에서 개선하고자 하는 품질에 대해서 구체적으로 어느 수준까지 개선할 것인지 목표를 세우는 단계로 이를 위해 다른 경쟁사들을 벤치마킹하는 등의 방법을 통해 최대한 구체적인 목표 기준을 삼는 것이다.

다음 단계는 품질 수준 측정으로서, 이 단계에서는 현재 조직의 품질 수준을 측정하고 목표 품질 수준과 현재 품질 수준 간의 격차(Gap)를 측정함으로써, 목표 품질 수준 달성을 위해 구체적으로 어느 정도의 개선이 필요한지 구체화하는 단계다.

현재 조직의 품질 수준을 측정하는 것이 끝났다면 이제는 구체적인 품질 개선 활동을 실시할 차례다. 품질 개선 활동에는 여러 종류가 있지만 대표적으로 현재 조직의 품질 수준에서 개선해야 할 문제의 원인을 규명하고, 그중 어떤 원인이 핵

그림 5-19 선제적 품질 관리를 위한 범용 프로세스

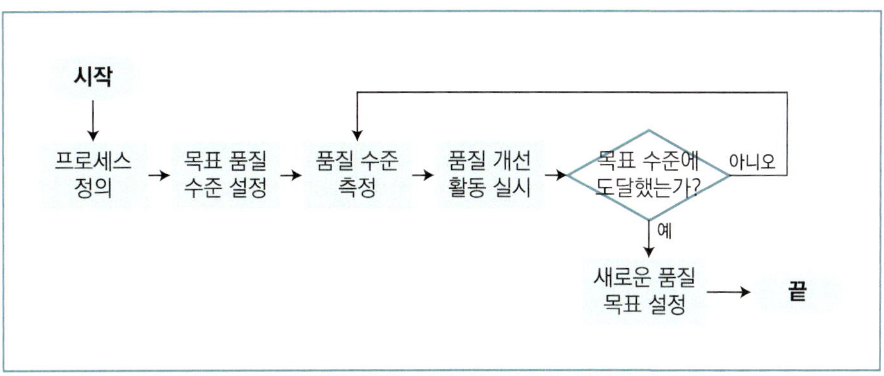

심적인 원인인지 알아내어 해당 원인을 제거하거나 프로세스를 수정하는 방식을 이용해서 품질 수준을 개선하는 활동을 실시한다.

품질 개선 활동이 마무리되었다면, 마치 성적표를 받듯이 개선된 품질 수준을 측정한다. 이후 개선된 품질 수준과 초기에 설정했던 목표 품질 수준과 비교하여 개선된 품질 수준이 목표 품질 수준을 달성한 경우, 새로운 목표 품질을 설정하여, 다시 품질 개선 활동을 이어 나간다. 만일, 개선된 품질 수준이 목표 품질 수준에 여전히 도달하지 못하는 경우, 다시 품질 수준을 측정하여 개선 활동을 반복하여 목표 품질 수준에 도달할 때까지 품질 개선 활동을 반복적으로 수행한다.

지금부터 미드웨이 항공(Midway Airline)의 사례를 통해 품질 관리를 위한 범용 프로세스의 실제 접목 방법을 알아보도록 하자.

앞서 살펴본 범용 프로세스의 첫 단계는 프로세스를 정의하는 단계로서, 구체적으로는 미드웨이 항공에서 투입 가능한 자원들, 산출되는 것들, 그리고 투입물을 산출물로 바꾸기 위해 어떤 프로세스가 있는지 정의해야 하는데, 미드웨이 항공의 경우 투입물로는 인력과 재료가 해당하며, 산출물로는 비행 출발이 될 것이다. 그리고 프로세스의 경우, 인력과 재료를 이용해서 최종적으로 비행 출발까지의 절차와 수반되는 장비들이 해당된다.

두 번째 단계는 목표 품질 수준의 설정이다. 당시 미드웨이 항공의 경우 자사의 비행기가 제 시간에 도착하는 비율을 최우선으로 고려하였는데, 구체적으로는 95%의 비행기가 제 시간에 도착할 것을 품질 목표로 설정하였다.

품질 목표를 설정한 후, 현재 미드웨이 항공의 비행기들이 얼마나 제 시간에 도착하는지 측정해 본 결과, 65%의 비행기들만이 정시에 도착하는 것을 확인했다. 즉, 목표 품질 수준인 95% 대비 30%의 격차가 존재하는 것이다.

그렇다면 왜 30%의 격차가 존재하는 것인가? 미드웨이 항공은 그 원인을 규명하기 위해 [그림 5-20]과 같이 특성 요인도를 활용하였다.

[그림 5-20]과 같이 미드웨이 항공의 비행 이륙을 지연시키는 요인에는 여러 가지가 있으나, 이 요인들 중 어떤 요인들이 가장 많이 발생하는지 알아보기 위해 [그림 5-21]과 같이 파레토 차트를 작성하였다.

[그림 5-21]과 같이 미드웨이 항공의 출발을 지연시키는 여러 요소 중 대표적인 네 가지 요소를 꼽아본 결과, 무엇보다 늦게 도착하는 승객들을 받아주는 것이 가장 컸다. 이 외에 푸시백(자체 후진이 불가능한 항공기의 특성상, 항공기에 특수

그림 5-20 미드웨이 항공의 특성 요인도

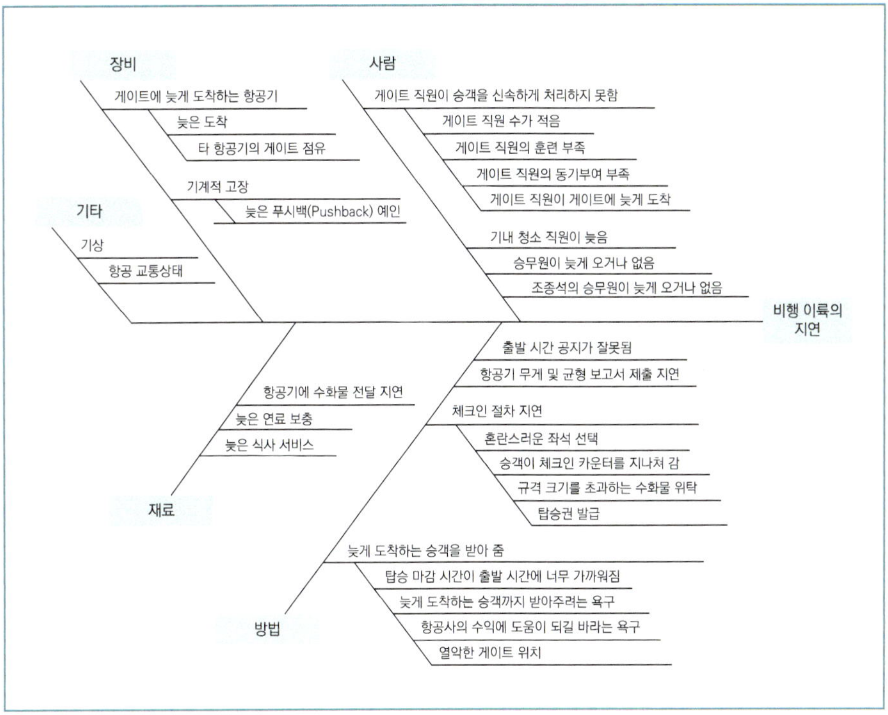

출처: Wyckoff, "New Tool for Achieving Service Quality,"

그림 5-21 미드웨이 항공의 파레토 차트

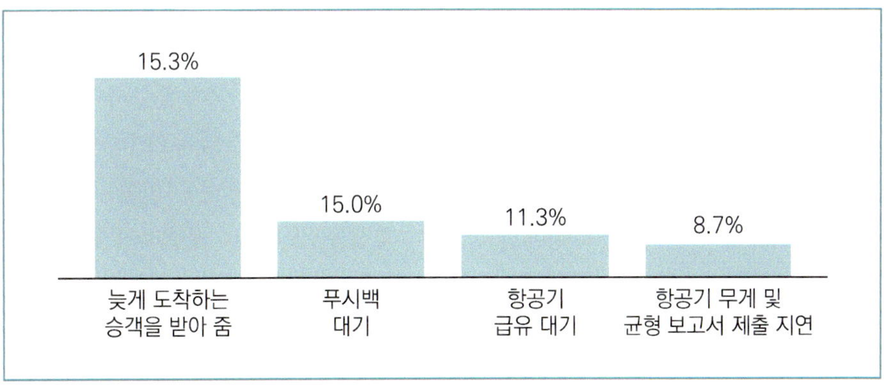

출처: Wyckoff, "New Tool for Achieving Service Quality,"

차량을 연결하여 차량 동력에 의해 항공기를 뒤로 끌어내는 작업) 대기 및 항공기 급유 대기로 인한 지연이 그 뒤를 이었으며, 항공기 무게 및 균형 보고서 제출 지연도 빈번하게 발생하는 요인으로 꼽혔다. 이 네 가지 원인의 발생 빈도만 합쳐봐도 88%로서, 전체 원인 중 이 네 가지 요인만 바로잡아도 문제의 88%를 해결할 수 있다는 것을 의미한다. 그리고 네 가지 문제 중 늦게 도착하는 승객을 받아주는 문제를 가장 먼저 해결해야 한다는 것을 파레토 차트를 통해 알 수 있다. 이처럼 선제적 품질 관리 프로세스를 수행함에 있어서 앞 절에서 소개하였던 품질 개선 도구들을 함께 활용할 수 있다.

선제적 품질 관리 프로세스와 품질 개선 도구

그렇다면 선제적 품질 관리 프로세스에서 앞서 소개했던 품질 개선 도구들을 어떻게 활용할 수 있는가? 앞서 소개하였던 선제적 품질 관리의 범용 프로세스의 단계별로 나누어서 각 도구들이 어떻게 활용될 수 있는지 살펴보자.

Step 1. 프로세스 정의~Step 2. 목표 품질 수준 측정. Step 1과 Step 2는 현재 조직에서 활용하는 여러 자원들과 해당 자원을 활용하여 품질을 개선하는 모든 활동들을 정의한 다음, 그중 어떤 품질 특성을 얼마나 개선할지 정의하는 단계로서, 이 단계에서 활용할 수 있는 도구로는 체크시트, 파레토 차트, 친화도, 계통도, 특성 요인도, 인과 지도가 있다.

우선 체크시트를 활용해서 고객의 불만이나 피드백에 대해 어떤 사항이 어느 정도의 빈도로 접수되는지 살펴볼 수 있으며, 파레토 차트를 함께 활용하여 고객의 불만이나 제반 이슈들 중 가장 빈번하게 발생하는 순서대로 일목요연하게 정리하여 최우선 개선 목표로 삼아야 할 품질 특성에 대한 의사 결정을 지원할 수 있다.

개선하고자 하는 품질 특성에 대한 의사 결정을 지원하는 계량적인 척도 외에도 정성적인 척도들을 함께 활용할 수 있는데, 우선 친화도의 활용 방안을 살펴보면, 체크시트나 파레토 차트를 통해 얻은 최우선 품질 개선 과제에 대하여 친화도를 통해 해당 문제를 해결하기 위한 제반 이슈들을 점검하고 해당 이슈들에 대한 여러 아이디어를 도출한다. 그리고 계통도를 이용해서 주어진 문제를 해결하기 위해 구체적으로 어떤 방안을 활용해 나아갈지 도시화할 수 있다. 이 외에도 특성 요인도를 통해 해결하고자 하는 문제가 발생하는 원인에 대해 4M의 관점에서 분석할 수 있으며, 각 원인들과 그에 따른 결과들을 종합적으로 살펴볼 수 있는 인과 지도 역시 적극적으로 활용할 수 있다.

Step 3. 품질 수준 측정. Step 3는 Step 2에서 목표로 삼은 품질 특성에 대해 현재 어느 수준인지 측정하는 단계로서 이 단계에서 활용할 수 있는 도구로는 히스토그램, 체크시트, 파레토 차트, 히스토그램, 관리도가 있다.

우선 히스토그램을 통해 현재 프로세스의 성능을 분석할 수 있으며, 체크시트를 통해 목표로 잡은 프로세스의 성능을 저해하는 여러 문제점들의 발생 빈도를 측정할 수 있으며, 파레토 차트를 통해 프로세스의 성능을 저해하는 여러 문제점들의 발생 빈도 순위를 나타낼 수 있다.

이 외에도 관리도를 통해 현재 공정에서 생산되는 제품들의 품질 수준을 모니터링하고, 그중 이상 원인에 의해 발생하는 결함의 정도를 파악할 수 있다.

Step 4. 품질 개선 활동 실시. Step 4는 구체적인 품질 개선 활동을 실시하는 단계로서 이 단계에서는 히스토그램, 관리도, 인과지도, 계통도를 활용하는 것을 고려할 수 있다.

우선 히스토그램을 통해 품질 개선 활동을 수행하는 과정에서 변화하는 프로세스의 성능을 시각화할 수 있으며, 더 개선할 수 있는 가능성을 보이는 품질 특성을 탐색할 수 있다.

또한, 관리도를 활용 함으로서 시간의 경과에 따른 프로세스 성과를 지속적으로 모니터링하고, 프로세스가 관리 영역을 벗어나는 순간을 신속하게 탐지할 수 있다.

이 외에도 인과 지도와 계통도를 이용하여 품질 개선 활동 중 개선의 대상이 되는 각 프로세스에 대해 발생할 수 있는 품질 이슈들을 도출하고, 각 품질 이슈들과 프로세스 간 인과 관계를 분석하여 해당 이슈를 효과적으로 해결할 수 있는 구체적 방안들을 추가로 도출할 수 있다.

Step 5. 품질 개선 성과 측정. Step 5는 Step 4에서 실시한 품질 개선 활동의 성과를 측정하는 단계로서 이 단계에서는 체크시트, 파레토 차트와 같은 계량적 도구들을 활용해 볼 수 있다.

우선 체크시트를 통해 개선된 프로세스 성능에 대한 자료를 수집하여, 품질 개선 활동을 수행하기 전과 비교하여 품질 개선 활동의 성과를 파악할 수 있다.

그리고 파레토 차트를 활용함으로서 품질 개선 활동 후 프로세스의 성능을 저해하는 여러 문제점들의 발생 빈도 순위를 다시 측정하여 Step 3에서 측정했던 프로세스 성능 저하의 원인이 되는 여러 문제점들이 어느 정도 해결되었는지 판단할 수 있다.

Step 6. 목표 수준에 도달하지 못한 프로세스 개선. Step 6는 품질 개선 활동을 수행했음에도 불구하고 Step 2에서 정의한 목표 수준에 도달하지 못한 프로세스들을 개선하는 방안을 모색하는 단계로서 이 단계에서는 친화도, 특성 요인도, 인과 지도, 체크시트, 파레토 차트를 활용해 볼 수 있다.

우선 친화도나 특성 요인도를 통해 목표 수준에 도달하지 못한 프로세스들이 왜 목표 수준에 도달하지 못했는지 그 원인을 규명하여, 인과 지도를 통해 각 원인들과 프로세스 성능 간 인과 관계를 다시 파악한다.

그리고 체크시트를 활용함으로서 프로세스를 개선하는 활동을 수행한 후 해당 프로세스의 기존 문제점들의 발생 빈도를 다시 측정하여 해당 개선 활동의 효과성을 판단하고 더 개선해야 할 점을 규명한다. 또한, 파레토 차트를 함께 활용함으로서 프로세스 개선 활동 후 프로세스 성능 저하의 원인이 되는 여러 문제점들이 어느 정도 해결되었는지 판단할 수 있다.

Step 7. 새로운 품질 목표 정의. 마지막으로 Step 7은 품질 개선을 마친 후 새로운 품질 목표를 정의하는 단계로서 이른바 지속적 품질 개선을 위한 새로운 출발점이 되는 단계로서, 이 단계에서는 Step 1, 2에서 활용한 여러 도구를 다시 활용해 볼 수 있고, 이 외에 산점도, 관리도를 추가로 활용하는 것을 고려할 수 있다.

우선 산점도를 통해 품질 수준에 영향을 줄 수 있는 여러 변수들 간의 상관 관계를 추정하고, 해당 변수들 중 품질 수준에 긍정적인 영향을 줄 것으로 판단되는 변수들을 규명할 수 있다.

그리고 관리도를 통해 시간의 경과에 따른 프로세스의 성능을 모니터링하고, 더 개선할 지점이 있는지 여부를 탐색할 수 있다.

이처럼 본 장에서 다루었던 QC 7 Tools와 New QC 7 Tools를 선제적 품질 관리를 위한 범용 프로세스의 단계별로 활용할 수 있으며, 이를 통해 조직은 그들의 프로세스에 따른 여러 품질 이슈들을 규명하고, 모니터링하고, 개선해야 할 점을 찾는 모든 과정을 체계적이고 데이터에 입각한 의사 결정을 내릴 수 있으며, 이를 통해 일회성에 그치는 것이 아닌 지속적 품질 개선을 수행할 수 있다.

Reference

강금식 (2016). 품질경영. 도서출판 오래.

박성현, & 박영현 (1996). 통계적 품질 관리. 민영사.

유한주, 김연성, 정욱, & 박민재 (2019). 품질경영. 생능출판사.

임태진 (2005). 공정능력분석 및 관리도 설계. 숭실대학교 출판부.

Brassard, M. (1989). *The Memory Jogger Plus+ TM: Featuring the seven management and planning tools.* Goal Qpc.

Foster, S. T., & Gardner, J. W. (2022). *Managing quality: Integrating the supply chain.* John Wiley & Sons.

Goetsch, D. L., & Davis, S. B. (2016). *Quality management for organizational excellence: Introduction to total quality.* pearson.

Ishikawa, K. (1985). *What is total quality control? The Japanese way.* Prentice Hall.

Krajewski, L. J., Malhotra, M. K., & Ritzman, L. P. (2016). Operations management. *Processes and Supply Chains, Harlow: Pearson.*

Mitra, A. (2016). *Fundamentals of quality control and improvement.* John Wiley & Sons.

Montgomery, D. C. (2019). *Introduction to statistical quality control.* John wiley & sons.

Shewhart, W. A. (1931). *Economic control of quality of manufactured product.* D. Van Nostrand Co., New York.

Tague, N. R. (2005). *The Quality Toolbox*, American Society for Quality.

제6장 선제적 품질 관리의 타당성 평가*

이론적으로는 선제적 품질 관리가 기업의 품질 문제를 사전에 예방하고, 고객 만족도와 기업 성과를 향상시킬 수 있다고 주장된다. 그러나 이론이 실제로 기업 환경에서 구현될 때, 그 효과는 다양한 변수에 의해 달라질 수 있다. 예를 들어, 선제적 품질 관리가 제조업과 서비스업에서 어떻게 다른 결과를 초래하는지, 그리고 특정 산업에서 이 관리 방식이 얼마나 효율적으로 적용될 수 있는지를 실질적으로 검증할 필요가 있다. 이러한 검증은 이론적 개념의 신뢰성을 높이고, 기업들이 이를 채택할지 여부를 결정하는 데 중요한 기준이 된다.

따라서 본 장에서는 선제적 품질 관리를 도입한 기업들의 재무적인 성과가 어떻게 변화하는지 확인하고자 한다. 우선 선제적 품질 관리를 도입하는 것의 단기적인 성과를 먼저 살펴볼 것인데, 단기적인 성과 분석은 선제적 품질 관리를 도입한 기업에 대한 시장의 반응을 평가하는 중요한 척도가 된다. 이를 통해 기업은 선제적 품질 관리가 초기 도입 비용을 상쇄하고, 단기적인 재무 성과를 개선할 수 있는지 여부를 판단할 수 있다.

본 장에서는 타당성 분석을 수행하는 데 있어, 사건연구방법론을 활용한다. 사건연구방법론은 특정 사건이나 상황을 심층적으로 분석하여, 그 결과와 원인을 파악하는 방법으로, 선제적 품질 관리가 도입된 사례를 통해 그 효과를 실질적으로 검증할 수 있다. 특히 단기적인 재무 성과를 관찰하는 데 이 방법론이 적합하다. 예를 들어, 한 기업이 선제적 품질 관리를 도입한 후 단기적으로 재무 성과가 어떻게 변화했는지를 분석함으로써, 이 관리 방식의 타당성을 실증적으로 평가할 수 있다.

---

* 본 장의 내용은 김예지 석사의 석사학위논문을 발췌 각색하였음.

사건연구방법론을 통해 단기적인 재무 성과를 분석하는 접근 방식은 여러 경영학 논문에서 그 유효성을 인정받아 왔다. 예를 들어, Yin(2014)의 연구에서는 사건연구방법론이 복잡한 경영 환경에서 특정 전략의 효과를 분석하는 데 매우 유용한 도구임을 제시하고 있다. 또한, Thomas & Myers(2015)는 사건연구방법론을 통해 특정 기업의 전략적 변화가 재무 성과에 미치는 영향을 실질적으로 분석할 수 있음을 강조했다. 이러한 연구들은 사건연구방법론이 선제적 품질 관리의 타당성을 평가하는 데 매우 적합한 방법론임을 뒷받침한다.

타당성 분석

선제적 품질 관리의 양면성

선제적 품질 관리는 기업이 시장에서 경쟁력을 유지하고, 고객의 기대를 충족시키기 위해 도입하는 전략적 접근법이다. 이는 품질 문제를 사전에 예측하고 예방함으로써, 기업의 운영 효율성을 높이고 고객 만족도를 극대화하는 데 기여한다. 그러나, 선제적 품질 관리가 항상 긍정적인 효과만을 가져오는 것은 아니다. 실제로, 문헌 연구에 따르면, 선제적 품질 관리가 오히려 기업의 혁신성과 시장 적응력에 부정적인 영향을 미칠 수 있다는 주장도 존재한다. 이러한 양면성은 선제적 품질 관리가 기업의 장기적인 성과와 경쟁력에 미치는 영향을 면밀히 평가할 필요성을 제기한다.

선제적 품질 관리의 긍정적 효과

선제적 품질 관리는 주로 고객 만족도를 높이고, 제품과 서비스의 품질을 일관되게 유지함으로써 시장에서의 경쟁 우위를 강화한다. 선제적 접근을 통해 품질 문제를 사전에 예방함으로써, 기업은 재작업, 리콜, 또는 고객 불만과 같은 사후 비용을 줄일 수 있으며, 이는 결국 비용 절감과 운영 효율성 증대로 이어진다. 예를 들어, 캐터필러(Caterpillar)와 같은 기업은 선제적 품질 관리를 도입하여 제품의 가동 중지 시간을 최소화하고, 고객에게 제공되는 서비스의 품질을 유지함으로써 고객 충성도를 강화했다. 이러한 사례는 선제적 품질 관리가 기업의 단기적인 성과뿐만 아니라 장기적인 경쟁력 확보에도 중요한 역할을 할 수 있음을 시사한다.

선제적 품질 관리의 부정적 효과

그러나 선제적 품질 관리는 그 자체로 몇 가지 잠재적인 부정적 효과를 동반할 수 있다. Cole & Matsumiya(2004)는 기업이 지나치게 고품질을 고집할 경우, 빠르게 변화하는 시장 환경에 적응하는 데 어려움을 겪을 수 있음을 지적했다. 이는 혁신적인 제품이나 서비스 개발이 지연되거나, 새로운 시장 기회를 포착하지 못하는 결과로 이어질 수 있다. 특히, 기존의 고품질 기준을 유지하기 위해 지나치게 보수적인 접근을 취할 경우, 기업은 시장 변화에 민첩하게 대응하지 못하고 경쟁에서 뒤처질 위험이 있다. 또한, 고품질을 유지하려는 집착은 기업이 새로운 기술 도입이나 혁신적인 변화를 수용하는 데 장애물이 될 수 있으며, 이는 장기적으로 기업의 성장 잠재력을 제한할 수 있다.

타당성 분석의 필요성

이와 같은 선제적 품질 관리의 양면성을 고려할 때, 이 전략의 타당성을 면밀히 분석할 필요가 있다. 본 장은 선제적 품질 관리가 기업의 단기적인 재무 성과와 장기적인 경쟁력에 미치는 영향을 종합적으로 평가하고자 한다. 특히, 선제적 품질 관리가 기업의 가치에 어떤 영향을 미치는지를 실증적으로 분석함으로써, 이 관리 전략의 실제 효과를 검증하고자 한다. 이를 통해 기업들이 선제적 품질 관리를 도입할 때 발생할 수 있는 잠재적인 이익과 리스크를 명확히 이해할 수 있을 것이다.

사건연구방법론을 활용한 타당성 분석

본 절은 선제적 품질 관리의 타당성을 평가하기 위해 사건연구방법론(Event Study Methodology)을 활용할 예정이다. 사건연구방법론은 특정 사건이 기업의 주가와 같은 단기적 재무 성과에 미치는 영향을 분석하는 데 유용한 도구로, 선제적 품질 관리 도입이 실제로 기업 가치에 어떠한 변화를 초래하는지를 평가하는 데 적합하다. 본 절에서는 Hendricks & Singhal(2003)의 연구를 참고로 사건이 발생한 기업의 주가에 미치는 영향을 분석하였다.

사건 기간 동안의 초과수익률(Abnormal Returns)을 분석하여 선제적 품질 관리가 기업의 단기적인 재무 성과에 미치는 영향을 평가할 것이다. 이 과정에서, 사건의 발생 전후 기간 동안의 시장 수익률과 비교하여 해당 기업의 주가 변화를 추적함으로써, 선제적 품질 관리 도입이 실제로 기업 가치에 긍정적 혹은 부정적 영향을 미쳤는지를 검증할 것이다. 이러한 접근은 선제적 품질 관리가 실제로 기업의 재무적 성과에 기여하는지, 아니면 예상치 못한 부정적 결과를 초래하는지에 대한 실증적 근거를 제공할 수 있다.

타당성 분석 가설 설정

앞서 살펴본 것처럼, 선제적 품질 관리의 제공은 다양한 긍정적인 효과를 가져오지만, 반대로 부정적인 효과가 나타날 가능성도 존재한다. Cole & Matsumiya (2004)에 따르면, 고품질만을 지나치게 고집하는 기업은 새로운 시장의 변화에 유연하게 대응하는 데 어려움을 겪기도 하며, 고가치 및 고품질에만 지나치게 집중하게 될 경우 불확실성을 이유로 상품 및 서비스 혁신을 지연시키기도 한다. 또한, 고품질이 강점인 기업들은 자사의 긍정적인 평판에 붙잡혀 새로운 혁신에 취약해질 수 있으며, 변화하는 시장을 받아들이기를 거부하기도 한다. 이처럼 선제적 품질 관리를 바라보는 상반되는 시선들이 존재하기 때문에, 본 절은 선제적 품질 관리가 기업의 가치에 미치는 영향에 대한 연구가 필요하다고 판단하였으며, 그에 따른 가설들은 다음과 같다.

가설 1: 기업의 선제적 품질 관리의 제공은 해당 기업의 가치에 긍정적인 영향을 미칠 것이다.

가설 1-a: 선제적 품질 관리의 제공은 제조업체의 기업의 가치에 긍정적인 영향을 미칠 것이다.

가설 1-b: 선제적 품질 관리의 제공은 서비스 업체의 기업의 가치에 긍정적인 영향을 미칠 것이다.

가설 2: 기업의 개런티 프로그램의 제공은 해당 기업의 가치에 긍정적인 영향을 미칠 것이다.

가설 2-a: 기업의 워런티의 제공은 해당 기업의 가치에 긍정적인 영향을 미칠 것이다.

가설 2-b: 기업의 서비스 개런티의 제공은 해당 기업의 가치에 긍정적인 영향을 미칠 것이다.

가설 3: 기업의 예방적 품질 관리의 제공은 해당 기업의 가치에 긍정적인 영향을 미칠 것이다.

가설 3-a: 기업의 예방적 서비스의 제공은 해당 기업의 가치에 긍정적인 영향을 미칠 것이다.

가설 3-b: 기업의 선제적 판매 후 서비스(PPS)의 제공은 해당 기업의 가치에 긍정적인 영향을 미칠 것이다.

가설 3-c: 기업의 예방적 프로세스 품질 관리 제공은 해당 기업의 가치에 긍정적인 영향을 미칠 것이다.

가설 4: 기업의 예측적 품질 관리의 제공은 해당 기업의 가치에 긍정적인 영향을 미칠 것이다.

가설 4-a: 기업의 예측기반 품질 관리(Forecast-based Quality Management)의 제공은 해당 기업의 가치에 긍정적인 영향을 미칠 것이다.

가설 4-b: 기업의 상태기반 품질 관리(Condition-based Predictive Service)의 제공은 해당 기업의 가치에 긍정적인 영향을 미칠 것이다.

타당성 분석 진행

데이터 수집

선제적 품질 관리가 기업 가치에 미치는 영향에 대한 분석을 진행하기 위하여, 본 절은 〈월스트리트 저널(Wall Street Journal)〉, 〈PR 뉴스와이어(PR Newswire)〉, 〈비즈니스 와이어(Business Wire)〉 등의 뉴스 와이어들을 사용하여 선제적 품질 관리

표 6-1 자료 수집을 위하여 사용된 키워드

개런티 프로그램	guarantee, quality, service, satisfaction guarantee, warranty, promise, refund return, buyback, moneyback, pay back
예방적 품질 관리	prevent, preventive, prevention, prevent failure, proactive, proactively before incident, prepared, quality, preventive maintenance, post-sales, inspection, FMEA
예측적 품질 관리	predict, predictive, forecast, anticipate, anticipatory, quality, IoT, Internet of things predictive maintenance, monitor, monitoring, real-time, sensor, detect, alarm, alert personalize, personalized, customized, customize

의 제공을 나타내는 키워드들을 설정하였고, 설정된 키워드를 활용하여 선제적 품질 관리를 제공하는 내용을 포함한 뉴스 기사들을 수집하였다. 관련 기사들을 수집하기 위하여 사용된 키워드들은 [표 6-1]과 같다. 수집된 기업들의 재무 정보는 COMPUSTAT 데이터베이스에서 수집되었다.

분석을 위한 자료 수집은 모두 NYSE(New York Stock Exchange)나 NASDAQ에 등재된 상장기업만을 대상으로 이루어졌으며, 분석을 위하여 요구되는 재무 정보가 누락되었거나 부족한 기업들은 모두 제외되었다. 또한, 같은 사건에 대하여 중복되는 기사가 존재할 경우, 가장 먼저 출판된 기사의 날짜를 기준으로 수집되었다. 샘플로 수집된 기사 중 일부는 다음과 같다.

1. "Office Depot Stands by Own Brand Products with 100% Satisfaction Guarantee", Business Wire, November 01, 2011.

   위 기사는 개런티 프로그램 제공에 관한 기사 중 하나이며, 오피스 디포(Office Depot)가 자사 상품의 품질을 보증하기 위하여 소비자에게 100% 고객 만족 개런티 프로그램을 소개하였다는 기사이다.

2. "Heritage-Crystal Clean, Inc. and Battelle to Collaborate on PFAS Destruction for Wastewater", Business Wire, March 29, 2022.

   위 기사는 예방적 품질 관리 제공에 관한 기사 중 하나이며, 헤리티지-크리스탈 클린(Heritage-Crystal Clean)이 산업 폐기물로 인한 수질 오염이 발생하기 전에 이를 예방하기 위한 새로운 기술을 개발하였다는 기사이다.

3. "Semtech Announces LoRaWAN® Integration for Arson Metering's Smart Gas Metering Solution", Business Wire, December 16, 2021.
   위 기사는 예측적 품질 관리 제공에 관한 기사 중 하나이며, 셈테크(Semtech)가 사물인터넷을 적용한 실시간 모니터링 시스템을 통해 공기 중의 메탄 가스 수치가 일정 수준 이상으로 상승하면 알림을 보내는 서비스를 제공한다는 기사이다.

최종적으로 수집된 표본의 수는 총 170개이며, [표 6-2]에 따르면 선제적 품질 관리의 카테고리별 표본 수는 개런티 프로그램, 예방적 품질 관리, 그리고 예측적 품질 관리가 각각 39개, 64개, 67개로 확인되었으며, [표 6-3]에 따르면 산업별로 분류할 경우 제조업체와 서비스업체는 각각 57개, 113개로 확인되었다. 이러한 표본들을 바탕으로 사건연구방법론을 진행하였고, 이에 따라 도출된 값들이 통계적으로 유의한지 검증하기 위하여 t-Test와 Wilcoxon Signed-Rank Test를 시행하였다.

표 6-2

수집된 자료의 카테고리별 기술 통계량

카테고리	표본 수
개런티 프로그램	39
워런티	20
서비스 개런티	19
예방적 품질 관리	64
예방적 서비스	28
PPS	13
예방적 프로세스 품질 관리	23
예측적 품질 관리	67
예측기반 품질 관리	33
상태기반 품질 관리	34
총합	170

표 6-3

수집된 자료의 산업별 기술 통계량

산업	표본 수
제조업체	57
서비스업체	113
총합	170

사건연구방법론

앞서 설립한 가설들을 검증하기 위하여 사건연구방법론(Event Study)를 이용한다. 사건연구방법론을 진행하기 위해서는 가장 먼저 사건 기간(Event Window)과 추정 기간(Estimation Period)을 정의해야 한다. 사건 기간은 사건의 발생으로 인해 비정상적인 수익률이 나타날 것으로 기대되는 기간이고, 추정 기간은 사건이 발생하지 않았을 때의 정상적인 수익률을 추정하기 위해 설정되는 기간이다. 분석의 사건 기간을 사건 당일과 사건 전후일까지 포함하여 총 3일로 설정하였는데, 이는 사건에 대한 기사가 출판되기 전의 정보 유출 가능성을 고려하였기 때문이다. 또한, 추정 기간을 200일 이상으로 설정하게 되면 정상 수익률의 신뢰도를 높일 수 있다는 선행 연구를 기반으로 추정 기간을 사건 발생 전 11일에서 사건 발생 전 211일로 설정하였고, 공시 전 정보 유출의 가능성을 고려하여 사건 발생 전 10일 이전으로 하였다.

그림 6-1 수익률 추정기간

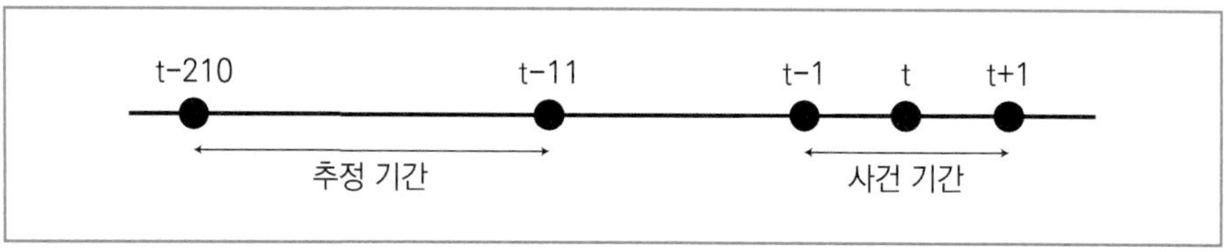

사건 기간 동안의 초과수익률은 시장 모형(Market Model)을 바탕으로 추정되었는데, 먼저 정상 수익률은 식 (6-1)과 같이 추정되었다. r_{it}는 정상 수익률을 의미하며, r_{mt}는 시장 수익률을 의미한다.

$$r_{it} = \alpha_i + \beta_i r_{mt} + \varepsilon_{it} \tag{6-1}$$

식 (6-2)는 추정 기간의 주식 수익률을 통하여 추정된 사건 기간의 주식 수익률(Estimated Return)이다.

$$\hat{r}_{it} = \hat{\alpha}_i + \hat{\beta}_i r_{mt} \tag{6-2}$$

사건 기간의 실제 주식 수익률과 추정된 사건 기간의 주식 수익률의 값의 차이를 비교하여 식 (6-3)과 같이 초과수익률(Abnormal Return: AR)을 추정하였다.

$$AR_{it} = r_{it} - \hat{\alpha}_i - \hat{\beta}_i r_{mt} \quad (6\text{-}3)$$

기업들의 개별 초과수익률을 모두 추정한 뒤, 식 (6-4)와 같이 평균초과수익률(Average Abnormal Return: AAR)을 계산하고, 이를 이용하여 사건 기간 동안의 평균초과수익률을 누적한 누적평균초과수익률(Cumulative Average Abnormal Return: CAAR)을 식 (6-5)를 통하여 계산하였다.

$$AAR_t = \sum_{i=1}^{N} \frac{AR_{it}}{N} \quad (6\text{-}4)$$

$$CAAR\,(t_1, t_2) = \sum_{t=t1}^{t=t2} AAR_t \quad (6\text{-}5)$$

타당성 분석 결과

제조업체와 서비스업체

[표 6-4]는 선제적 품질 관리를 제공한 기업의 초과수익률을 요약하였다. 사건 전날의 평균초과수익률(이하 AAR)은 0.392%로, 사건 당일에는 0.717%로 양일 모두 유의 수준 1% 하에서 유의한 값이 관찰되었다. 또한, 누적평균초과수익률(이하 CAAR)은 1.322%로 유의 수준 1% 하에서 유의한 값이 확인되었다. 따라서, 가설 1은 채택되었다.

표 6-4 선제적 품질 관리를 제공한 기업의 초과수익률

사건 기간	표본 수	AAR	t	중앙값	Z
-1	170	0.392%	2.63***[1]	0.008%	1.31
0	170	0.717%	4.14***	0.106%	4.22***
1	170	0.213%	1.43	0.009%	1.39
(-1, 1)	170	1.322%	4.24***	0.233%	3.64***

양측 검정: * $p < 0.10$; ** $p < 0.05$; *** $p < 0.01$

[표 6-5]는 선제적 품질 관리를 제공한 제조업체의 초과수익률을 요약하였다. 분석 결과, 사건 당일에 AAR은 0.512%로 유의 수준 1% 하에서 유의한 값이 관찰되었고, CAAR은 0.696%로 유의 수준 5% 하에서 유의한 값이 관찰되었다. 따라서, 가설 1-a는 채택되었다.

표 6-5 선제적 품질 관리를 제공한 제조업체의 초과수익률

사건 기간	표본 수	AAR	t	중앙값	Z
-1	57	0.024%	0.16	-0.050%	-0.47
0	57	0.512%	2.74***	0.151%	2.51**
1	57	0.159%	1.32	0.041%	1.70
(-1, 1)	57	0.696%	2.59**	0.358%	2.71***

[표 6-6]은 선제적 품질 관리를 제공한 서비스업체의 초과수익률을 요약하였다. 사건 전날에 AAR은 0.578%, 사건 당일에 0.820%로 유의 수준 1% 하에서 유의한 값이 관찰되었고, CAAR은 1.638%로 유의 수준 1% 하에서 유의한 값이 나타났다. 따라서, 가설 1-b는 채택되었다.

표 6-6 선제적 품질 관리를 제공한 서비스업체의 초과수익률

사건 기간	표본 수	AAR	t	중앙값	Z
-1	113	0.578%	2.75***	0.029%	1.97**
0	113	0.820%	3.37***	0.093%	3.46***
1	113	0.240%	1.11	-0.017%	0.55
(-1, 1)	113	1.638%	3.66***	0.153%	2.63***

개런티 프로그램

[표 6-7]은 개런티 프로그램을 제공한 기업의 초과수익률을 요약한 것으로, 사건 당일에 AAR이 0.463%로 유의 수준 5% 하에서 유의한 값이 관찰되었다. CAAR은 유의한 값이 나타나지 않았다. 따라서, 가설 2는 채택되었다.

표 6-7 개런티 프로그램을 제공한 기업의 초과수익률

사건 기간	표본 수	AAR	t	중앙값	Z
-1	39	0.183%	0.59	-0.138%	-1.51
0	39	0.463%	2.22**	0.060%	1.76*
1	39	-0.225%	-1.04	0.075%	-1.01
(-1, 1)	39	0.421%	1.12	-0.154%	0.34

[표 6-8]은 워런티를 제공한 기업의 초과수익률을 요약한 것으로 사건 기간 동안 AAR과 CAAR에서 어떠한 유의한 값도 발견되지 않았다. 따라서, 가설 2-a는 기각되었다.

표 6-8 워런티를 제공한 기업의 초과수익률

사건 기간	표본 수	AAR	t	중앙값	Z
-1	20	0.274%	0.45	-0.170%	-2.09**
0	20	0.434%	1.24	-0.013%	0.60
1	20	-0.542%	-1.43	0.100%	-1.79*
(-1, 1)	20	0.165%	0.24	-0.301%	-0.78

워런티는 보증 기간 동안 상품이 특정 수준의 품질 이상으로 기능할 것이라는 약속인데, 소비자들은 이러한 워런티를 상품 구입 시에 당연히 포함되는 것으로 여기는 경우가 많다. 때문에, 새로운 워런티에 대한 뉴스가 소비자들에게 매력적인 정보로 인식되지 않을 가능성이 높다 (Dowling, 1985). 하지만, 시간이 지남에 따

라 소비자의 상패 구매 의사가 확실해질수록 소비자가 인식하는 워런티의 가치 또한 높아지기 때문에, 워런티를 제공하는 것의 영향력이 주식 가격에 반영되기 위해서는 다른 카테고리들에 비해서 비교적 시간이 더 오래 걸릴 것으로 추측된다.

[표 6-9]는 서비스 개런티를 제공한 기업의 초과수익률을 요약하였다. 사건 당일에 AAR이 0.494%로 유의 수준 5% 하에서 유의한 값이 관찰되었으며, CAAR은 0.691%로 유의 수준 10% 하에서 유의한 결과가 나타났다. 따라서, 가설 2-b는 채택되었다.

표 6-9 서비스 개런티를 제공한 기업의 초과수익률

사건 기간	표본 수	AAR	t	중앙값	Z
-1	19	0.087%	0.76	-0.112%	0.04
0	19	0.494%	2.16**	0.093%	2.17**
1	19	0.109%	0.62	0.048%	0.48
(-1, 1)	19	0.691%	2.08*	-0.111%	1.09

예방적 품질 관리

[표 6-10]은 예방적 품질 관리를 제공한 기업의 초과수익률을 요약하였다. 사건 전날에 AAR이 0.574%, 사건 당일에 0.656%로 모두 유의 수준 5% 하에서 유의한 값이 관찰되었다. CAAR은 1.56%로 유의 수준 1% 하에서 유의한 결과가 보고되었다. 따라서, 가설 3은 채택되었다.

표 6-10 예방적 품질 관리를 제공한 기업의 초과수익률

사건 기간	표본 수	AAR	t	중앙값	Z
-1	64	0.574%	2.61**	0.174%	3.591***
0	64	0.656%	2.4**	0.211%	2.996***
1	64	0.331%	1.47	0.032%	1.42
(-1, 1)	64	1.560%	3.54***	0.440%	3.598***

[표 6-11]은 예방적 서비스를 제공한 기업의 초과수익률을 요약하였다. 사건 당일에 AAR이 0.787%로 유의 수준 5% 하에서 유의한 값이 나타났고, CAAR은 1.348%로 유의 수준 1% 하에서 유의한 결과가 관찰되었다. 따라서, 가설 3-a는 채택되었다.

표 6-11 예방적 서비스를 제공한 기업의 초과수익률

사건 기간	표본 수	AAR	t	중앙값	Z
-1	28	0.079%	0.5	0.053%	1.30
0	28	0.787%	2.15**	0.192%	2.368**
1	28	0.482%	1.1	0.132%	1.37
(-1, 1)	28	1.348%	2.96***	0.699%	2.983***

[표 6-12]는 PPS를 제공한 기업의 초과수익률을 요약하였다. 사건 당일에 AAR이 1.027%로 유의 수준 5% 하에서 유의한 값이 나타났고, 다음 날에는 0.63%로 유의 수준 10% 하에서 유의한 값이 관찰되었다. CAAR은 유의한 값이 나타나지 않았다. 따라서, 가설 3-b는 채택되었다.

표 6-12 PPS를 제공한 기업의 초과수익률

사건 기간	표본 수	AAR	t	중앙값	Z
-1	13	0.678%	0.93	0.029%	1.01
0	13	1.027%	2.41**	0.517%	2.9***
1	13	0.630%	1.79*	0.007%	0.66
(-1, 1)	13	2.335%	1.75	0.245%	1.64

[표 6-13]은 예방적 프로세스 품질 관리를 제공한 기업의 초과수익률을 요약하였다. 사건 전날에 AAR이 1.118%로 유의 수준 1% 하에서 유의한 결과가 관찰되었다. CAAR은 유의한 값이 발견되지 않았다. 따라서, 가설 3-c는 채택되었다.

표 6-13 예방적 프로세스 품질 관리를 제공한 기업의 초과수익률

사건 기간	표본 수	AAR	t	중앙값	Z
-1	23	1.118%	2.8***	0.481%	3.619***
0	23	0.286%	0.5	-0.061%	0.43
1	23	-0.023%	-0.09	-0.011%	0.15
(-1, 1)	23	1.381%	1.69	0.442%	1.43

예측적 품질 관리

[표 6-14]는 예측적 품질 관리를 제공한 기업의 초과수익률을 요약하였다. 사건 당일에 AAR이 0.923%로 유의 수준 1% 하에서 유의한 값이 나타났고, CAAR은 1.619%로 유의 수준 5% 하에서 유의한 값이 관찰되었다. 따라서, 가설 4는 채택되었다.

표 6-14 예측적 품질 관리를 제공한 기업의 초과수익률

사건 기간	표본 수	AAR	t	중앙값	Z
-1	67	0.340%	1.32	-0.051%	-0.34
0	67	0.923%	2.77***	0.051%	2.38**
1	67	0.355%	1.26	0.037%	1.47
(-1, 1)	67	1.619%	2.56**	0.222%	1.91*

[표 6-15]는 예측기반 품질 관리를 제공한 기업의 초과수익률을 요약하였다. 사건 당일의 AAR은 1.271%로, CAAR은 2.288%로 유의 수준 5% 하에서 유의한 값이 나타났다. 따라서, 가설 4-a는 채택되었다.

[표 6-16]은 상태기반 품질 관리를 제공한 기업의 초과수익률을 요약하였다. 사건 당일의 AAR은 0.586%로 유의 수준 5% 하에서 유의한 값이 나타났으며, CAAR은 유의한 값이 발견되지 않았다. 따라서, 가설 4-b는 채택되었다.

표 6-15 예측기반 품질 관리를 제공한 기업의 초과수익률

사건 기간	표본 수	AAR	t	중앙값	Z
-1	33	0.290%	0.72	-0.053%	-0.26
0	33	1.271%	2.08**	0.143%	2.21**
1	33	0.727%	1.36	0.076%	1.72*
(-1, 1)	33	2.288%	2.09**	0.410%	2.17**

표 6-16 상태기반 품질 관리를 제공한 기업의 초과수익률

사건 기간	표본 수	AAR	t	중앙값	Z
-1	34	0.389%	1.17	-0.005%	-0.01
0	34	0.586%	2.06**	-0.003%	1.33
1	34	-0.006%	-0.03	0.001%	0.39
(-1, 1)	34	0.969%	1.5	-0.001%	0.56

추가 재무적 영향에 대한 분석

본 절에서는 초과수익률에 영향을 미치는 요소들을 분석하기 위하여 추가적인 회귀분석을 진행하였다. 분석에 사용된 표본들은 무작위로 추출된 것이 아니기 때문에, 이로 인해 표본 선택 편의가 발생할 가능성이 존재한다. 이러한 문제를 완화하기 위해 추가적으로 Heckman이 1979년 제시한 Heckman 2 Stage Procedure에 기반하여 분석을 진행하였다. 1단계에서는 프로빗 모형을 활용한 선택 방정식(Probit Selection Model)을 통해 각각의 기업이 선제적 품질 관리를 제공하는 기업에 속할 확률을 구하여 역마일 값(Inverse Mills Ratio: IMR)을 추정하였다. 그리고 2단계에서는 1단계에서 추정한 IMR을 추가적인 변수로 최종 분석 모형에 포함하였다.

이를 진행하기에 앞서, 분석에는 선제적 품질 관리를 제공한 개별적인 샘플들에 대하여 SIC 코드 4자리가 동일하면서 기업의 크기(Firm Size)가 샘플 기업의 50~200%인 대조군 기업을 하나씩 매칭하였다. 기업의 크기는 총 자산(Total Asset)의 자연 로그 값으로 계산되었다.

1단계에서 사용된 프로빗 선택 방정식의 종속 변수는 1또는 0이며, 선제적 품질 관리를 제공하는 기업은 1, 제공하지 않는 기업은 0으로 설정되었다. 또한, 기업이 선제적 품질 관리를 제공하기를 선택할지를 예측하기 위해 독립변수로 Age(*AGE*), Market-Book Ratio(*M_B*), Past Firm Performance(*PFP*), 그리고 Industry 더미변수(*IND*)를 선택 방정식에 포함하였다.

오래된 기업일수록 경험이 많고 선제적 품질 관리를 효과적으로 도입하기에 충분한 자원을 가지고 있을 가능성이, 반대로 신생 기업에 가까울수록 외부 변화에 신속하게 대응 가능하고 새로운 혁신 프로그램을 비교적 유연하게 적용할 수 있다. *AGE*는 COMPUSTAT에 해당 기업이 등록된 해부터 사건이 발생한 해까지의 연수로 계산되었다.

*M_B*는 기업의 성장가능성을 대표하는 지표로 자주 사용되었으며, *PFP*는 과거 기업 성과, 즉 수익성을 나타내는 지표로써 선행 연구에서 자주 활용되었기 때문에 이러한 기업일수록 선제적 품질 관리를 제공할 가능성이 높다. *M_B*는 사건일로부터 11일 전의 자기자본(Equity)의 시장 가치를 사건일이 속한 해의 바로 직전 회계 연도의 자기자본의 장부가치로 나눈 값으로 계산되었고, *PFP*는 기업의 ROA로 계산되었다.

*IND*는 산업을 나타내는 더미 변수로 서비스업체에 속하면 1, 제조업체에 속하면 0으로 설정하였다. 서비스업체는 제조업체에 비해 새로운 시장의 변화에 빠르게 적응하는 편이며, 이런 능력이 발달될수록 외부 시장 변화를 새로운 기회로 삼아 선제적 품질 관리와 같은 혁신적인 프로그램을 도입할 가능성이 높고, 조직 내 저항이 적어 신속한 대처가 이루어질 수 있기 선제적 품질 관리 도입에 영향을 미칠 수 있다. 최종적인 1단계 선택 방정식은 식 (6-6)과 같다.

$$\Pr(Sample\ Firm = 1) = \Phi(\beta_0 + \beta_1 AGE_i + \beta_2 M\_B_i + \beta_3 PFP_i + \beta_4 IND_i + \varepsilon i) \quad (6\text{-}6)$$

1단계 분석 결과, *AGE*에서 유의 수준 5%에서 통계적으로 유의한 결과값이 관찰되었다. 이는 오래된 기업일수록 선제적 품질 관리를 제공하는 기업일 가능성이 높다는 것으로 해석이 가능하다.

2단계에서는 분석에서 관찰하려는 최종 회귀분석 모형에 1단계에서 추정된 *IMR*을 추가적인 변수로 포함하였다. 종속변수는 각 기업의 CAAR (−1, 1)로 설정하였으며, 독립변수는 Firm Size(*Firm_size*), Leverage(*Leverage*), Past

Performance Ratio(*PFP*), 그리고 IMR(*IMR*)로 설정하였다.

*Firm_size*는 기업의 크기를 나타내는 지표로, 규모가 큰 기업일수록 많은 경험과 풍부한 자원에 기반하여 선제적 품질 관리와 같은 새로운 프로그램을 효과적으로 도입 가능하지만, 규모가 작은 기업에 비해서 외부 시장 변화에 유연하게 대응하기 어려울 수 있다. 반대로, 규모가 작은 기업은 외부 변화에 신속하게 적응 가능하고 새로운 혁신을 시도하는 것에 강점이 있지만, 활용 가능한 자산 및 자원이 부족하고 경험이 부족하여 다양한 실패 상황에 부딪힐 확률도 크기 때문에, 이러한 관점에서 분석은 기업의 크기를 선제적 품질 관리의 도입에 영향을 미치는 요소로 고려하였다. *Firm_size*는 사건일이 속한 해의 바로 직전 회계 연도의 총 자산의 자연 로그 값으로 계산되었다.

*Leverage*는 기업의 부채 비율을 나타내는 성과지표로 선행 논문에서 일반적으로 사용되었으며, 이러한 비율이 높을수록 많은 비용이 요구되는 규모가 큰 투자를 수행하고 감당할 수 있는 기업의 능력도 높은 것으로 해석 가능하지만, 반대로 기업의 현금흐름 수준이 낮으며 재무 구조의 리스크가 높다는 의미로도 해석 가능하기 때문에 선제적 품질 관리의 도입에 영향을 미칠 수 있다. *Leverage*는 사건일이 속한 해의 바로 직전 회계 연도의 부채를 동일한 해의 자본의 총 시장가치로 나눈 값으로 계산되었다.

*PFP*는 기업의 과거 성과 및 수익성을 나타내는 지표로써, 과거 성과가 우수할수록 선제적 품질 관리를 성공적으로 도입할 가능성이 높은 기업으로 투자자들에게 받아들여질 가능성이 높다. *PFP*는 1단계에서와 동일한 방식으로 계산되었다. 최종 회귀분석 모형은 식 (6-7)과 같으며 분석 결과는 [표 6-17]과 같다.

$$CAAR(-1,\ 1) = \beta_0 + \beta_1 Firm\_size_i + \beta_2 Leverage_i + \beta_3 PFP_i + \beta_4 IMR_i + \varepsilon i \quad (6\text{-}7)$$

[표 6-17]은 Heckman 2 Stage Procedure의 2단계 분석 결과를 요약하였다. 2단계에서는 *PFP*와 *Leverage*에서 통계적으로 유의한 결과값이 관찰되었다. 또한, *IMR*은 통계적으로 유의한 값이 나타나지 않았기 때문에 분석에 사용된 회귀분석 모형은 선택적 편의가 큰 문제로 발생되지 않은 것으로 판단된다. 또한, F-값은 2.56($p < 0.05$)로 나타났으며 결정 계수는 11.74%, 조정된 결정 계수는 7.15%로 나타났고, 모든 변수들의 VIF 값이 5 이하로 나타났기 때문에 다중공선성에 큰 문제가 없는 것으로 판단된다.

표 6-17 초과수익률에 영향을 미치는 요인들에 관한 회귀분석

변수	계수	t	p-value
y절편	-0.022	-0.38	0.70
Firm_size	-0.002	-0.81	0.42
Leverage	0.017	1.76*	0.08
PFP	-0.072	-2.2**	0.03
IMR	0.091	0.96	0.34

PFP, 즉 ROA는 수익성을 나타내는데, 이러한 비율이 높게 나타날수록 기업이 내부 자원과 프로세스를 효율적으로 활용하여 높은 수익성을 창출하고 있다는 뜻으로 해석 가능하다. 그러나, 선제적 품질 관리와 같은 새로운 품질 관리 방식을 도입하기 위해서는 기존의 자원과 더불어 새로운 자산 및 프로세스를 구축해야 하기 때문에, 기업은 필수적으로 추가적인 자산에 투자하게 된다. 이러한 이유에서 도입 초반기에 전체적인 기반 마련을 위해 추가적인 비용이 지속적으로 소비되기 때문에, 단기적인 관점에서 ROA와 기업 가치에서 음의 관계가 나타날 가능성이 존재하며, 이러한 규모가 큰 투자를 수행하고 감당하기 위해 기업의 *Leverage* 비율 또한 증가할 수 있다.

시사점

앞서 살펴본 바와 같이 사건연구방법론을 기반으로 한 타당성 평가를 토대로 기업이 선제적 품질 관리를 도입함으로써 얻는 긍정적인 재무성과를 확인하였다. 하지만 비즈니스는 다양하고 복잡한 변수들이 얽히고 설킨 세계이기 때문에, 단순히 단기적인 재무성과만으로 해당 프로그램의 가치를 평가할 순 없으며 항상 다채로운 시각으로 바라봐야 한다. 하여 본 시사점 파트에서 재무성과 분석 외에도 선제적 품질 관리를 도입함에 있어 고려해야 하는 요소들을 짚고 넘어가도록 한다.

데이터의 한계점

우선적으로, 본 장에서 진행한 타당성 평가는 미국의 데이터를 기준으로 했다는 것을 고려해야 한다. 물론 세계 경제의 중심이며 기축통화국인 미국의 데이터를 활용한 것 그 자체가 연구의 단점은 아니다. 오히려 많은 국제유수학회지에서 널리 사용되는 국가의 데이터가 바로 미국 데이터이다. 하지만 비즈니스가 처한 환경은 각 국가와 산업에 따라 천차만별이므로 선제적 품질 관리 도입을 고려 중인 기업은 각자 사정에 맞는 구현 방안이 필요하다는 점을 유의해야 한다. 이와 같은 차이점에 기인하여 다음 몇 가지 사안을 고려 해볼 필요가 있다.

시장 환경의 차이. 미국은 세계에서 가장 발달된 자본시장과 산업 구조를 보유하고 있으며, 이는 다른 국가와 비교할 때 매우 특수한 환경을 제공한다. 선제적 품질 관리의 효과는 각 국가의 시장 특성에 따라 다르게 나타날 수 있다. 예를 들어, 선진국과 개발도상국의 시장 성숙도나 소비자 기대치는 크게 차이가 날 수 있다.

경제 구조의 차이. 미국은 대규모 다국적 기업들이 주도하는 경제구조를 가지고 있으며, 기업들이 혁신과 품질 관리를 지속적으로 발전시키는 데 필요한 자원과 인프라가 매우 발달되어 있다. 반면, 다른 국가에서는 중소기업이 경제의 큰 비중을 차지하거나, 자원의 제약으로 인해 선제적 품질 관리의 도입이 어려울 수 있다.

문화적 차이. 미국은 고객 서비스 및 품질 관리 측면에서 높은 기준을 가지고 있는 국가 중 하나이다. 이는 소비자의 기대치나 기업의 품질 관리 정책에 영향을 미친다. 하지만 문화적으로 다른 국가에서는 고객의 기대치나 품질 관리에 대한 접근 방식이 다를 수 있으며, 이는 선제적 품질 관리의 성공 여부에 영향을 줄 수 있다. 예를 들어 문헌 연구에 의하면, 일본의 경우, 개런티 프로그램과 같이 제품이나 서비스의 품질을 보장해준다는 문구를 보면 오히려 그 물건을 더 의심하는 경향이 있다고 한다.

정책 및 규제 환경의 차이. 각국의 정부 정책과 규제 환경은 선제적 품질 관리의 도입과 운영에 큰 영향을 미친다. 미국의 규제는 다른 국가와 비교할 때 자유롭거나, 특정 산업에 특화된 경우가 많다. 이러한 규제 환경에서 도출된 분석 결과를 다른 국가에 적용할 경우, 정책적 차이로 인해 효과가 달라질 수 있다. 예를 들어,

환경 규제가 엄격한 국가에서는 선제적 품질 관리가 더 강력하게 요구될 수 있지만, 미국에서 도출된 결과는 이를 반영하지 못할 수 있다. 유럽의 경우 국제 규제 및 규격의 선두주자라고 불릴 만큼 그 규제가 다양하고 세분화되어 있기 때문에, 만약 기업이 유럽과 비즈니스를 진행 중이거나 유럽 진출을 앞두고 있다면 이를 유념해야 할 것이다.

단기 재무 성과만을 평가한 것의 단점

장기적 관점 평가 필요. 단기 재무 성과를 중심으로 평가할 경우, 선제적 품질 관리의 장기적 효과를 간과할 수 있다. 선제적 품질 관리는 본질적으로 장기적 성과를 목표로 하기 때문에, 단기적 분석만으로는 이 관리 방식의 전체적인 가치를 충분히 평가하기 어렵다. 장기적으로는 브랜드 평판, 고객 충성도, 시장 점유율 증가 등의 성과가 나타날 수 있는데, 이러한 요소들은 단기적인 재무 성과로는 제대로 포착되지 않을 수 있다. 일례로 HACPP 같은 식품위생제도는 그 도입이 12~18개월까지, 혁신프로그램의 경우 4~5년이 걸린다는 선행연구의 주장이 있기에 장기적인 관점에서의 분석을 동반할 필요가 있다.

투자 회수 기간 고려 부족. 본 장에서는 초기 투자 비용에 대한 시장의 평가를 파악할 수 있도록 사건연구방법론을 통하여 단기적인 재무 성과를 분석하였다. 선제적 품질 관리는 초기 투자 비용이 상당히 높을 수 있으며, 이러한 비용이 장기적으로 회수되는 경우가 많다. 그리하여 단기 성과만 평가할 경우, 초기 비용 대비 성과가 낮게 나타날 가능성이 있어, 실제로는 긍정적인 장기적 투자임에도 불구하고 부정적인 결론을 내릴 위험이 있다.

상장 기업만을 대상으로 한 분석의 한계

비상장 기업에 대한 일반화의 어려움. 본 분석은 상장 기업을 중심으로 데이터를 수집하고 분석했기 때문에, 비상장 기업에 대한 적용 가능성에는 한계가 있다. 비상장 기업은 상장 기업과는 다른 재무 구조나 경영 전략을 가질 수 있으며, 따라서 동일한 분석 결과가 비상장 기업에도 적용될 수 있을지 확신할 수 없다.

선제적 품질 관리의 잠재적 위험

기업이 선제적 품질 관리를 제공할 때 주의해야 할 점도 존재한다. 선제적 품질 관리의 목표는 고가치 및 고품질의 추구인데, 만약 지나치게 고품질에만 집중하게 될 경우 기업들은 위험 상황에 빠지게 될 수도 있다. 높은 신뢰성과 고품질만을 고집하는 기업들은 신기술과 새로운 시장의 변화에 유연하게 대처하기 어려워지는데, 이는 고품질에만 지나치게 집중한 나머지 혁신적인 상품과 서비스가 불확실성 때문에 희생되거나 지연되기도 하기 때문이다. 또한, 고품질이 강점인 기업들은 결점 없는 고품질(Zero-Defect)이라는 자신들의 긍정적인 평판에 붙잡혀서 새로운 혁신에 취약해지고, 때로는 새로운 시장을 받아들이기를 거부하기도 한다.

앞서 논의한 바에 의하면 선제적 품질 관리는 특장점이 강력한 혁신 도구이지만, 또한 잠재적인 위험을 무시할 수 없다. 따라서 여기에서는 효과적인 선제적 품질 관리 도입을 위해 주의해야 할 사안을 알아보고자 한다.

비용. 선제적 품질 관리는 전통적으로 사후에 제공할 관리도구를 능동적으로 앞서 제공한다는 개념에 착안한 것이기 때문에, 어쩌면 더 높은 품질 비용 지출 혹은 발생하지도 않을 일에 대해 비용을 지출하게 될 수도 있다는 위험을 안고 있다. 앞서 살펴본 햄튼 호텔의 예시에서, 햄튼 호텔이 초기 10년 간 지불한 비용은 사업의 규모를 생각해 보면 상당한 금액이었기에 선제적 품질 관리를 도입하려고 하는 기업 입장에서는 발생하게 될 비용을 고려하지 않을 수 없다. 따라서 본 절에서는 선제적 품질 관리 도입이 기업의 재무성과에 미치는 영향을 탐구해 보았다.

조직차원 저항. 선제적 품질 관리는 새로운 인력을 요구로 하거나 조직의 개편, 직원들을 교육하는 내용이 포함될 수 있다. 캐터필러(Caterpillar)가 설립된 연도는 1925년도로, 광산장비와 가스터빈을 주력으로 생산하던 20세기에는 현재의 소프트웨어 인력들이 존재하지 않았다. 캐터필러의 경우 성공적으로 조직을 개편하고 새로운 인력을 도입하여 IoT 장비를 활용한 소프트웨어 경쟁력도 갖추고 완제품의 경쟁력도 제고하는 데 성공하였지만, 모든 기업이 이를 잘 해낼 수 있는 것은 아니다. 조직 차원에서 이익을 둘러싼 갈등이 발생할 수도 있으며, 새로운 인력을 차출하기에 자원이 부족하거나 직원들을 교육하는 데 있어 매뉴얼의 부재 등 난항을 충분히 겪을 수 있다.

접촉 빈도 및 타이밍. 선제적 품질 관리는 기존 수동적인 방식에서 탈피하기 때문에 필연적으로 고객과의 접촉 빈도가 높으며, 이 높아진 접촉 빈도로 인하여 고객의 시간과 편의를 침해할 수 있다. 즉, 고객이 만족하기는커녕 되려 선제적 품질 관리로 인하여 짜증을 느낄 수 있다는 위험을 안고 있다. 따라서 선제적 품질 관리를 구현할 때, 모든 고객에게 동일한 빈도로 접근하지 말되 각 고객의 속성과 선호를 파악하는 것이 중요하다. 아마존의 예시를 볼 때, 고객이 판매자로부터 원하는 내용(예: 신제품 소식, 제품 배송 현황 등)의 접촉만 허용하게 만들어 고객의 편의를 증대시켰다.

제품 수명 주기. 유사한 제품이나 서비스 요구 사항을 추적하여 고객이 더 높은 수준의 제품이나 서비스를 요구할 시기를 예측해야 한다. 정보 기술 관련 소프트웨어의 경우, 조작 난이도가 높은 편에 속하기 때문에 상품을 구매한 고객이 서비스 시작 후 처음 30일 동안 평균보다 높은 수준의 지원이 필요하다는 사실을 발견하였다. 이 경우, 지원을 제공할 수 있는 충분한 수의 숙련된 직원을 확보해 두어야 이러한 요구 사항에 대비할 수 있다.

고객 기대 관리. 선제적 품질 관리로 인하여 제품이나 서비스 수준이 높아질수록 고객의 기대도 같이 높아지는 문제가 있다. 높은 고객 만족을 위하여 실행하는 프로그램이라고는 하나, 지나치게 수준 높을 경우 고객이 여러 방면에서 높은 수준의 제품이나 서비스를 기대하도록 만들어버릴 수 있다는 위험을 갖고 있다. 이를 잘 해결한 예시로 리치 칼튼 호텔은 2005년 정보 기술 시스템인 '미스틱'을 활용하여 관찰과 피드백을 통해 얻은 고객 행동 데이터를 가시화해 두었다. 이를 통해 모든 호텔에서 고객들이 기대하고 있는 내용을 선제적으로 파악하고, 그에 걸 맞는 서비스를 제공하는 방식으로 고객들의 기대에 부응함과 동시에 고객들이 앞으로 요구할 사안들을 미리 파악해 두어 대비해 두는 방식으로 고객의 기대치를 잘 관리해 나가고 있다.

사용자 교육. 선제적 품질 관리를 도입할 땐, 제품이나 서비스를 소비하는 고객이 어떤 성향을 가진 사람인지 파악하는 것이 도움이 된다. 품질 관리 방식이 아무리 뛰어나도 고객이 이를 제대로 활용할 수 없다면, 실제로 그 가치가 제대로 고객 만족이나 재구매 의도 등 주요 요소으로 치환되지 못할 수 있다. 하지만 일종의 침해로 느끼거나 부적정한 방식이라고 느끼는 고객도 존재할 수 있기에 사전에 고객이 어떤 성향인지 식별하여 고객이 적극적인 교육과 피드백을 구하는 성향의 사람이라면, 해당 서비스를 제공하는 것이 올바른 방향일 수 있다.

고객 참여. 선제적 품질 관리 구현은 또한 가치 사슬의 당사자인 고객과 협력할 것을 권장한다. 예를 들어 현대차의 오너 정비소와 같이 현대차 구매 고객에게 정비 노하우를 직접 전수해 주거나 발생할 수 있는 고장들을 미리 경험할 수 있게 하는 방식으로 고객과 파트너에게 특정한 사후 관리를 제공할 수 있다.

개인정보 보호. 고객들은 개인정보 보호 문제에 직면하면 이른바 '프라이버시 계산'을 수행한다. 즉, 사회적·경제적 위험보다 기대 이익이 더 크다고 판단되면 일부 개인정보를 기꺼이 제공하기도 한다. 기업은 선제적 품질 관리를 구현하려면 고객 정보가 많이 필요하므로 개인정보 보호 이슈를 특히 중시한다. 이때 정보를 수집하기 전에 고객의 명시적 동의를 얻는 절차가 가장 효율적이다. 예컨대 메리어트 호텔은 온라인 양식을 통해 고객이 직접 정보를 입력하도록 하고, 서비스 이용에 동의한다는 확인을 받는다. 구글은 데스크톱 검색 사용자의 경험을 최적화하려고 사용 데이터를 수집할 수 있는 권한을 요청하며, 온라인 게임 플랫폼 스팀도 고객 PC 사양 데이터를 미리 수집할 수 있도록 사전에 승인받는다.

진정성. 기업이 아무리 선제적 품질 관리를 도입하여 제품이나 서비스의 질을 개선해 놓았더라도 기업 태도 혹은 이를 보여주는 방식에 따라서 고객을 무관심하게 만들거나 고객으로부터 반응이 없을 수도 있다는 점을 명심해야 한다. 이를 해결하기 위해 고객과 소통하고 공감하는 서비스 제공을 장려하는 정책과 표시 규칙을 도입하는 방안을 생각해 볼 수 있다. 닛산은 고객이 자동차 구매 후 전화 문의를 통하여 구매 및 초기 소비 경험이 얼마나 편안했는지 조사한다. 이를 통해 고객이 닛산과의 상호 작용의 품질에 만족하는지 확인하는 데 중점을 두어 그들의 진정성이 고객에 잘 전달되었는지 파악하는 데 활용한다.

결론

본 장은 선제적 품질 관리의 개념을 정의 및 세 가지 세그먼트(개런티 프로그램, 예방적 품질 관리, 예측적 품질 관리)로 분류하여 타당성 분석의 결과를 평가하였다. 또한, 추가적으로 선제적 품질 관리를 도입하는 것이 기업의 가치에 긍정적인 영향을 미친다는 사실을 사건연구방법론을 통해 검정하였다. 또한, 보다 구체적인 정의와 다양한 구현 방식들을 분류화를 통해 제시함으로써 아직 정립 중에 있는 선제적 품질 관리의 개념 정립에 기여하였다. 선제적 품질 관리를 실제로 구현하는 다양한 방법들(워런티, 서비스 개런티, 예방적 서비스, PPS, 예방적 프로세스 품질 관리, 예측기반 품질 관리, 상태기반 품질 관리)을 제시함으로써 선제적 품질 관리를 현재 제공 중이거나 제공할 계획이 있는 현대 기업들에게 구체적이고 다양한 지침으로써 작용할 것으로 기대된다.

Reference

Ahmad, R., & Kamaruddin, S. (2012). An overview of time-based and condition-based maintenance in industrial application. *Computers & Industrial Engineering*, 63(1), 135-149. https://doi.org/10.1016/j.cie.2012.02.002

Barkai, O., & Harison, E. (2011). Preventive service management: towards pro-active improvement of service quality. *Review of Business Information Systems*, 15(4), 19-30. https://doi.org/10.19030/rbis.v15i4.6009

Beverland, M., Farrelly, F., & Woodhatch, Z. (2007). Exploring the dimensions of proactivity within advertising agency-client relationships. *Journal of Advertising*, 36(4), 49-60. https://doi.org/10.2753/JOA0091-3367360404

Blocker, C., Flint, D., Myers, M., & Slater, S. (2011). Proactive customer orientation and its role for creating customer value in global markets. *Journal of the Academy of Marketing Science*, 39, 216-233. https://doi.org/10.1007/s11747-010-0202-9

Challagalla, G., Venkatesh, R., & Kohli, A. (2009). Proactive postsales service: when and why does it pay off? *Journal of Marketing*, 73(2), 70-87. https://doi.org/10.1509/jmkg.73.2.70

Chen, L., Li, T., Jia, F., & Schoenherr, T. (2022). The impact of governmental COVID-19 measures on manufacturers' stock market valuations: The role of labor intensity and operational slack. *Journal of Operations Management*, 1-22. https://doi.org/10.1002/joom.1207

Clark, P. (2010). Contingency planning and strategies. *Association for computing machinery*, 131-140. https://doi.org/10.1145/1940941.1940969

Coad, A., Segarra, A., & Teruel, M. (2016). Innovation and firm growth: does firm age play a role? *Research Policy*, 45(2), 387-400. https://doi.org/10.1016/j.respol.2015.10.015

Cole, R., & Matsumiya, T. (2007). Too much of a good thing? Quality as an impediment to innovation. *California Management Review*, 50(1), 77-93. https://doi.org/10.2307/41166417

Corbett, C., Montes-Sancho, M., & Kirsch, D. (2005). The financial impact of ISO 9000 certification in the United States: an empirical analysis. *Management Science*, 51(7), 1046-1059. https://doi.org/10.1287/mnsc.1040.0358

Craighead, C., Karwan, K., & Miller, J. (2004). The effects of severity of failure and customer loyalty on service recovery strategies. *Production and Operations Management*, 13(4), 307-321. https://doi.org/10.1111/j.1937-5956.2004.tb00220.x

Dowling, G. (1985). The effectiveness of advertising explicit warranties, *Journal of Public Policy & Marketing*, 4, 142-152. http://www.jstor.org/stable/30000080

Foster, S. (1998). The ups and downs of customer-driven quality, *Quality Progress*, 31, 67-72.

Glasser, G. (1967). The age replacement problem. Technometrics, 9(1), 83-91. https://doi.org/10.2307/1266320

Gligor, D., & Holcomb, M. (2012). Antecedents and consequences of supply chain agility: establishing the link to firm performance. *Journal of Business Logistics*, 3(4) 295-308.

Han, Y., Rhim, H., & Yeon, S. (2017). Understanding concepts of proactive services and cases. *Productivity Review*, 31(3), 198-224.

Heckman, J. (1979). Sample selection bias as a specification error. *Econometrica*, 47(1), 153-161. https://doi.org/10.2307/1912352

Hendricks, K., & Singhal, V. (2003). The effect of supply chain glitches on shareholder wealth. *Journal of Operations Management*, 21, 501-522. https://doi.org/10.1016/j.jom.2003.02.003

Hendricks, K., & Singhal, V. (2005). An empirical analysis of the effect of supply chain disruptions on long-run stock price performance and equity risk of the firm. *Production and Operations Management*, 14(1), 35-52. https://doi.org/10.1111/j.1937-5956.2005.tb00008.x

Hitt, M., & Ireland, R. (1985). Corporate distinctive competence, strategy, industry and performance. *Strategic Management Journal*, 6(3), 273-93.

Hogreve, J., & Gremler, D. (2009). Twenty years of service guarantee research. *Journal of Service Research*, 11(4), 322-343. https://doi.org/10.1177/1094670508329225

Holbrook, R., & Kulik, C. (2001). Customer perceptions of justice in service transactions: the effects of strong and weak ties. *Journal of Organizational Behavior*, 22, 743-757. https://doi.org/10.1002/job.108

Homburg, C., Vollmayr, J., & Hahn, A. (2014). Firm value creation through major channel expansions: evidence from an event study in the United States, Germany, and China. *Journal of Marketing*, 78(3), 38-61. https://doi.org/10.1509/jm.12.0179

Jacobs, B., & Singhal, V. (2020). Shareholder value effects of the Volkswagen emissions scandal on the automotive ecosystem. *Production and Operations Management*, 29(10), 2230-2251. https://doi.org/doi:10.1111/poms.13228

Jacobs, B., Singhal, V., & Zhan, X. (2022). Stock market reaction to global supply chain disruptions from the 2018 US government ban on ZTE. *Journal of Operations Management*, 68(8), 903-927. https://doi.org/10.1002/joom.1197

Kale, J., & Shahrur, H. (2007). Corporate capital structure and the characteristics of suppliers and customers. *Journal of Financial Economics*, 83(2), 321-365. https://doi.org/10.1016/j.jfineco.2005.12.007

Klockner, M., Schmidt, C., & Wagner, S. (2022). When blockchain creates shareholder value: empirical evidence from international firm announcements. *Production and Operations Management*, 31(1), 46-64. https://doi.org/10.1111/poms.13609

Liu, X., Yeung, A., Lo, C., & Cheng, T. (2014). The moderating effects of knowledge characteristics of firms on the financial value of innovative technology products. *Journal of Operations Management*, 32, 79-87. http://dx.doi.org/10.1016/j.jom.2013.11.003

Meyer, J., Gremler, D., & Hogreve, J. (2014). Do service guarantees guarantee greater market value? *Journal of Service Research*, 17(2), 150-163. https://doi.org/10.1177/1094670513505359

Modi, B., Wiles, M., & Mishra, S. (2014). Shareholder value implications of service failures in triads: The case of customer information security breaches. *Journal of Operations Management*, 35(1), 21-39. https://doi.org/10.1016/j.jom.2014.10.003

Murthy, D., & Djamaludin, I. (2002). New product warranty: a literature review. *International Journal of Production Economics*, 79, 231-260. https://doi.org/10.1016/S0925-5273(02)00153-6

Murthy, D., & Jack, N. (2014). *Extended warranties, maintenance service and lease contracts*. Springer Science & Business Media.

Nair, P. (2023). Anticipatory shipping: an overview on implementation of anticipatory shipping through a managerial perspective. *EPRA International Journal of Economics, Business and Management Studies*, 10(3), 16-21. https://doi.org/10.36713/epra1013

Pacaiova, H., Nagyova, A. (2019). Risk based thinking - new approach for modern enterprises' management. *Advances in Human Factors, Business Management and Society*, 1(783), 524-536. https://doi.org/10.1007/978-3-319-94709-9_52

Poll, R., Polyvyanyy, A., Rosemann, M., Roglinger, M., & Rupprecht, L. (2018). Process forecasting: towards proactive business process management. *International Conference on Business Process Management*, 11080, 496-512. https://doi.org/10.1007/978-3-319-98648-7_29

Prajapati, A., Bechtel, J., & Ganesan, S. (2012). Condition based maintenance: a survey. *Journal of Quality in Maintenance Engineering*, 18(4), 384-400. https://doi.org/10.1108/13552511211281552

Rath, F. M.S.I.E. (2008). Tools for developing a quality management program: proactive tools (process mapping, value stream mapping, fault tree analysis, and failure mode and effects analysis). *International Journal of Radiation Oncology*Biology*Physics*, 71(1), 187-190. https://doi.org/10.1016/j.ijrobp.2007.07.2385

Reichheld, F., & Sasser, W. (1990, September-October). Zero defections: quality comes to services. *Harvard Business Review*, 105-111.

Shou, Y., Shao, J., & Wang, W. (2021). How does reverse factoring affect operating performances? an event study of Chinese manufacturing firms. *International Journal of Operations & Production Management*, 41(4), 289-312. https://doi.org/10.1108/IJOPM-07-2020-0469

Stock, G., Greis, N., & Fischer, W. (2002). Firm size and dynamic technological innovation. *Technovation*, 22, 537-549.

Teplika, K., Senova, A., Hurna, S., & Szalay, Z. (2021). FMEA - a preventive tool of risks assessment and detection of processes failures. *Calitatea*, 22(182), 41-45.

Udell, J., & Anderson, E. (1968). The product warranty as an element of competitive strategy. *Journal of Marketing*, 32(4), 1-8. https://doi.org/10.1177/0022242968032004

Verdu-Jover, A., Llorens-Montes, F., & García-Morales, V. (2004). The concept of fit in services flexibility research: an empirical approach. *International Journal of Service Industry Management*, 15(5), 499-514. https://doi.org/10.1108/09564230410564957

Wallenburg, C., & Lukassen, P. (2011). Proactive improvement of logistics service providers as driver of customer loyalty. *European Journal of Marketing*, 45(3), 438-454. https://doi.org/10.1108/03090561111107267

Wang, X., Liu, B., & Zhao, X. (2021). A performance-based warranty for products subject to competing hard and soft failures. *International Journal of Production Economics*, 233(12), 107974. https://doi.org/10.1016/j.ijpe.2020.107974

Zeithaml, V. (1988). Consumer perceptions of price, quality, and value: a means-end model and synthesis of evidence. *Journal of Marketing*, 52(3), 2-22. https://doi.org/10.2307/1251446

제7장
선제적 서비스 품질 관리

서비스 기업들은 고객의 편의를 위해 다양한 서비스를 제공해 왔다. 그러나 고객의 요구가 끊임없이 변화하는 서비스 환경에서 전통적인 서비스 시스템은 고객을 만족시키지 못할 수 있다. 고객의 서비스 요구가 기업의 품질 향상을 초과할 경우, 기업은 서비스 실패의 위험을 감수하게 된다. 이러한 서비스 환경에서는 고객이 예상치 못한 요구를 제기할 수 있으며, 고객의 요구에 맞추기 위해 적극적인 대응이 필요하다. 전통적인 서비스 제공 방법은 고객의 요청이 접수된 후에야 서비스를 수동적으로 제공하는 방식이다. 이러한 유형의 서비스를 반응형 서비스 품질 관리라고 한다. 문제 발생 후 제공되는 서비스로는 고객을 만족시키기 어렵다. 기업이 고객의 요구를 충족시키기 위해 새로운 서비스 전략을 도입하는 것이 필수적이다. 이전 연구들은 선제적 서비스 품질 관리를 해결책 중 하나로 제안했다. 선제적 서비스 품질 관리는 문제가 발생하기 전에 이를 예방하거나 고객의 내재된 요구를 충족시키기 위해 미리 제공되는 모든 종류의 서비스를 의미한다. 선제적 서비스 품질 관리는 사후에 적용되는 서비스 제공 개념에서 영감을 얻은 개념이다. 선제적 서비스 품질 관리는 향후 발생할 수 있는 잠재적인 문제를 해결함으로써 고객 만족과 비용 절감 같은 긍정적인 결과를 가져오며, 기업에 경제적 부담을 주지 않는다. 문헌 연구에 따르면, 선제적 서비스 품질 관리는 고객 충성도와 시장 점유율을 증가시킬 잠재력을 가지고 있다.

서비스 산업이 가지는 특성

서비스의 고유한 특성

본격적으로 선제적 서비스 품질 관리를 논하기에 앞서, 먼저 서비스의 본질적 특성에 대한 이해가 필요하다. 서비스는 제조업과 구별되는 서비스만의 독특한 관리 방식과 전략을 요구한다. 이러한 특성은 서비스 품질 관리의 방향성을 결정하는 중요한 요소로 작용하며, 전통적인 제품의 품질 관리와는 차별화된 접근이 필요하다. 그 고유한 특성은 다음과 같다.

무형성

서비스는 눈에 보이지 않으며 물리적인 형태를 갖추지 않은 무형(Intangibility)의 산출물이다. 이는 서비스가 정량화하기 어렵고, 품질을 사전에 평가하거나 비교하는 것이 어렵다는 특징을 가진다. 고객은 서비스가 완료된 후에야 그 가치를 평가할 수 있다.

무재고

서비스는 사전에 생산하여 재고로 보관할 수 없다(No Inventories). 이는 서비스 제공이 수요와 밀접하게 연계되어 있으며, 필요 시 즉각적인 제공이 이루어져야 함을 의미한다. 따라서 서비스 제공자는 수요 변동에 유연하게 대응해야 하며, 고객 대기 시간을 최소화하는 것이 중요하다.

그림 7-1 서비스의 고유 특성 중 하나인 무재고성

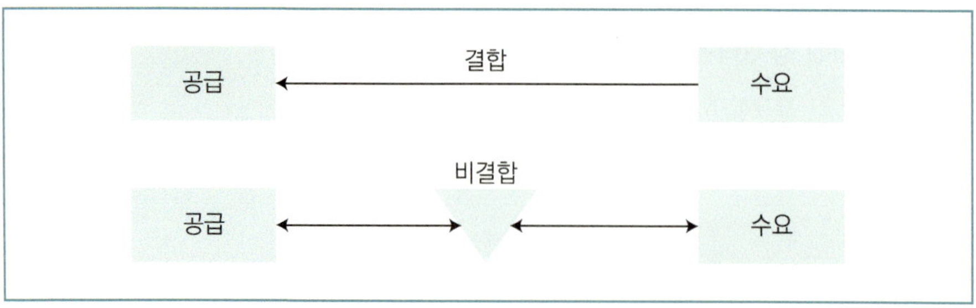

제조업과 서비스업은 재고(Inventory) 관리에서 근본적인 차이를 보인다. 제조업에서는 제품을 미리 생산해 재고로 보관함으로써 수요 변동에 대응할 수 있다. 반면 서비스업은 재고가 존재하지 않으며, 고객의 수요에 즉각적으로 대응해야 한다는 점에서 본질적으로 다르다.

서비스업에서는 공급과 수요가 실시간으로 연결되어 있다. 이는 고객의 요청에 따라 서비스가 즉시 제공되며, 사전에 준비된 재고가 없다는 것을 의미한다. 고객이 요구하는 순간에 서비스가 동시에 생산되고 소비된다. 항공사나 호텔 예약 서비스를 떠올려 보자. 이들 서비스는 고객의 수요에 따라 즉각적으로 제공되며, 사전 재고의 개념이 적용되지 않는다.

반대로 제조업에서는 공급과 수요가 분리될 수 있다. 제조업체는 제품을 미리 생산하여 재고로 보유함으로써 수요가 발생할 때 즉각적으로 공급할 수 있는 완충 장치를 마련한다. 이는 생산자에게 수요 변동에 대한 유연성을 제공하며, 공급자 측에서 재고를 조절함으로써 시장 수요에 대응할 수 있게 된다.

또한, 재고 비용에서도 차이를 보인다. 제조업체는 제품을 미리 생산하고 재고로 보유하기 때문에, 이 과정에서 발생하는 비용을 생산자가 부담하게 된다. 이러한 비용에는 재고 관리 비용, 보관 비용, 그리고 재고 손실 위험 등이 포함된다. 제조업체는 수요 예측을 바탕으로 재고를 관리하며, 이는 생산 계획과 긴밀하게 연결되어 있다.

반면 서비스업은 사전 재고가 없기 때문에, 고객이 서비스를 기다리는 시간인 대기열(Queue, Line)이 발생하며, 이 대기 시간의 비용은 고객이 부담하게 된다. 예를 들어, 병원에서 환자가 진료를 기다리는 시간이나, 콜센터에서 고객이 전화를 대기하는 시간은 서비스업에서 흔히 발생하는 대기열의 예다. 대기 시간이 길어질수록 고객의 불만이 증가할 수 있으며, 서비스 제공자는 이를 최소화하기 위한 대기열 관리가 필수적이다.

이 밖에도 공급과 수요를 분리할 수 없고, 생산공정의 분리와 단계화를 중앙화하는 것의 난이도가 어려운 것, 계절적 변동에 대응이 어려운 점, 재고를 통한 다양한 믹스 제공 불가능 등 서비스업만이 갖는 특이점이 존재한다.

이전성 결여

서비스는 물리적으로 이동시킬 수 없다는 특징을 가지고 있다. 서비스의 이전성 결여(Lack of Portability)는 제3자 유통업체나 채널을 통한 분배가 불가능하고, 소매 채널을 통한 다양한 제품 믹스를 제공하기 어렵다는 점에서 물리적 제품과 차별화된다. 서비스는 고객이 직접 접근해야 하며, 중앙 집중화된 생산이 불가능해 규모의 경제를 실현하기 어려운 특성을 가진다. 따라서 서비스 제공자는 접근성을 확보하기 위해 서비스 지점을 여러 위치에 분포시키는 전략을 취해야 하며, 이는 위치 경쟁이 중요한 요소로 작용하게 만든다. 이러한 특성은 서비스 관리에서 효율성과 고객 맞춤형 서비스를 제공하는 데 있어 큰 도전 과제로 작용한다.

즉, 서비스는 특정 장소에서 제공되며, 해당 장소에서 소비된다. 예를 들어, 병원에서 제공되는 진료 서비스는 병원 내부에서만 소비될 수 있으며, 이를 다른 장소로 옮길 수 없다.

동시 생산과 소비

서비스는 생산과 소비가 동일한 시점에서 이루어지며(Simultaneous Production and Consumption), 이로 인해 생산 장소가 소비 장소가 되기도 한다. 이러한 특성 때문에 고객은 서비스 제공 과정에 직접 관여하게 되고, 서비스 과정이 고객에게 직접적으로 가시적인 요소로 평가된다. 또한, 서비스의 생산 속도는 고객의 소비 속도에 따라 달라질 수 있으며, 제조업과 달리 서비스 제공자(현장 직원)는 고객과 밀접한 관계를 유지하게 된다. 이는 서비스업에서 현장 근무자가 고객 경험에 미치는 영향이 크다는 점을 강조하며, 고객과의 상호작용이 서비스 품질에 중요한 역할을 한다.

이 말은, 즉 서비스 제공이 이루어지는 순간 고객이 서비스를 소비하게 된다는 것을 의미하며, 제조업과 달리 생산 과정이 곧 소비 과정과 직결된다. 예를 들어, 요식업 서비스에서는 고객이 서비스의 속도와 품질을 동시에 경험하게 되며, 그 평가가 즉각적으로 이루어진다.

고객의 참여

서비스 제공 과정에서 고객의 참여(Customer Involvement)가 필수적이다. 고객은 서비스의 공동 생산자로서 서비스 제공 과정에 적극적으로 개입하며, 결과적으로 서비스의 품질에 직접적인 영향을 미친다. 예를 들어, 의료 서비스에서 환자는 자신의 건강 상태에 대한 정보를 제공하며, 그에 맞춰 치료가 이루어진다.

복잡한 사양

서비스는 고객의 요구에 맞춰 맞춤형으로 제공되며, 사양이 일반적인 제품에 비해 상대적으로 복잡하다(Complex Specifications). 고객마다 다른 기대와 요구사항을 가지고 있기 때문에 서비스 제공자는 이를 적절하게 반영해야 하는 문제에 직면해 있다.

서비스품질 관리의 특성

일반적인 품질 관리(주로 실물 제품 품질 관리)와 서비스 품질 관리는 그 목적은 동일하게도 고객 만족도와 품질 일관성을 보장하는 데 있지만, 일반적으로 서비스 품질 관리는 산업의 특성과 본질적인 차이로 인해 차이점이 존재한다. 서비스 품질 관리의 의의에 대해 알아보고자 한다.

고객의 존재

서비스업에서는 고객이 생산 과정에 직접 참여하기 때문에 생산 프로토콜이 영향을 받으며, 특히 노동의 분업화가 어렵다. 고객이 직접 현장에서 서비스 제공을 경험하게 되면, 그들의 대기 시간이 중요한 관리 요소로 부각된다. 또한, 고객은 다른 고객들과 상호작용하면서 정보를 교환하고 서비스를 비교하는 등의 행위를 통해, 서비스에 대한 평가를 내릴 수 있다. 이는 서비스가 실시간으로 비교되고, 다른 고객들에게 긍정적 또는 부정적 영향을 미칠 수 있는 중요한 특성으로 작용한다. 결과적으로, 고객의 존재는 서비스 품질과 고객 만족에 직접적인 영향을 주며, 서비스 제공자는 이러한 특성을 고려해 고객 경험을 관리할 필요가 있다.

서비스 관리의 일반적 시사점

서비스의 무형성, 재고 불가, 비휴대성, 동시 생산 및 소비, 고객 참여 등의 특성은 서비스 운영 관리에 중요한 도전 과제를 제시한다. 서비스 제공자는 실시간으로 고객의 요구에 대응할 수 있는 능력을 보유해야 하며, 고객 경험이 곧 서비스 품질의 핵심 평가 요소로 작용한다. 따라서 서비스 관리자는 고객과의 상호작용을 강화하고, 피드백 시스템을 체계적으로 구축함으로써 고객 만족도를 지속적으로 유지 및 개선하는 전략을 수립할 필요가 있다.

시장과 경쟁에 미치는 영향

서비스 산업에서의 경쟁은 제품과 달리 경험과 차별화된 고객 가치 제공에 초점을 맞춘다. 단순한 가격 경쟁을 넘어, 고객이 느끼는 경험의 품질이 경쟁 우위의 핵심 요소가 된다. 고객 만족도와 충성도를 높이는 것이 장기적인 경쟁력으로 이어지며, 이를 위해 서비스 제공자는 유연한 운영 시스템과 고객 중심의 전략을 도입해야 한다. 특히, 시장 변화에 민첩하게 대응할 수 있는 능력이 기업의 경쟁력 확보에 결정적 역할을 한다.

정보 기술이 서비스에 미치는 영향

정보 기술의 발전은 서비스 제공 방식을 근본적으로 변화시키고 있다. 자동화 시스템, 인공 지능(AI), 빅데이터 분석을 통해 고객의 요구를 실시간으로 파악하고, 이를 기반으로 맞춤형 서비스를 제공하는 것이 가능해졌다. 디지털 기술의 도입은 서비스의 효율성을 향상시키고, 고객 경험을 개선하는 데 중요한 역할을 하며, 특히 원격 서비스를 포함한 다양한 채널에서 고객과의 상호작용을 증대시킬 수 있는 기반을 제공한다. 따라서, 서비스 제공자는 기술적 인프라를 구축하고 활용함으로써 고객 가치 창출을 극대화할 수 있는 방안을 모색해야 한다.

전략 변화

서비스 관리 전략은 고객의 기대를 충족시키고, 이를 넘어서는 방식으로 진화하고 있다. 서비스 차별화는 맞춤형 서비스 제공과 고객 경험을 최적화하는 방향으로 이루어진다. 또한, 고객 피드백을 적극적으로 반영하여 지속적인 개선을 이루는 프로세스가 전략의 중심에 자리 잡고 있다. 고객의 요구가 끊임없이 변화하는 환경에서 서비스 제공자는 민첩한 전략을 유지해야 하며, 변화하는 수요에 신속하게 대응할 수 있는 역량을 갖추는 것이 중요하다.

조직 구조에 미치는 영향

서비스 조직의 구조는 고객 중심으로 설계되어야 한다. 고객과의 직접적인 접점에서 신속한 의사 결정이 가능하도록 수평적이고 유연한 조직 구조가 필요하며, 현장 직원들의 권한과 책임을 강화하여 고객 대응 능력을 제고하는 것이 필수적이다. 이를 통해, 서비스 제공자는 고객의 요구에 실시간으로 대응할 수 있는 역량을 확보하고, 부서 간 협력을 통해 서비스 품질을 향상시킬 수 있다.

고객의 참여

서비스 제공 과정에서 고객은 다양한 방식으로 생산에 참여할 수 있으며, 그 참여는 수동적일 수도, 능동적일 수도 있다. 예를 들어, 의료 서비스에서 환자는 수동적으로 참여하지만, 셀프서비스(예: 차량세차)와 같은 경우에는 능동적으로 참여하게 된다. 또한, 교육과 같은 분야에서는 고객과 서비스 제공자가 공동으로 참여하는 형태를 띠기도 한다. 이러한 서비스에서는 고객이 서비스의 결과에 직접 영향을 미치는 공동 생산자의 역할을 하기 때문에, 고객의 참여를 관리하는 것이 중요하다.

서비스의 다양한 형태와 예외 사항들

사전 생산이 불가능함

서비스는 사전 생산이 불가능한 경우가 많다. 예를 들어, 예정된 교통 수단(버스, 기차, 항공기 등)은 사전에 생산할 수 없으며, 고객의 요청에 따라 실시간으로 제공된다. 이와 같은 서비스는 사전에 준비되지 않고, 특정 시간에 맞춰 제공되므로 즉각적인 대응이 요구된다.

유형의 결과물이 있는 경우

일반적으로 서비스는 무형의 결과물을 제공하지만, 예외적으로 유형의 결과물을 남기는 서비스도 존재한다. 예를 들어, 도랑 파기와 같은 작업은 유형적 결과물을 생성하며, 고객이 이를 눈으로 확인할 수 있는 특징을 갖는다. 이러한 서비스는 결과물의 품질을 평가하기 쉽다.

이전성이 있는 경우

대부분의 서비스는 제공 장소에서 소비되는 비이전성을 가지지만, 일부 서비스는 이전 가능하다. 예를 들어, 코드 작성이나 보고서 작성과 같은 작업은 장소에 구애 받지 않고, 원격으로 수행되거나 결과물을 다른 장소로 이동할 수 있다. 이는 정보와 지식에 기반한 서비스에서 흔히 나타나는 현상이다.

원격 접근성

서비스는 고객이 직접 현장에 있지 않더라도 원격으로 접근할 수 있다. 핫라인 서비스나 정보 제공 서비스는 고객이 물리적으로 특정 장소에 있을 필요 없이, 전화나 인터넷을 통해 원격으로 이용할 수 있다. 이러한 서비스는 고객의 편의를 크게 증대시킨다.

고객의 물리적인 참여요구

일부 서비스는 고객이 현장에 있어야만 제공될 수 있다. 예를 들어, 수표 처리 서비스는 고객이 은행에 방문하거나 직접적인 참여가 있어야 처리되는 경우가 많다. 이는 고객의 직접적인 참여가 서비스 제공 과정에서 필수적인 경우를 나타낸다.

복잡한 요구사양

서비스는 간단한 명세로 제공될 수 있지만, 일부 서비스는 복잡한 사양을 요구하기도 한다. 예를 들어, 익일 배송 서비스는 고객의 요구에 따라 정확한 시간과 장소에 맞춰야 하며, 이를 위해 고도의 계획과 실행 능력이 필요하다. 이러한 복잡성은 서비스 제공자에게 높은 수준의 운영 관리 능력을 요구한다.

측정 가능성

일부 서비스는 성과를 명확하게 측정할 수 있다. 예를 들어, 고객 전화 응답 서비스는 응답 시간, 문제 해결 비율 등 구체적인 수치로 측정 가능하다. 이러한 측정 가능성은 서비스 품질 관리와 개선에 중요한 데이터를 제공한다.

서비스의 무형성과 복잡성

성과 측정 및 기준 설정의 어려움

서비스는 눈에 보이지 않는 무형의 산출물이기 때문에 정량적인 성과 측정이 어렵다. 이는 구체적인 성과 기준을 설정하거나 평가하는 것이 어렵다는 의미로, 서비스의 질을 평가할 수 있는 객관적인 지표로 만들기 상대적으로 어려움이 있다.

생산성 비교 및 벤치마킹의 어려움

서비스는 각기 다른 상황과 요구에 맞춰 제공되기 때문에 생산성을 다른 서비스와 비교하거나 벤치마킹하는 것이 어렵다. 특히 서비스는 고객의 주관적인 경험에 따라 평가되므로, 동일한 기준으로 비교하기가 힘들다는 특징이 있다.

산출물보다 투입물에 초점

서비스의 특성상 결과보다는 서비스 제공 과정에서 투입되는 요소들, 예를 들어, 시간, 자원, 인력 등에 더 초점을 맞추는 경향이 있다. 이는 서비스의 결과가 물리적으로 명확하지 않기 때문에 발생한다.

고객과의 소통이 어려움

서비스는 본질적으로 무형적이기 때문에 고객에게 그 가치나 내용을 명확히 전달하는 것이 어렵다. 고객은 서비스의 성격이나 제공되는 가치에 대해 혼란을 겪을 수 있으며, 이러한 소통의 어려움이 서비스 품질 관리에 도전 과제가 된다.

제공된 서비스에 대한 합의 어려움

서비스는 눈에 보이지 않기 때문에, 제공자와 고객 간에 무엇이 제공되었는지에 대해 서로 다른 인식을 가질 수 있다. 이는 제공된 서비스의 품질이나 결과에 대해 의견이 일치하지 않는 상황을 초래할 수 있다.

특허 보호 불가

서비스는 개념적이고 무형의 특성을 지니기 때문에 물리적인 제품처럼 특허로 보호받을 수 없다. 이는 서비스 산업에서 혁신을 보호하기가 어려움을 의미하며, 경쟁사들이 유사한 서비스를 쉽게 모방할 수 있는 위험이 있다.

고객은 기업의 평판에 의존함

서비스는 사전에 그 품질을 명확하게 평가하기 어렵기 때문에 고객은 서비스 제공자의 평판에 의존하게 된다. 이는 서비스 기업이 신뢰성과 명성을 구축하는 것이 매우 중요하다는 것을 의미한다. 앞으로 다룰 세 가지 유형의 선제적 서비스 품질 관리 또한 이러한 평판의존과 깊은 관련이 있다.

실제 비즈니스 사례로 보는 차이점

도요타 — 제조업에서의 품질 관리

도요타(Toyota)는 린 생산(Lean Production) 방식을 통해 대량 생산 환경에서 품질 관리를 최적화한 대표적인 기업이다. 도요타의 접근법은 지도카(Jidoka: 자동화)와 적시 생산(Just-in-Time: JIT) 시스템을 결합하여 생산 공정의 모든 단계에서 품질 검사를 시행하는 방식이다. 이를 통해 문제가 발생하면 즉시 공정을 중단하고 원인을 해결함으로써, 불량품이 고객에게 전달되는 것을 원천적으로 차단한다. 도요타의 품질 관리 시스템은 표준화된 제품 생산과 철저한 품질 검사를 기반으로 하며, 이를 통해 대량 생산 과정에서도 높은 품질을 유지하는 데 성공했다.

리츠칼튼 — 서비스 산업에서의 품질 관리

리츠칼튼(Ritz-Carlton) 호텔 체인은 개인 맞춤형 서비스를 바탕으로 서비스 품질을 관리하는 선도적인 사례로 꼽힌다. 리츠칼튼은 고객의 이름, 선호 사항, 과거 방문 기록 등 고객 데이터를 활용하여 맞춤화된 서비스를 제공하며, 이를 통해 고객의 기대를 초과하는 경험을 선사하는 것을 목표로 한다. 이러한 품질 관리 시스템은 고객 중심적이며, 일관성 있는 서비스 제공을 위해 직원 교육을 강화하고 있다. 더 나아가, 리츠칼튼은 고객 피드백을 즉시 수집하고 분석하여 서비스 개선에 반영함으로써, 고객 경험을 중심으로 한 지속적인 품질 개선을 실현하고 있다. 이 접근 방식은 서비스 산업에서 품질 관리의 모범적인 사례로 평가받고 있다.

선제적 서비스 품질 관리란

선제적 서비스 품질 관리 도입의 배경

서비스 환경의 변화와 고객 요구의 복잡성 증가

현대의 서비스 환경은 과거에 비해 훨씬 복잡하고 역동적이다. 고객의 요구는 끊임없이 변화하고 있으며, 기술의 발전과 글로벌화로 인해 고객은 보다 빠르고 맞춤형의 서비스를 기대하고 있다. 고객은 이제 단순한 문제 해결을 넘어서, 기업이 자신들의 요구를 미리 예측하고 이에 맞춰 사전에 준비된 서비스를 제공할 것을 기대한다.

기존의 반응형 서비스 품질 관리는 고객의 요구가 발생한 후 이를 해결하는 방식이었지만, 오늘날의 서비스 환경에서 이는 한계가 뚜렷하다. 고객이 문제를 경험한 후 서비스를 제공하는 방식은 이미 고객의 불만이 쌓인 상태에서 문제를 해결하는 것이기 때문에, 고객 만족을 극대화하기 어렵다. 또한, 문제를 사후에 해결하려는 대응은 시간이 소요되고, 비용이 더 많이 들 수 있다. 이런 상황에서 기업은 더 이상 단순히 고객의 요청에 수동적으로 반응하는 방식으로는 경쟁력을 유지할 수 없다.

선제적 서비스 품질 관리는 이러한 문제를 해결하기 위한 대안으로 등장한 개념이다. 선제적 서비스 품질 관리는 고객이 문제를 경험하기 전에 이를 미리 예측하고, 사전에 해결책을 제공하는 방식으로, 고객의 기대를 초과하는 서비스를 제공하는 것을 목표로 한다. 이는 서비스 기업이 고객 요구를 미리 파악하고, 고객이 불편을 겪기 전에 해결함으로써 고객의 만족도를 높이고, 경쟁사와 차별화된 경쟁 우위를 확보할 수 있는 중요한 전략이다.

서비스 실패 예방을 통한 비용 절감

서비스 실패는 기업에 막대한 비용을 발생시킬 수 있다. 고객이 서비스에 불만을 느끼면 이를 해결하기 위해 추가적인 자원이 소모되며, 이는 장기적으로 기업의 평판에도 부정적인 영향을 미칠 수 있다. 고객 불만으로 인해 발생하는 비용은 단순히 금전적인 손실뿐만 아니라, 고객 이탈로 이어져 매출 감소의 원인이 되기도 한다.

선제적 서비스 품질 관리는 문제를 미리 예측하고 예방함으로써 이러한 서비스 실패로 인한 비용을 절감하는 데 중대한 역할을 한다. 예를 들어, 항공사에서는 항공기 정비를 선제적으로 수행함으로써 비행 중단이나 안전 문제를 사전에 방지하고, 고객 불만을 최소화할 수 있다. 또한, 호텔 산업에서는 고객이 도착하기 전에 예약 사항을 미리 확인하고, 고객의 특별 요청을 사전에 준비하여 고객이 불편함을 느끼지 않도록 할 수 있다. 이처럼, 선제적 서비스 품질 관리 방식은 서비스 실패를 사전에 예방하여 추가적인 비용을 절감하는 동시에, 고객에게 긍정적인 경험을 제공한다.

고객 만족과 충성도 향상

고객 만족은 서비스 기업의 성공을 좌우하는 가장 중요한 요인 중 하나다. 고객은 문제를 겪지 않는 원활한 서비스를 기대하며, 이러한 기대를 충족시킬 때 고객은 기업에 대한 신뢰를 형성하게 된다. 신뢰는 곧 고객 충성도로 이어지며, 이는 장기적인 매출 증가와 지속 가능한 성장을 가능하게 만든다.

선제적 서비스 품질 관리는 고객이 문제를 경험하기 전에 이를 사전에 해결함으로써, 고객에게 더욱 매끄럽고 만족스러운 경험을 제공할 수 있다. 고객은 자신이 필요로 하는 서비스가 이미 준비되어 있다는 느낌을 받으며, 이는 서비스에 대한 높은 만족도로 이어진다. 예를 들어, 금융 서비스 회사는 고객의 금융 거래 패턴을 분석하여 잠재적인 사기 행위를 사전에 차단하고, 고객에게 미리 경고함으로써 고객 신뢰를 강화할 수 있다. 이와 같은 선제적 대응은 고객이 불편을 겪기 전에 문제를 해결하는 방식으로, 고객 만족도를 극대화하는 데 기여한다.

고객 만족은 결국 고객 충성도로 이어진다. 고객이 일관되게 긍정적인 경험을 할 때, 그들은 해당 기업과의 거래를 계속 유지하려는 경향이 강해진다. 이는 기업이 고객 유지를 위한 비용을 줄이고, 새로운 고객 유치보다 더 낮은 비용으로 지속적인 수익을 창출할 수 있는 길을 열어준다. 또한, 충성도가 높은 고객은 자연스럽게 자발적인 입소문 마케팅을 제공하며, 이는 기업의 브랜드 이미지를 강화하는 데 기여한다.

기술 발전과 데이터 분석을 통한 맞춤형 서비스 제공

오늘날의 서비스 기업들은 기술 발전과 데이터 분석을 통해 고객의 요구를 더 깊이 이해하고, 이를 바탕으로 맞춤형 서비스를 제공할 수 있다. 빅데이터와 인공 지능(AI)을 활용한 고객 데이터 분석은 고객 행동 패턴을 예측하고, 이를 통해 서비스 기업이 고객의 잠재적인 요구를 사전에 파악할 수 있도록 돕는다. 예를 들어, 고객의 과거 서비스 이용 기록을 분석하여 고객이 필요로 할 다음 서비스를 미리 준비하거나, 문제가 발생할 가능성을 사전에 경고할 수 있다.

이러한 기술 기반의 선제적 서비스 품질 관리는 고객에게 맞춤형 서비스를 제공하는 데 큰 역할을 한다. 고객의 특정 요구를 미리 파악하고 이에 대응하는 맞춤형 서비스는 고객 만족도를 높이는 동시에, 경쟁사와의 차별화된 경쟁 우위를 제공한다. 특히, 금융, 의료, 통신 등과 같은 데이터 중심의 산업에서는 이러한 기술적 접근을 통해 고객의 기대를 초과하는 서비스 제공이 가능해진다.

예를 들어, 통신사들은 고객의 데이터 사용 패턴을 분석하여 고객이 데이터 한도를 초과하기 전에 알림을 제공하거나, 더 적합한 요금제를 추천함으로써 고객 불만을 예방하고, 고객 경험을 개선한다. 이러한 기술적 혁신은 선제적 서비스 품질 관리 전략을 통해 서비스 품질을 높이는 동시에, 비용 절감과 고객 충성도를 강화하는 데 기여한다.

경쟁 환경에서의 차별화

글로벌화와 디지털 혁신은 서비스 기업들이 점점 더 치열한 경쟁 환경에 직면하게 만들었다. 이제 고객은 단순히 제품이나 서비스의 가격만을 기준으로 기업을 선택하지 않는다. 고객 경험, 맞춤형 서비스, 신뢰성 등이 더 중요한 기준으로 부상하고 있다. 서비스 기업이 경쟁에서 살아남기 위해서는 이러한 변화하는 고객 요구에 신속하게 대응하고, 차별화된 서비스를 제공해야 한다.

선제적 서비스 품질 관리는 기업이 경쟁에서 차별화된 위치를 확보할 수 있는 중요한 전략이다. 고객의 기대를 초과하는 서비스를 제공함으로써, 기업은 고객의 마음에 깊은 인상을 남기고, 경쟁사보다 더 나은 경험을 제공할 수 있다. 특히, 고객이 문제를 경험하기 전에 이를 미리 해결하는 서비스는 기업에 대한 신뢰도를 높이고, 고객과의 장기적인 관계를 강화하는 데 중요한 역할을 한다.

예를 들어, 2장에서 봤던 롤스로이스(Rolls-Royce)의 사례를 떠올릴 수 있다. 항공사는 비행 중 문제가 발생하기 전에 엔진 상태를 실시간으로 모니터링하고, 정비 일정을 미리 조정하여 비행 지연을 최소화할 수 있다. 이러한 선제적 서비스 품질 관리 방식은 고객에게 보다 안정적이고 신뢰성 높은 서비스를 제공하며, 경쟁사와의 차별화를 이루는 데 중요한 전략적 요소로 작용한다.

선제적 서비스 품질 관리의 의의

선제적 서비스 품질 관리의 개념

기업이 변화하는 고객 수요를 충족하기 위해 새로운 서비스 전략을 마련하는 것은 필수적이다. 여러 연구에서 선제적 서비스 품질 관리가 이러한 요구를 해결하는 효과적인 방법으로 제시되고 있다. 선제적 서비스 품질 관리는 문제가 발생하기 전에 이를 예방하거나, 고객의 고유한 요구를 미리 파악해 제공되는 모든 유형의 서비스를 의미한다. 이는 사후적 서비스에서 영감을 얻은 개념이지만, 사전 예방적 접근을 통해 더 나은 고객 만족을 추구하는 데 중점을 둔다.

특히, 선제적 서비스 품질 관리는 고객의 요구가 명확해지기 전에 사전에 서비스를 제공함으로써 반응형 서비스 품질 관리와 차별화된다. 반응형 서비스 품질 관리는 고객이 문제를 경험한 후 이를 해결하는 방식인 반면, 선제적 서비스 품질 관리는 문제가 발생하기 전에 이를 미리 파악하고 해결하는 방식을 채택한다. 이로 인해 선제적 서비스 품질 관리는 고객이 문제를 겪기 전에 서비스 실패를 예방하고, 불필요한 서비스 비용을 줄이는 데 매우 효과적이다. 반응형 서비스 품질 관리는 문제를 해결하더라도, 이미 문제가 발생한 후 고객의 불만이 축적된 상태이기 때문에 고객 만족을 완전히 회복하기 어렵다. 반면, 선제적 서비스 품질 관리는 문제 발생 이전에 고객의 요구를 충족함으로써 고객에게 긍정적인 경험을 제공하고, 기업의 신뢰성을 높이는 데 중요한 역할을 한다.

선제적 서비스 품질 관리는 기업에 과도한 경제적 부담을 주지 않으면서도, 미래에 발생할 수 있는 잠재적인 문제를 미리 해결함으로써 고객 만족과 비용 절감이라는 긍정적인 결과를 가져온다. 문헌에 따르면, 이러한 관리 방식은 고객 충성도와 시장 점유율을 높이는 데 기여할 수 있는 잠재력이 크다.

선제적 서비스 품질 관리의 이론적 배경

현대의 서비스 산업은 기술 혁신, 글로벌 경쟁 심화, 고객 기대치의 상승 등으로 인해 급격한 변화를 경험하고 있다. 이러한 환경에서 기업들은 고객 만족과 충성도를 높이고, 운영 효율성을 향상시키며, 경쟁 우위를 확보하기 위한 새로운 전략이 필요하다. 선제적 서비스 품질 관리는 이러한 요구에 부응하는 핵심 개념으로 부상하고 있으며, 이는 고객이 문제를 인식하기 전에 잠재적인 문제를 예측하고 사전에 해결하는 전략적 접근법을 의미한다. 이 개념은 서비스 실패를 예방하고, 고객 경험을 향상시키며, 기업의 지속 가능한 성장을 지원하는 데 중요한 역할을 한다.

선제적 서비스 품질 관리는 판매 후 서비스(Post-Sales Service)를 미리 선제적으로 제공하기 위해 발전된 개념으로, 다양하고 전반적인 경영학 이론적 연구에 뿌리를 두고 있다. 선제적 서비스 품질 관리가 어떤 이론적 배경에서 발전되었는지 이해하기 위해 몇 가지 핵심 이론을 살펴볼 수 있다.

기존의 서비스 품질 관리와 한계

전통적으로 서비스 품질 관리는 반응형 서비스 품질 관리에 초점을 맞추어 왔다. 이는 고객이 서비스 과정에서 문제를 경험한 후에 기업이 이를 해결하기 위해 대응하는 방식으로, 고객 불만 처리와 서비스 회복 전략 등이 이에 해당한다. Grönroos(1988)는 서비스 품질을 고객의 기대와 실제 경험 사이의 격차로 정의하며, 기업은 이 격차를 최소화하기 위해 노력해야 한다고 주장하였다.

그러나 반응형 접근방식(전통적 서비스품질 관리)은 고객이 이미 불만족을 경험한 후에야 대응이 이루어지므로, 고객 만족과 충성도를 높이는 데 한계가 있다. 서비스 실패로 인한 부정적인 경험은 고객의 신뢰를 저하시킬 수 있으며, 이는 기업의 이미지와 장기적인 성과에 부정적인 영향을 미친다. Hart 외(1990)는 서비스 실패 후의 회복이 중요하지만, 실패 자체를 예방하는 것이 더욱 중요하다고 강조하였다.

선제적 서비스 품질 관리의 필요성

이러한 한계를 극복하기 위해 선제적 서비스 품질 관리가 대두되었다. 선제적 접근은 고객의 요구와 잠재적인 문제를 사전에 예측하고 대응함으로써, 고객이 문제를 경험하기 전에 예방하는 것을 목표로 한다. Challagalla & Kohli(2009)는 선제적 서비스 품질 관리가 고객 만족도 향상과 비용 절감에 긍정적인 영향을 미친다고 주장하였다. 이를 통해 기업은 고객과의 관계를 강화하고, 시장에서의 경쟁 우위를 확보할 수 있다.

선제적 서비스 품질 관리의 이론적 배경

선제적이라는 단어의 개념과 이론적 근거

선제적 서비스 품질 관리는 선제적 행동(Proactivity)의 이론에 기반을 두고 있다. Crant(2000)와 Pitt 외(2002)의 연구는 선제적 행동이 조직 성과를 개선하는 데 중요한 요소로 작용한다고 강조한다. 선제적 행동은 자가 주도적이고 미래 지향적인 활동을 의미하며, 이는 서비스 제공자가 고객의 요구를 미리 파악하고, 문제 발생 전에 선제적으로 대응하는 것을 가능하게 한다.

Parker 외(2006)는 조직 내에서 선제적 행동을 통해 업무 환경을 개선하고 성과를 증진시킬 수 있음을 밝히며, 이는 서비스 관리에서도 동일한 원리가 적용된다. 특히, Han 외(2017)의 연구는 선제적 서비스 품질 관리가 고객이 문제를 경험하기 전에 해결하는 것이 고객 만족과 충성도를 높이는 데 매우 효과적이라는 점을 강조한다.

전략적 관점에서의 선제적 서비스 품질 관리

Boiral(2006)과 Darnall 외(2010)의 연구는 선제적 전략이 조직 성과와 시장 내 경쟁력 강화에 기여한다고 주장한다. 이러한 선제적 전략의 개념은 서비스 품질 관리에서도 유사하게 적용된다. 기업이 고객의 요구를 예측하고 이에 대응하는 방식은 서비스 실패를 줄이고, 고객 경험을 극대화하는 데 중요한 역할을 한다. 선제적 서비스 품질 관리는 비용 절감과 운영 효율성 향상에도 기여하며, 이는 기업의 장기적인 경쟁 우위 확보에 필수적인 전략적 자산으로 작용한다.

또한, Sharma & Sharman(2011)의 연구는 선제적 서비스 품질 관리가 시장 환경에서 경쟁 우위를 확보하기 위한 차별화된 전략이 될 수 있음을 시사한다. 고객의 요구를 예측하고 이에 선제적으로 대응하는 기업은 경쟁사보다 더 높은 고객 충성도와 시장 점유율을 확보할 수 있는 기회를 얻게 된다.

서비스 품질 모형(SERVQUAL)

Parasuraman 외(1988)는 SERVQUAL 척도를 개발하여 서비스 품질 관리의 기초를 제시하였다. SERVQUAL은 고객의 기대와 서비스 경험 간의 차이를 측정하기 위한 대표적인 도구로, 이를 통해 서비스 품질을 진단하고 개선하는 데 활용할 수 있다. 이 척도는 22개의 항목으로 구성된 쌍척도로, 고객이 기대하는 서비스와 실제로 경험한 서비스 간의 격차(Gap)를 측정함으로써 불만족의 정도를 파악한다. 이는 고객의 기대와 인식 사이에 존재하는 차이가 클수록 서비스 불만족이 증가함을 의미하며, 그 격차를 줄이는 것이 서비스 품질 개선의 핵심 과제로 부각된다.

- 신뢰성(Reliability): 일관되고 정확한 서비스를 제공하는 능력
- 대응성(Responsiveness): 고객의 요구와 문제에 신속하게 대응하는 능력

그림 7-2 고객의 기대와 인식 사이의 차이를 표현한 갭 모형

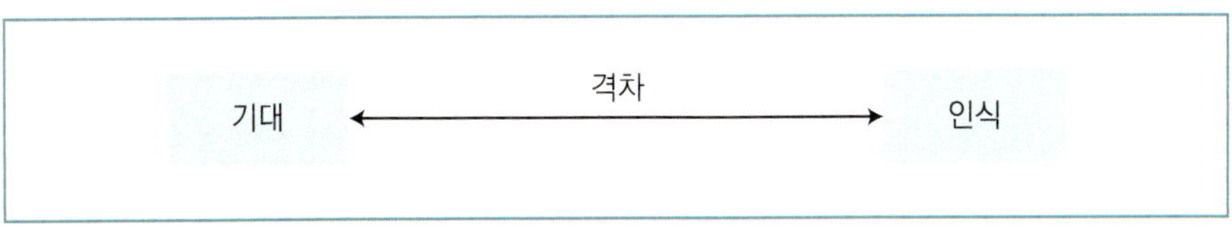

- 확신성(Assurance): 직원의 지식과 친절함으로 고객에게 신뢰와 안전감을 제공하는 능력
- 공감성(Empathy): 고객에게 관심을 기울이고 개별적인 배려를 제공하는 능력
- 유형성(Tangibles): 물리적 시설, 장비, 직원의 외모 등 눈에 보이는 요소

SERVQUAL 척도는 선제적 서비스 품질 관리에서 핵심적인 역할을 하며, 서비스 제공자가 고객의 기대를 사전에 파악하고 그 기대를 초과하는 서비스를 제공할 수 있는 전략적 기반을 마련한다. 이를 통해 서비스 제공자는 고객 만족도를 높이고, 장기적인 고객 관계를 구축할 수 있다(Parasuraman et al., 1998; Large & König, 2009).

신뢰성

신뢰성(Reliability)은 일관되고 정확한 서비스를 제공하는 능력을 의미한다. 이는 고객이 기대한 서비스가 항상 같은 수준으로 제공될 것이라는 신뢰감을 주는 데 필수적이다. 선제적 서비스 품질 관리는 문제를 사전에 예측하고 예방함으로써 일관된 서비스를 제공하는 데 중요한 역할을 한다. 예를 들어, 고객이 서비스 중단이나 불편을 경험하기 전에 선제적으로 대응할 수 있다면, 고객은 해당 기업의 서비스가 항상 신뢰할 수 있는 수준에서 제공된다고 느낄 것이다. 이는 고객이 서비스를 반복적으로 이용하게 만드는 핵심 요인이 된다.

사례 쿠팡(Coupang)은 자사의 물류 시스템에서 AI 기반 예측 서비스를 도입하여 고객 주문 및 배송 과정에서 발생할 수 있는 문제를 사전에 파악하고 대응함으로써, 고객에게 신뢰할 수 있는 일관된 배송 서비스를 제공하고 있다. 이는 고객이 문제를 경험하기 전에 문제를 해결함으로써, 서비스 신뢰성을 크게 높이는 사례라 할 수 있다. ■

대응성

대응성(Responsiveness)은 고객의 요구와 문제에 신속하게 대응하는 능력을 의미하며, 고객의 기대를 만족시키는 데 필수적인 요소이다. 선제적 서비스 품질 관리는 이러한 대응성을 향상시키는 데 있어서 매우 효과적인 접근법이다. 고객의 요구를 사전에 예측하고 이에 대해 빠르게 대응할 수 있는 시스템을 구축함으로써, 고객

의 문제를 실시간으로 해결할 수 있다.

선제적 서비스 품질 관리 방식을 통해 고객의 불만이 발생하기 전에 문제를 처리하는 것은 기업의 대응성을 높이는 핵심 전략이다. 예를 들어, 현대자동차는 고객의 차량 상태를 실시간으로 모니터링하고, 문제가 발생하기 전에 고객에게 정비 서비스를 제공함으로써 대응성을 극대화하고 있다.

사례 테슬라는 2018년 5월 소비자 전문지 〈컨슈머 리포트(Consumer Reports)〉가 모델 3의 60→0mph 제동거리가 152ft로 동급 최하위 수준이라고 지적하자, 불과 며칠 만에 무선(OTA) 소프트웨어 패치를 배포해 ABS 알고리즘을 재보정하였다. 재시험 결과 제동거리는 133ft로 19ft(약 5.8m, 12.5% 개선) 단축되었고, 〈컨슈머 리포트〉는 9일 만에 모델 3에 대한 '추천(Recommended)' 등급을 회복했다. 이처럼 테슬라는 고객이 서비스 센터를 방문하기도 전에 안전 성능을 향상시켜 '문제 발생 전 선(先) 대응'이라는 선제적 품질 관리의 대응성 차원에서의 모범을 보였다. OTA 기능은 이후 더욱 확대되어, 2023년 12월에는 미국 내 203만 대(테슬라가 판매한 차량의 99% 이상)에 적용된 오토파일럿 감시 로직 결함을 물리적 리콜 없이 소프트웨어만으로 시정하는 대규모 업데이트가 실시되었다(Lambert, 2018; Olsen, 2018). ■

확신성

확신성(Assurance)은 서비스 제공자의 지식과 능력을 통해 고객에게 신뢰와 안전감을 제공하는 것을 의미한다. 선제적 서비스 품질 관리는 고객이 문제를 인지하기 전에 서비스 제공자가 먼저 해결하는 방식으로, 고객에게 확신감을 심어주는 데 기여한다. 고객은 기업이 자신의 문제를 잘 이해하고 있으며, 문제 발생 시에도 미리 대응할 준비가 되어 있다는 믿음을 가지게 된다.

사례 현대자동차는 2009년 금융위기로 인해 침체된 미국 자동차 시장에서 생존하기 위한 전략으로, 어슈어런스 프로그램(Assurance Program)을 도입하였다. 이 프로그램은 차량 구매 후 1년 이내에 실직 등의 이유로 차량 운행이 불가능해질 경우 차량을 반납할 수 있는 조건을 제시하며, 실직에 대한 불안감으로 소비를 주저하던 고객을 타겟으로 한 보증 프로그램이었다. 이 어슈어런스 프로그램을 강조한 광고는 〈월스트리트 저널〉이 선정한 2009년 최우수 광고 중 하나로 뽑혔으며,

같은 해 11월 미국 시장에서 현대자동차의 판매량은 전년 대비 45.9% 증가하여 주요 자동차 업체 중 가장 높은 성장률을 기록하였다. 이를 통해 현대자동차는 위기 상황에서도 미국 시장에서의 입지를 강화하는 데 성공했다. ■

공감성

공감성(Empathy)은 고객에게 관심을 기울이고, 개별적인 요구를 충족시키는 것을 의미한다. 선제적 서비스 품질 관리는 고객의 개별적인 요구를 미리 파악하고, 이를 맞춤형으로 제공하는 데 중점을 둔다. 이는 기업이 고객의 입장을 깊이 이해하고 있다는 것을 보여주는 중요한 지표로 작용한다.

사례 코웨이는 1998년 경제 불황 속에서 정수기 렌탈 서비스라는 새로운 비즈니스 모형을 도입하였다. 이 모형은 고객을 정기적으로 방문하여 점검 및 유지 보수를 제공하는 방식으로, 고객 불만을 사전에 예방하는 CCMS(Consumer Complaint Management System)을 적용한 것이 핵심이다. 이러한 시스템은 고객이 제품을 사용하는 동안 발생할 수 있는 문제를 미리 파악하고 관리함으로써, 고객 만족도를 제고하고 잠재적인 불편을 예방하는 데 중점을 두었다. 코웨이의 이 같은 렌탈 서비스 전략은 국내 정수기 시장에서 56%의 시장 점유율을 확보하는 데 기여했으며, 필터가 주요 소모품으로 사용되는 공기청정기와 비데 시장에서도 선두를 유지하며 1위의 위치를 공고히 했다. ■

유형성

유형성(Tangibles)은 서비스의 물리적 시설, 장비, 직원의 외모 등 눈에 보이는 요소를 의미한다. 선제적 서비스 품질 관리는 상태기반 예측 서비스를 통해 유형적인 서비스 자산의 품질을 유지하고, 서비스 중단을 방지하는 역할을 한다. 이를 통해 고객이 경험하는 서비스의 물리적 품질을 높이고, 안정적인 서비스를 제공할 수 있다.

사례 롤스로이스는 항공기 엔진에 센서를 부착하여 실시간 데이터를 수집하고, 엔진의 상태를 사전에 분석함으로써 항공사들이 엔진의 유지 보수를 효율적으로 관리할 수 있도록 돕고 있다. 이는 서비스의 유형성을 유지하며, 서비스 품질을 극대화하는 좋은 예다. ■

앞서 살펴본 바와 같이 SERVQUAL 모형의 다섯 가지 차원은 선제적 서비스 품질 관리와 밀접하게 연관되어 있으며, 이를 통해 서비스 품질을 향상시키고 고객 만족도를 높일 수 있다. 신뢰성과 대응성은 선제적 서비스 품질 관리 관리가 특히 강화할 수 있는 부분으로, 문제를 사전에 예방하고 대응함으로써 고객에게 일관된 신뢰와 빠른 서비스를 제공할 수 있다. 또한, 확신성, 공감성, 그리고 유형성을 통해 고객에게 보다 높은 서비스 가치를 제공함으로써 기업의 경쟁력을 강화할 수 있다.

관계 마케팅 이론

Grönroos(1994)의 관계 마케팅(Relationship Marketing) 이론은 고객과 기업 간의 장기적인 관계 구축을 중점으로 다루며, 고객과의 지속적인 상호작용을 통해 신뢰와 충성도를 확보하는 데 그 목적을 두고 있다. 관계 마케팅은 서비스 품질이 고객 만족과 충성도에 중요한 역할을 하며, 이를 통해 기업은 지속 가능한 성과를 달성할 수 있음을 강조한다. 이러한 이론은 선제적 서비스 품질 관리(Proactive Service Quality Management)의 전략적 방향성과 밀접하게 맞닿아 있다.

- 이론과의 연관성: 선제적 서비스 품질 관리는 고객의 기대를 단순히 충족하는 것을 넘어서, 문제 발생을 미리 예측하고 해결하는 방식으로 고객 만족을 극대화한다. 이는 관계 마케팅에서 강조하는 장기적인 고객 관계 구축과 깊이 연관된다. 고객과의 관계에서 신뢰와 만족을 형성하려면, 고객이 문제를 겪기 전에 이를 선제적으로 해결하는 것이 중요하다. 이러한 선제적 접근은 고객에게 기업이 자신을 배려하고 있다는 인식을 심어주며, 이는 장기적으로 고객 충성도를 높이는 결과를 낳는다.

  관계 마케팅 이론에서 서비스 품질은 고객과의 관계를 형성하고 유지하는 데 핵심적인 역할을 한다. 선제적 서비스 품질 관리는 고객의 요구를 사전에 파악하고, 문제를 미리 해결함으로써 서비스 품질을 지속적으로 향상시키는 중요한 전략이다. 이로 인해 고객은 서비스에 대해 신뢰를 가지며, 기업과의 장기적인 관계를 유지하게 된다.
- 고객 신뢰와 만족도 강화: 관계 마케팅 이론에서 고객 만족은 단순히 서비스 제공의 결과가 아니라, 고객이 느끼는 전체 경험의 결과로 정의된다. 선제적 서비스 품질 관리는 이러한 고객 경험을 개선하는 데 있어서 중요한 역할을 한다.

고객이 문제를 겪기 전에 이를 미리 해결해 주는 방식은 고객에게 신뢰를 제공하며, 기업이 고객의 요구와 기대를 적극적으로 관리하고 있다는 인식을 심어준다. 이러한 신뢰는 고객이 기업과의 관계를 지속적으로 유지하고, 재구매 의도와 구전 추천을 통해 기업의 성과에 기여하게 만든다.

- 장기적인 관계 구축: 관계 마케팅 이론은 고객과의 장기적인 관계가 기업의 성과에 중요한 영향을 미친다고 설명한다. 선제적 서비스 품질 관리는 고객이 지속적으로 기업의 서비스를 이용하도록 유도하는 강력한 도구로 작용한다. 고객은 문제 발생 시 즉각적인 대응을 받는 것보다, 문제 발생 자체를 방지해 주는 서비스를 더 긍정적으로 평가하며, 이는 장기적인 관계 형성에 필수적이다.
- 지속 가능한 성과: 관계 마케팅 이론은 궁극적으로 고객과의 장기적인 관계가 기업의 지속 가능한 성과로 이어진다고 본다. 고객 충성도는 장기적인 수익 창출의 중요한 요소이며, 선제적 서비스 품질 관리는 이를 실현하는 핵심 전략 중 하나이다. 고객이 지속적으로 긍정적인 경험을 누리게 될 경우, 기업은 고객 이탈을 방지하고 장기적인 매출 증가를 기대할 수 있다.

  선제적 서비스 품질 관리는 고객과의 지속적인 상호작용을 통해 고객의 요구를 사전에 파악하고, 그에 맞는 서비스를 제공함으로써 기업의 성과에 긍정적인 영향을 미친다. 이는 고객이 기업을 신뢰하고, 서비스의 가치를 높게 평가하게 만들며, 이는 관계 마케팅 이론에서 강조하는 지속 가능한 성과로 이어진다.

이처럼 선제적 서비스 품질 관리는 관계 마케팅 이론과 깊이 연결되어 있으며, 고객과의 장기적인 관계 구축을 통해 기업의 지속 가능한 성과를 실현하는 중요한 도구로 작용한다. 고객의 요구를 사전에 예측하고, 문제 발생 전에 이를 해결함으로써 기업은 고객의 신뢰와 만족도를 높일 수 있다. 이러한 선제적 접근은 고객 충성도와 장기적인 성과를 강화하는 데 기여하며, 서비스 품질을 지속적으로 유지하고 발전시키는 선략으로 자리 잡을 것이다.

선제적 서비스 품질 관리의 효과에 대한 연구

고객 만족과 충성도에 미치는 긍정적 영향

Challagalla & Kohli(2009)의 연구에 따르면, 선제적 서비스 품질 관리는 고객이 기업으로부터 더 큰 배려를 받고 있다고 느끼게 하여, 높은 수준의 고객 만족과 충성도로 이어진다. 이는 고객의 문제를 미리 예측하고 이를 해결함으로써 고객이 서비스 과정에서 겪을 수 있는 불편을 미리 방지할 수 있기 때문이다. 고객은 문제 발생 전에 기업이 능동적으로 대응함으로써, 자신의 요구와 기대가 잘 반영된다는 느낌을 받으며, 이는 기업에 대한 신뢰와 긍정적인 관계 형성으로 연결된다. 문헌 연구에선 선제적 서비스 품질 관리 방식은 고객이 기업이 자신을 배려하고 있다는 인식을 강화하게 만들어, 고객 만족도가 높아지고 충성도가 강화된다고 주장하였다. 이는 고객이 단순히 제품이나 서비스를 구매하는 것을 넘어, 지속적인 서비스 관계를 유지하게 만드는 중요한 요소로 작용한다.

실제 사례로, 스타벅스(Starbucks)는 고객의 주문 패턴을 분석해 고객이 자주 구매하는 음료를 선제적으로 준비하거나 제안하는 서비스를 도입하고 있다. 이를 통해 고객은 개인화된 경험을 제공받으며, 기업이 자신을 배려하고 있다는 인식을 갖게 된다. 이러한 맞춤형 서비스는 고객 만족을 높이고, 재방문율을 증가시키는 데 기여하며, 고객 충성도를 강화하는 선제적 서비스 품질 관리 관리의 대표적인 사례라 할 수 있다.

고객 문제 예방을 통한 경쟁력 강화

선제적 서비스 품질 관리는 고객의 문제를 미리 예측하고 대응함으로써 기업이 경쟁에서 우위를 점할 수 있도록 돕는다. 이는 특히 기술 중심의 서비스 산업에서 두드러지게 나타나며, 선제적 서비스 품질 관리를 통해 기업은 고객의 문제를 미리 예방하고 보다 빠르게 대응할 수 있는 능력을 확보하게 된다. 고객이 불편을 겪기 전에 문제를 해결하는 능력은 고객 충성도뿐만 아니라 기업의 경쟁력 강화에도 기여한다.

또 다른 사례로, 애플(Apple)은 자사의 제품에 대해 정기적인 소프트웨어 업데이트를 통해 잠재적인 문제를 사전에 해결하고 있다. 이러한 업데이트는 제품의 성능을 개선하고 보안 문제를 예방하는 동시에, 고객이 문제를 경험하기 전에 이를 해결함으로써 애플 제품에 대한 신뢰도를 높이고 있다. 애플은 이러한 선제적 서비스 품질 관리를 통해 고객 충성도를 높였을 뿐만 아니라, 기술 시장에서의 경쟁력을 유지하는 데 성공했다.

고객 중심 사고

Johnston & Michel(2008)은 선제적 서비스 품질 관리가 서비스 회복보다 더 큰 효과를 발휘할 수 있다고 주장하였다. 그들은 선제적 접근이 고객의 불만을 미연에 방지하고, 긍정적인 서비스 경험을 제공함으로써 고객 만족도와 재구매 의도를 높인다고 밝혔다.

Verhoef 외(2009)는 고객 경험 관리 측면에서 선제적 서비스 품질 관리가 고객의 전체적인 경험을 향상시키는 데 중요하다고 강조하였다. 그들은 선제적 서비스 품질 관리가 고객의 기대를 초과 충족시켜 브랜드에 대한 호감도와 충성도를 높인다고 지적하였다.

이처럼 선제적 서비스 품질 관리는 고객 중심적 접근을 강화하는 데 있어 핵심적인 역할을 한다. 고객의 요구와 기대는 시간이 지남에 따라 변화하며, 기업이 이를 사전에 파악하고 대응할 수 있을 때, 고객은 기업과의 관계에서 더 깊은 신뢰를 형성하게 된다. 이러한 신뢰는 고객 충성도를 높이는 데 중요한 역할을 하며, 이는 기업의 장기적인 성과로 이어진다.

또한, 기업이 경쟁 환경에서 우위를 점하기 위해서는, 선제적 서비스 품질 관리를 전략적으로 도입할 필요가 있다. 고객이 문제를 겪기 전에 이를 해결할 수 있는 능력은 기업의 운영 효율성을 증대시키며, 비용 절감에도 기여할 수 있다. 선제적 서비스 품질 관리는 고객 만족도를 높이고, 고객이 기업에 대한 긍정적인 이미지를 형성하도록 만들어, 장기적인 관계를 유지하는 데 중요한 요소로 작용한다.

기술의 발전과 데이터 분석

빅데이터와 인공 지능 기술의 발전으로 기업은 고객 행동을 예측하고 잠재적인 문제를 사전에 식별하는 것이 가능해졌다. Davenport & Harris(2007)는 데이터 분석이 기업의 경쟁 우위를 확보하는 데 핵심적인 역할을 한다고 강조하였다. 선제적 서비스 품질 관리는 이러한 기술을 활용하여 고객 데이터를 분석하고, 예측 모형을 구축하여 고객의 요구와 잠재적인 문제를 사전에 파악한다.

서비스 주도 논리

Vargo & Lusch(2004)의 서비스 주도 논리(Service-Dominant Logic: S-D Logic)는 현대의 경제 환경에서 서비스가 재화보다 더 중요한 가치를 제공한다고 주장한다. 이 논리에서는 고객과 기업이 가치를 공동으로 창출하는 공동 가치 창출(Co-Creation of Value)이 중요하다. 서비스 주도 논리에서 중요한 것은 고객의 경험을 지속적으로 개선하고, 고객과의 상호작용을 통해 서비스를 발전시키는 것이다. 선제적 서비스 품질 관리는 고객의 요구를 미리 파악하고 이를 충족시키는 방식으로, 서비스 주도 논리에서 제시하는 가치를 제공한다.

인지부조화 이론과 선제적 서비스 품질 관리

선제적 서비스 품질 관리는 인지부조화 이론(Cognitive Dissonance Theory)과 밀접하게 연결된다. Festinger(1957)는 고객이 서비스 선택 과정에서 부정적인 결과를 경험할 때 인지적 불편함을 느끼며, 이를 해소하기 위한 행동을 취한다고 주장했다. 서비스 품질 관리에서 고객이 문제를 경험하면 인지부조화가 발생하며, 이는 서비스 불만으로 이어질 가능성이 높다.

반면, 선제적 서비스 품질 관리는 이러한 문제를 미리 예방함으로써 고객의 불만이 발생할 가능성을 최소화한다. 고객은 서비스 이용 과정에서 문제를 경험하지 않게 됨으로써 기업에 대한 신뢰와 만족감을 느끼며, 이는 장기적으로 고객 충성도와 재구매 의도를 증대시키는 결과로 이어진다. Kim(2016)은 선제적 서비스 품질 관리가 고객 불만을 사전에 차단하는 효과적인 방법임을 강조하며, 이는 기업이 장기적으로 고객과의 관계를 유지하는 데 중요한 역할을 한다고 주장한다.

선제적 서비스 품질 관리의 장단점

현대의 비즈니스 환경은 기술의 급격한 발전, 고객 기대치의 상승, 그리고 경쟁의 심화로 특징지어진다. 이러한 맥락에서 기업들은 지속 가능한 경쟁 우위를 확보하기 위해 새로운 전략과 접근법을 모색하고 있다. 선제적 서비스 품질 관리는 이러한 요구에 부응하는 핵심적인 경영 전략으로 부상하고 있으며, 그 장점은 다음과 같이 정리될 수 있다.

1. 고객 만족도와 충성도 향상의 원동력: 선제적 서비스 품질 관리는 고객이 문제를 경험하기 전에 잠재적인 이슈를 예측하고 사전에 해결함으로써, 고객에게 일관되고 높은 수준의 서비스를 제공한다. 이는 고객 만족도를 높이는 직접적인 요인으로 작용하며, 만족한 고객은 재구매 의도와 긍정적인 구전 효과를 통해 기업의 매출 증대와 브랜드 이미지 강화에 기여한다. Parasuraman 외(1988)는 서비스 품질이 고객 만족과 충성도에 미치는 영향을 강조하였으며, 선제적 접근은 이러한 서비스 품질을 극대화하는 데 핵심적인 역할을 한다.
2. 서비스 실패로 인한 비용 절감과 운영 효율성 증대: 서비스 실패는 기업에 직접적인 비용 손실과 고객 이탈을 초래한다. 선제적 서비스 품질 관리는 문제 발생 이전에 이를 예방함으로써, 서비스 회복에 소요되는 비용과 자원을 절감한다. 이는 운영 효율성을 높이고, 기업의 수익성을 향상시키는 결과를 가져온다. Rust & Huang(2014)은 선제적 서비스 품질 관리가 비용 절감과 수익 증대에 미치는 긍정적인 영향을 연구하였다.
3. 경쟁 우위 확보와 시장 지위 강화: 선제적 서비스 품질 관리는 경쟁사와의 차별화를 가능하게 하며, 시장에서의 경쟁 우위를 확보하는 데 기여한다. 고객의 기대를 선제적으로 충족시키는 기업은 시장에서 리더십을 확보할 수 있으며, 이는 장기적인 성장과 안정성을 보장한다. Chase & Apte(2007)는 서비스 운영 관리에서의 혁신이 기업의 경쟁력을 결정짓는 중요한 요소라고 언급하였다.
4. 고객과의 장기적인 관계 구축: 관계 마케팅 이론에 따르면, 고객과의 장기적인 관계는 기업의 지속 가능한 성과에 핵심적이다. 선제적 서비스 품질 관리는 고객의 요구와 기대를 미리 파악하고 대응함으로써, 신뢰와 만족도를 높인다. 이는 고객과의 장기적인 관계 구축에 기여하며, 고객 생애 가치(Customer Lifetime Value)를 극대화한다. Grönroos(1994)는 이러한 관계 구축의 중요성을 강조하였다.
5. 기술 활용을 통한 혁신과 미래 대비: 빅데이터, 인공 지능, 사물인터넷 등 최신 기술의 활용은 선제적 서비스 품질 관리의 구현을 가능하게 한다. 기업은 이러한 기술을 통해 고객 행동을 예측하고, 실시간으로 서비스를 모니터링하며, 자동

화된 대응 시스템을 구축할 수 있다. 이는 기업의 혁신 역량을 강화하고, 미래의 불확실성에 대비하는 데 도움이 된다. Davenport & Harris(2007)는 데이터 분석과 기술 활용이 기업의 경쟁 우위를 확보하는 데 핵심적인 역할을 한다고 강조하였다.

6. 조직 문화와 직원 역량 강화: 선제적 서비스 품질 관리는 직원들의 적극적인 참여와 역량에 크게 의존한다. 직원들이 고객 중심의 사고방식을 갖고 선제적으로 문제를 해결할 수 있도록 지원하는 조직 문화는 기업의 서비스 품질을 높이는 데 필수적이다. 이는 직원 만족도와 업무 효율성을 높이고, 조직 전체의 성과 향상으로 이어진다. Lovelock & Wirtz(2011)는 서비스 품질 향상을 위해 직원 교육과 동기 부여의 중요성을 강조하였다.
7. 지속 가능한 성장과 기업 가치 증대: 궁극적으로 선제적 서비스 품질 관리는 기업의 지속 가능한 성장과 가치 증대에 기여한다. 고객 만족과 충성도 향상, 비용 절감, 경쟁 우위 확보 등은 기업의 재무적 성과를 향상시키며, 주주 가치와 기업의 사회적 책임 이행에도 긍정적인 영향을 미친다. 이는 기업이 장기적인 관점에서 성장 전략을 수립하고 실행하는 데 중요한 기반이 된다.

선제적 서비스 품질 관리는 고객이 문제를 인지하기 전에 이를 예측하고 해결하는 방식으로, 고객 만족도와 서비스 품질을 높이는 데 기여한다. 그러나 이러한 선제적 서비스 품질 관리 방식은 긍정적인 측면만 있는 것이 아니다. Challagalla 외(2009), Han 외(2017), Becker 외(2020) 등 여러 연구에서 지적한 바와 같이, 선제적 서비스 품질 관리는 몇 가지 중요한 리스크와 한계를 동반한다. 이러한 리스크를 이해하고 관리하는 것은 선제적 서비스 품질 관리를 성공적으로 도입하는 데 필수적이다.

비용 리스크. 선제적 서비스 품질 관리는 고객의 요구를 미리 예측하고 대응하기 위해 다양한 기술과 시스템을 필요로 한다. 이는 실시간 모니터링, 예측 분석, 자동화된 대응 시스템 등의 기술적 도입과 더불어, 고객 데이터를 수집하고 처리하는 과정에서 추가적인 비용을 발생시킬 수 있다. 또한, 선제적 서비스는 문제를 예방하기 위해 추가적인 자원을 투입해야 하므로, 이러한 과정에서 기업은 운영 비용이 증가할 가능성이 크다. 특히, 규모가 큰 기업일수록 이러한 비용 부담은 상당할 수 있다.

GE와 같은 대기업들은 사물인터넷(IoT)과 빅데이터 분석을 통해 제품의 상태를 실시간으로 모니터링하고 유지 보수를 제공하지만, 이는 상당한 기술적 인프라와 자원을 요구하는 것이며, 초기 도입 비용이 매우 높다. 따라서, 기업은 선제적 서비스 품질 관리로 인해 발생하는 추가 비용이 장기적인 비용 절감 효과와 균형을 맞출 수 있는지를 신중히 평가해야 한다.

프라이버시 침해. 선제적 서비스 품질 관리는 고객 데이터를 수집하고 분석하여 고객의 요구와 문제를 미리 파악하는 방식이므로, 고객의 프라이버시를 침해할 가능성이 있다. 고객의 행동 패턴, 서비스 이용 기록, 개인적인 선호도 등을 분석하는 과정에서 고객의 민감한 정보가 노출되거나 오용될 수 있다는 우려가 존재한다. 특히, 데이터 보안이 충분히 확보되지 않은 상태에서 이러한 정보가 악용될 경우, 기업의 신뢰도와 이미지에 심각한 타격을 입힐 수 있다.

Han 외(2017)의 연구에 따르면, 고객은 자신의 개인정보가 적절하게 보호되지 않는다고 느낄 경우, 기업에 대한 신뢰가 급격히 감소할 수 있다. 따라서, 기업은 고객 데이터 보호를 위한 엄격한 보안 정책과 투명한 데이터 사용 방침을 수립해야 하며, 고객에게도 데이터 사용에 대한 명확한 정보를 제공해야 한다.

조직 차원의 저항. 선제적 서비스 품질 관리는 고객 문제를 사전에 예측하고 대응하는 것을 목표로 하지만, 이러한 과정에서 조직의 효율성이 저하될 위험도 존재한다. 예측된 문제에 대해 과도한 대응을 하거나, 불필요한 자원을 투입하는 경우, 조직 내부의 혼란을 초래할 수 있다. 특히, 예측 시스템이 정확하지 않거나 잘못된 데이터를 바탕으로 대응할 경우, 이는 불필요한 비용과 시간을 낭비하게 된다. 또한, 이러한 관리 방식은 조직의 유연성을 저해하고, 과도한 절차와 복잡한 대응 시스템으로 인해 운영 비효율성을 초래할 수 있다.

Becker 외(2020)의 연구에서는, 선제적 서비스 품질 관리가 잘못 적용될 경우, 오히려 기업의 조직 문화와 절차에 혼선을 줄 수 있음을 지적한다. 따라서 기업은 선제적 서비스 품질 관리 시스템을 도입할 때, 이를 효과적으로 운영할 수 있는 체계를 구축하고, 적절한 대응 절차를 마련해야 한다.

고객 기대 수준의 증가. 서비스 품질이 향상될수록 고객의 기대 수준도 높아진다. 이는 선제적 서비스 관리에서도 동일하게 적용된다. 선제적 서비스가 문제를 사전에 해결해 주는 기능을 통해 고객 만족도를 높일 수 있지만, 이에 따라 고객은 일관되게 높은 수준의 서비스를 기대하게 된다. 만약 기업이 일관된 품질을 유지하지 못하거나, 예상보다 낮은 수준의 서비스를 제공할 경우, 고객은 실망을 느낄 가능성이 있다. 이로 인해 고객의 기대를 지속적으로 충족시키기 위한 비용과 리소스 투입이 더욱 요구될 수 있다.

요약하자면, 선제적 서비스 품질 관리는 고객 만족도와 충성도를 높이고, 서비스 실패를 예방하는 데 중요한 전략이지만, 그 과정에서 발생하는 비용 증가, 프라이버시 침해, 조직 효율성 저하 등의 리스크를 동반한다. 이러한 리스크를 관리하고 최소화하기 위해서는 기업이 선제적 서비스 품질 관리의 긍정적 효과와 부정적 측면을 모두 고려한 종합적인 접근을 도입해야 한다. 기업은 단순히 선제적 서비스를 도입하는 것에서 그치는 것이 아니라, 그 실행 과정에서 발생할 수 있는 리스크를 명확하게 인식하고, 이를 관리할 수 있는 전략을 마련해야 한다.

이러한 관점에서, 선제적 서비스 품질 관리는 그 개념을 확립하고 긍정적·부정적 측면을 모두 고려한 타당성 분석이 필요하다. 본 장의 마지막 절에서는 선제적 서비스 품질 관리의 실행이 미치는 실질적인 영향을 분석함으로써 경영자들에게 중요한 시사점을 제공하고자 한다. 기업들은 이를 토대로 새로운 서비스 전략을 수립하고, 선제적 서비스 품질 관리의 효과적인 구현을 위한 방안을 모색해야 할 것이다.

선제적 서비스 품질 관리의 세 가지 유형과 사례

선제적 서비스 품질 관리는 고객이 문제를 인식하거나 불만을 제기하기 전에 잠재적인 문제를 예측하고 사전에 해결하는 전략적 접근법이다. 이는 고객 만족도 향상과 기업 경쟁력 강화에 핵심적인 역할을 하며, 세 가지 주요 유형으로 구분된다. 서비스 보증 프로그램, 예방적 서비스, 그리고 상태기반 예측 서비스이다.

서비스 보증 프로그램

서비스 보증 프로그램(Service Guarantee Program: SGP)은 기업이 제품이나 서비스의 품질을 보장하기 위해 소비자에게 제공하는 공식적인 약속 또는 법적 책임을 의미한다(McCollough & Gremler, 2004; Zeithaml et al., 1996). 효과적인 서비스 보증 프로그램은 기업의 수익에 긍정적인 영향을 미치며(McCollough et al., 2004), 고객이 기업의 서비스에 대한 신뢰를 높일 수 있다(Zeithaml, 1988). 고객들은 실제로 서비스를 보증받지 않더라도 보증이 있다는 사실만으로도 만족감을 느낀다(McCollough et al., 2004).

주요 특징

- 명확한 약속: 서비스 품질에 대한 구체적인 약속을 명시하여 고객이 기대할 수 있는 수준을 분명히 한다.
- 보상 정책: 약속된 서비스 수준이 충족되지 않을 경우 고객에게 제공되는 보상이나 환불 절차를 명확히 한다.
- 간결성과 이해 용이성: 고객이 쉽게 이해할 수 있도록 복잡한 용어를 피하고 명료하게 표현한다.
- 무조건성: 특별한 조건 없이 약속된 보증을 이행하여 고객 신뢰를 구축한다.

서비스 보증 프로그램의 중요성

- 고객 신뢰 구축: 기업이 서비스 품질에 대한 자신감을 보이고 명확한 약속을 제공함으로써 고객의 신뢰를 형성한다.
- 서비스 품질 개선 동기 부여: 내부적으로 직원들과 조직이 서비스 품질 향상을 위해 노력하게 만드는 동기 부여 요소로 작용한다.
- 마케팅 도구로 활용: 경쟁사와의 차별화를 이루고, 브랜드 이미지를 강화하는 데 기여한다.

서비스 보증 프로그램의 사례

햄프턴 호텔은 경쟁사 중 최고 순위를 유지하기 위해 고객들에게 친절하고 선제적인 서비스를 제공한다. 특히 100% 고객 만족 보증 프로그램이 주목할 만한데, 고객이 100% 만족하지 못할 경우 구체 보상 범위와 절차는 시점·지역에 따라 달라질 수 있지만, 문제 발생 시 환불·포인트·재방문 제안 등 적절한 조치로 '문제를 바로잡는(Make it right)' 것을 약속한다(Newsis, 2012).

도미노 피자는 "피자가 30분 이내에 배달되지 않으면 무료로 제공한다"는 서비스 보증 프로그램을 도입하여 시장 점유율을 성공적으로 증가시켰다(Jang, 2004).

현대자동차는 미국 시장에서 어슈어런스(Assurance) 프로그램을 도입하여, 구매 후 1년 내 실직 등으로 차량 유지가 어렵게 된 고객에게 차량 반환(또는 계약 해지) 옵션을 제공함으로써 소비자의 불안을 완화했다(Park, 2015). 이 프로그램은 월스트리트 저널이 선정한 2009년 최고의 광고 중 하나로 언급되었고, 당시 미국 시장에서 판매 증가에 기여했다(Shin, 2009).

서비스 보증 프로그램의 장점

서비스 보증 프로그램은 제품이나 서비스의 품질을 보장하기 위해 고객에게 제공되는 공식적인 약속을 의미한다. 이 시스템은 고객의 신뢰를 높이고, 문제 발생 시 기업이 책임을 지는 것을 보장한다.

- 고객 신뢰도 증대: 서비스 보증 프로그램은 고객이 제품이나 서비스를 사용할 때 발생할 수 있는 문제에 대해 안심할 수 있도록 하여, 고객 신뢰도를 증대시킨다. 예를 들어, 현대자동차(Hyundai Motor Company)는 미국 시장에서 '어슈어런스 프로그램(Assurance Program)'을 도입하여, 고객이 차량 구매 후 1년 내에 실직하게 될 경우 차량을 반환할 수 있도록 했다. 이 서비스 보증 프로그램은 고객에게 심리적 안정을 제공하며, 브랜드 신뢰도를 강화하는 데 기여했다.
- 고객 만족도 향상: 고객이 서비스 보증 프로그램을 통해 문제 발생 시 신속하게 지원을 받을 수 있다는 사실은 고객 만족도를 높이는 데 중요한 역할을 한다. 애플의 '애플케어(AppleCare/AppleCare+)'는 유상 연장 보증·지원 프로그램으로

제조사 기본 1년 제한보증의 무상 수리에서 보증 범위를 확대하고 우발적 손상 같이 소비자 과실인 경우에도, 수리 시 일정 서비스 요금을 지불하면 더 저렴한 가격에 기기의 수리를 받을 수 있다. 이를 통해 소비자들이 제품을 사용함에 있어 발생할 수 있는 잠재적 위험(고장 등)으로부터 불안을 해소하여 고객 만족도를 올릴 수 있었다.

- 브랜드 차별화: 서비스 보증 프로그램은 경쟁사와의 차별화를 가능하게 하며, 고객에게 추가적인 가치를 제공함으로써 시장에서의 경쟁 우위를 확보할 수 있다. 예를 들어, 삼성전자는 자사의 가전제품의 특정 핵심 부품에 대해 '장기 무상 보증 프로그램'을 제공하여, 고객에게 장기적인 품질 보증을 약속하고 있다. 예를 들어 냉장고 컴프레서(부품 10년), 세탁기 인버터 모터(부품 최대 20년) 등과 같이 핵심 부품에 대해 장기적인 보증을 제공한다. 이는 고객에게 장기 신뢰성에 대한 차별적 가치를 제공하여, 삼성전자가 경쟁사와 차별화된 가치를 제공하는 데 기여한다.

예방적 서비스

예방적 서비스(Preventive Service: PS)는 잠재적인 위험을 제거하거나 발생 가능성을 줄이기 위해 사전에 정해진 기준에 따라 실행되는 개념으로, 품질 유지와 수명 연장을 목표로 한다(Geneva, 1990; Fitch, 1992; Brussels, 2010). 체계적인 예방 활동은 문제를 사전에 방지하고 사건 발생 빈도를 줄임으로써 문제 해결 비용을 감소시킬 수 있다(Barkai & Harison, 2011).

주요 특징

- 정기적인 점검 및 유지 보수: 제품이나 서비스의 상태를 지속적으로 모니터링하고, 정기적으로 점검하여 문제를 예방한다.
- 매뉴얼 및 프로세스 수립: 잠재적인 문제 상황에 대비하여 대응 매뉴얼을 작성하고, 표준화된 프로세스를 구축한다.
- 직원 교육 및 훈련: 직원들에게 예방적 서비스의 중요성을 교육하고 필요한 기술과 지식을 제공한다.

예방적 서비스의 중요성

- 문제 발생 감소: 잠재적인 문제를 사전에 제거함으로써 서비스 실패의 발생 빈도를 줄인다.
- 비용 절감: 문제 해결에 소요되는 비용과 자원을 절약한다.
- 고객 만족도 향상: 고객이 안정적이고 일관된 서비스를 경험할 수 있도록 하여 만족도를 제고한다.

예방적 서비스의 사례

앞서 살펴본 한국의 정수기 렌탈기업 코웨이는 렌탈 위생 관리와 품질 관리를 위한 예방적 서비스를 제공하며, CCMS(소비자 불만 관리 시스템)를 운영한다. 이는 정기적인 점검과 매뉴얼을 통해 잠재적인 문제를 사전에 예방하고 있다.

전통적인 제조업체들은 제품 판매 증대와 새로운 비즈니스 역량 발굴을 위해 제품과 서비스를 통합하고 있다(Yu & Rhim, 2011). 현장 서비스와 애프터서비스를 강화하여 고객 요구에 민감하게 대응하고, 렌탈 서비스 기업들은 유지 보수와 같은 서비스 영역으로 사업을 확장하고 있다(Cho et al., 2014). 이는 고객 요구에 실시간으로 대응하고 신성장 산업에서의 효율성 향상을 통해 경쟁력 향상에 기여한다(Park, 2014).

예방적 서비스의 장점

예방적 서비스는 문제가 발생하기 전에 이를 예방하기 위한 조치를 사전에 수행하는 서비스이다. 이러한 서비스는 서비스 실패를 방지하고, 제품이나 서비스의 수명을 연장하는 것을 목표로 한다.

- 서비스 실패 방지: 예방적 서비스는 문제가 발생하기 전에 사전 예방 조치를 통해 서비스 실패를 방지할 수 있다. 예를 들어, LG전자(LG Electronics)는 에어컨과 냉장고에 대해 '스마트 진단(Smart Diagnosis)' 기능을 제공하여, 고객이 문제를 경험하기 전에 예방 조치를 취할 수 있도록 지원한다. 이러한 예방적 서비스는 서비스 실패를 줄이고, 고객 만족도를 높이는 데 기여한다.

- 제품 수명 연장: 예방적 서비스는 정기적인 유지 보수를 통해 제품의 수명을 연장할 수 있다. 예를 들어, 코웨이(Coway)는 정수기 필터 교체와 위생 관리 서비스를 통해 제품의 성능을 지속적으로 유지하며, 제품 수명을 연장하는 데 기여하고 있다. 이는 고객이 장기간 동안 안정적으로 제품을 사용할 수 있도록 돕는다.
- 비용 절감: 예방적 서비스는 서비스 실패로 인한 비용을 줄이고, 장기적으로 비용 절감 효과를 가져온다. 제너럴 모터스(General Motors: GM)는 차량의 주요 부품을 실시간으로 모니터링하고, 잠재적인 문제가 발생하기 전에 예방 조치를 취함으로써, 유지 보수 비용을 절감하고 있다. 이는 GM이 고객에게 비용 효율적인 서비스를 제공하는 데 기여한다.

상태기반 예측 서비스

상태기반 예측 서비스(Condition-Based Predictive Service: CBPS)는 제품이나 서비스의 현재 상태를 기반으로 적시에 유지 보수를 수행하는 것을 의미하며, 일반적인 유지 보수 주기가 아닌 필요에 따라 진행된다(Amruthnath & Gupta, 2018). 실시간 모니터링과 유지 보수 기록 분석을 통해 품질 문제를 유발하는 요인과 패턴을 식별하고 적절한 시기에 예방 조치를 취함으로써 비용 절감과 생산성 향상의 원동력이 된다(Amuthnath & Gupta, 2018; Park et al., 2014).

주요 특징

- 실시간 데이터 수집: 센서와 IoT 기술을 활용하여 제품이나 시스템의 상태 데이터를 지속적으로 수집한다.
- 데이터 분석 및 예측 모델링: 수집된 데이터를 분석하여 이상 징후나 패턴을 식별하고, 고장이나 성능 저하의 가능성을 예측한다.
- 적시의 예방 조치: 예측된 결과에 따라 필요한 유지 보수나 교체를 실시하여 문제를 사전에 방지한다.

상태기반 예측 서비스의 중요성

- 가동 시간 최적화: 불필요한 유지 보수를 줄이고, 실제 필요에 따라 유지 보수를 수행하여 시스템의 가동 시간을 최대화한다.
- 비용 효율성 향상: 예기치 않은 고장으로 인한 생산 중단이나 서비스 중단을 방지하여 비용을 절감한다.
- 서비스 품질 향상: 고객에게 일관되고 높은 수준의 서비스를 제공하여 만족도를 제고한다.

상태기반 예측 서비스의 사례

롤스로이스는 센서 네트워크를 제품에 부착하여 실시간 데이터를 분석하는 서비스 중심 비즈니스 모형을 도입하였다(Kim et al., 2015). 이 모형을 통해 전 세계에 납품된 4,000대 이상의 엔진 상태를 실시간 모니터링하고, 고장 가능성을 사전에 분석하여 엔진 교체와 유지 보수 일정을 효율적으로 관리할 수 있었다. 이러한 혁신적인 관리 방식을 통해 롤스로이스는 서비스 부문 매출 비중을 2003년 전체 매출의 10%에서 2012년 40%로 크게 확대하며, 서비스 기반 수익 모형의 성공적인 전환을 이룬 사례로 평가받고 있다.

한국의 대표적인 물류 기업 쿠팡은 2014년부터 수직 통합된 풀필먼트 모형을 도입하여, 재고 관리, 포장, 배송 등 모든 물류 과정을 자체적으로 처리하고 있다. 쿠팡은 인공 지능(AI)과 머신 러닝 알고리즘을 활용해 고객 주문에서 배송까지의 전 과정을 최적화하였으며, 이를 통해 700원짜리 마스크부터 1천만 원에 달하는 고가의 카메라에 이르기까지 수백만 개의 상품을 24시간 이내에 배송할 수 있는 시스템을 구축하였다. 이러한 물류 혁신은 쿠팡이 미국 나스닥(NASDAQ) 상장에 성공하며 글로벌 시장에서 큰 주목을 받는 계기가 되었으며, 물류 업계에서 효율적인 운영 모형의 모범으로 자리 잡게 했다(MIT Tech Review, 2021).

상태기반 예측 서비스의 장점

상태기반 예측 서비스는 제품이나 서비스의 현재 상태를 기반으로 유지 보수를 예측하고, 적시에 필요한 조치를 취하는 서비스이다. 이는 실시간 모니터링과 데이터를 활용하여 문제가 발생하기 전에 예방할 수 있도록 돕는다.

- 정확한 유지 보수: 상태기반 예측 서비스는 실시간 데이터를 바탕으로 제품이나 서비스의 상태를 정확하게 평가하고, 필요한 유지 보수를 적시에 수행할 수 있도록 한다. 현대자동차는 '블루링크(Blue Link)' 시스템을 통해 차량의 상태를 실시간으로 모니터링하고, 유지 보수 시점을 정확하게 예측하여 고객에게 알림을 제공한다. 이를 통해 현대자동차는 차량의 성능을 최적화하고, 고객에게 높은 만족도를 제공하고 있다.
- 서비스 효율성 증대: 상태기반 예측 서비스는 필요에 따라 유지 보수를 수행함으로써, 서비스 효율성을 증대시킬 수 있다. 예를 들어, 테슬라(Tesla)는 '오토파일럿(Autopilot)' 시스템과 실시간 소프트웨어 업데이트를 통해 차량의 주요 시스템을 원격으로 모니터링하고, 문제가 발생하기 전에 적절한 조치를 취할 수 있도록 지원한다. 이러한 서비스는 테슬라의 서비스 효율성을 높이고, 고객에게 더 나은 경험을 제공하는 데 기여한다.
- 고객 만족도와 충성도 향상: 상태기반 예측 서비스는 고객에게 높은 수준의 맞춤형 서비스를 제공함으로써, 고객 만족도와 충성도를 향상시킬 수 있다. 쿠팡은 인공 지능(AI) 기술을 활용한 실시간 모니터링 시스템을 통해 고객의 주문부터 배송까지의 전 과정을 효율적으로 관리하며, 발생할 수 있는 문제를 사전에 예측하고 해결함으로써, 고객 만족도를 높이고 있다.

선제적 서비스 품질 관리의 미래와 적용 방안

선제적 서비스 품질 관리는 고객 요구를 미리 예측하고, 발생 가능한 문제를 사전에 예방하는 접근 방식으로, 4차 산업혁명과 디지털 전환이 가속화되는 미래 비즈니스 환경에서 더욱 중요한 전략으로 자리 잡을 전망이다. AI, 빅데이터, IoT 등의 기술이 발전함에 따라, 서비스 제공 과정에서 실시간 데이터 분석과 예측 모델링을 통해 보다 효율적이고 맞춤화된 서비스 제공이 가능해지고 있다. 이러한 변화 속에서 선제적 서비스 품질 관리는 고객 만족도와 운영 효율성을 높이는 데 중요한 역할을 하며, 기업의 지속 가능한 성장과 경쟁력 확보의 핵심 요소로 자리 잡고 있다.

미래의 선제적 서비스 품질 관리는 다음과 같은 방향으로 발전할 것으로 예상된다.

- 데이터 기반 서비스 최적화: 미래의 서비스 관리 환경에서는 고객의 행동 패턴, 사용 이력, 서비스 기록 등을 기반으로 한 데이터 분석이 필수적이다. 기업은 대량의 고객 데이터를 분석하여 고객의 니즈를 예측하고, 이를 바탕으로 맞춤형 서비스를 제공할 수 있다. 예를 들어, 고객이 과거에 자주 겪었던 문제나 서비스 요청 패턴을 분석하여, 그와 유사한 상황이 발생하기 전에 선제적으로 대응할 수 있는 시스템이 필요하다. 이러한 데이터 기반 선제적 서비스 품질 관리는 서비스 제공의 신속성과 정확성을 높이는 데 기여할 것이다.
- AI와 머신 러닝을 통한 예측 정확도 향상: AI와 머신 러닝 기술의 발전은 서비스 품질 관리를 보다 정교하게 만들고 있다. 기업은 인공 지능을 활용하여 고객의 행동을 분석하고, 머신 러닝 알고리즘을 통해 고객 요구를 정확히 예측할 수 있다. 이를 통해 서비스 문제 발생 전에 예측 가능한 시나리오를 만들어내고, 이에 대한 대응책을 자동화할 수 있다. 이러한 기술적 발전은 기업이 더 나은 고객 경험을 제공하고, 서비스의 연속성을 보장하는 데 기여할 것이다.
- 사물인터넷(IoT)을 활용한 실시간 모니터링: 미래의 서비스 품질 관리는 사물인터넷(IoT) 기술을 통해 실시간으로 고객의 제품 및 서비스를 모니터링하는 방식으로 진화할 것이다. IoT 기술을 통해 연결된 장치들은 실시간으로 데이터를 수집하고, 이를 바탕으로 장비나 시스템의 상태를 파악할 수 있다. 이러한 실시간 모니터링은 문제가 발생하기 전에 이를 탐지하고 해결할 수 있는 능력을 기업에게 부여할 것이다. 예를 들어, 제조업 분야에서는 제품에 부착된 센서를 통해 제품의 성능을 실시간으로 모니터링하고, 고장이 발생하기 전에 이를 예방하는 유지 보수 시스템이 가능해질 것이다.
- 고객 맞춤형 서비스의 확대: 선제적 서비스 품질 관리는 점차 고객 맞춤형 서비스로 확장될 것이다. 고객의 성향과 요구에 맞춘 맞춤형 서비스는 고객 만족도를 극대화할 수 있으며, 이는 고객 충성도와 재구매 의도를 강화하는 중요한 요소로 작용한다. 기업은 고객의 개별 요구와 선호를 파악하여, 이를 반영한 개인화된 서비스를 제공할 수 있는 능력을 갖추게 될 것이다.

한국 기업들의 선제적 서비스 품질 관리 적용 방안

한국 기업들은 글로벌 시장에서 경쟁력을 유지하고 성장하기 위해 선제적 서비스 품질 관리를 전략적으로 도입해야 한다. 이를 위해 다음과 같은 적용 방안을 고려할 수 있다.

- 디지털 전환 가속화: 한국 기업들은 디지털 전환을 통해 선제적 서비스 품질 관리를 보다 효율적으로 구현할 수 있다. AI, 빅데이터, IoT와 같은 기술을 활용하여 고객의 데이터를 수집하고, 이를 분석하여 실시간으로 고객 요구를 예측하는 시스템을 구축할 필요가 있다. 예를 들어, 삼성전자는 자사 제품의 IoT 센서를 활용해 고객의 제품 상태를 모니터링하고, 문제가 발생하기 전에 자동으로 유지 보수를 요청하는 시스템을 구축함으로써 고객 만족도를 높이고 있다.
- AI 기반 예측 시스템 도입: 한국 기업들은 AI와 머신 러닝 기술을 도입하여 고객 요구를 예측하고, 문제 발생 전에 대응할 수 있는 시스템을 마련해야 한다. 현대자동차는 자율주행 기술과 AI 기반 예측 시스템을 활용하여 차량의 상태를 실시간으로 모니터링하고, 문제가 발생하기 전에 정비를 예약하는 시스템을 도입했다. 이를 통해 고객의 불편을 최소화하고, 서비스 품질을 향상시키고 있다.
- 고객 중심의 맞춤형 서비스 제공: 한국 기업들은 고객의 개별 요구에 맞춘 맞춤형 서비스를 제공함으로써, 고객 경험을 개선하고 경쟁력을 강화할 수 있다. LG전자는 고객의 사용 데이터를 분석하여, 고객이 필요로 하는 서비스를 선제적으로 제공하는 맞춤형 관리 프로그램을 도입했다. 이를 통해 고객의 서비스 요청을 미리 예측하고, 필요한 부품이나 서비스를 준비함으로써 서비스 제공의 효율성을 극대화하고 있다.
- 사전 예방적 유지 보수 시스템 강화: 한국의 제조업체와 서비스 기업들은 사전 예방적 유지 보수 시스템을 강화하여 서비스 실패를 미연에 방지할 수 있다. 예를 들어, 포스코는 철강 공정에서 IoT와 AI를 결합한 예측 분석 시스템을 도입하여, 공정 중 발생할 수 있는 문제를 미리 파악하고 이를 예방함으로써 운영 효율성을 극대화하고 있다. 이러한 사전 예방적 유지 보수는 생산 중단을 방지하고, 비용 절감 효과를 가져온다.

선제적 서비스 품질 관리는 미래의 비즈니스 환경에서 필수적인 전략적 자산으로 자리 잡을 것이다. 한국 기업들이 이러한 관리 방식을 성공적으로 도입하려면, 디지털 전환을 가속화하고 AI와 IoT 기술을 적극 활용하여 고객 요구에 신속하게 대응할 수 있는 시스템을 구축해야 한다. 이를 통해 고객 만족도와 운영 효율성을 극대화하고, 글로벌 시장에서 경쟁 우위를 확보할 수 있을 것이다.

Reference

김시중 (2016). "애프터 서비스 또는 비포 서비스?," 중부매일. http://www.jbnews.com/news/articleView.html?idxno=724555

김영우 (2016). "자동차에서 프린터까지, '비포 서비스'의 경제학," ITdibgA. http://it.donga.com/23737/

김진아, 이재희, 이종욱, & 주성관 (2010). 이벤트 스터디 기법을 이용한 제주 정전의 경제적 파급효과 분석. 전기학회논문지, 59(1). 46-50.

노용휘 (2015). "이벤트 스터디의 적용," 외식경영연구, 제18권 제1호, 213-221.

박유리, 이경선, 김규남, 이대호, & 이은민 (2014). "ICT활용을 통한 제조업 혁신 방안 연구," 정보통신정책연구원, 제14권 제1호.

박정우, 안철옥, & 임호순 (2019). "서비스화가 기업의 시장가치에 미치는 영향에 대한 연구: 코스피 기업들의 제휴공시를 중심으로," 생산성논집, 33(1), 25-46.

이영훈 (2003). "통계이론과 응용," 학현사, 223-232.

한국소비자보호원 (2001). "품질보증의 실태조사 및 법제개선방안 연구".

한영미, 임호순, & 정연승 (2017). "선제적 서비스에 대한 이해와 사례연구," 한국생산성논집, 제31권 제3호, 197-225.

한영미, 박광태, & 임호순 (2019). "제4차 산업혁명과 중소기업의 선제적 서비스," *The Journal of Small Business Innovation*, 제22권 제2호, 103-119.

황용철, 전정수, 김경훈, & 김경헌 (2013). "물류서비스품질, 신뢰와 만족, 재구매의도의 영향 관계 -온라인 쇼핑몰에서-," *Productivity Review*, 제27권 제1호.

Agrawal, J., & Kamakura, W. A. (1995). The economic worth of celebrity endorsers: An event study analysis. *Journal of marketing*, 59(3), 56-62.

Amruthnath, N. and Gupta, T. (2018). "A research study on unsupervised machine learning algorithms for early fault detection in predictive maintenance." *2018 5th International Conference on Industrial Engineering and Applications (ICIEA)*, 355-361.

Barkai, O. and Harison, E. (2011). "Preventive service management: towards proactive improvement of service quality," *The Review of Business Information Systems*, Vol. 15, 19.

Boiral, O. (2006). Global warming: should companies adopt a proactive strategy?. *Long Range Planning*, *39*(3), 315-330.

Bowman, D. and Narayandas, D. (2001). "Managing customer-initiated contacts with manufacturers: The impact on share of category requirements and word-of-mouth behavior," *Journal of Marketing Research*, Vol. 38, 281-297.

Challagalla, G. Venkatesh, R. and Kohli, A. K. (2009). "Proactive Post-sales Service when and why does it pay off?," *Journal of Marketing*, Vol. 73, 70-87.

Crant, J. M. (2000). "Proactive behavior in organizations," *Journal of Management*, Vol. 26, 435-462

Darnall, N., Henriques, I., & Sadorsky, P. (2010). Adopting proactive environmental strategy: The influence of stakeholders and firm size. *Journal of management studies*, *47*(6), 1072-1094.

Davenport, T., & Harris, J. (2017). *Competing on analytics: Updated, with a new introduction: The new science of winning*. Harvard Business Press.

Fitch, J. C. (1992). "Proactive maintenance", The cost-reduction strategy for the 90s, *Diesel & Gas Worldwide*, 24(5), 3.

Fitch, E. C. (2013) "Proactive Maintenance for Mechanical Systems", *Elsevier.*

Foster, S. T. (1998). *Managing quality: Integrating the supply chain*, 4th edition. Pearson. 158-160.

Geneva (1990). "International Electrotechnical Vocabulary", *International Electrotechnical Commission [IEC].* Chapter 191.

Hendricks, K. B. and R. Vinod Singhal (2008). "Supply Chain Disruptions and Corporate Performance," Korea University Business School Conference.

Hendricks, K. B. and V. R. Singhal (2005). "An empirical analysis of the effect of supply chain disruptions on long-run stock price performance and equity risk of the firm," *Production and Operations management*, Vol. 14. No. 1, 35-52.

Johnston, R., & Michel, S. (2008). Three outcomes of service recovery: Customer recovery, process recovery and employee recovery. *International Journal of Operations & Production Management, 28*(1), 79-99.

Jong, A. D. and Ruyter, K. D. (2004). "Adaptive versus proactive behavior in service recovery: The role of self-managing teams," *Decision Sciences,* Vol. 35, 457-491.

Large, R. O., & König, T. (2009). A gap model of purchasing's internal service quality: Concept, case study and internal survey. *Journal of purchasing and supply management, 15*(1), 24-32.

McCollough, M. A. and Gremler, D. D. (2004). "A conceptual model and empirical examination of the effect of service guarantees on post," *Managing Service Quality: An International Journal*, Vol. 14, 58-74.

Mcwilliams, A., D. Siege, and S. Teoh (1999). "Issues in the Use of the Event Study Methodology : A Critical Analysis of Corporate Social Responsibility Studies," *Organizational Research Methods*, Vol.2 No.4, 340-365.

Parasuraman, A., Zeithaml, V. A., & Berry, L. L. (1988). Servqual: A multiple-item scale for measuring consumer perc. *Journal of retailing, 64*(1), 12.

Shu, C., Liu, J., Zhao, M., & Davidsson, P. (2020). Proactive environmental strategy and firm performance: The moderating role of corporate venturing. *International Small Business Journal, 38*(7), 654-676.

Vargo, S. L., & Lusch, R. F. (2004). Evolving to a new dominant logic for marketing. *Journal of marketing, 68*(1), 1-17.

Verhoef, P. C., Lemon, K. N., Parasuraman, A., Roggeveen, A., Tsiros, M., & Schlesinger, L. A. (2009). Customer experience creation: Determinants, dynamics and management strategies. *Journal of retailing, 85*(1), 31-41.

Wallenburg, C. M. and P. Lukassen. (2011). "Proactive improvement of logistics service providers as driver of customer loyalty," *European Journal of Marketing*, 45(3), 438-454.

Zeithaml, V. A. (1988). "Consumer perceptions of price, quality, and value: a means-end model and synthesis of evidence," *The Journal of marketing*, 2-22.

Zeithaml, V. A., Berry, L. L., and A. Parasuraman. (1996). "The behavioral consequences of service quality," *The Journal of Marketing*, 31(2), 31-46.

제8장
선제적 품질 관리와 수요 예측

예측이란 단어를 한자로 풀어보면 미리 예와 헤아릴 측을 조합한 것으로, 구체적으로 아직 발생하지 않은 사건을 미리 짐작하는 활동이라고 할 수 있다. 올바른 예측은 경영 활동에서 매우 중요한 역할을 하는데, 특히 그중에서 미래의 수요를 짐작하는 수요 예측은 생산 및 자원 배분 전략을 결정짓는 핵심 도구로, 기업이 불확실성에 대응하기 위해 필수적으로 활용하는 전략적 도구이다. 예측은 크게 두 가지 갈래로 나눠지는데 경영자의 판단, 전문가의 지식 등을 바탕으로 예측하는 정성적 방법과, 과거 수요 자료 등 수치 데이터를 기반으로 한 정량적 방법으로 구분된다. 본 장에서는 정량적 예측 기법에 집중해서 소개하고자 한다.

한편, 전통적인 정량적 수요 예측 기법들은 일정한 성공을 보장해 왔지만, 근본적으로 과거 데이터를 기반으로 하기 때문에 주로 반응적(Reactive)인 측면을 지닌다. 즉, 급변하는 시장 환경에서는 과거 데이터만으로 미래의 불확실한 수요를 정확히 예측하는 데 한계가 있을 수 있다.

이에 본서에서는 선제적 품질 관리 활동에 맞춤화된 새로운 수요 예측 프레임워크를 제안하며, 구체적으로 최근 각광받고 있는 인공 지능과 머신 러닝 기술이 접목된 새로운 예측 방법 프레임워크를 제안할 것이다. 새로운 프레임워크는 불확실성이 강한 파라미터를 인공 지능 및 머신 러닝을 통해 효과적으로 추정하고, 이를 기반으로 과거의 수요 데이터를 혼합해서 실시간으로 미래에 예상되는 수요를 예측하고, 나아가 급변하는 시장 상황에 선제적으로 대응할 수 있도록 4장에서 소개했던 시나리오 플래닝 기법에 접목한 다이내믹 시나리오 플래닝(Dynamic Scenario Planning) 기법이다.

수요 예측의 개념

수요 예측의 필요성

수요 예측의 가장 중요한 목적은 미래에 발생할 수요의 수준을 미리 짐작하여, 기업이 불확실한 시장 상황에 효과적으로 대비할 수 있도록 하는 것이다. 만일 수요가 매 기간 일정하다면 굳이 수요 예측을 할 필요가 없을 것이다. 왜냐하면 수요가 매 기간 일정하기 때문에 미래 특정 시점의 수요를 바로 파악할 수 있기 때문이다.

그러나 현실에서 수요는 일정하지 않고 끊임없이 변화하기 때문에 이는 기업의 경영에서 하나의 '불확실성'으로 작용하며, 이는 기업 운영에서 리스크 요인이 된다. 그러므로 이러한 리스크를 최소화하기 위한 활동이 필수적이며, 그 일환으로 지금부터 소개할 수요 예측 기법들이 중요한 역할을 한다.

만일 정확한 수요 예측이 이루어지지 않으면 기업은 과다 혹은 과소 생산의 위험에 직면하게 된다.

과다 생산은 불필요한 재고 비용을 증가시키고, 과소 생산은 고객의 수요를 충족시키지 못해서 기업의 매출 기회를 달성할 수 없게 하거나, 혹은 재고 보충까지 필요한 시간이 있기 때문에 고객이 제품을 인도받기까지 걸리는 대기 시간을 증가시키므로, 결과적으로 기업의 신뢰와 매출을 저하시킬 수 있다. 따라서 미래에 발생할 수요를 최대한 정확하게 예측하는 것은 기업이 필수적으로 갖추어야 할 역량이라 할 수 있다.

특히, 오늘날의 글로벌화된 시장에서 수요의 불확실성은 더욱 증가하고 있다. 다양한 시장 요인들, 예를 들어 소비자의 변화하는 선호, 기술 혁신, 경쟁 상황 등은 수요에 직접적인 영향을 미친다. 이러한 요인들을 고려하여 올바른 수요 예측을 수행함으로써 기업은 불확실한 미래에 대응할 준비를 할 수 있으며, 이는 결국 기업의 생존과 지속 가능성에 크게 기여한다.

수요의 변동 요인

그렇다면 우리가 관리해야 할 것은 결국 수요의 불확실성을 최소화하는 것을 목적으로 한다. 그렇기 때문에 수요의 불확실성이 발생하는 원인을 먼저 파악하는 것이 중요한데, 수요의 불확실성은 크게 다음의 다섯 가지 수요의 패턴들이 주된 원인으로 작용한다. 이 패턴들은 수요 예측을 복잡하게 만들며, 각 패턴에 적합한 방식으로 관리하는 것이 중요하다.

각 다섯 가지 패턴을 간략히 설명하면 다음과 같다.

- 수준(Level): 수요의 일정한 평균치를 중심으로 변동하는 패턴으로, 수요 데이터가 큰 변화 없이 안정적으로 유지되는 경우를 의미한다.
- 추세(Trend): 시간의 흐름에 따라 수요의 평균 수준이 꾸준히 증가하거나 감소하는 현상으로, 제품 수명 주기나 경제의 성장 등 장기적 요인에 의해 영향을 받을 수 있다.
- 계절적 요인(Seasonality): 시간대나 계절에 따라 반복적으로 나타나는 수요의 증감 패턴을 의미하며, 예를 들어 휴가철이나 특정 계절에만 발생하는 이벤트 혹은 특정 시간대에 따라 수요량이 크게 변동할 수 있다.

그림 8-1 수요의 패턴을 이루는 다섯 가지 속성

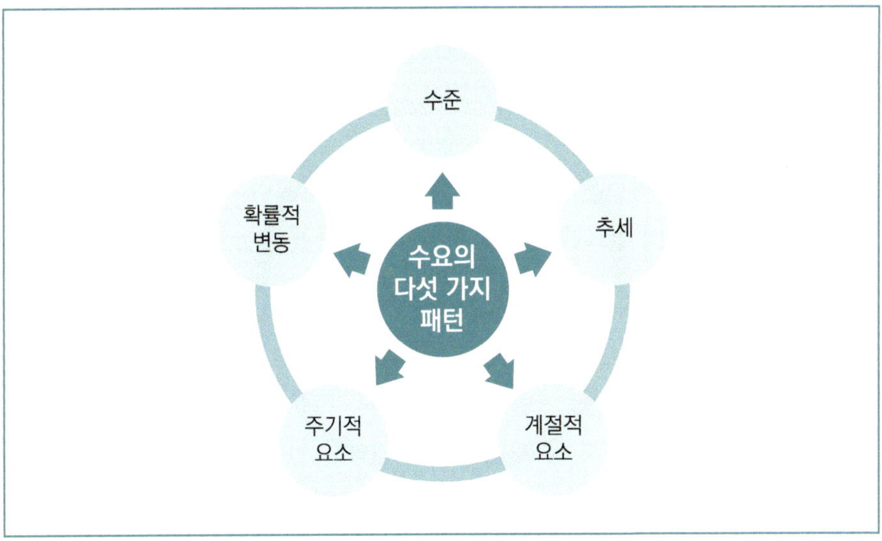

- 주기적 요인(Cyclical Elements): 특정 주기에 따라 수요가 변화하는 요소로, 경제 주기나 산업 트렌드에 의해 영향을 받으며, 이러한 변동은 장기간에 걸쳐 발생하는 경우가 많다.
- 확률적 변동(Random Variation): 예측이 불가능한 외부 요인에 의해 발생하는 수요의 변동으로 자연 재해, 사회적 이슈 등 불확실한 사건들이 여기에 해당된다.

이러한 다섯 가지 패턴 중 하나 혹은 복수의 요인들이 작용하면서 수요의 불확실성을 야기한다. 원래 수요 예측은 제조업에서 먼저 활용되었으나, 이러한 수요의 불확실성을 효과적으로 예측하고 관리하는 것은 특히 서비스업에서 더욱 중요하다.

왜냐하면 서비스업은 제조업과 달리 재고를 보관하기 어려우며, 성수기와 비수기 간 수요 변동이 극심하다. 따라서 정교한 수요 예측이 없으면 비수기에는 자원의 활용도가 떨어지고, 성수기에는 고객 서비스 질이 저하되어 판매 기회를 놓치거나 고객 불만을 초래할 수 있다. 이를 통해 수요 변동을 적절히 관리하는 것이 서비스 기업의 운영에 있어 필수적인 출발점이라 할 수 있다.

수요 예측 기법의 유형

수요 예측 기법은 크게 정성적 방법과 정량적 방법으로 나눌 수 있다. 각각의 기법은 기업이 마주하는 다양한 상황에 따라 적용되며, 서로 다른 장단점을 지니고 있다. 우선 정성적 기법들을 먼저 살펴보자.

정성적 방법은 주로 경영자의 판단이나 전문가의 경험을 기반으로 수요를 예측하는 방식이다. 이 방법은 과거 데이터가 부족하거나 미래에 발생할 특정 사건에 대한 경험적 판단이 필요한 경우에 효과적으로 사용된다.

- 델파이 기법(Delphi Method): 델파이 기법은 전문가 집단의 의견을 수집하여 수요를 예측하는 방법으로, 익명으로 설문조사를 진행하고 의견을 종합하여 합의를 도출하는 방식이다. 이 기법은 각 전문가가 독립적으로 의견을 제시함으로써 특정 의견에 치우치지 않고 균형 잡힌 결과를 얻을 수 있다는 장점이 있다. 이 기법은 주로 예측 대상에 대한 과거 경험이 부족한 경우 객관적인 참고 자료를 얻고 싶을 때 활용한다. 또한, 더 객관적인 자료를 확보하기 위해 연구에

그림 8-2 수요 예측 기법의 유형

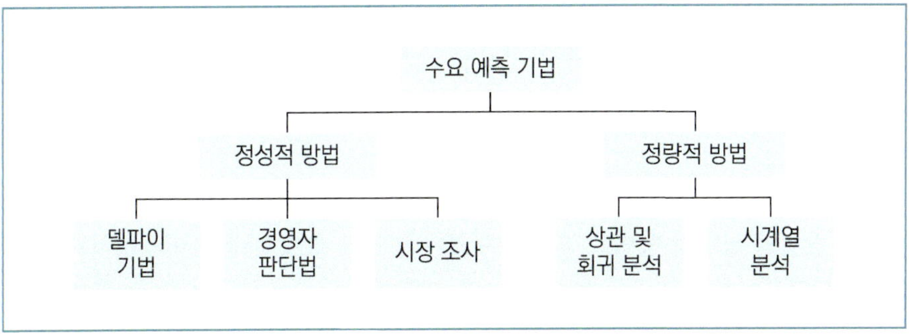

참여하는 각각의 전문가들이 서로 누군지 모르게 하는 보안의 확보가 필수적이다.

- 경영자 판단법(Judgmental Method): 경영자나 관리자 계층의 경험과 지식을 바탕으로 수요를 예측하는 방법이다. 특히 신제품 출시나 새로운 시장 진출과 같은 경우에 자주 사용된다. 다만, 소수의 의견에 의존할 경우 편향된 결과가 나올 수 있으므로, 다양한 경영자의 의견을 종합하는 것이 중요하다.
- 시장 조사(Market Survey): 잠재 고객을 대상으로 제품이나 서비스에 대한 수요를 조사하는 기법이다. 설문조사, 표적 집단 면접(Focus Group Interview) 등의 방법을 통해 고객의 의사 결정 패턴을 파악할 수 있으며, 비교적 정확한 예측이 가능하다. 다만, 비용과 시간이 많이 소요된다는 단점이 있다. 그럼에도 고객의 소리(Voice of Customer)를 현재까지 소개한 세 가지 기법 중 가장 직접적으로 청취할 수 있다는 점에서 상당히 정확한 기법이라 할 수 있다.

반면 정량적 방법은 과거의 수치 데이터를 기반으로 미래의 수요를 예측하는 방식이다. 이 방법은 통계적 분석을 통해 수요 패턴을 예측하며, 객관적인 결과를 도출할 수 있다는 장점이 있다.

- 상관 및 회귀 분석(Correlation and Regression Analysis): 주어진 여러 가지 변수로 구성된 데이터를 분석하여 각 변수들이 실제 수요량과 어느 정도의 연관성을 지니는 지 분석하고, 이를 기반으로 향후 수요량을 예측하는 기법이다. 이 때 수요와 상관성이 높은 변수를 찾아낸다면, 해당 변수들은 정확한 수요 예측에 더 큰 기여를 할 가능성이 높다.

- 시계열 분석(Time Series Analysis): 시간의 흐름에 따라 기록된 자료인 시계열 자료를 이용하여 시간의 흐름에 따른 수요의 일정한 주기적 패턴이나 추세를 기반으로 미래의 수요를 예측하는 방법이다. 이 기법은 과거 수요 데이터의 패턴을 통해 향후의 수요를 예측하는 데 매우 유용하다.

이와 같은 예측 기법들은 각각의 상황과 목적에 맞게 선택되어 사용되며, 종종 정성적 방법과 정량적 방법을 결합하여 보다 정확한 수요 예측이 이루어지기도 한다. 구체적인 정량적 기법의 활용 방법에 대해서는 이어지는 절에서 더 자세히 다루도록 하겠다.

수요와의 연관성을 이용한 수요 예측 기법

인과 관계란

인과 관계란 "원인과 결과 간 관계"를 의미한다. 상술한 바와 같이 기업은 과거의 실제 수요 자료를 분석하여 수요와 밀접하게 연결된 변수들을 찾아내고, 그 변수와 수요 간 구체적인 관계의 정도를 파악하여 더 정확한 예측 모형을 만드는 데 활용할 수 있다. 이러한 관계는 단순한 수치에서부터 여러 가지 항(Term)들로 이루어진 복잡한 다항 함수의 형태를 띨 수도 있다. 과거에는 이러한 인과 관계를 계량적으로 정확히 파악하는 것이 매우 어려웠으나, 최근에는 여러 분석 기법이 개발되고, 이에 최적화된 컴퓨터 소프트웨어들의 보급으로 더 효율적으로 정교한 인과 관계 분석이 가능해졌다.

그러나, 아무리 정교한 인과 관계를 파악할 수 있더라도 그것이 직관적으로 와닿지 않는다면 분석의 가치를 떨어뜨릴 것이다. 그래서 인과 관계를 보다 명확하게 이해하기 위해서는 자료를 시각화(Visualization)하는 것이 중요한데, 인과 관계를 가장 직접적으로 나타내는 기법으로는 산점도(Scatter Plot)라는 기법이 있다.

산점도란 원인 변수 1개와 결과 변수 1개로 구성된 2개의 변수로 구성된 좌표를 2차원 카티전 좌표계(Cartesian Coordination)상에 표시해서 두 변수 간의 상관성과 경향성을 시각적으로 나타낼 수 있게 해 준다.

그림 8-3 여러 가지 산점도의 유형

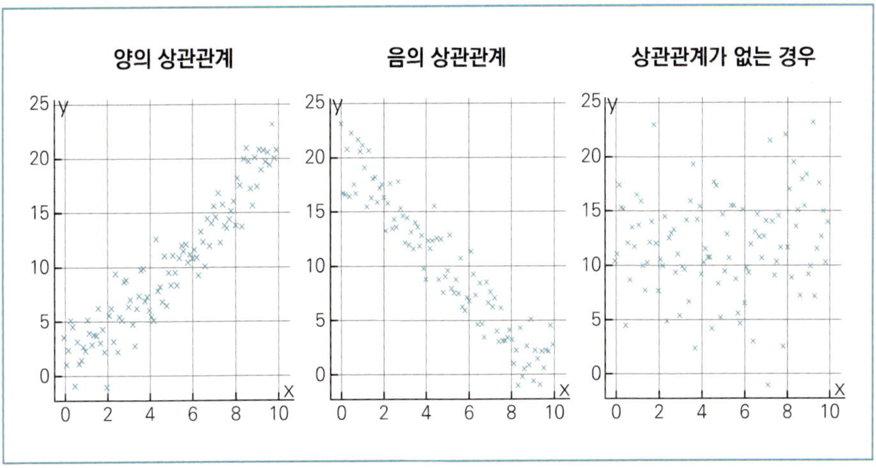

[그림 8-3]과 같이 산점도는 두 변수 X와 Y 간의 관계를 직관적으로 파악할 수 있게 하는 데 큰 도움이 된다. 그런데 [그림 8-3]을 보면 세 가지 산점도가 모두 다른 패턴을 보이는데, 예를 들어 첫 번째 산점도의 경우 x가 증가하면 y도 함께 증가하는 패턴을 보이고, 두 번째 산점도는 반대로 x가 증가하면 y는 감소하는 패턴을 보인다. 그리고 세 번째 산점도는 x와 y 간 뚜렷한 관계가 보이진 않는다.

이처럼 산포된 데이터의 형태를 통해 두 변수 간 상관 관계의 방향성을 다음과 같이 구분할 수 있다.

- 양의 상관 관계(Positive Correlation): 데이터가 x축의 증가에 따라 y축도 증가하는 패턴을 보이는 경우, 두 변수는 양의 상관 관계를 가진다고 할 수 있다. 예를 들어, 마케팅 비용이 증가할수록 수요가 증가하는 경우가 여기에 해당된다.
- 음의 상관 관계(Nagative Correlation): 양의 상관 관계와 반대로 x축이 증가할 때 y축이 감소하는 패턴을 보이면 음의 상관 관계가 존재한다. 가격이 오를수록 수요가 줄어드는 경향이 이에 해당한다.
- 상관 관계가 없는 경우(No Correlation): 데이터가 무작위로 분포되어 특별한 패턴이 보이지 않는 경우, 두 변수 간에는 상관 관계가 없다고 판단할 수 있다. 다만, 후술하겠지만 기본적인 상관 관계 분석은 두 변수간 1차 함수 관계만 파악할 수 있기 때문에 상관 관계가 없어 보여도 2차 함수 이상의 관계가 내포되어

있을 수 있다. 그러므로 1차 함수, 즉 선형적 관계만 파악할 수 없는 것으로 해석하는 것이 올바른 해석이다.

정리하면, 산점도는 데이터를 시각적으로 분석하는 초기 단계에서 매우 유용하다. 이는 데이터 간의 대략적인 관계를 빠르게 파악하고, 더 정밀한 통계적 분석을 위한 기초를 마련하는 데 도움이 된다.

상관 분석

이전 절에서 산점도를 통해 두 변수 간의 관계를 시각적으로 확인하였다. 그러나 실제로 두 변수가 모종의 관련성을 지니고 있다고 주장하기 위해서는 더 엄밀한 근거가 필요하다. 지금부터 소개할 상관 분석은 바로 그 근거가 될 수 있는 방법이다. 상관 분석은 두 변수 간의 선형(Linear) 관계를 정량적으로 평가하는 기법으로, 두 변수가 서로 얼마나 밀접하게 연결되어 있는지를 상관 계수를 통해 측정한다. 이를 통해 두 변수의 변화가 같은 방향으로 이루어지는지, 혹은 반대로 이루어지는지를 명확하게 분석할 수 있다.

상관 분석에서 핵심적인 개념은 상관 계수이다. 상관 계수는 두 변수의 선형 관계를 측정하는 지표로, 계산된 값은 -1에서 1 사이의 범위를 갖는다. 상관 계수가 1에 가까울수록 두 변수 간의 관계는 강하게 양의 상관 관계를 가지고, −1에 가까울수록 강한 음의 상관 관계를 가진다. 0에 가까운 값은 두 변수 간에 선형적인 관계가 거의 없음을 나타낸다.

두 변수 X와 Y의 상관 계수는 다음과 같이 정의된다.

$$\rho = \frac{Cov(X,Y)}{\sqrt{Var(X)Var(Y)}} \tag{8-1}$$

식 (8-1)에서 알 수 있듯, 상관 계수를 구하기 위해서는 두 변수의 공분산(Covariance)과 분산(Variance)이 필요하다. 두 변수 X와 Y 간의 공분산은 이들이 얼마나 같이 변하는지를 나타내며, 각각의 분산은 각 변수 자체의 데이터 상의 변동성을 나타낸다. 그러나 상관 계수의 정의에 나타난 상관 계수는 모집단에 대한 상관 계수를 나타내고 있다. 하지만 모집단을 전수 조사하는 것은 현실적으로 불가능한 경우가 많다. 그러므로 현대 통계학은 실제로 우리가 조사한 자료, 즉 표본 집단을 이용해서 전체 모집단을 효과적으로 추정하는 방법을 탐색하는 것으로 발전해 왔다.

상관 계수 역시 마찬가지로 위 식을 표본집단에 접목하여 표본 상관 계수를 구함으로서 모상관 계수를 추정해야 하는데, 표본상관 계수는 다음과 같이 계산할 수 있다.

$$r = \frac{\Sigma_{i=1}^{n}(x_i - \overline{x})(y_i - \overline{y})}{\sqrt{\Sigma_{i=1}^{n}(x_i - \overline{x})^2}\sqrt{\Sigma_{i=1}^{n}(y_i - \overline{y})^2}} \quad (8\text{-}2)$$

식을 살펴보면, X와 Y를 나타내기 위해 각각 x, y라는 표본 데이터를 조사했고, n개의 데이터를 모았다고 하자. 위 식에서 $\overline{x}$, $\overline{y}$는 두 표본 변수 x, y의 n개의 데이터에 대한 평균을 나타낸다.

계산된 표본 상관 계수는 −1에서 1 사이의 범위를 가지며, r의 절대값이 1이 가까울수록 상관 관계가 강함을 의미하며, +, −는 각각 양의 상관 관계 및 음의 상관 관계를 의미한다. 즉, 양의 상관 관계를 가진다면 X가 증가할 때 Y도 증가할 가능성이 높다는 의미이며, 음의 상관 관계가 있다면 X가 증가할 때 Y는 감소할 가능성이 높다는 의미다.

앞 절에서도 간략히 언급했지만, 상관 계수가 낮다고 해서 두 변수가 무관하다고 단정할 수는 없다. 상관 분석은 선형 관계만을 측정하기 때문에, 두 변수 간에 복잡한 비선형적 관계가 존재할 경우 상관 계수가 낮게 나타날 수 있다. 따라서 상관 계수만으로 두 변수의 관계를 완전히 이해하는 것은 제한적일 수 있으며, 보다 심층적인 분석이 필요할 수 있다.

회귀 분석

이제 우리는 상관 분석을 통해 두 변수 간의 상관 관계를 수치적으로 확인할 수 있게 되었다. 그러나 여전히 풀리지 않는 의문은 한 변수의 변화량이 다른 변수의 변화량에 구체적으로 어느 정도 영향을 미칠지다. 예를 들어, 마케팅 비용을 100원 더 투입했을 때, 예상 매출액은 어느 정도 변화할 것인지와 같은 질문이다. 이러한 질문에 응답하기 위한 도구로 회귀 분석(Regression Analysis)이 있다.

회귀 분석은 두 변수 간의 관계를 수치적으로 나타내어, 한 변수의 변화가 다른 변수에 미치는 영향을 추정하는 기법이다. 이를 통해 기업은 과거의 데이터를 바탕으로 미래의 수요나 성과를 예측할 수 있다. 회귀 분석에서는 예측하고자 하는 변수를 종속 변수(Dependent Variable)라 하며, 종속 변수에 영향을 미치는 변수를 독립 변수(Independent Variable)라고 한다. 회귀 분석의 목표는 독립 변수의 변화 정도에 따라 종속 변수의 변화 정도를 수치적으로 예측하는 것이다.

가장 간단한 형태의 회귀 분석은 단순 회귀 분석으로, 독립 변수와 종속 변수가 각각 1개씩 존재하는 경우를 의미하며, 일반적으로 두 변수 간의 관계를 1차 함수 형태로 나타내는 선형 회귀 분석이 활용된다. 즉, 독립 변수와 종속 변수 간 선형 관계가 존재한다고 가정하고 분석이 이루어지는 것이다.

단순 회귀 모형은 다음과 같이 수식으로 나타낼 수 있다.

$$y_i = \beta_0 + \beta_1 x_i + \epsilon_i, \qquad i = 1, 2, \cdots, n \tag{8-3}$$

여기서 y는 종속 변수, 그리고 x는 독립 변수를 의미한다. 이 자료들은 설문 조사, 시장 조사 등을 통해 얻을 수 있다. 회귀 분석을 통해 추정하고자 하는 지표는 β_0과 β_1으로서, β_0은 독립 변수의 값이 0일 때 종속 변수가 가질 것으로 예상되는 값을 나타낸다. 왜냐하면 독립 변수 값이 0이라면 식의 우항에는 $\beta_0 + \epsilon_i$만 남게 되는데, 여기서 ϵ_i는 오차로서 예측 과정에서 포착할 수 없는 변동성을 의미한다. 그러나 회귀 분석에서는 오차의 평균이 0이라고 가정하기 때문에(이를 통계학에서는 독립 항등 분포 — i.i.d(Independent and Identically Distributed)를 가정한다고 한다) 결론적으로 우항에는 β_0만 남는 것이다. 마지막으로 β_1은 회귀 계수라고 하는데, 독립변수 x가 한 단위(Unit) 증가할 때마다 종속변수 y가 평균적으로 얼마나 변하는지 나타내는 수치이다. 예를 들어, 마케팅 비용이 매달 한 단위 더 투입할 때 판매량이 100개 증가한다면, 회귀 계수 β_1는 100으로 나타낼 수 있다. 이처럼 회귀 분석은 경영자가 수요를 예측하거나, 특정 경영 전략이 기업 성과에 미치는 영향을 분석하는 데 매우 유용하다. 다만, 회귀 모형은 본질적으로 추정을 기반으로 하기 때문에 오차가 발생할 수 있으며, 이 오차는 데이터를 완벽하게 설명할 수 없는 변수들의 영향을 나타낸다.

다시 말해, 회귀 분석을 통해 얻은 함수가 유효하려면 추정된 함수가 얼마나 현실 상황을 정확히 예측하는지 평가해야 할 것이다. 이를 위해 회귀 모형에서는 추정된 모형이 얼마나 정확한지를 평가하는 지표로 결정 계수(Coefficient of Determination)를 사용한다. 결정 계수는 r^2로 표시되며, 0과 1 사이의 값을 가진다. 결정 계수가 1에 가까울수록 회귀 모형이 실제 데이터를 잘 설명하고 있음을 의미한다. 예를 들어, 결정 계수가 0.9라면, 회귀선이 실제 데이터의 움직임을 약 90%가량 제대로 설명한다고 해석할 수 있다.

지금까지 다룬 내용을 하나의 종합 예시를 통해 분석해 보자. 과거에는 데이터를 분석하는 것이 매우 어려운 작업이었지만, 최근에는 컴퓨터의 보급으로 데이터 분석이 매우 용이해졌다. 본 장에서는 데이터 분석을 실제로 수행해 볼 수 있는 방법을 제시하기 위해 통계 분석에 특화된 R이라는 프로그래밍 언어를 이용해서 분석 과정을 설명할 것이다. 그리고 각 과정에서 활용되는 R 코드(Code)를 함께 제시할 것이다.

예시 8-1 다음 자료는 어느 기업이 투입한 마케팅 비용과 그에 따른 총 매출액을 나타낸다(단위: 10만 원). 이 자료를 보았을 때 마케팅 비용과 그에 따른 총 매출액 간에는 어떤 관계가 있는가? 그리고 마케팅 비용은 총 매출액에 어떤 영향을 미치는가?

마케팅 비용	77	49	65	74	90	84	48	82	64	60	82	80
총 매출액	89	62	70	79	85	72	38	78	76	69	70	89

Step 1. 산점도 및 상관 분석을 통한 마케팅 비용과 총 매출액 간 상관성 파악

우선 마케팅 비용과 총 매출액 간 상관성이 있는지 파악하기 위해 산점도를 그려 보자. R 프로그램에서 데이터를 입력한 다음, 두 변수 간 산점도를 그리면 [그림 8-4]와 같다.

산점도를 살펴본 결과, 마케팅 비용과 총 매출액 간에는 우상향 패턴이 보인다. 그러므로 두 변수 간에는 양의 상관 관계가 있을 것이라고 추측할 수 있다. 추측이 사실인지 확인하려면 상관 분석을 실시해야 한다.

원래대로라면, 위에 제시된 식에 두 데이터 행렬을 대입해서 계산해야 하지만 R에는 이 모든 과정을 "cor"이라는 함수를 이용해서 한 번에 해결할 수 있다. 상관 계수를 분석한 결과, 두 변수 간 상관 관계는 0.7496으로 강한 양의 상관 관계가 있다고 할 수 있다. 즉, 마케팅 비용을 많이 투입할수록, 총 매출액도 높아질

그림 8-4 마케팅 비용과 총 매출액 간 산점도

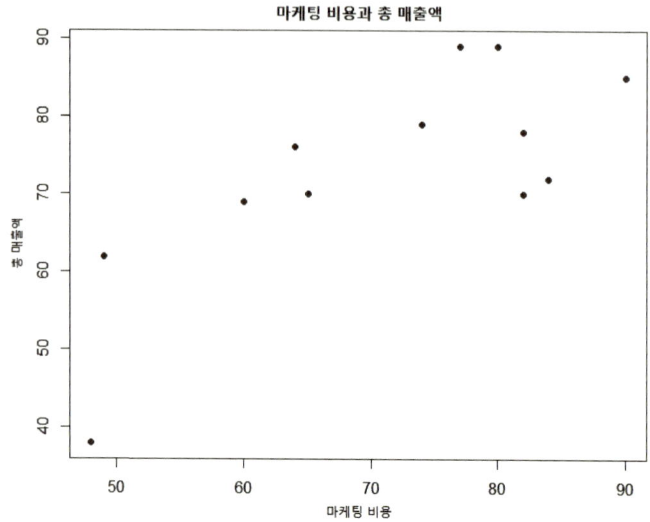

가능성이 높다는 것이다. 지금까지 수행한 과정에 대한 R 코드는 다음과 같다.

〈R 코드〉

```
# 데이터 준비
marketing <- c(77,49,65,74,90,84,48,82,64,60,82,80)
sales <- c(89,62,70,79,85,72,38,78,76,69,70,89)

# 산점도 작성
plot(marketing, sales, main="마케팅 비용과 총 매출액", xlab="마케팅 비용", ylab="총 매출액", pch=19, col="blue")

# 상관 분석
correlation <- cor(marketing, sales)
correlation
```

Step 2. 회귀 분석을 통한 마케팅 비용이 총 매출액에 미치는 영향력 파악
이제 마케팅 비용과 총 매출액 간의 관계, 즉 마케팅 비용을 한 단위 더 투입했을 때, 총 매출액이 대략 어느 정도 변할 것인지 분석하자. 이를 위해 회귀 분석을 실시한다. 회귀 분석 역시 R의 "lm"이라는 함수를 이용해서 손쉽게 수행할 수 있다. 회귀 분석 결과는 [표 8-1]과 [그림 8-5]와 같다.

분석 결과를 해석하면 우선 결정 계수는 0.562로서, 총 매출액의 변화를 설명함에 있어서 주어진 마케팅 비용 자료가 약 56%가량 제대로 설명한다고 해석할 수 있다. 그리고 절편은 19.7952로서 마케팅 비용을 투입하지 않았을 때, 예상되는 총 매출액은 평균적으로 197만 원 가량이라는 것이다. 그리고 마케팅 비용에

표 8-1

	회귀 계수	표준 오차	P-value
절편	19.7952	15.1376	0.220
마케팅 비용	0.7479	0.2089	0.005

r^2 = 0.562

그림 8-5 마케팅 비용과 총 매출액 간 회귀 분석 결과

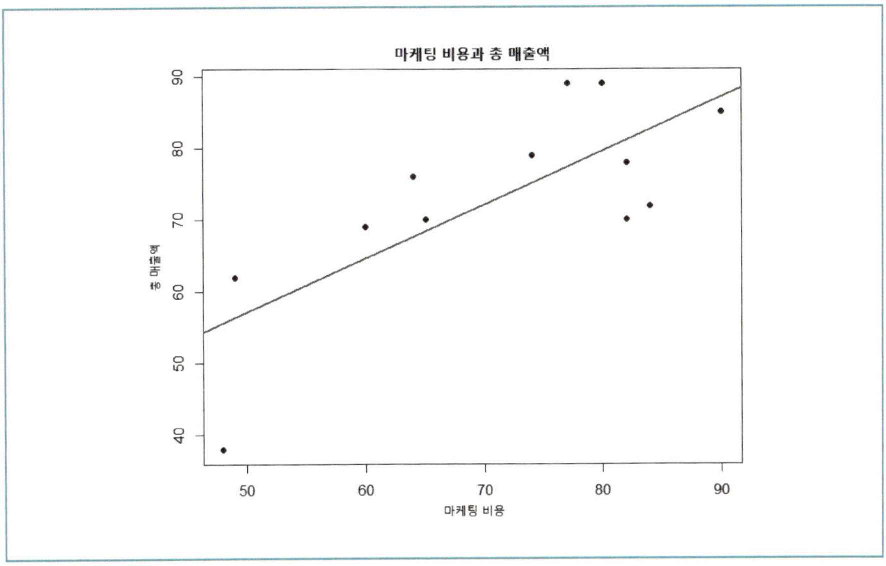

대한 회귀 계수는 0.7479로서, 마케팅 비용을 한 단위 추가로 투입할 때마다 총 매출액은 평균적으로 7만 4천 원씩 증가할 것으로 예측된다.

[그림 8-5]와 같이 추정된 회귀 식을 나타내는 직선을 그려본 결과, 아무리 정교한 예측을 하더라도 예측치와 실제 매출액 간에는 오차가 존재한다. 그러므로 이러한 오차를 최소화하는 것이 좋은 예측 모형이 갖추어야 할 조건이라 할 수 있다. 또한, 총 매출액에 영향을 미치는 변수는 비단 마케팅 비용뿐만 아니라 제품의 품질, 사후 서비스 수준 등 다양한 요인들이 종합적으로 영향을 미칠 것이다. 그러므로 본 예시처럼 마케팅 비용이라는 1개의 변수뿐만 아니라 제품의 품질이나 사후 서비스 수준 등을 계량해서 추가적인 독립 변수로 설정하여 회귀 분석을 수행할 수 있다.

〈R 코드〉

```
# 회귀 분석
model <- lm(sales~marketing)
abline(model, col="red", lwd=2)
summary(model)
```

시간의 흐름에 따른 변화를 예측하는 시계열 분석

지금까지 살펴본 예측 기법들은 독립 변수와 종속 변수 간 관계와 독립 변수의 변화량이 종속 변수의 변화량에 미치는 평균적인 영향력을 살펴보았다. 지금부터 소개할 시계열 분석(Time Series Analysis)은 이제 시간이라는 개념을 예측 기법에 도입하여, 시간의 흐름에 따라 변화하는 종속 변수의 과거 데이터를 기반으로 미래를 예측하는 기법이다. 인과 관계 분석과 달리, 시계열 분석은 과거 데이터의 패턴이 미래에도 지속될 것이라는 가정을 바탕으로 한다. 이러한 분석 기법은 주로 수요 예측, 경제 지표 분석, 주식 시장 예측 등 다양한 경영 및 경제 분야에서 사용된다.

시계열 분석의 핵심은 시간에 따른 데이터의 변동 패턴을 파악하는 데 있다. 앞서 논의한 수요의 다섯 가지 요소인 수준(Level), 추세(Trend), 계절성(Seasonality), 주기성(Cyclical), 확률적 변동(Random Variation)과 같은 요인들이 시계열 분석에 반영되며, 이를 통해 미래의 수요를 보다 정교하게 예측할 수 있다. 본 절에서는 이 다섯 가지 요소를 개별적으로 예측하는 방법과 함께, 이 요소들을 종합적으로 고려한 시계열 분석 기법을 다루며, 이를 통해 수요 예측의 정밀성을 높이는 방법을 살펴본다.

수요의 체계적 요소와 계절 요소

시간의 흐름에 따른 수요의 변화량을 예측함에 있어서 가장 중요한 작업 중 하나는 시간의 경과에 따른 수요의 변화량에 영향을 미치는 계절적 요소와 순수한 수요의 수준 및 추세를 분리하여 분석하는 것이다. 이는 수요의 변동에 미치는 혼재된 여러 영향들을 명확하게 규명하는 작업이며, 이는 궁극적으로 장기적 수요 패턴을 파악하게 함으로서 더 정밀한 예측을 가능하게 한다. 이를 위해 우선 계절적인 요인을 제거하는 작업인 비계절화(Deseasonalization)를 먼저 수행하게 된다.

비계절화를 통한 수요의 수준과 추세 추정

비계절적 수요를 추출하는 방법은 수요의 주기가 일 때, 주기 내 수요 데이터에 동일한 가중치를 부여해 평균을 계산하는 방식이다. 구체적인 비계절적 수요 방법은 다음과 같다.

$$\overline{D}_t = \begin{cases} \dfrac{\left[D_{t-(\frac{p}{2})} + D_{t+(\frac{p}{2})} + \Sigma_{i=t+1-(\frac{p}{2})}^{t-1+(\frac{p}{2})} 2D_i\right]}{2p}, & if,\ Mod\left(\frac{p}{2}\right) = 0 \\ \dfrac{\Sigma_{i=t-(\frac{p-1}{2})}^{t+(\frac{p-1}{2})} D_i}{p}, & if,\ Mod\left(\frac{p}{2}\right) = 1 \end{cases} \tag{8-4}$$

표 8-2

연도	분기	수요
2022	1분기	11,000
	2분기	13,000
	3분기	20,000
	4분기	31,000
2023	1분기	12,000
	2분기	15,000
	3분기	21,000
	4분기	30,000
2024	1분기	14,000
	2분기	16,000
	3분기	33,000
	4분기	42,000

예를 들어, [표 8-2]의 데이터를 이용해서 비계절적 수요를 추출해 보자. 그 전에, 지금부터 소개할 여러 가지 시계열 분석 기법에서 활용한 예시 데이터들은 필자의 다른 서적인 "위기대응을 위한 서비스 오퍼레이션스 관리"를 바탕으로 하고 있음을 미리 밝히는 바이다.

해당 자료를 살펴보면 총 4개 주기를 가지고 있으므로 p = 4라고 할 수 있으며, 위의 식을 이용해서 비계절적 수요를 추출하면 [표 8-3]과 같다.

[표 8-3]에서 볼 수 있듯이, 2022년 3분기부터 2024년 2분기까지 비계절적 수요가 추출되었다. 이와 같은 방식으로 비계절적 수요를 계산할 수 있으며, 이를 통해 추세와 수준을 명확히 파악할 수 있다. 다만 독자들은 2022년 1, 2분기나 2024년 3, 4분기처럼 비계절적 수요가 추출되지 않은 분기에 대해서 어떻게 추정을 해야 할지 궁금할 것이다. 이 경우 수요가 비계절적인 것과 더불어 수요의 변화 수준에 일정한 비율을 따른다는 추가적인 가정을 하게 된다. 이 경우 수요의 변화가 일정한 비율을 따르기 때문에 선형 함수의 형태를 이용할 수 있으며, 구체적인 함수의 형태는 식 (8-5)와 같다.

표 8-3

연도	분기	수요	비계절적 수요
2022	1분기	11,000	-
	2분기	13,000	-
	3분기	20,000	18,875
	4분기	31,000	19,250
2023	1분기	12,000	19,625
	2분기	15,000	19,625
	3분기	21,000	19,750
	4분기	30,000	20,125
2024	1분기	14,000	21,750
	2분기	16,000	24,750
	3분기	33,000	-
	4분기	42,000	-

$$\overline{D_t} = at + b \tag{8-5}$$

함수의 형태가 선형을 가정했기 때문에 여기서 우리가 직전에 살펴보았던 회귀 분석을 이용한다. 즉, 모든 시점에 대해 비계절적 수요를 구하지 못한 경우에는 선형 회귀 분석을 통해 추정할 수 있다. 이 데이터를 통해 비계절적 수요와 시간 간의 선형 회귀 모형을 적용하면, $\overline{D_t} = 657.7t + 16{,}193.5$이 추정되는데, t에 구하지 못한 시점을 대입해서 [표 8-4]와 같이 비계절적 수요를 추정한다.

다만, 이 방법은 말 그대로 미처 구하지 못한 비계절적 수요를 그나마 비슷하게라도 추정하기 위해 선형성을 가정했다는 점에 유념해야 한다. 실제 수요 자료는 계절성 등의 영향이 작용해서 반드시 선형 관계를 띄지 않을 수 있기 때문에 이 경우 실 수요와 시간 간의 회귀 모형을 활용하는 것은 적합하지 않을 수 있다. 그러므로 가능하다면 앞서 제시한 수식을 통해 실 수요 중 1차적으로 부분적인 비계절적 수요를 추출하는 것이 바람직하다.

표 8-4

연도	분기	수요	비계절적 수요
2022	1분기	11,000	16,851.2
	2분기	13,000	17,508.9
	3분기	20,000	18,166.6
	4분기	31,000	18,824.3
2023	1분기	12,000	19,482.0
	2분기	15,000	20,139.7
	3분기	21,000	20,797.4
	4분기	30,000	21,455.1
2024	1분기	14,000	22,112.8
	2분기	16,000	22,770.5
	3분기	33,000	23,428.2
	4분기	42,000	24,085.9

수요의 계절 요인 추정

이제 수요의 변동에 영향을 주는 주된 요인 중 하나인 계절 요인의 크기를 추정해 보자. 간단하게 이야기하면, 수요의 계절 요인은 앞서 추출한 비계절적 수요 대비 실제 수요의 비율로 다음과 같이 계산한다.

$$\bar{S}_t = \frac{D_t}{\bar{D}_t} \tag{8-6}$$

다시 말해, 계절 요인은 각 시점에서 수요가 비계절적 수요에 비해 얼마나 증가하거나 감소했는지를 나타내며, 이는 비계절적 수요를 통해 충분히 설명되지 않는 수요의 변화 정도를 계절적 요인이 작용한다고 해석하는 것이다.

직전 예시를 다시 활용해서 계절 요인의 크기를 계산하면 [표 8-5]와 같다.

현재 주기는 4주기를 따르며, 각 주기의 계절 요인을 평균하여, 전체 계절 요인을 추정할 수 있다.

표 8-5

연도	분기	수요	비계절적 수요	계절 요인의 크기
2022	1분기	11,000	16,851.2	0.65
	2분기	13,000	17,508.9	0.74
	3분기	20,000	18,166.6	1.10
	4분기	31,000	18,824.3	1.65
2023	1분기	12,000	19,482.0	0.62
	2분기	15,000	20,139.7	0.74
	3분기	21,000	20,797.4	1.01
	4분기	30,000	21,455.1	1.40
2024	1분기	14,000	22,112.8	0.63
	2분기	16,000	22,770.5	0.70
	3분기	33,000	23,428.2	1.41
	4분기	42,000	24,085.9	1.74

$$S_i = \frac{\Sigma_{j=0}^{r-1} \bar{S}_{jp+i}}{r} \quad (8\text{-}7)$$

위 식에서 p는 주기성으로 이 예시에서는 4이다. r은 계절주기로서 이 예시에선 3이 된다. 이를 이용해서 계절적 요인의 크기를 구하면 다음과 같다.

$$S_1 = \frac{\bar{S}_1 + \bar{S}_5 + \bar{S}_9}{3} = \frac{0.65+0.62+0.63}{3} = 0.633$$

$$S_2 = \frac{\bar{S}_2 + \bar{S}_6 + \bar{S}_{10}}{3} = \frac{0.74+0.74+0.70}{3} = 0.727$$

$$S_3 = \frac{\bar{S}_3 + \bar{S}_7 + \bar{S}_{11}}{3} = \frac{1.10+1.01+1.41}{3} = 1.173$$

$$S_4 = \frac{\bar{S}_4 + \bar{S}_8 + \bar{S}_{12}}{3} = \frac{1.65+1.40+1.74}{3} = 1.597$$

이렇게 구한 계절 요인은 계절성을 고려한 수요 예측 모형을 구축하는 데 활용되며, 이를 통해 보다 정밀한 예측을 가능하게 한다. 다음 절에서는 다양한 예측 기법들을 단계별로 살펴보며, 궁극적으로 계절성을 포함한 윈터스 모형(Winters Model)까지 다루어보겠다

최근 자료를 활용하는 단순 이동 평균법

시계열 자료를 이용한 수요 예측에서 가장 간단하면서도 범용적으로 활용되는 기법 중 하나는 이동 평균법(Moving Average Method)이다. 이 기법은 주로 단기적인 수요 예측에 사용되며, 과거의 몇 개 시점의 데이터를 평균을 적용하여 미래 수요를 예측하는 방식이다. 이를 수식으로 나타내면 다음과 같다.

$$F_{t+1} = \frac{D_t + D_{t-1} + D_{t-2} + .. + D_{t-n+1}}{n} \tag{8-8}$$

여기서 F_{t+1}는 다음 시점 $t+1$의 수요 예측치이며, D_t는 t 시점의 실제 수요량을 의미한다. 단순 이동 평균법의 장점은 계산이 간단하고 직관적이라는 점이다. 다만, 이 기법은 모든 기간의 수요에 동일한 가중치를 부여하며, 특정 기간에 수요의 변동이 없다는 가정 하에 적용될 수 있다. 단순 이동 평균법을 통해 예측하고자 하는 바는 수요의 수준이며 추세, 계절 변동 요인, 주기적 요인은 없다고 가정한다. 한 가지 더 주의해야 할 점은 단순 이동 평균법은 모든 시점에 동일한 가중치를 부여하기 때문에 먼 과거와 가까운 과거의 수요가 동일한 영향력을 갖는다는 약점이 있다. 이는 특히 최근의 데이터가 더 중요한 경우에는 적합하지 않다.

[표 8-6]의 예시 자료를 이용해서 단순 이동평균법을 적용해 보자.

단순 이동 평균법을 적용하기 위해 선택하는 데이터의 주기(즉, 예측에 활용할 개월 수)는 분석하는 이의 주관에 따라 선택할 수 있으며, 정해진 규칙은 없다. 그래서 이번에는 3개월, 4개월 그리고 5개월 치 데이터를 이용해서 추정한 결과를 보이겠다.

표 8-6

월	판매량	월	판매량
1	1,000	7	1,600
2	1,100	8	800
3	1,200	9	1,400
4	1,100	10	1,000
5	1,400	11	1,200
6	1,500	12	1,600

1. 3개월 자료를 활용한 경우

$$\frac{1,600 + 1,200 + 1,000}{3} = 1,266.67$$

2. 4개월 자료를 활용한 경우

$$\frac{1,600 + 1,200 + 1,000 + 1,400}{4} = 1,300$$

3. 5개월 자료를 활용한 경우

$$\frac{1,600 + 1,200 + 1,000 + 1,400 + 800}{5} = 1,200$$

3개월이 아닌 4개월 혹은 5개월의 데이터를 사용할 경우 예측치는 각각 1,300, 1,200으로 계산된다. 이처럼, 사용되는 과거 기간의 개수에 따라 예측값이 달라질 수 있다. 본 예시에서는 케이스별로 약 1,200개에서 1,300개 사이로 값이 결정되는 것을 볼 수 있다. 이처럼 이동평균법을 적용할 때 사용할 과거 자료의 개수는 상관없으나, 보통 자료의 안정성에 따라 사용할 개월 수를 결정하게 된다. 다시 말해 수요의 변화가 평탄한 추세를 보일수록 수요의 평균 값은 크게 변화하지 않기 때문에 상대적으로 적은 개월 수만 이용해도 충분히 안정적인 예측 결과를 얻을 수 있다.

기간별로 서로 다른 가중치를 적용하는 가중 이동 평균법

가중 이동 평균법(Weighted Moving Average Method)은 모든 기간에 균등한 가중치를 적용하는 단순 이동 평균법의 약점을 보완한 방법으로, 각 기간의 수요 데이터에 서로 다른 가중치를 부여하여 예측값을 계산한다. 보통 최근 자료일수록 더 큰 가중치를 부여하는데, 이는 가까운 과거에 발생한 데이터가 더 먼 과거의 자료보다 직면한 미래에 발생할 수요에 더 큰 영향을 미친다는 점을 반영하는 것이다.

가중 이동 평균법의 수식은 다음과 같다.

$$F_{t+1} = w_1 D_t + w_2 D_{t-1} + \cdots + w_n D_{t-n+1} \tag{8-9}$$

여기서 w_1, w_2, ⋯, w_n은 각 시점에 대한 가중치로서, 이 값들의 합은 1이 되어야 한다. 예를 들어, 3개월간의 데이터를 사용하고 최근 시점일수록 더 큰 가중치를 부여한다면, $F_{t+1} = 0.5D_t + 0.3D_{t-1} + 0.2D_{t-2}$과 같이 모형을 구성할 수 있다. 그러나 가중 이동평균법 역시 본질적으론 이동평균법이기 때문에 예측에 사용할 기간만큼의 과거의 자료를 모두 보유하고 있어야 하며, 가중치를 결정함에 있어서 주관이 개입할 수 있기 때문에 적절한 가중치를 설정하기 위해서는 수요 데이터의 변화 추세에 대한 사전적인 이해가 필요하다.

지수 평활법

지수 평활법(Exponential Smoothing Method)은 직전에 살펴본 가중 이동 평균법처럼 최근에 발생한 수요 데이터를 더 강조하여 미래 수요를 예측하는 기법으로, 본질적으로 이동 평균법의 일종이다. 이 방법은 최근 데이터에 더 많은 가중치를 할당하는 방식을 취하기 때문에 예측이 진행될수록 과거 예측값의 영향력이 점차 줄어드는 특징을 지닌다.

$$F_{t+1} = \alpha D_t + (1 - \alpha) F_t \tag{8-10}$$

위 식에서 α는 평활 상수로서 0부터 1 사이의 값을 갖는다. 평활 상수는 현재 시점의 실제 수요에 할당되는 가중치이기 때문에 수요의 변동성이 클수록 높은 α 값을 갖는다. 일반적으로 수요의 변동성이 높은 경우 0.5 이상의 값을 할당하며, 수요의 변동성이 일반적인 수준인 경우 0.2에서 0.3 사이의 값을 할당한다.

지수 평활법을 통해 예측값을 계산하는 과정은 간단하다. 첫 번째 예측값은 과거 수요 데이터를 이용하거나 첫 기의 수요 값을 그대로 사용하여 계산할 수 있다. 이후, 실제 수요와 예측값을 반영한 계산을 통해 지속적인 예측을 수행한다.

예를 들어, 평활 상수 α = 0.3인 경우, 2월의 예측값은 1월의 실제 수요와 1월의 예측값을 이용해 다음과 같이 계산된다.

$$F_2 = 0.3D_1 + 0.7F_1$$

실제 수요가 1,000이고, 예측값이 1,100이라고 할 때, 2월의 예측값은 다음과 같다.

$$F_2 = 0.3(1{,}000) + 0.7(1{,}100) = 1{,}070$$

이처럼 지수 평활법은 그 적용이 비교적 간단하지만, 수요가 특정한 추세를 지니는 경우처럼 자료의 평균값이 근본적으로 일정 기간 동안 지속적으로 변할 수밖에 없는 구조를 띄는 경우에는 모형의 예측력이 떨어진다는 단점이 있다. 그래서 이러한 점을 극복하기 위해 다음 절에서 설명할 추세 조정 지수 평활법, 즉 홀트 모형이 제시되었다. [표 8-7]의 예시를 통해 평활 상수가 α = 0.3인 지수 평활법을 적용해 보자.

표 8-7

월	판매량	월	판매량
1	1,000	7	1,350
2	1,100	8	1,400
3	1,200	9	1,500
4	1,100	10	1,300
5	1,300	11	1,350
6	1,250	12	1,500

표 8-8

월	판매량	예측치	월	판매량	예측치
1	1,000	1,100.00	7	1,350	1,192.25
2	1,100	1,070.00	8	1,400	1,239.57
3	1,200	1,079.00	9	1,500	1,287.70
4	1,100	1,115.30	10	1,300	1,351.39
5	1,300	1,110.71	11	1,350	1,335.97
6	1,250	1,167.50	12	1,500	1,340.18

우선 2월의 예측치를 구하기 위해서는 1월의 실수요, 1월의 예측 수요 자료가 필요한데, 실 수요 자료는 1,000으로 주어졌고 예측치는 1,100으로 가정하였다. 평활계수가 0.3이므로 지수 평활법을 적용하면 2월의 예측치는 0.3(1,000) + 0.7(1,100) = 1,070으로 계산된다. 같은 방식으로 12월까지의 예측치를 구하면 [표 8-8]과 같다.

그림 8-6 12개월 간 실제 수요와 예측치의 변화 추이

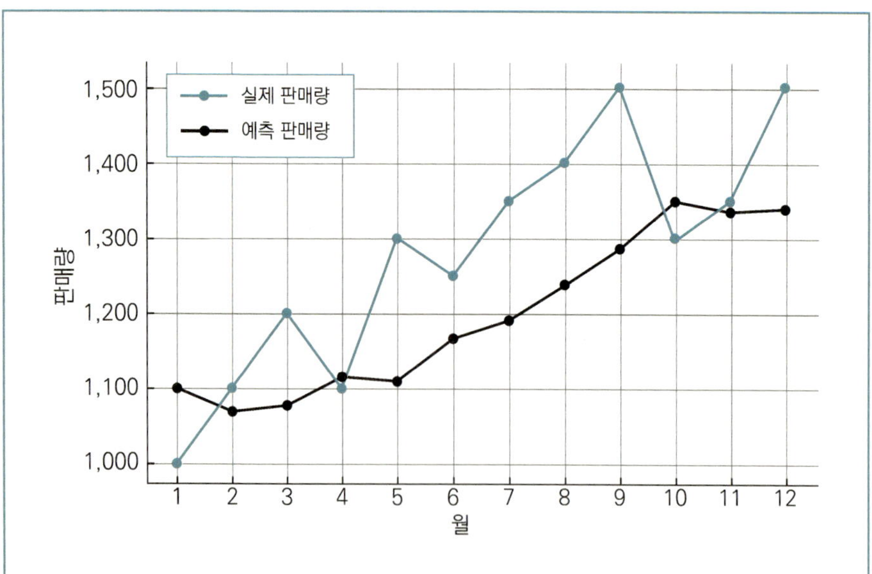

실제 판매량과 수요 예측치를 그래프로 나타내어 예측치와 실제 수요 간 일치 정도를 더 시각적으로 확인해 보자(그림 8-6 참고).

계산 결과에서 확인할 수 있듯이, 지수 평활법을 사용하여 얻은 예측값이 실제 판매량과 비교적 유사한 추세를 보였다. 하지만 5월부터 9월 사이 수요의 변동 폭이 큰 시점에서는 이 모형이 효과적으로 작동하지 않았다. 즉, 실제 수요와 예측 수요 간 차이가 비교적 높았다. 이 경우 평활 계수를 높여서 다시 추정해 보거나, 지수 평활법에서 고려하지 않은 다른 수요의 변동 요인이 작용하고 있을 가능성이 높다.

홀트 모형(추세 조정 지수 평활법)

추세 조정 지수 평활법(Trend Adjusted Exponential Smoothing Method), 혹은 홀트 모형(Holt Model)은 수요 데이터에 계절성은 존재하지 않지만 특정 추세(Trend)가 존재한다고 가정하고, 이를 반영하여 보다 정확한 예측을 가능하게 하는 기법이다. 이 기법은 수요의 수준과 추세 모두를 고려하여 예측한다는 점에서 수요의 수준만을 반영한 단순 지수 평활법과 차별화된다.

추세 조정 지수 평활법에서는 먼저 수요의 수준과 추세에 대한 초기 추정치를 구한 후, 이를 통해 다음 기수의 수요를 예측한다. 기본적인 예측 공식은 다음과 같다.

$$F_{t+1} = L_t + T_t \tag{8-11}$$

식을 구성하는 L_t는 t 시점의 수요의 수준에 대한 추정치, 그리고 T_t는 t 시점의 수요의 추세에 대한 추정치이다. L_t와 T_t는 각각 다음과 같이 계산한다.

$$L_t = \alpha D_t + (1 - \alpha)(L_{t-1} + T_{t-1}) \tag{8-11-1}$$

$$T_t = \beta(L_t - L_{t-1}) + (1 - \beta)T_{t-1} \tag{8-11-2}$$

앞서 지수 평활법에서 살펴본 바와 같이 α는 수요의 평균을 계산하기 위한 지수 평활 계수이며, β는 수요의 추세를 계산하기 위한 평활 계수이다.

한 가지 짚고 넘어가야 할 점은 초기 시점, 즉 t = 1 시점의 수요를 예측하려면 L_0와 T_0가 필요하다. 이를 설정하기 위해 앞서 누락된 비계절적 수요를 추정

표 8-9

월	판매량	월	판매량
1	1,000	7	1,350
2	1,100	8	1,400
3	1,200	9	1,500
4	1,100	10	1,300
5	1,300	11	1,350
6	1,250	12	1,500

하는 것과 마찬가지로 더 과거의 데이터를 활용한 선형 회귀 분석을 사용할 수 있다. 선형 회귀 모형을 통해 수요 데이터와 시점 간의 관계를 분석하여, 절편(Intercept)을 수준으로, 기울기(Slope)를 추세로 설정한다. 그리고 홀트 모형의 경우 수요를 이루는 요소 중 계절성을 제외하였다고 가정하기 때문에 별도의 비계절성을 구분하는 작업이 필요 없다는 점이 비계절적 수요를 추정하는 것과의 차이점이다. 홀트 모형에서 사용된 2개의 평활 계수 모두 0부터 1 사이의 범위를 가지며 지수 평활법과 마찬가지로 추세 조정 지수 평활법 역시 α와 β 값을 정확히 설정하는 것이 중요한데, 이는 예측 오차를 최소화하는 방향으로 적절한 값을 탐색해야 할 것이다. 이번에도 마찬가지로 [표 8-9]의 자료를 이용하여 추세 조정 지수 평활법을 적용하여 수요를 예측해 보자. 단, 이번에는 $\alpha = 0.1$, $\beta = 0.2$를 활용한다.

문제의 풀이 과정은 다음과 같다.

Step 1. 1월의 초기 예측치 구하기. 상술한 바와 같이 초기 시점인 1월의 수요 예측치를 계산하려면 그 직전 시점의 두 예측치가 필요하다. 그러므로 주어진 수요 데이터에서 기간과 실 수요 간 선형 회귀 모형을 통해 모형의 절편과 계수를 수요의 수준과 추세의 초기 예측치로 활용한다. 선형 회귀 모형을 적용해 본 결과, $D_t = 1{,}032.576 + 37.94t$로 추정되었는데 그러므로 $L_0 = 1{,}032.576$, $T_0 = 37.94$로 활용한다. 이렇게 구한 초기 예측치를 통해 $F_1 = 1{,}032.576 + 37.94 = 1{,}070.513$으로 예측한다.

표 8-10

월	판매량	예측치	월	판매량	예측치
1	1,000	1070.52	7	1,350	1293.22
2	1,100	1100.00	8	1,400	1337.93
3	1,200	1136.53	9	1,500	1384.40
4	1,100	1180.67	10	1,300	1438.54
5	1,300	1208.79	11	1,350	1464.50
6	1,250	1255.92	12	1,500	1490.57

Step 2. 2~12월 사이의 수요 예측. 이후 각 기간에 대해 수준과 추세를 갱신하여 수요를 예측한다. 예를 들어, 2월의 수요 예측은 다음과 같다.

$$F_2 = L_1 + T_1$$

$$L_1 = \alpha D_1 + (1-\alpha)(L_0 + T_0) = 0.1(1{,}000) + 0.9(1{,}032.576 + 37.94) = 1{,}063.47$$

$$T_1 = \beta(L_1 - L_0) + (1-\beta)T_0 = 0.2(1{,}063.47 - 1{,}032.58) + 0.8(37.94) = 36.53$$

$$\therefore F_2 = L_1 + T_1 = 1063.47 + 36.53 = 1{,}100$$

3월~12월도 같은 과정을 통해 수요를 예측할 수 있으며, 그 결과는 [표 8-10]과 같다.

이번에도 지수 평활법에서 활용한 것과 마찬가지로 실제 판매량과 수요 예측치 간 차이를 그래프를 통해 살펴보자(그림 8-7 참고).

[그림 8-6]과 비교해서 [그림 8-7]을 살펴보면 5~9월 사이의 예측치와 실 수요 간 차이가 줄어든 것을 확인할 수 있다. 즉, 추세 조정 지수 평활법을 활용했을 때 단순 지수 평활법보다 현실 자료를 더 잘 예측한 것이다. 이는 추세 조정 지수 평활법이 수준과 추세를 동시에 반영하기 때문에, 단순 지수 평활법보다 추세가 있는 수요 예측에 적합하기 때문이다. 그러나 추세 조정 지수 평활법 역시 본질적으론 지수 평활법이기 때문에 평활 계수 α와 β의 값을 제대로 설정하는 것이 예측 정확도에 중요한 영향을 미치므로, 데이터의 특성에 맞는 적절한 값을 탐색하는 것이 필수적이다.

그림 8-7 추세 조정 지수 평활법을 적용한 예측치와 실 수요의 변화 추세

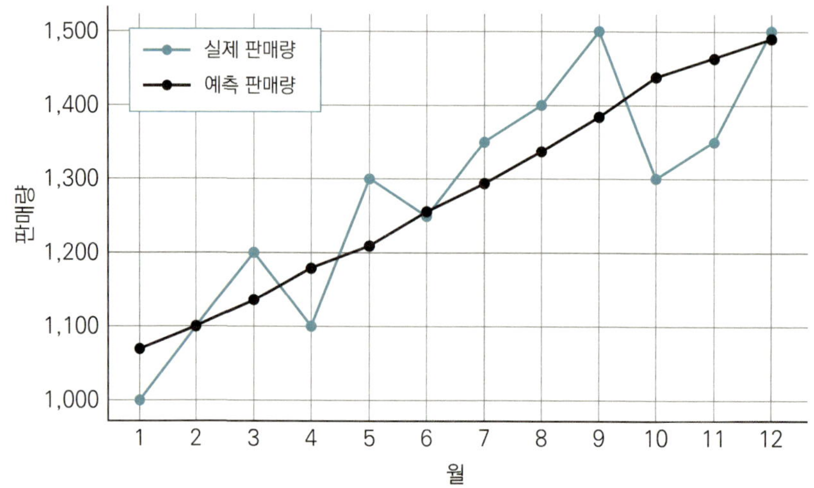

윈터스 모형(계절성을 고려한 추세 조정 지수 평활법)

마지막으로 살펴볼 시계열 예측 기법은 윈터스 모형(Winters Model)이다. 윈터스 모형은 계절성을 반영한 수요 예측 모형으로, 수요가 일정한 주기를 따르는 경우에 유용하게 사용된다. 앞서 다룬 추세 조정 지수 평활법(홀트 모형)은 수요의 변동이 수준과 추세로만 설명될 때 사용되었으나, 윈터스 모형은 수준, 추세, 그리고 계절성을 모두 고려하여 수요를 예측한다. 특히 현실에서 발생하는 여러 제품들의 수요 패턴이 계절성을 띄는 경우가 있기 때문에 이 경우 앞서 살펴본 모형들보다 더 정확한 예측이 가능하게 한다.

즉, 윈터스 모형은 수요의 변동성을 '(수준+추세)×계절 요인'으로 설명된다는 전제 하에 주기가 p개를 따르는 계절 요인을 S_1, S_2, ⋯, S_p라고 할 때, $F_{t+1} = (L_t + T_t)S_{t+1}$로 예측한다. 여기서 초기예측치 L_0, T_0는 앞서 홀트 모형에서 활용한 바와 같이 회귀 분석과 같은 예측 모형을 통해 구한다.

이에 기초하여 윈터스 모형은 각각 수준, 추세, 계절 요인을 각각의 평활 계수(수요의 수준은 α, 수요의 추세는 β, 그리고 계절성에 대한 평활 계수는 γ) 를 이용해서 추정하는데, 구체적인 추정식은 다음과 같다.

$$L_{t+1} = \alpha\left(\frac{D_{t+1}}{S_{t+1}}\right) + (1-\alpha)(L_t + T_t)$$

$$T_{t+1} = \beta(L_{t+1} - L_t) + (1-\beta)T_t$$

$$S_{t+p+1} = \gamma\left(\frac{D_{t+1}}{L_{t+1}}\right) + (1-\gamma)S_{t+1}$$

[표 8-11]은 윈터스 모형을 적용하여 12개월 동안의 수요를 예측한 예시이다. 주어진 평활 계수는 $\alpha = 0.1$, $\beta = 0.2$, $\gamma = 0.1$ 이다.

Step 1. 초기 예측치 계산. 앞서 비계절적 수요를 추출하는 방법에서 살펴본 것과 마찬가지로 수요 데이터에서 비계절적 수요를 추출한 후, 수준 및 추세에 대한 초기 예측치를 얻어야 한다. 우선 비계절적 수요를 추출하면 [표 8-12]와 같다.

앞서 살펴본 바와 같이 추정되지 않은 비계절적 수요에 대해서는 선형 회귀 분석을 바탕으로 비계절적 수요를 추정한다. 이 데이터를 활용하면 $\overline{D}_t$ = 198.29t +

표 8-11

연도	분기	수요
2022	1분기	1,000
	2분기	1,300
	3분기	1,400
	4분기	1,200
2023	1분기	1,800
	2분기	2,200
	3분기	2,350
	4분기	2,100
2024	1분기	3,200
	2분기	3,600
	3분기	4,250
	4분기	4,100

표 8-12

연도	분기	수요	비계절적 수요
2022	1분기	1,000	-
	2분기	1,200	-
	3분기	1,300	1,275.00
	4분기	1,200	1,500.00
2023	1분기	1,800	1,756.25
	2분기	2,200	2,000.00
	3분기	2,350	2,200.00
	4분기	2,100	2,356.25
2024	1분기	2,500	2,506.25
	2분기	2,750	2,650.00
	3분기	3,000	-
	4분기	2,600	-

표 8-13

연도	분기	수요	비계절적 수요	계절 요인
2022	1분기	1,000	939.88	1.06
	2분기	1,200	1,138.17	1.05
	3분기	1,300	1,336.46	0.97
	4분기	1,200	1,534.75	0.78
2023	1분기	1,800	1,733.04	1.04
	2분기	2,200	1,931.32	1.14
	3분기	2,350	2,129.61	1.10
	4분기	2,100	2,327.90	0.90
2024	1분기	2,500	2,526.19	0.99
	2분기	2,750	2,724.48	1.01
	3분기	3,000	2,922.77	1.03
	4분기	2,600	3,121.06	0.83

741.59으로 초기 수준의 수준과 추세를 각각 L_0 = 741.59, T_0 = 198.29로 예측할 수 있다.

그 다음은 계절 요인을 계산하는 것이다. 앞서 계절 요인은 비계절 수요 대비 실제 수요의 크기 간 비율로 나타낸다고 했으므로 얻어진 비계절 수요와 실 수요를 비율로 나타내서 계산한다(표 8-13 참고).

그 다음 단계는 3개년도의 분기별 계절 요인의 크기를 평균을 취하여 1~4분기의 계절 요인의 크기를 추정한다.

$$S_1 = \frac{\bar{S}_1 + \bar{S}_5 + \bar{S}_9}{3} = \frac{1.06+1.04+0.99}{3} = 1.03$$

$$S_2 = \frac{\bar{S}_2 + \bar{S}_6 + \bar{S}_{10}}{3} = \frac{1.05+1.14+1.01}{3} = 1.07$$

$$S_3 = \frac{\bar{S}_3 + \bar{S}_7 + \bar{S}_{11}}{3} = \frac{0.97+1.10+1.03}{3} = 1.03$$

$$S_4 = \frac{\bar{S}_4 + \bar{S}_8 + \bar{S}_{12}}{3} = \frac{0.78 + 0.90 + 0.83}{3} = 0.84$$

이제 윈터스 모형에 적용할 변수들에 대한 자료는 모두 얻었다. 이제 이를 기반으로 본격적으로 수요를 예측해 보자.

Step 2. 수요 예측. 이 단계에서는 초기 추정치를 이용해 각 분기에 대한 예측치를 구한다. 예를 들어, 첫 번째 분기의 수요 예측은 다음과 같이 계산된다.

$$F_1 = (L_0 + T_0)S_1 = (741.59 + 198.29) \times 1.03 = 968.08$$

이제 이 자료를 기반으로 2월의 수요를 예측하는데, 2월의 수요는 $F_2 = (L_1 + T_1)S_5$로서 식을 구성하는 주요 변수는 다음과 같이 구한다.

$$L_1 = \alpha\left(\frac{D_1}{S_1}\right) + (1-\alpha)(L_0 + T_0) = 0.1\left(\frac{1000}{1.03}\right) + 0.9(741.59 + 198.29) = 942.98$$

$$T_1 = \beta(L_1 - L_0) + (1-\beta)T_0 = 0.2(942.98 - 741.59) + 0.8(198.29) = 198.91$$

$$S_5 = \gamma\left(\frac{D_1}{L_1}\right) + (1-\gamma)S_1 = 0.1\left(\frac{1000}{942.98}\right) + 0.9(1.03) = 1.03$$

이를 종합해서 2월의 수요를 예측하면 다음과 같다.

$$F_2 = (L_1 + T_1)S_5 = (942.98 + 198.91) \times 1.03 = 1,179.63$$

같은 방식으로 3~12월 간 수요 예측치를 계산하면 [표 8-14]와 같다.

그렇다면 윈터스 모형을 통해 얻은 수요 예측치는 얼마나 현실을 잘 나타내는가? [그림 8-8]을 보면 한 눈에 보기에도 윈터스 모형을 적용한 예측치가 앞의 두 모형에 비해 훨씬 실 수요 패턴을 잘 설명하는 것으로 나타났다. 이는 윈터스 모형이 수준, 추세, 계절 요인을 모두 반영하여 보다 현실적인 수요 예측을 가능하게 할 수 있기 때문으로, 물론 수요 예측의 오차가 어느 정도 발생했지만 그래도 비교적 실 수요와 유사한 패턴을 도출함으로서 수요의 변화 추이를 더 잘 나타내고 있다. 윈터스 모형 역시 사용자가 결정해야 할 평활 계수인 α, β, 그리고 γ를 결정함에 있어서 예측 오차를 최소화할 수 있는 조합을 탐색해야 한다.

표 8-14

연도	분기	수요	예측치
2022	1분기	1,000	968.08
	2분기	1,200	1,179.63
	3분기	1,300	1,429.73
	4분기	1,200	1,565.43
2023	1분기	1,800	1,430.29
	2분기	2,200	1,977.57
	3분기	2,350	2,285.46
	4분기	2,100	2,418.37
2024	1분기	2,500	2,156.73
	2분기	2,750	2,833.71
	3분기	3,000	3,133.51
	4분기	2,600	3,224.97

그림 8-8 윈터스 모형을 적용한 수요 예측치와 실 수요의 변화 추세

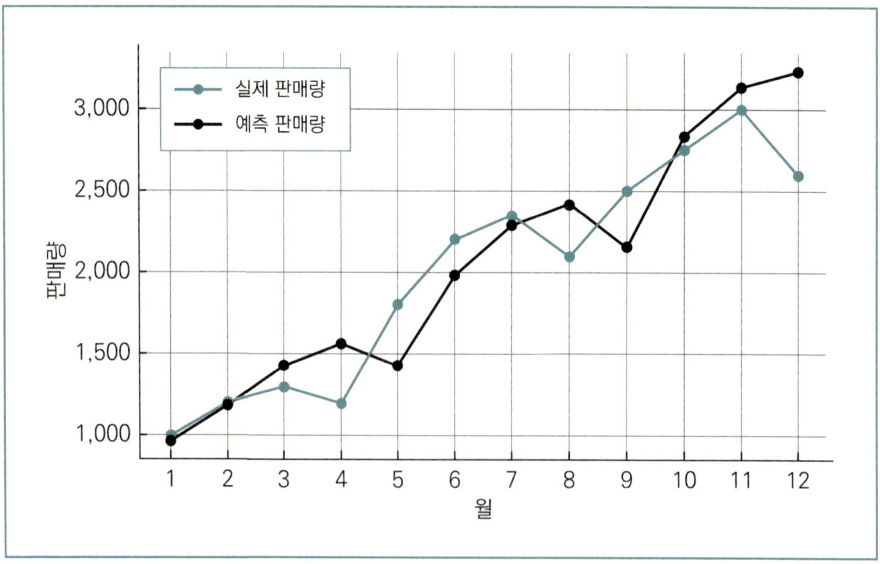

이번 절에서는 수요 예측을 위한 다양한 시계열 분석 기법들을 소개했다. 시계열 분석의 핵심은 자료가 시간에 따라 변화할 때 적용하는 기법이라는 점으로, 이 중 단순 이동 평균법과 가중 이동 평균법은 과거 데이터를 기반으로 미래 수요를 예측하는 기본적인 방법이라 할 수 있으며 단기 예측에 적합하다. 한편, 지수 평활법은 최근 데이터를 더 중시하는 방식으로, 변동성이 큰 데이터를 다루기에 효과적이다. 그러나 단순 지수 평활법은 수요의 추세, 계절성 등 수요의 변화를 가져오는 여러 요인을 동시에 고려하지 못하는데, 그래서 개발된 추세 조정 지수 평활법(홀트 모형)은 수요의 추세를 반영하여 보다 정교한 예측을 가능하게 하며, 윈터스 모형은 계절성을 포함한 복잡한 수요 패턴을 설명하는 데 유용하다. 지금까지 소개한 각각의 기법은 데이터의 특성과 수요 패턴에 따라 선택적으로 적용될 수 있으며, 이를 통해 보다 정확한 수요 예측이 가능해진다.

신제품의 도입 혹은 자료의 수가 부족할 때 활용하는 수요 예측 기법

지금까지 소개한 일련의 수요 예측 기법들은 이미 시장에 도입된 지 일정한 시간이 지난 후이기 때문에 과거 자료의 수가 충분할 때 활용 가능한 기법들이다. 그러나 오늘날의 경영환경은 급변하기 때문에 제품의 수명 주기가 점점 짧아지고 이에 따라 시장에 머무는 시간도 짧아져 수요 데이터의 양 또한 줄어들고 있다. 또한, 기업들이 새로운 시장에 적응하기 위해 경쟁적으로 신제품을 출시하는데, 이 신제품들이 얼마나 빠르게 시장에 안착하여 확산될 수 있을지, 그리고 얼마나 많은 소비자들이 신제품을 받아들일지 정확히 예측하는 것이 기업의 의사 결정에 중요한 영향을 미칠 것이다. 그러나 제품의 초기 진입 단계에서는 충분한 데이터가 없기 때문에, 지금까지 소개했던 수요 예측 모형을 그대로 적용하는 것이 효과적이지 않을 수 있다. 그러므로 이번 장에서는 신제품 도입 혹은 과거 자료의 수가 부족할 때 활용할 수 있는 세 가지 주요 모형인 배스 확산 모형, 곰페르츠 성장 모형, 그리고 CAGR 모형을 소개하고자 한다.

이들 모형은 모두 상대적으로 적은 양의 데이터로도 시장 확산을 예측할 수 있는 장점을 가지고 있는데, 간단히 설명하면 BASS 확산 모형은 신제품을 적극적으로 받아들이는 이들과 타인의 구매 의사 결정에 영향을 받는 이들로 구성된 두 소비자 그룹의 행동을 기반으로 신제품의 확산 과정을 설명하며, 곰페르츠 성장 모형은 S자형 곡선을 통해 제품이 시장의 포화 상태에 도달하는 과정을 나타낸다. 마지막으로 CAGR 모형은 일정 기간 동안의 평균 성장률을 측정하여 장기적인 성장 추세를 파악하는 데 유용하다.

배스 확산 모형

배스 확산 모형(BASS Diffusion Model)은 1969년 프랭크 배스(Frank M. Bass)에 의해 신제품이 시장에 도입될 때 신제품이 시장에서 확산되는 과정을 설명하기 위해 개발된 모형이다. 이 모형은 신제품이 도입 — 성장 — 성숙 — 쇠퇴의 주기가 있다는 가정 하에 중장기 기간에 대한 신제품의 수요를 예측하는 모형이다.

배스 모형의 주된 특징은 신제품을 대하는 소비자들을 신제품을 타인의 영향을 받지 않고 받아들이는 이들과 타인의 구매 의사 결정을 지켜본 후, 그들의 의사 결정에 따라 자신의 구매 의사 결정에 활용하는 이들로 구분하여 분석한다는 것이다.

배스 모형을 수식으로 나타내면 다음과 같다.

$$n_t = \frac{dN_t}{dt} = p(m - N_t) + \frac{q}{m}N_t(m - N_t) \quad (8\text{-}12\text{-}1)$$

$$n(0) = pm \quad (8\text{-}12\text{-}2)$$

이 수식에서 n_t는 t 시점에 신제품을 구매한 이들을 의미하며, N_t는 시장에 도입된 이후부터 t 시점까지 신제품을 구매한 이들을 모두 더한 수다. p는 이른바 혁신 계수로서 전체 소비자들 중에서 신제품을 타인의 영향을 받지 않고 구매하는 이들의 비율, 즉 전체 소비자들 중 첫 번째 그룹에 해당하는 이들의 비중을 나타낸다. 반면 q는 이른바 모방 계수로서, 전체 소비자들 중 타인의 구매 의사 결정에 영향을 받는 이들의 비율, 즉 전체 소비자들 중 두 번째 그룹에 해당하는 이들의 비중을 나타낸다. 그리고 m은 이른바 잠재적 채택자라고 불리는데, 쉽게 말해 그 제품을 구매할 가능성이 있는 잠재 고객들의 규모를 나타낸다. 그렇기 때문에 시장에 신제품이 도입되기 전 이 제품을 구매할 것 같은 이들의 수를 전체 잠재 고객들 중 첫 번째 그룹의 비율을 곱해서 추정하며, 이를 $n(0)$로 나타냈다.

이처럼 배스 모형은 비교적 간단한 파라미터를 이용해서 신제품의 시장 확산 과정을 비교적 정량적으로 예측할 수 있으며, 다양한 산업 및 제품들에 범용적으로 적용이 가능하다는 장점이 있다. 한편, 배스 모형은 모형이 단순한 대신, 타 기업과의 경쟁, 소비자 선호도의 변화 가능성, 외부 환경의 변화 등 신제품의 시장 확산 과정에서 중요하게 고려되어야 할 변수들을 효과적으로 반영하지 못한다는 문제점이 있으며, 무엇보다 이 모형에서 잠재 고객의 규모를 나타내는 변수인 m은 실제로는 시간에 따라 시장의 반응이 관측되기 때문에 잠재 고객들의 수는 시간에 따라 변할 수 있다. 그러나 배스 모형에서는 m이 고정되어 있다고 가정한다는 문제점이 있다.

곰페르츠 성장 모형

다음 소개할 모형은 곰페르츠 성장 모형(Gompertz Growth Model)이다. 이 모형은 원래 생물학적 성장과 같은 비선형 과정을 설명하기 위해 개발되었지만, 이후 경제학, 마케팅, 인구 통계학 등 다양한 분야에서 활용되고 있다. 특히 경영학 분야에서는 배스 확산 모형과 마찬가지로 신제품의 확산 과정을 설명하는 데 유용한 모형으로, 곰페르츠 성장 모형은 주로 시장의 성숙도를 예측하는 데 자주 사용된다.

곰페르츠 성장 모형의 특징은 성장 곡선이 초기에는 지수 함수적으로 빠르게 증가하다가, 시간이 지남에 따라 성장 속도가 점점 느려져 결국 포화 상태에 도달하는 S자형 곡선을 그린다는 점이다(그림 8-9 참조). 이 모형은 특히 신제품이 시장에서 초기에는 급격한 수용을 보이다가 시간이 지나면서 점차적으로 성장 속도가 둔화되는 경향을 잘 설명한다.

곰페르츠 성장 모형을 수식으로 나타내면 다음과 같다.

$$Y_t = m \times \exp[-\exp(\alpha + \beta_t)], \qquad t = 1, 2, \cdots, T \tag{8-13}$$

식에서 Y_t는 t 시점까지 누적된 수요이며, m은 배스 확산 모형과 마찬가지로 잠재적 시장 규모, 그리고 α와 β는 각각 제품의 초기 성장률과 성장 속도의 둔화율을 나타내는 값이다. 이 식을 시간의 흐름에 따라 전개하면, [그림 8-9]에서 나타난 성장 곡선처럼 시간이 지남에 따라 신제품의 시장 수용이 급격히 증가하지만,

그림 8-9 신제품 혹은 신기술의 성장 곡선

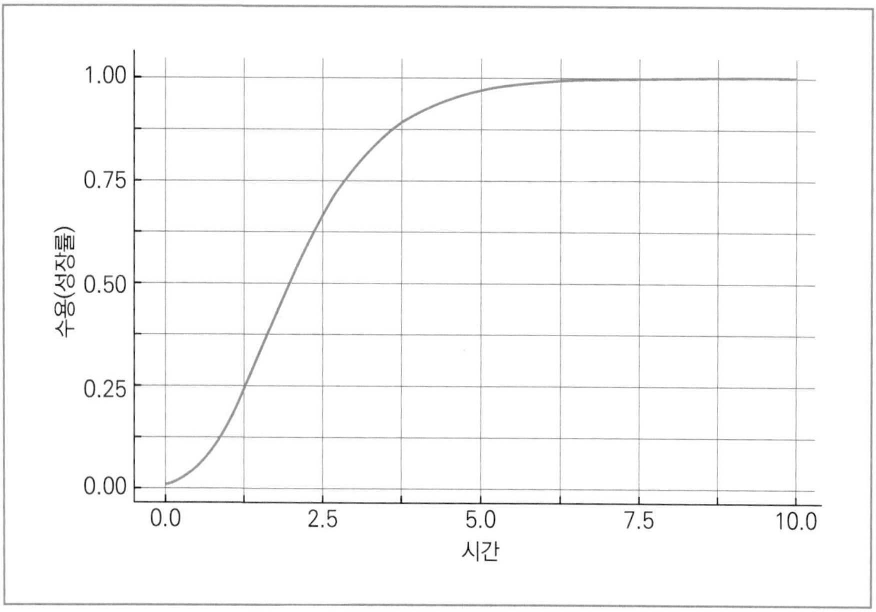

특정 시점 이후에는 성장률이 급격히 둔화되어 궁극적으로 포화상태에 도달하는 과정을 나타낸다. 그리고 함수를 전개했을 때, 함수가 가질 수 있는 최대값은 m으로서, 신제품의 총 누적 수요의 최대값은 초기에 설정한 잠재적 시장 규모를 초과할 수 없다는 가정을 내포하고 있는 것이다.

이처럼 곰페르츠 성장 모형은 신제품의 도입 초기 단계에서 빠른 확산을 보이지만, 점차 시장이 포화 상태에 이르면서 성장 속도가 둔화되는 현실적인 패턴을 잘 반영한다. 다시 말해, 신제품이 시장에 도입될 때 초기 급성장과 포화 상태에 진입할수록 성장폭이 줄어드는 현상을 설명하는 데 적합하다. 그리고 곡선을 자세히 살펴보면, 곰페르츠 성장 모형은 전형적인 S자형 곡선이지만, 곡선이 비대칭이다. 이는 초기 성장 속도와 포화 상태에 근접할 때 둔화되는 속도가 서로 다르기 때문으로, 실제 시장에서 나타나는 비대칭적 확산 패턴을 더욱 정확하게 설명할 수 있다. 그리고 곰페르츠 성장 모형은 비교적 적은 초기 데이터를 기반으로 예측할 수 있어, 신제품 도입 초기에 활용하기 적합하다. 특히 시장 초기에 충분한 정보를 제공하기 어려운 경우, 이 모형은 신뢰할 수 있는 예측치를 제시할 수 있는 몇 안 되는 기법이다.

그러나 곰페르츠 성장 모형은 초기 데이터에 따라 결과가 크게 달라질 수 있어, 초기 데이터의 정확성이 무엇보다도 중요하다. 그리고 이 모형은 주로 초기 확산과 중기에 시장 성숙까지의 진행 속도를 예측하는데 적합하지만, 장기적 수요 예측을 해야 하는 경우 그 성능이 떨어질 수 있다. 그러므로 중장기 기간의 수요 예측을 해야 하는 경우 초기 값을 보수적으로 설정해야 한다는 한계점을 지니고 있다.

CAGR 모형

마지막으로 소개할 모형은 연평균 성장률(Compound Annual Growth Rate: CAGR) 모형이다. 이 모형은 일정 기간 동안의 평균 성장률을 나타내는 지표로, 주로 투자 수익률, 기업의 매출 성장, 신제품의 시장 확대 등을 분석하는 데 사용된다. 이 모형은 비교적 적은 자료를 이용해서 시장 수요를 예측할 수 있다는 장점이 있는데, CAGR 모형의 주된 특징은, 시장의 수요가 매년 일정한 비율로 성장하는 가정하에, 시작 시점과 마지막 시점 간의 성장률을 계산한다. 이 모형은 변동성이 큰 데이터를 정리하여 안정적인 성장 추세를 파악하는 데 유용하다.

CAGR 모형의 계산 방법은 다음과 같다.

$$CAGR(t_i, t_j) = \left(\frac{S_{t_j}}{S_{t_i}}\right)^{\frac{1}{t_j - t_i}} - 1 \qquad (8\text{-}14)$$

여기서 t_i는 시작 시점, 그리고 t_j는 최종 시점으로, S_{t_i}와 S_{t_j}는 각각 시작 시점과 최종 시점의 값을 나타낸다. 여기서 값이란 연구 목적에 따라 매출액, 투자 가치 등 다양한 지표가 될 수 있지만, 우리는 수요 예측이라는 상황에 활용하는 것이기 때문에, 각 시점의 시장 규모라고 할 수 있다.

CAGR 모형은 주어진 기간 동안 일정한 성장률을 가정하기 때문에 계산이 간단하고 직관적이라는 장점이 있다. 또한, 주어진 기간 동안의 변동성을 무시하고, 시작과 끝 시점만을 고려하므로 시장의 단기적인 변화가 가져오는 흔들림을 무시할 수 있고, 전반적인 성장 추세를 파악하는 데 유리하다. 그러나, CAGR 모형에서 시작 시점과 최종 시점은 의사 결정자가 정하는 것이기 때문에 표본 기간의 길

이에 따라 수요 예측이 과소 혹은 과대 평가될 가능성이 있다. 그리고 중간 시점에서 발생하는 시장의 변동성을 민감하게 포착하지 못하기 때문에 실제 시장의 다이내믹스를 제대로 포착하지 못하고 상대적으로 평탄한 성장률을 가질 것이라고 잘못 예측할 수 있다. 그러므로 시장의 변동성이 큰 상황에서는 그 한계를 염두에 두고 추가적인 분석이 필요하다.

지금까지 소개한 세 모형은 모두 신제품의 도입부터 시장의 확산 과정을 예측하는데 중요하게 적용할 수 있는 도구다. 또한, 각 모형은 자료의 양이 제한적일 때도 유의미한 분석 결과를 제공하며, 시장의 초기 성장과 포화 시점을 설명하는데 적합하다. 예를 들어 CAGR은 신제품의 장기적인 평균 성장률을 간결하게 나타내는 반면, 배스 확산 모형은 두 소비자 그룹의 행동을 고려하여 신제품의 시장 확산 과정을 정교하게 예측한다. 한편, 곰페르츠 성장 모형은 비대칭적 성장 곡선을 통해 신제품의 현실적인 시장에서의 성숙 과정을 나타낼 수 있다. 이들 모형은 각각의 강점과 한계를 가지고 있으며, 신제품 도입 시점에서 상황에 맞는 모형을 선택하는 것이 중요하다.

선제적 품질 관리와 수요 예측

전통적 수요 예측 기법의 한계점

우리는 지금까지 인과 관계를 기반으로 한 분석을 시작으로, 시간의 흐름에 따른 자료의 추세, 계절성 등을 반영한 시계열 자료 분석 및 불확실한 데이터를 효과적으로 활용할 수 있는 배스 모형, 곰페르츠 성장 모형 등 다양한 기법들을 살펴보았다. 이러한 전통적 수요 예측 기법들은 지금도 유용하지만, 빠르게 변화하는 현대 경영 환경에서 여전히 근본적인 한계점을 지니고 있다.

바로 전통적 수요 예측 기법은 근본적으로 과거 데이터를 기반으로 미래의 수요를 예측하는 방식이기 때문에, 자료의 불확실성을 고려한다고 하더라도 본질적으로 과거에 발생한 사건을 기반으로 한 반응적(Reactive)인 성격을 가지고 있다. 특히, 오늘날의 경영 환경은 과거보다 훨씬 더 빠르게 변화하고 있으며, 기술 혁신, 시장의 글로벌화, 소비자 행동의 변화 등 다양한 요인들이 수시로 시장을 변화시키고 있다. 이러한 상황에서 단순히 과거 데이터를 분석하고 이를 기반으로 한 수요 예측만으로는 신속하게 변화하는 시장의 요구에 선제적으로 대응하기 어렵다.

그러므로 오늘날의 경영환경에서 수요 예측의 정확도를 높이고 이를 기반으로 시장에서 선제적으로 움직이기 위해서는 미래에 발생 가능한 다양한 시나리오를 미리 예측하고, 각 시나리오에 맞추어 수요 예측에 필요한 다양한 입력 변수를 조정할 필요가 있다. 예를 들어, 기술 발전 속도나 소비자 선호도의 급변, 공급망의 변화 등 다양한 변수들을 활용하여 각 변수들이 어떻게 상호작용할 수 있는지 시나리오별로 분석하고, 그에 맞는 수요 예측 모형을 설정하는 것이 필요하다. 그러나 이러한 변수들은 객관적으로 규명하는 것부터 어렵고, 무엇보다 변수의 움직임을 정확하게 추정하기가 어렵고, 나아가 실시간으로 변화하는 변수의 동태를 포착하는 데 한계가 있다.

이러한 문제점을 해결하기 위해 본서에서는 기존의 반응적인 예측 방식에서 벗어나, 실시간으로 변화하는 시장 환경에 능동적으로 대응할 수 있는 다이내믹 시나리오 플래닝 기법(Dynamic Scenario Planning Method)을 제안한다. 이 기법은 시스템적 사고에 기초하여 여러 변수들의 상호작용을 인과 지도로 모델링한 다음, 이에 기반한 다이내믹 시나리오를 작성하여, 가능한 모든 시나리오를 대상으로 실시간으로 변화하는 데이터를 수집하고, 그에 따라 즉각적으로 입력 변수를 조정하여 더욱 유연하고 정확한 수요 예측을 가능하게 한다.

다시 말해, 다이내믹 시나리오 플래닝은 복잡하고 빠르게 변화하는 경영 환경에서 발생 가능한 모든 시나리오를 효과적으로 탐색하고 시나리오별로 대처할 수 있는 최선의 방안을 미리 마련하여 불확실성이 높은 환경에서 효과적인 의사 결정을 지원하며, 나아가 단순히 시장의 흐름에 따라가는 것이 아닌 선제적으로 대응하는 능동적인 기법으로서 지속적인 경쟁 우위를 확보할 수 있는 중요한 도구로 작용할 수 있다. 다음 절에서는 이 기법을 어떻게 수요 예측에 접목할 수 있는지 구체적으로 설명할 것이다.

다이내믹 시나리오 플래닝의 개념과 프레임워크

다이내믹 시나리오 플래닝의 개념

다이내믹 시나리오 플래닝을 한 마디로 요약하면 시스템 사고에 근거하여 시나리오에 필요한 변수 간 관계를 규정하고, 이에 기반하여 변수들의 값을 추정하고 이에 따라 시나리오를 작성하는 시나리오 플래닝 기법을 의미한다. 즉, 다이내믹 시나리오 플래닝은 4장에서 소개했던 전통적인 시나리오 플래닝 기법과 달리, 시스템적 사고를 기반으로 시나리오 도출에 필요한 여러 변수 간의 관계를 체계적으로 규정하고, 이를 바탕으로 각 변수의 값을 추정하여 시나리오를 작성하는 방식이다.

기존의 시나리오 플래닝 기법은 주로 직원 간 토의나 설문 조사 등의 자료 수집 과정을 통해 구성원 간 협업 과정을 거쳐 시나리오를 도출한다. 그러나 이 과정에서는 참여자의 주관이 강하게 개입될 가능성이 있으며, 시나리오 내에 변수 간 관계를 명확히 고려하지 않으면 시나리오에 모순이 발생할 수 있다. 반면, 다이내믹 시나리오 플래닝은 이러한 한계를 극복하기 위해 시스템적 사고를 도입한다. 4장에서 소개한대로 시스템적 사고는 복잡한 문제를 다양한 요소들 간의 상호작용을 분석하는 것에 집중한 방법론으로, 다이내믹 시나리오 플래닝에서는 인과지도(Influential Diagram)를 활용하여 변수 간의 관계를 명확하게 시각화한다. 이를 통해 변수들이 서로 어떤 방식으로 영향을 미치는지 명확히 파악할 수 있으며, 시나리오 내에서 발생할 수 있는 논리적 모순을 제거할 수 있다. 또한, 인과 지도에 입각하여 체계적으로 변수 간의 관계를 규명하기 때문에, 시나리오 도출 과정에서 참여자의 주관적 판단이 개입될 여지를 최소화하여, 더 객관적이고 정교한 시나리오를 생성할 수 있다.

객관적인 시나리오를 도출할 수 있다는 점 외에 다이내믹 시나리오 플래닝이 가지는 또 다른 장점은 실시간으로 변화하는 경영 환경에 신속하게 대응할 수 있는 유연성을 제공할 수 있다는 것이다. 기존의 시나리오 플래닝은 과거의 데이터를 기반으로 하거나, 참여자들이 쉽게 떠올릴 수 있는 소수의 변수들을 위주로 활용하는 경향이 있지만, 다이내믹 시나리오 플래닝은 머신 러닝이나 인공 지능을 도입하여 사람들이 미처 생각하지 못했지만 중요한 변수를 추가적으로 도출할 수 있으며, 변수들의 상호작용 과정에서 변화하는 각 변수들의 값을 실시간으로 반영함으로써, 더 정확하고 현실적인 예측을 가능하게 한다. 이를 통해 경영진은 다양한 불확실성 속에서도 신속하고 정확하게 대처할 수 있는 의사 결정을 내릴 수 있다.

다음 절에서는 다이내믹 시나리오 플래닝의 구체적인 실행 프레임워크인 VISFER 사이클을 소개할 것이다. VISFER는 다이내믹 시나리오 플래닝의 일련의 프로세스를 체계적으로 설명하는 프레임워크로서, 먼저 시스템적 사고에 기초하여 인과 지도를 작성하고, 이를 바탕으로 다양한 다이내믹 시나리오를 생성한다. 이어서 시나리오별로 수요 예측을 실시하며, 시나리오의 현실성을 평가한 후 필요에 따라 핵심 변수를 조정하여 시나리오를 지속적으로 개선해 나가는 일련의 과정을 담고 있다.

다이내믹 시나리오 플래닝의 프레임워크, VISFER

본 절에서 소개할 VISFER 프레임워크는 각 단계에서 이루어지는 행위(Activity)를 요약한 것이나 이를 Value Identification Service for Essential Resource로 풀이해 볼 수도 있으며, 다이내믹 시나리오 플래닝을 더 정교하고 체계적으로 수행하기 위해 고안된 프레임워크라고 할 수 있다. 이 절에서는 VISFER의 각 수행 단계를 설명하고 이를 통해 기업이 어떻게 선제적으로 수요 예측을 할 수 있는지 살펴볼 것이다.

우선 VISFER의 프레임워크는 [그림 8-10]과 같다.

[그림 8-10]을 살펴보면 VISFER는 상술한 바와 같이 시나리오 도출을 위한 초기 핵심 변수들을 예측한 다음, 이 변수들 간의 인과 관계를 파악하기 위해 시스템적 사고에 기초한 인과 지도를 작성한다. 그리고 인과 지도를 통해 얻은 인과 관계를 이용해서 발생 가능한 다이내믹 시나리오들을 가능한 모두 작성한 다음, 시나리오별로 수요를 예측한다. 그리고 얻어진 예측치가 실제로 현실성이 있는지 평가한 다음, 현실성을 조금 더 가질 수 있도록 변수 값을 조정하거나 새로운 변수를 도입하고, 수정된 핵심 변수들을 다시 활용하여 인과 지도를 재작성하는 단계로 돌아가서 지속적으로 사이클을 수행하는 것이다. 본서에서는 이러한 반복 과정을 VISFER 사이클이라고 명명한다. 지금부터 VISFER의 각 단계를 더 자세히 살펴보자.

그림 8-10 VISFER 프레임워크

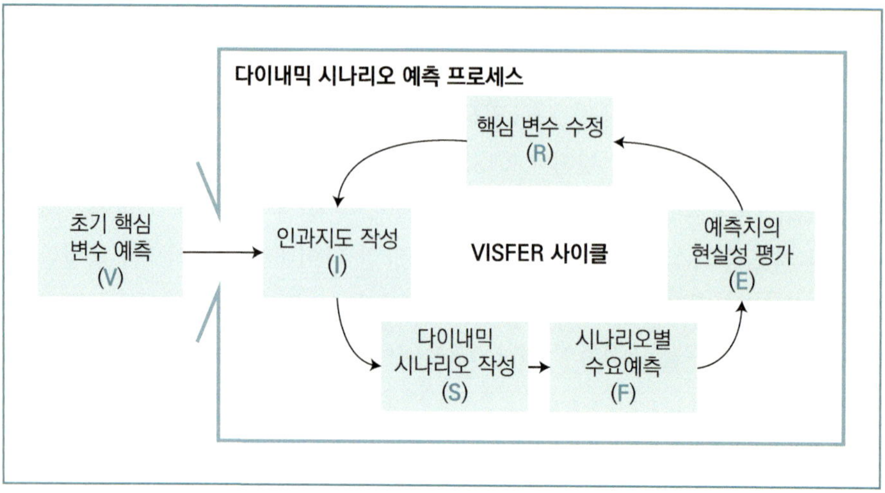

초기 핵심 변수 예측(V: Variable). VISFER 사이클의 첫 번째 단계는 초기 단계에서 활용할 핵심 변수를 도출하는 것이다. 이 단계에서는 전통적인 시나리오 플래닝과 마찬가지로 참여자들 간의 브레인스토밍을 통해 중요한 변수를 도출할 수 있다. 하지만 VISFER는 더 나아가 머신 러닝 기법을 활용하여 과거의 실 수요 데이터를 분석함으로써 예측의 객관성을 높인다. 예를 들어, 랜덤 포레스트와 같은 기법을 사용하여 변수를 예측할 수 있다. 랜덤 포레스트 기법을 간단히 설명하면, 숲(Forest)이라는 이름에서 유추할 수 있듯, 여러 개의 나무가 모여서 숲을 이루는 것처럼, 여러 개의 "의사 결정"이라는 나무가 모여서 하나의 종합적인 결론인 "숲"을 이루는 것을 의미한다.

예를 들어 우리가 새로 개봉한 영화를 보러 간다고 생각해 보자. 현재 극장가에 새로 개봉한 영화가 다섯 편이 있고, 우리는 그중에서 가장 재미 있는 영화를 보고 싶다. 이 때, 우리는 인터넷 후기를 찾아볼 수도 있지만 여기서는 주변 친구들에게 영화를 추천해달라고 물어봤다고 가정하겠다. 예를 들어 10명의 친구에게 물어봤는데 6명이 5개 중 한 영화를 공통적으로 추천했다면, 그 영화는 실제로 재밌을 가능성이 높을 것이다. 왜냐하면 10명의 친구 각자가 서로 자신의 기준을 적용해서 추천해 줄 영화를 골랐지만, 각 개인이 서로 다른 기준을 적용했음에도 많은 이들이 공통적으로 그 영화를 선택했다는 것은 실제로 그 영화가 여러 사람의 입맛에 맞았다는 것이기 때문이다. 그리고 여기선 친구가 10명이었지만 만일 100명 중 60명이 그 영화를 골랐다면, 그 영화가 재밌을 가능성은 더 높아질 것이다.

이처럼 랜덤 포레스트 기법은 위 예시에서 제시했던 10명, 혹은 100명의 친구들처럼 작동하는데, 컴퓨터가 여러 개의 "의사 결정 나무"라는 예측 모형들을 생성하고, 주어진 자료(이 예시에서는 영화의 장르, 감독, 배우, 평점 등의 정보가 될 것, 실제 비즈니스 환경에서는 기업의 과거 매출 자료나 관련된 경영 활동 자료가 될 것)를 학습한다. 각 개체들은 전체가 아닌 일부의 데이터만을 랜덤하게 학습한다. 이 이유는 한 나무가 특정 데이터에 과도하게 맞춤화되는 현상(이를 과적합 현상이라고 한다)을 방지하기 위해 랜덤하게 학습할 부분을 나누는 것이다. 이후 각 개체들은 자신이 맡은 데이터의 일부분을 학습한 다음, 이를 기반으로 각 개체가 따로 수요 예측을 한다. 그 다음 이 결과들을 종합해서, 가장 많은 개체들이 예측한 결과를 최종 결과물로 선택하는 것이 랜덤 포레스트 기법을 이용한 예측의 원리다.

다시 VISFER 사이클로 돌아가면, 이러한 머신 러닝 기법을 통해 얻어진 최적의 핵심 변수를 활용하여 본격적인 VISFER 사이클의 투입물로 활용한다.

인과 지도 작성 (I: Influential Diagram). 두 번째 단계는 도출된 핵심 변수 간의 인과 관계를 4장에서 소개했던 시스템적 사고에 기초하여 규명하는 단계다. 이 과정에서는 인과 지도을 작성하여 각 핵심 변수 간 관계 그리고 변수 간 상호작용을 시각적으로 명확하게 표현한다. [그림 8-11]의 예시를 살펴보자.

[그림 8-11]은 다이내믹 시나리오 플래닝을 수행하는 일련의 프로세스를 간단한 예시를 들어 도식화한 것으로, 그림을 살펴보면 다이내믹 시나리오 플래닝이란 시스템 사고에 입각하여 인과지도를 작성하고 이를 기반으로 하여 여러 가지 시나리오를 만들 수 있다. 이후 시나리오별로 모든 제품에 대한 총 수요를 구한 다음, 각 미세 분야, 즉 개별 제품들의 수요를 예측한다. 초기 핵심 변수 예측 단계에서 선택된 변수들이 예를 들어 GDP, 비용, 그리고 ROI라고 해 보자. 핵심 변수는 참여자 간 브레인스토밍이나 참여자들의 과거 경험을 바탕으로 도출할 수 있으며, 도출한 핵심 변수의 미래 파라미터 값은 [그림 8-11]에 제시된 바와 같이 머신 러닝 기법들을 적용하여 더 정확한 값을 추정할 수 있다.

전통적인 시나리오 플래닝에서는 이 3개의 변수들의 관계를 수치 자료를 이용해서 그 연관성을 확인하거나, 참여자들의 주관에 의해서 임의적으로 결정되는

그림 8-11 다이내믹 시나리오 플래닝 프로세스 도식화

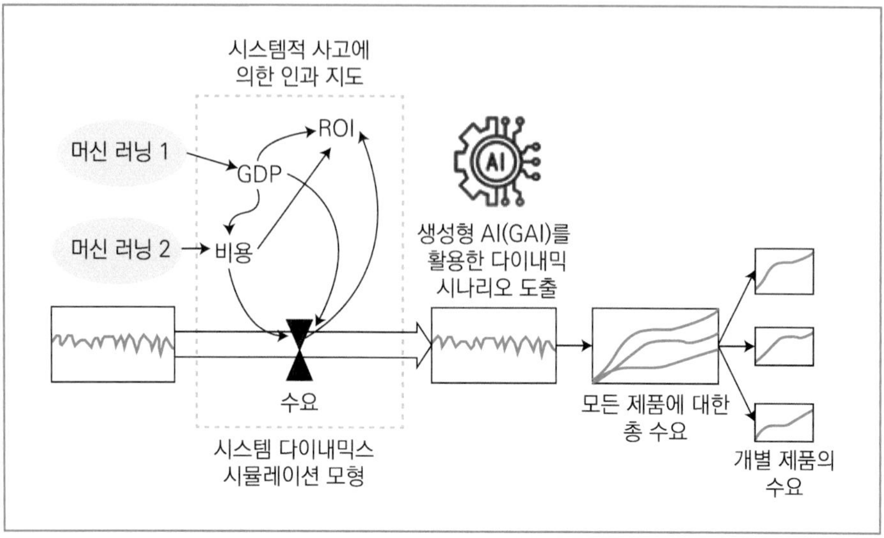

경우도 있었다. 그러나 그림에서 확인할 수 있듯, 다이내믹 시나리오 플래닝에서는 각 변수들의 관계를 시스템적 사고에 기초한 인과 지도를 작성하여 더 객관적인 인과 관계의 판단이 가능하고, 시나리오 내부에서 발생할 수 있는 모순을 제거할 수 있다. 특히, 기존의 시나리오 플래닝에서는 변수 간의 관계를 고려하지 않고 변수 값을 임의적으로 결정할 수 있었던 반면, VISFER에서는 인과 지도에 근거하여 더 체계적인 접근을 통해 변수들의 값을 도출하게 된다.

다이내믹 시나리오 도출(S: Scenario). 인과 지도를 작성하여 각 변수 간 인과 관계가 명확해지면, 이를 바탕으로 가능한 모든 발생 가능한 시나리오를 도출해야 한다. 전통적인 시나리오 플래닝 기법은 주로 참여자들 간 브레인스토밍이나 과거 경험에 의존하는 경향이 있지만, 다이내믹 시나리오 플래닝 과정에서는 시스템적 사고에 입각하여 얻어진 각 변수 간 인과 관계를 바탕으로 최근 주목받고 있는 생성형 AI(Generative Artificial Intelligence: GAI), 예를 들어 ChatGPT의 도움을 받아 보다 다양하고 간편하게 전통적인 시나리오 플래닝보다 더 많은 시나리오를 도출할 수 있다.

아마 독자들은 기업의 미래 활동을 결정짓는 중요한 의사 결정 과정을 ChatGPT에 맡기는 것에 대해 의문을 가질 수 있다. 그러나 본서에서 ChatGPT

를 활용할 수 있다고 제안하는 것은 ChatGPT에게 시나리오 플래닝의 전 과정을 대신하게 하라는 의미가 아니다. 상술한대로, 참가자들의 브레인스토밍과 머신 러닝을 통해 핵심 변수를 도출한 다음, 이를 기반으로 시스템적 사고에 따라 인과 지도를 작성하는 작업은 여전히 전문가의 몫이다. 그러나 이후 발생 가능한 다양한 시나리오를 빠르게 도출하고 이를 문서화하는 작업은 ChatGPT가 매우 효율적으로 수행할 수 있다고 판단된다.

이 과정에서 염두에 두어야 할 것은, ChatGPT와 같은 생성형 AI에게 업무를 지시할 때 상황을 최대한 구체적으로 설명할수록 더 신뢰성 있는 결과를 얻을 수 있다는 점이다. 너무 애매모호하거나, AI에게 주어지는 정보가 부족하더라도 생성형 AI는 자체적으로 수많은 시나리오를 도출할 수 있다. 그러나 그 시나리오가 결코 신뢰성 있는 시나리오가 될 보장은 없다. 그러므로 인공 지능을 활용할 때에는 인과 지도에서 활용된 핵심 변수, 핵심 변수의 속성, 그리고 각 변수간 인과 관계를 최대한 자세하게 인공 지능에게 학습시키는 것이 필수적이다.

시나리오별 수요 예측(F: Forecast). 네 번째 단계는 각 시나리오에 대한 구체적인 수요 예측을 수행하는 단계다. 이때, 배스 모형이나 곰페르츠 성장 모형과 같은 기존의 예측 모형들을 활용하여 시나리오별로 계산한다.

이 때, [그림 8-11]에 나와 있듯, 시스템 다이내믹스 시뮬레이션 모형을 작성하여 총 수요 예측치를 계산한다. 총 수요 예측을 시행하여 리스크 풀링 효과(Risk-Pooling Effect)를 극대화한 후에 시장 점유 모형(Market Share Model)을 활용하여 각 미세 분야별, 즉 개별 제품들에 대한 수요를 예측한다. 이 과정에서 간과하지 말아야 할 것은 각 미세 분야별 수요 예측치를 계산할 때에도 시나리오별로 현실적인 의미를 갖도록 예측치를 도출해야 한다는 것이다.

예측치의 현실성 평가(E: Evaluation). 우리는 지금까지 시나리오별로 수요 예측을 진행하였고, 이에 따른 예측치를 얻었다. 이제 시나리오별로 도출된 예측치의 패턴 및 수준을 분석하고 평가하는 과정이 필요하다. 다시 말해, 도출된 예측치가 실제 경영 환경에서 실현 가능한지 평가하고, 만약 비현실적인 결과가 도출되었다면 핵심 변수를 조정한다. 이 과정은 기업의 수요 예측이 단순한 수학적 계산에 그치지 않고, 실질적으로 적용 가능한 예측치로 이어질 수 있도록 하는 중요한 단계다.

핵심 변수 수정(R: Refinement). 마지막으로 조정된 핵심 변수 값을 적용하여 다시 시나리오를 작성하거나 핵심 변수 자체의 수정이 필요한 경우 인과 지도를 수정하게 된다. 이때, 수정된 변수들이 반영된 새로운 시나리오를 도출하고, VISFER 사이클을 다시 한번 반복하게 된다. 여기서 알 수 있는 VISFER의 중요한 특징은 기존의 품질 대가들이 일관되게 강조한 것처럼 품질을 개선하는 활동은 일회성으로 끝나는 것이 아니라 지속적으로 개선하는 사이클을 통해 예측의 질을 높이는 것이다. 이는 PDCA 사이클처럼 끊임없이 수요 예측의 질을 개선하고, 기업의 미래 대응 능력을 강화하고 나아가 선제적 품질 관리를 원활하게 수행할 수 있게끔 기여한다.

우리는 지금까지 전통적인 인과 관계에 기초한 수요 예측, 시간의 흐름에 따른 수요 예측 기법을 살펴보았고, 자료의 불확실성이 강할 때 활용할 수 있는 제반 기법들을 살펴보았다. 그리고 기존의 예측 기법들이 공통적으로 가지고 있는 반응적 특징을 지적하며 이를 극복하기 위한 선제적 품질 관리에 적합한 새로운 수요 예측 프레임워크인 VISFER를 제안했다. 오해하지 말아야 할 점은 기존의 수요 예측 기법들이 필요 없다는 것은 아니다. 기존의 수요 예측 기법들은 현재까지도 유의미하며, 기업 운영에 필수적인 도구로 활용된다. 그러나 본서에서 제안하는 VISFER는 기존의 수요 예측 방식에 비해 부정확할 수는 있으나 더 유연한 예측을 가능케 한다. 다시 말해, 기존의 수요 예측 방식이 가진 문제점인 과거 데이터의 패턴을 너무 정확하게 따라가려고 함으로써 미래 변할 수 있는 환경에 적응성이 떨어지는 상황에서 가능하면 일관성을 유지하면서도 합리성과 과학적 근거에 기반한 새로운 예측의 도구가 될 수 있는 것이다.

실제 VISFER 프레임워크를 활용해 '담배 수요 예측'을 진행한 예시를 보여줄 수 있다. VISFER 프레임워크를 적용한 담배 수요 예측은 담배 산업의 다양한 외부 요인과 변수 간 복잡한 상호작용을 정교하게 반영하여, 불확실성이 높은 시장에서 예측의 정확성과 현실성을 높이는 방법론이다. VISFER의 첫 단계에서는 담배 수요에 영향을 미치는 주요 변수들을 도출하고, 머신 러닝 알고리즘을 통해 각 변수의 중요성을 평가한다. 이를 기반으로 변수 간의 인과 지도를 작성하여 변수들의 상호작용을 시각화하고, 이를 바탕으로 다양한 시나리오를 생성한다.

다이내믹 시나리오 플래닝을 통한 담배 수요 예측

담배 산업은 정부의 규제 강화, 소비자의 건강 인식 상승, 전자담배와 같은 대체 제품의 확산 등 다양한 외부 요인에 의해 수요가 비선형적으로 변동하는 특징을 지닌다. 특히, 담배에 대한 규제는 시장 변동성에 큰 영향을 미치며, 이러한 변화는 전통적인 예측 모형으로는 대응하기 어려운 복잡한 패턴을 만든다. 다이내믹 시나리오 플래닝은 이러한 비선형적 요인을 다루기 위해 다양한 변수를 고려한 시나리오 생성과 예측의 유연성을 제공한다. 예를 들어, 정책 변화가 수요에 미치는 영향과 소비자의 소득 증가가 흡연율에 미치는 영향을 동시에 고려하여 여러 시나리오를 생성하고, 각 시나리오에서 수요가 어떻게 변동할지를 시뮬레이션한다. 다이내믹 시나리오 플래닝은 다양한 시나리오를 통해 불확실성을 관리하며, 이를 통해 예측의 신뢰성과 정확성을 높인다.

VISFER 사이클을 담배 수요 예측에 적용

첫 단계인 변수 도출에서는 담배 수요에 영향을 미치는 핵심 변수들을 식별한다. 예를 들어, 담배 가격, 소득 수준, 정부 규제, 전자담배와 같은 대체 상품의 도입, 소비자 건강 인식 변화 등의 변수가 포함된다. 머신 러닝 기법을 통해 각 변수의 중요성을 평가하고, 변수 간의 상호작용을 분석하여 핵심 변수로 선정한다. 다음으로, 인과 지도를 통해 변수들 간의 관계를 시각화하고, 변수 간 인과 관계를 기반으로 각 변수의 변화가 전체 수요에 어떻게 영향을 미치는지를 체계적으로 파악한다. 이후 시나리오 생성 단계에서는 ChatGPT와 같은 AI 도구를 활용하여 다수의 시나리오를 자동으로 생성하고, 시나리오별로 담배 수요의 변동을 예측한다. 마지막으로, 예측된 결과의 현실성을 평가하고, 필요에 따라 변수를 조정하거나 새로운 변수를 도입하여 예측을 반복적으로 개선해 나간다. 이러한 VISFER 사이클은 반복적인 예측과 조정을 통해 담배 수요 예측의 신뢰성을 지속적으로 높이며, 불확실한 환경에서 의사 결정을 지원하는 중요한 도구가 된다.

[그림 8-12]의 담배 수요 예측 모형은 벤심(Vensim) 소프트웨어를 활용하여 시스템 다이내믹스 기반으로 구성되었다. 주요 변수는 성인 남성, 성인 여성, 청소년을 포함한 다양한 인구 집단의 흡연 패턴과 이를 결정하는 요인들(담배 가격, 금연 정책, 소득 수준, 신제품 출시 등)로 설정된다. 이 모형은 각 변수 간 상호작용

그림 8-12 담배 수요 예측 모형

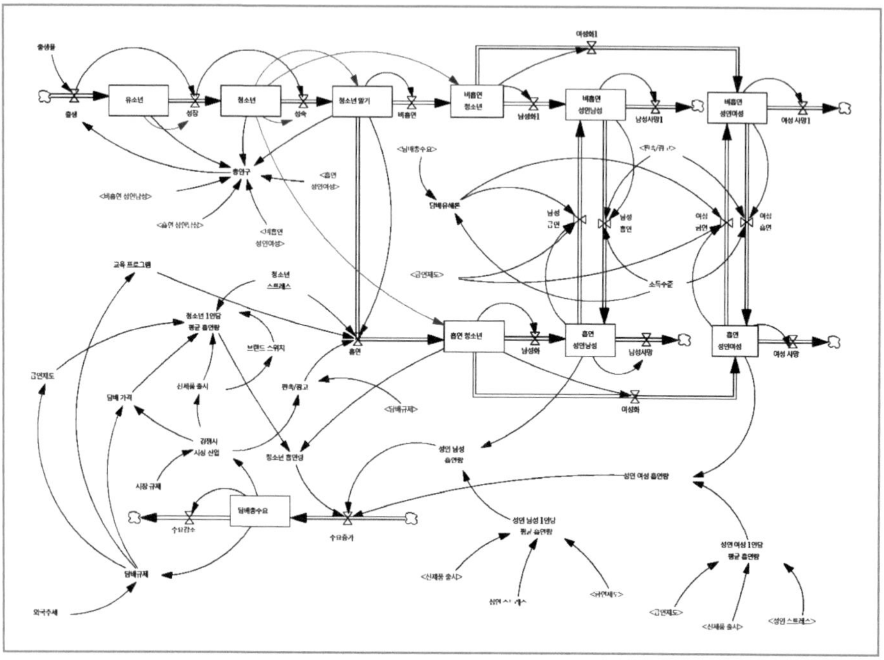

을 시뮬레이션하여 담배 수요의 변화를 예측하며, 특히 피드백 루프를 통해 변수들이 어떻게 상호작용하여 수요에 영향을 미치는지 분석한다. 모형의 구조는 VISFER 사이클을 기반으로 하며, 주요 변수 도출, 인과 지도 작성, 시나리오 생성, 수요 예측, 결과 평가와 변수 조정 단계를 반복한다. 예를 들어, 금연 정책 강화 시 성인 흡연율 감소가 담배 수요에 미치는 영향을 파악하고, 소득 증가나 청소년 스트레스 증가 등의 요인이 수요를 어떻게 변동시키는지를 분석할 수 있다. 각 시나리오에 따른 예측치는 정책적 개입이나 시장 변화에 대한 대응책을 마련하는 데 활용된다.

모형 결과

VISFER 사이클을 통해 도출된 시나리오별 예측 결과는 담배 수요가 다양한 외부 변수에 민감하게 반응한다는 점을 보여준다. 예를 들어, 소득 수준 증가와 규제 완화가 동시에 발생하는 시나리오에서는 소비자의 가처분 소득 증가로 인해 담배 수요가 상승하는 경향을 나타냈다. 반면, 규제가 강화되고 청소년을 대상으로 하는 금연 캠페인이 강화되는 시나리오에서는 장기적으로 흡연율이 감소하는 양상을 보였다. 특히, 청소년의 흡연율은 규제 강화와 스트레스 감소와 같은 요인에 민감하게 반응하며, 성인 흡연자 수에도 영향을 미치는 중요한 변수임이 확인되었다. VISFER 사이클을 반복하여 변수와 시나리오를 조정함으로써 모형의 예측 정확도가 지속적으로 개선되었으며, 이를 통해 담배 산업이 규제 변화나 소비자 행동 변화와 같은 불확실한 시장 환경에서도 전략적 의사 결정을 내릴 수 있는 기반을 마련할 수 있었다. 최종 결과는 담배 산업 내 기업들이 급변하는 시장 상황에 유연하게 대응하고, 시장 예측의 신뢰성을 높이는 데 기여할 수 있는 모형임을 입증하였다.

과거 필자가 캘리포니아 북부에 소재한 IBM AdStaR 공장에서 경험한 바에 의하면 의사 결정 시에 "Quick and Dirty" 모형을 활용할 것을 매우 강조하고 있는데 이는 우리나라 기업에서도 배울만한 점이라고 생각한다. 빠르지만 틀릴 수도 있는 모형을 적절히 활용함으로써, 의사 결정의 일관성을 유지할 수 있다는 점이 최근 실증적(Empirical) OM분야에서도 강조되고 있는 점도 필자의 이러한 경험과 크게 다르지 않다. 이러한 프로세스의 추가로 인하여 선제적 품질 관리가 가져올 수 있는 미래의 수요의 불확실한 변화를 예측하고 활용할 수 있는 주요한 도구가 될 것임을 확신한다.

Reference

오상영 (2020). 미래 수요시장의 예측 방법론. *Journal of Digital Convergence, 18*(2).

이태식, 박종우, 안승호, 이준희, 이용규, 전규안, 최정일, & 정대용 (2012). 경영학의 이해. 삼영사.

임호순, 박광태, & 안철옥 (2022). 위기대응을 위한 서비스 오퍼레이션스 관리. 홍문사.

Bass, F. M. (1969). A new product growth for model consumer durables. *Management science, 15*(5), 215-227.

Cachon, G. (2016). *Operations Management, 1e.* McGraw-Hill Higher Education.

Chopra, S. (2013). *Supply Chain Management: Strategy, Planning, and Operation.* Upper Saddle River, N. J. Pearson.

Freund, J. E., & Miller, M. (2004). *John E. Freund's Mathematical Statistics: With Applications.* Pearson Education India.

Gompertz, B. (1833). On the nature of the function expressive of the law of human mortality, and on a new mode of determining the value of life contingencies. In a letter to Francis Baily, Esq. FRS &c. By Benjamin Gompertz, Esq. FR S. In *Abstracts of the Papers Printed in the Philosophical Transactions of the Royal Society of London* (No. 2, pp. 252-253). London: The Royal Society.

Jay, H., & Barry, R. (2016). *Operations management.* Pearson India.

Schoemaker, P. J. (1995). Scenario planning: a tool for strategic thinking. *MIT Sloan Management Review.*

Sweeney, L. B., & Meadows, D. (2010). *The systems thinking playbook: Exercises to stretch and build learning and systems thinking capabilities.* Chelsea Green Publishing.

제9장
선제적 품질 관리와 서비타이제이션

21세기 들어 제조업은 전 세계적으로 새로운 도전에 직면해 있다. 세계 경제는 둔화 국면에 접어들었고, 각국의 제조업체들은 이로 인한 직격탄을 맞고 있다. 미국 증시의 장기호황이 끝나고 조정 국면에 들어선 것처럼, 글로벌 경제는 더 이상 안정적인 성장의 궤도에 머물지 않고 있으며, 이는 제조업체들에게 큰 부담으로 작용하고 있다. 시티그룹의 글로벌 경기 서프라이즈 지수가 마이너스 행보를 보이는 것은 이러한 위기를 반영하는 하나의 지표로, 국내총생산(GDP) 성장률 예상치 또한 낮아지고 있다. 이러한 경제적 하락은 특히 제조업에서 두드러지며, 종합구매관리자지수(PMI)도 하락세를 보이고 있다. 이처럼 제조업은 전통적인 방식만으로는 더 이상 경쟁력을 유지하기 어렵고, 새로운 전략적 접근이 요구되고 있다.

이러한 상황에서 각국은 제조업의 경쟁력을 강화하기 위해 다양한 전략을 모색하고 있다. 중국은 '제조2025'를 통해 제조업의 질적 성장을 목표로 하고 있으며, 기술 혁신을 통해 미래 산업을 발굴하고 있다. 미국은 2010년 제정된 제조업 증강법(Manufacturing Enhancement Act of 2010)과 함께 다양한 산업 지원 및 조세 감면 정책을 통해 자국 제조업의 경쟁력을 높이고 있다. 독일은 '인더스트리 4.0'을 통해 제조업의 디지털 혁신을 주도하고 있으며, 일본은 차세대 신사업에 집중하고 있다. 이처럼 각국은 제조업의 위기를 극복하고자 다각적인 노력을 기울이고 있으며, 이는 한국에도 중요한 시사점을 제공한다.

한국은 제조업이 국가 경제에서 차지하는 비중이 매우 크지만, 최근 글로벌 시장에서의 경쟁력 저하로 인해 어려움을 겪고 있다. 특히 한국 제조업의 중간재 비중이 높아 부가 가치 창출 능력이 떨어지고 있으며, 이는 고부가 가치 제품 개발의 필요성을 더욱 부각시키고 있다. 또한, 산업 전반에 걸친 경쟁력 강화를 위해서는

그림 9-1 국가 제조업 경쟁력 순위

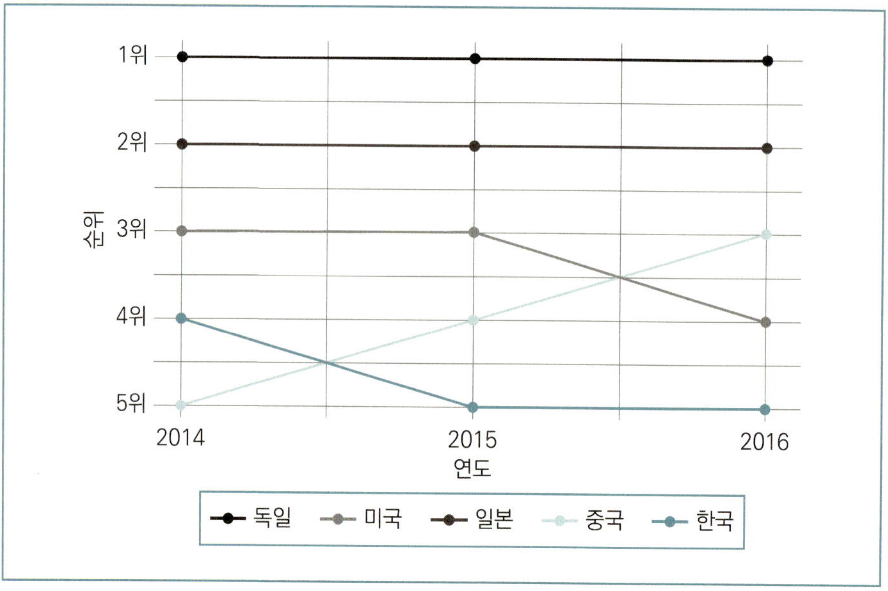

출처: UNIDO (2016). Competitive Industrial Performance Index ranking. Volume I&II, Competitive Industrial Performance Report 2016.

제조업의 혁신이 필수적이며, 이를 위해 새로운 품질 관리 방식과 비즈니스 모형이 필요하다.

선제적 품질 관리와 서비타이제이션(서비스화, Servitization)은 이러한 도전과제를 해결하기 위한 중요한 전략적 접근법으로 제시되고 있다. 선제적 품질 관리는 제품 개발 초기 단계에서부터 품질을 확보하고, 잠재적인 문제를 사전에 예방하는 관리 방식으로, 불필요한 품질 비용을 줄이고 고객 만족도를 높이는 데 기여한다. 한편, 서비타이제이션은 제조업체가 단순히 제품을 판매하는 것을 넘어, 서비스와 결합하여 새로운 가치를 창출하는 전략이다. 이러한 전략적 접근은 제조업체가 글로벌 시장에서 경쟁력을 유지하고, 지속적인 성장을 달성하는 데 중요한 역할을 한다.

본 장에서는 이러한 선제적 품질 관리와 서비타이제이션의 개념과 그 중요성을 고찰하고, 이들 간의 상호 관계를 다양한 비즈니스 사례를 통해 심도 있게 분석하고자 한다. 제조업체들이 직면한 글로벌 경제의 도전 속에서 어떻게 이 두 가지 전략을 효과적으로 결합하여 경쟁력을 강화할 수 있는지를 탐구함으로써, 한국 제조업의 지속 가능한 성장을 위한 방안을 제시할 것이다.

표 9-1 미국의 2009년부터의 제조업 부흥 정책

구분	주요 내용
제조업 증강법	• 수입 원자재에 부과하던 관세를 줄이거나 없애고, 수입 상품에 대해서는 관세 부과
수출 기업 지원	• 수출행정체계 도입(수출진흥내각 신설, 대통령 직속 수출위원회 재설치) • 수출기업 지원 프로그램 운영(수출지원부서에 대한 예산 확대, 수출기업에 대한 자금 지원 및 정보 제공)
자동차 산업 지원	• 자동차 회사의 회생을 위한 긴급자원 지원결정, 구조조정 과정에 적극 개입 • 무역상대국의 불공정 무역 관행에 대해 WTO 제소
연구개발 지원	• 연구개발 지원의 효율화 추진(이분화되어 있는 세계혜택 단순화) • R&D 세제혜택 영구화 추진

출처: 박필재, & 유선화(2013). 잘나가는 중소기업의 성공방식: 제품의 서비스화. 국제무역연구원

서비타이제이션의 개념

등장배경

전 세계적으로 제조업이 직면한 어려움은 기업들이 기존의 비즈니스 모형에서 벗어나 새로운 접근 방식을 모색하도록 강제하고 있다. 특히 제조업체들은 단순히 제품을 생산하고 판매하는 것만으로는 더 이상 충분한 수익을 창출하기 어려운 상황에 처했다. 기술 발전에 따른 제품의 빠른 진부화, 글로벌화로 인한 치열한 경쟁, 그리고 고객의 변화하는 요구는 제조업체들이 전통적인 제품 중심의 모형에서 벗어나야 하는 필요성을 부각시켰다.

이러한 배경에서 서비타이제이션이 등장하게 되었다. 서비타이제이션은 제조업체가 제품뿐만 아니라 서비스까지 결합하여 고객에게 제공함으로써 새로운 부가 가치를 창출하는 전략이다. 이는 제품의 단순 판매를 넘어 고객과의 지속적인 관계를 형성하고, 장기적인 수익을 확보하기 위한 방법으로 발전해 왔다.

서비타이제이션의 등장은 몇 가지 주요 요인에 기인한다. 첫째, 제조업의 글로벌화와 경쟁 심화로 인해 단순한 제품 판매만으로는 차별화가 어려워졌다는 점이

표 9-2 주요국가들의 GDP대비 제조업이 가지는 부가 가치 비중

연도	미국	독일	영국	한국	일본	중국
1990	18.2	27.1	19.2	26.6	25.0	-
2000	15.3	22.3	15.6	28.3	20.5	-
2005	13.0	22.0	12.0	27.5	19.9	32.5
2006	13.0	22.8	11.6	27.1	19.9	32.9
2007	12.8	23.1	11.0	27.3	20.3	32.9
2008	12.3	22.2	10.3	27.9	19.9	32.7
2009	12.0	19.5	10.3	27.8	17.8	32.3
2010	12.2	21.9	10.4	30.3	19.7	32.5
2011	12.3	22.7	10.3	31.3	18.6	31.8
2012	12.3	23.8	10.0	31.1	18.7	31.1

출처: 대외경제정책연구원(2014). 미국의 제조업 경쟁력 강화정책과 정책 시사점.

다. 기술이 급속히 발전하면서 경쟁사들은 유사한 제품을 빠르게 시장에 내놓을 수 있게 되었고, 이는 가격 경쟁을 초래했다. 이러한 환경에서 제조업체들은 가격 경쟁에서 벗어나기 위해 서비스라는 새로운 가치를 창출해야 했다.

둘째, 고객의 요구가 점점 더 복잡해지고 있다는 점이다. 현대의 고객들은 단순히 제품을 구매하는 것만으로 만족하지 않는다. 그들은 제품 사용 후에도 지속적인 지원과 유지 보수를 원하며, 이를 통해 더욱 향상된 사용자 경험을 기대한다. 이러한 변화하는 요구를 충족시키기 위해 제조업체들은 서비스 제공을 통해 고객 만족도를 높이고, 이를 통해 고객 충성도를 확보하게 되었다.

셋째, 기술 발전과 디지털화가 서비타이제이션을 가능하게 한 중요한 요인으로 작용했다. 사물인터넷(IoT), 빅데이터, 클라우드 컴퓨팅 등의 기술은 제조업체들이 고객과의 상호작용을 더욱 강화하고, 서비스 제공을 효율적으로 관리할 수 있는 기반을 마련해 주었다. 예를 들어, IoT를 활용하면 제품의 사용 상태를 실시간으로 모니터링하고, 이를 통해 필요한 서비스나 유지 보수를 자동으로 제공할 수 있게 되었다.

이와 같은 요인들로 인해 서비타이제이션은 제조업의 새로운 패러다임으로 자리 잡게 되었다. 제조업체들은 이제 단순한 제품 제공자가 아닌, 종합적인 솔루션 제공자로서의 역할을 수행하고 있다. 이를 통해 고객에게 더 큰 가치를 제공하고, 장기적인 수익을 확보하며, 글로벌 시장에서의 경쟁력을 강화하는 데 중점을 두고 있다.

서비타이제이션의 정의

서비타이제이션, 혹은 통합 생산 및 서비스 시스템(Integrated Production and Service Systems: IPSSs)의 개념은 Vandermerwe & Rada(1988)의 연구에서 처음으로 제시되었다. 제조업체가 전통적인 제품 중심의 비즈니스 모형에서 벗어나, 제품과 관련된 다양한 서비스를 제공함으로써 부가 가치를 창출하는 전략적 접근이다. 이 개념은 단순히 제품을 판매하는 것을 넘어서, 고객에게 지속적인 가치를 제공하고, 장기적인 고객 관계를 구축하는 것을 목표로 한다. 이러한 서비스는 제품의 사용과 관련된 기술 지원, 유지 보수, 교육, 원격 지원, 그리고 제품 성능의 최적화를 포함할 수 있다.

서비타이제이션은 제조업체들이 겪고 있는 여러 가지 도전 과제에 대한 대응책으로 등장하게 되었다. 글로벌화와 경쟁 심화로 인해 제조업체들은 단순한 제품 판매만으로는 더 이상 차별화를 이루기 어려워졌고, 고객의 요구도 점차 복잡해지고 있다. 고객들은 제품 구매 이후에도 지속적인 지원과 향상된 사용자 경험을 기대하며, 이는 서비스 제공을 통해서만 만족시킬 수 있다. 이처럼 변화하는 시장 환경에서 서비타이제이션은 제조업체가 고객의 요구를 충족시키고, 경쟁에서 우위를 점할 수 있는 핵심 전략으로 자리 잡게 되었다.

서비타이제이션의 개념은 다양한 학문적 접근을 통해 정의되고 있다. 예를 들어, Vandermerwe & Rada(1988)는 서비타이제이션을 "고객 중심의 상품, 서비스, 지원, 셀프 서비스, 지식을 하나로 묶어 제공하는 것"으로 정의하였으며, Ren & Gregory(2007)는 "고객을 만족시키고 경쟁 우위를 확보하며 기업 성과를 개선하기 위해 제조 기업이 서비스 지향적이 되거나 더 나은 서비스를 개발하는 전략적 변화"로 설명하고 있다. 이러한 정의들은 공통적으로 서비스가 제품 판매의 부가 요소가 아닌, 제품과 긴밀하게 결합되어 기업의 주요 가치 창출 원천이 되는 과정을 강조하고 있다.

서비타이제이션은 제조업체의 전략적 변화의 핵심으로, 기업의 운영 방식, 조직 구조, 비즈니스 모형에 근본적인 변화를 요구한다. 이는 기업이 단순히 제품을 생산하고 판매하는 것을 넘어, 고객과의 지속적인 상호작용을 통해 서비스와 제품을 결합한 종합 솔루션을 제공하는 방향으로 전환하는 것을 의미한다. 이와 같은 변화는 기업의 수익 모형에도 영향을 미치며, 제품 판매에서 발생하는 일회성 수익을 넘어서 서비스 제공을 통해 지속적인 수익을 창출할 수 있게 한다.

IBM, 롤스로이스, 제록스(Xerox)와 같은 글로벌 기업들은 서비타이제이션을 통해 성공적으로 비즈니스 모형을 혁신한 대표적인 사례들이다. IBM은 하드웨어 중심의 기업에서 IT 서비스와 컨설팅 중심으로 전환하며, 자사의 비즈니스 모형을 근본적으로 변화시켰다. 롤스로이스는 항공기 엔진을 판매하는 것에 그치지 않고, 'Power by the Hour'라는 서비스 모형을 통해 엔진의 사용 시간에 따라 비용을 부과하고, 유지 보수 서비스를 제공함으로써 고객과의 장기적인 관계를 구축하고 있다. 이러한 사례들은 서비타이제이션이 단순한 전략적 선택이 아니라, 제조업체의 지속 가능한 성장을 위한 필수적인 전략임을 보여준다.

서비타이제이션은 현대 제조업체가 직면한 경쟁 환경에서 차별화된 가치를 제공하고, 고객 충성도를 높이며, 장기적인 수익을 창출하는 데 중요한 역할을 한다. 이는 제품 중심의 전통적인 비즈니스 모형을 넘어, 서비스와의 결합을 통해 고객에게 종합적인 솔루션을 제공하는 새로운 패러다임으로 이해될 수 있다. 앞으로도 서비타이제이션은 제조업체들이 글로벌 시장에서 지속 가능한 성장을 달성하는 데 중요한 전략적 도구로 사용될 것이다.

문헌연구

Neely(2008)는 실증 연구를 통해 서비스화의 주요 장점을 제시하였다. 그는 서비스화가 기업이 경쟁사를 견제하고 고객을 락인(Lock-In)하며, 제품 차별화를 통해 위험을 줄이고 비용을 절감하는 데 기여할 수 있다고 주장하였다. 또한, 정보 및 통신 기술과 같은 새로운 기술이 서비스화의 핵심 원동력으로 작용하고 있으며, 오늘날 순수한 제조업체로 남아 있는 기업은 드물다고 지적하였다. 예를 들어, 롤스로이스와 IBM과 같은 전통적인 제조업체는 서비스 비즈니스로 전환하여 비즈니스 솔루션을 제공하는 데 성공하였다. 그러나 그는 서비스화가 매출 증

표 9-3 서비스화의 정의에 대한 선행연구목록

문헌 저자	문헌별 서비스화의 정의
Vandermerwe & Rada	고객에 초점을 둔 상품, 서비스, 지원, 셀프서비스, 지식을 하나로 묶어 제공
Desmet et al.	제조기업이 더 많은 서비스를 고객에게 제공하는 현상
Tellus Institute	제조기업과 전통적인 서비스 활동의 구분을 모호하게 하는 제품 기반 서비스의 출현
Verstrepen & Van Den Berg	주요제품에 서비스 항목을 부가
Robinson et al.	제품과 서비스의 통합된 묶음
Lewis et al.	제품 기능의 전달 방법이 변화되는 전략
Ren & Gregory	제조기업이 고객의 욕구를 충족시키며 경쟁 우위를 얻고 기업의 성과를 증진시키기 위해 더 많은 서비스를 제공하고 서비스 중심으로 프로세스를 변화시키는 현상

출처: 고우리, 임호순, & 신호정(2012). 제조기업의 서비스화가 기업 가치에 미치는 영향에 관한 연구. 한국 IT 서비스학회지, 11, 307-317.

가로 반드시 이어지지 않으며, 이익 창출과는 별개의 도전 과제를 안고 있다고 경고하였다.

박필재 & 유선화(2013)는 서비스화의 필요성을 세 가지 측면에서 설명하였다. 첫째, 제조업이 성숙기에 접어들며 기술 격차가 좁혀지고 있어 단순 제품 이상의 차별화가 필요하게 되었다. 둘째, 신제품 개발 주기가 단축되면서 기업의 부담이 가중되고 있다. 셋째, 산업 간 경계가 모호해지면서 융합 및 혁신 경쟁이 일상화되고 있다. 이러한 맥락에서 서비스화를 통해 부가 가치를 창출하고, 경쟁사와 차별화된 서비스를 제공하여 안정적인 수익을 확보하는 것이 중요하다. Gebauer 외(2012)는 제조업체들이 이제는 서비스 경쟁을 피할 수 없으며, 이를 통해 경쟁 우위를 확보하려는 전략의 중요성을 강조하였다. 서비스 중심 제조의 개념은 산업 환경에서 서비스의 제공과 진화를 통해 통합된다고 설명하며, 서비스 제공 방식에 대한 정량적 분석의 필요성도 제기하였다. 채송화(2018)는 제조업체들이 단순한 제품 판매를 넘어 서비스화로의 전환을 통해 새로운 가치를 창출하고 있다고 언급하였다. 제품과 서비스의 융합이 기업의 경쟁력을 강화하고, 제조업의 비즈니스 모형을 변화시키고 있다는 점에서 서비스화는 기업의 수익 창출과 신사업 기회를 제공하는 핵심 전략으로 부상하고 있다. 유연성 & 임호순(2011)은 특히 선진국에서 제조업의 고도화 경향이 강해지고 있다고 분석하며, 이에 따라 제조업체들은 제품에 서비스적 요소를 부여하는 전략을 활발히 추진하고 있다고 설명하였다. 이는 공급 과잉과 경쟁력 저하의 문제를 극복하고 시장에서 살아남기 위한 필수 전략으로 자리 잡고 있다고 지적하였다.

Fang 외(2008)는 Tobin's Q를 활용하여 서비스화 전략이 기업의 핵심 비즈니스와 밀접한 관련이 있으며, 기업의 자원 여유가 많은 경우 특히 효과적임을 입증하였다. 서비스화가 기업의 시장 가치에 미치는 영향은 일정 수준의 서비스 매출에 도달해야 긍정적이라는 점도 확인되었다. 그러나 이러한 전략이 부정적인 영향을 미칠 수 있는 조건들에 대한 고찰 또한 필요하다. 고우리 외(2012)는 국내 기업들의 서비스화 사례를 통해 한국의 GDP 구조와 서비스화 전략의 필요성을 분석하였다. Tobin's Q를 활용한 연구 결과, 한국 기업들의 장기적인 재무 성과에 미치는 영향을 살펴보았으며, 단기적으로는 부정적인 효과가 나타날 수 있지만 TQM이나 식스시그마(Six Sigma)와 같은 프로그램과 결합할 경우 장기적인 관점에서 서비스화가 긍정적인 결과를 가져올 수 있음을 제시하였다.

Tukker(2004)는 제품-서비스 체계(Product-Service System: PSS)의 개념을 제시하면서 PSS를 고객의 요구를 충족시키기 위해 제품과 서비스가 결합된 구성으로 정의하였다. 그는 PSS가 기업의 경쟁력을 높이는 동시에 지속 가능한 발전을 촉진하는 데 탁월한 도구임을 강조하며, 다양한 시장 환경에서 효과적으로 작동할 수 있는 모형이라고 주장하였다. PSS 사업 모형을 통해 기업은 새로운 부가 가치와 경쟁력을 창출할 수 있다는 점을 명확히 하였다. [그림 9-2]는 Tukker가 제시한 제품-서비스 체계의 분류를 보여주며, PSS 사업 모형의 부가 가치 창출 요소를 설명하고 있다.

이처럼 문헌들은 서비스화가 현대 제조업체들에게 필수적인 전략임을 강조하고 있다. 서비스화를 통해 기업은 경쟁력을 강화하고, 새로운 부가 가치를 창출하며, 지속 가능한 발전을 추구할 수 있다. 그러나 서비스화 전략의 실행에는 다양한 도전 과제가 수반되므로, 기업은 이를 신중하게 고려하여 장기적인 성공을 도모해야 한다.

그림 9-2 제품-서비스 체계 분류

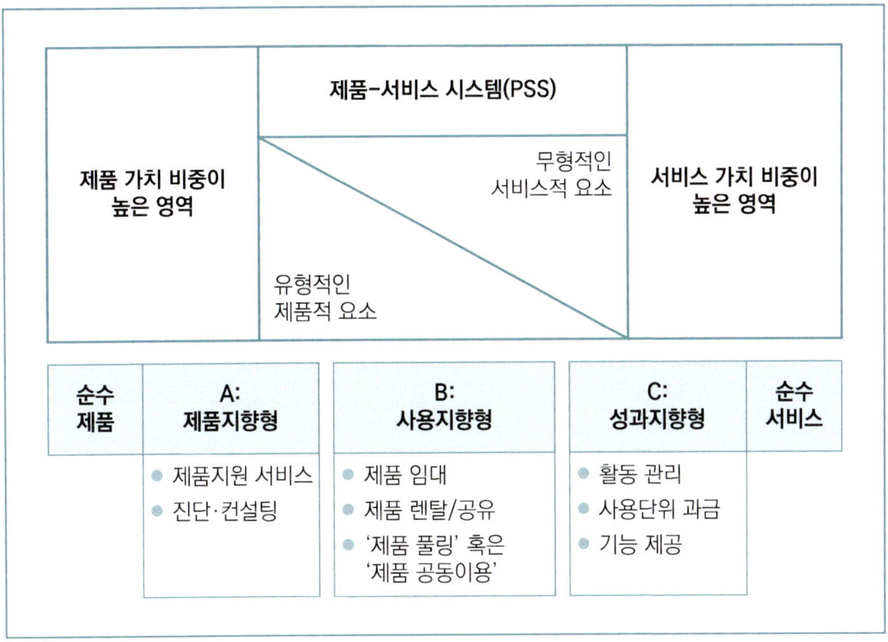

출처: Tukker, A. (2004). Eight types of product-service system: eight ways to sustainability? Experiences from SusProNet. Business strategy and the environment, 13(4), 246-260.

경영학 문헌에서 제조업체들에게 핵심 제품에 서비스 요소를 통합하여 제공할 것을 권장하는 사례는 다수 존재한다. Oliva & Kallenberg(2003)는 이에 대한 이론적 근거로 세 가지 요소를 제시한다. 첫째, 경제적 관점에서 볼 때, 제품의 생애주기를 통해 상당한 수익을 창출할 수 있으며, 서비스는 일반적으로 단순한 제품보다 높은 마진을 제공하고, 보다 안정적인 수익원을 제공한다는 점을 들 수 있다. 둘째, 고객들의 서비스 요구가 점점 증가함에 따라, 통합된 제품을 통해 기업은 전문성을 창출하고 향상시킬 수 있다. 마지막으로, 경쟁적 및 전략적 측면에서 서비스는 모방이 어려운 특성을 지니고 있어, 경쟁 우위의 지속 가능한 원천이 된다.

류지희 외(2009)는 IBM과 GE의 사례를 통해 제조업체가 단순히 제품 판매에 머무르지 않고, 제품과 관련된 시스템을 통합하고 사업 관련 서비스를 창출하는 노력을 통해 혁신을 이루어내고, 궁극적으로 서비스 기업으로 변모한 과정을 제

표 9-4 국내 서비스화 사례

구분	기업명	통합된 솔루션으로서 서비스
국내	에픽시스템즈	구매자를 거치지 않고 쇼핑몰을 만들어 해외소비자에게 직접 접촉하고 결제까지 처리
	한국 스마트카드	과학적인 교통 정산 및 관리 시스템으로 해외에서 수익
	웰빙엘에스	유산균/발효 커피 특허로 제조 → 해외 프랜차이즈 수익으로 전환
	인포피아	이용자의 당뇨 기록 관리 번거로움을 해결한 방법 제시
	골프존	기존 기술을 조합해 신(新) 서비스인 골프 시뮬레이터 창조

출처: 박필재, & 유선화(2013). 잘나가는 중소기업의 성공방식: 제품의 서비스화. 국제무역연구원

시하였다. 이 사례들은 과거의 낡은 가치사슬에 의존하는 것에서 벗어나, 기업 생태계적 관점에서 제품을 고객의 요구에 맞추어 혁신하는 필요성을 강조한다. 이는 고객들이 단순히 제품만을 요구하는 것이 아니라, 그 제품과 관련된 서비스 요소들이 함께 제공될 때 진정한 만족을 느낀다는 점을 시사한다. 따라서, 단순한 가치사슬에 의존하기보다는 혁신을 통해 경쟁 우위를 확보하는 것이 중요함을 보여준다.

[표 9-4]는 국내 기업들의 서비스화 사례를 제시하며, 통합된 솔루션을 통해 고객에게 편리함을 제공하고, 사용자들의 다양한 요구에 맞추어 진화한 형태를 보여준다. 이창원 & 권은영(2016)의 사례 연구에서는 현대자동차, 삼성전자, 웅진코웨이의 사례를 통해, 제품의 서비스화를 통해 궁극적으로 더 나은 수익과 지속 가능한 수익을 창출한 사례를 분석하였다. 현대자동차의 경우, 제품 수명 주기에 맞춘 다양한 서비스 요소를 제공하여 시장에서 차별화를 꾀하며, 고객에게 경험적 가치를 부여하는 것이 중요함을 보여준다. 삼성전자의 경우, 제품과 서비스를 통합하여 제공하는 것뿐만 아니라, 문서 관리 등 관련된 서비스를 통해 시장 점유율을 확대한 사례를 다루었다. 웅진코웨이의 경우, 제품 판매가 아닌 제품 대여라는 새로운 사업 모형을 통해 위기를 극복한 사례로, 서비스화를 통한 혁신의 중요성을 제시하였다.

선제적 품질 관리와 서비타이제이션의 필요성

한국의 제조업은 경제 성장의 견인차 역할을 오랫동안 담당해 왔으나, 최근 몇 년간 글로벌 시장에서의 경쟁력 저하와 수익성 감소로 인해 위기 상황에 직면하고 있다. 한국의 제조업 비중은 2014년 기준 30.3%로, 이는 세계 제조업 비중인 16.5%를 크게 상회하는 수준이다. 그러나 이러한 높은 비중에도 불구하고, 한국 제조업은 중간재 비중이 높아 부가 가치 창출 능력이 상대적으로 낮고, 수출 경쟁력의 정체로 인해 기업 경영 성과가 악화되고 있는 실정이다. 이러한 문제를 해결하기 위해서는 고부가 가치 제품 개발과 함께 전반적인 산업 구조의 개혁이 필수적이다. 특히, 2008년 세계금융위기는 한국 제조업에 균형발전과 안정적인 산업 구조의 중요성을 일깨워 주었으며, 이는 선제적 품질 관리와 서비타이제이션의 도입을 통해 극복할 수 있는 도전 과제가 되었다.

한국 제조업은 2018년 기준으로 GDP의 31.9%를 차지하며 전년 대비 0.4% 증가하는 등 중요한 경제적 비중을 유지하고 있다(한국은행). 주요 선진국들의 서비스업 실질 부가 가치 비중은 60~70%를 상회하는데 반하여, 한국은 53%로 선진국들과 비교할 때 여전히 낮은 수준에 머물러 있다. 또한, 2010년대 들어 한국 제조업의 경제성장 기여율은 32.2%를 기록한 반면, 서비스업의 경제성장 기여율은 49.5%로 제조업에 비해 높은 비중을 차지하고 있다. 그러나 비금융 민간 부문에서의 서비스업의 경제성장 기여율은 30.6%에 불과하여, 제조업에 비해 일자리 창출 및 경제적 파급효과가 제한적이라는 점에서 문제로 지적되고 있다.

한국의 제조업은 이러한 경제적 비중과 중요성에도 불구하고, 몇 가지 주요 문제에 직면하고 있다. 첫째, 중간재 중심의 산업 구조는 부가 가치 창출의 한계를 초래하고 있다. 중간재는 최종 제품이 아니므로, 부가 가치가 상대적으로 낮으며, 이는 제조업체의 수익성에도 부정적인 영향을 미친다. 둘째, 수출 경쟁력의 정체로 인해 글로벌 시장에서의 입지가 약화되고 있다. 특히, 가격 경쟁력을 앞세워 세계 시장에서 빠르게 성장하고 있는 중국과 같은 국가들과 경쟁하는 데 어려움을 겪고 있다. 셋째, 제조업의 일자리 창출 효과가 제한적이어서, 경제 전반에 걸쳐 고용 불안정성을 초래할 수 있다. 이러한 문제들은 한국 제조업이 직면한 구조적 한계로, 이를 극복하기 위해서는 새로운 경영 전략이 필요하다.

선제적 품질 관리는 한국 제조업이 직면한 도전 과제를 해결하는 데 중요한 역할을 할 수 있다. 전통적으로, 한국 제조업은 제품 생산에 집중하여, 품질 관리는 주로 사후에 이루어졌다. 그러나 글로벌 시장에서의 경쟁이 심화되면서, 사후 품질 관리만으로는 제품의 경쟁력을 유지하기 어려워졌다. 이는 제품이 시장에 출시된 후 발생하는 결함이나 문제로 인해 기업의 신뢰도가 떨어지고, 고객 불만이 증가하며, 리콜 비용이 급증하는 등의 문제를 야기할 수 있다.

선제적 품질 관리는 제품 개발 초기 단계에서부터 잠재적인 결함을 예측하고, 이를 사전에 방지함으로써 제품의 품질을 보장하는 전략이다. 이를 통해 불량률을 낮추고, 고객에게 일관된 품질을 제공할 수 있으며, 장기적으로 기업의 브랜드 신뢰도를 높일 수 있다. 한국의 대표적인 제조업체인 삼성전자는 선제적 품질 관리의 대표적인 성공 사례로, 제품 설계 단계에서부터 철저한 품질 검증 과정을 거쳐, 시장 출시 후에도 지속적인 품질 모니터링을 통해 고객의 요구에 신속하게 대응하고 있다.

서비타이제이션의 도입과 그 중요성

서비타이제이션은 한국 제조업이 직면한 문제를 해결하는 또 다른 중요한 전략적 접근이다. 서비타이제이션은 제조업체가 단순히 제품을 생산하고 판매하는 것을 넘어서, 제품과 관련된 다양한 서비스를 제공함으로써 고객에게 부가 가치를 창출하는 전략이다. 이를 통해 기업은 제품 판매 이후에도 고객과의 관계를 지속적으로 유지하고, 고객 만족도를 높일 수 있다.

서비타이제이션은 특히 글로벌 시장에서의 차별화된 경쟁력을 확보하는 데 중요한 역할을 한다. 예를 들어, 한국의 대표적인 자동차 제조업체인 현대자동차는 제품 판매 이후에도 다양한 서비스 패키지를 제공하여 고객 만족도를 높이고 있다. 현대자동차는 정기 점검 서비스, 긴급 출동 서비스, 그리고 커넥티드카 서비스를 통해 고객에게 더 나은 운전 경험을 제공하고 있으며, 이를 통해 고객과의 장기적인 관계를 유지하고 있다. 이러한 서비타이제이션 전략은 현대자동차가 글로벌 시장에서 높은 고객 충성도를 확보하는 데 기여하고 있다.

또한, 서비타이제이션은 기술 발전과 디지털화와도 밀접하게 연관되어 있다. 사물인터넷(IoT), 빅데이터, 인공 지능(AI) 등의 기술은 제조업체가 제품 사용 데이터를 실시간으로 수집하고 분석하여, 고객에게 맞춤형 서비스를 제공할 수 있는 기반을 마련해 준다. 예를 들어, 현대자동차는 차량의 운행 데이터를 분석하여 고객에게 맞춤형 정비 서비스를 제공하는 '블루링크' 시스템을 도입하였다. 이를 통해 고객은 차량의 상태를 실시간으로 확인하고, 필요한 정비나 유지 보수 작업을 사전에 예약할 수 있어, 더욱 편리한 차량 관리가 가능해졌다.

선제적 품질 관리와 서비타이제이션의 결합

한국 제조업이 글로벌 시장에서 지속 가능한 성장을 이루기 위해서는 선제적 품질 관리와 서비타이제이션의 결합이 필수적이다. 선제적 품질 관리는 제품의 초기 단계에서부터 높은 품질을 보장하고, 이를 통해 고객에게 신뢰를 제공한다. 한편, 서비타이제이션은 제품 판매 이후에도 고객과의 지속적인 관계를 유지하며, 이를 통해 고객 충성도를 높이고, 장기적인 수익을 창출할 수 있다.

두 전략의 결합은 한국 제조업이 글로벌 시장에서 차별화된 경쟁력을 확보하고, 지속 가능한 성장을 이루는 데 중요한 역할을 할 것이다. 예를 들어, 삼성전자는 선제적 품질 관리와 서비타이제이션을 결합하여, 고품질의 전자제품을 제공함과 동시에, 다양한 애프터서비스와 소프트웨어 업데이트를 통해 고객 만족도를 극대화하고 있다. 이를 통해 삼성전자는 글로벌 시장에서의 입지를 더욱 강화하고, 지속적인 성장을 이루고 있다.

서비타이제이션의 중요성

현대 제조업은 글로벌 경쟁 심화와 기술 발전에 따라 새로운 도전에 직면하고 있다. 특히, 전통적인 제조 가치사슬에 의존하던 기업들은 빠르게 변화하는 시장 환경에서 경쟁력을 유지하기 위해 새로운 전략적 접근이 필요하다는 점을 절실히 느끼고 있다. 이와 같은 배경에서 서비타이제이션은 제조업체들이 직면한 위기를 극복하고 지속적인 성장 동력을 확보할 수 있는 중요한 전략으로 주목받고 있다.

전통적 제조업 가치사슬의 한계

전통적인 제조업 가치사슬은 주로 제품의 생산과 판매에 초점을 맞추고 있으며, 서비스와 같은 부가 가치 창출 요소들은 상대적으로 덜 중요하게 여겨져 왔다. 이로 인해 제조업체들은 제품의 가격 경쟁력에 의존해 왔으며, 이는 특히 중국과 같은 저비용 생산국의 등장으로 인해 점차 어려움을 겪고 있다. 가격만으로 경쟁력을 확보하기 어려운 상황에서, 전통적인 제조업체들은 장기적인 관계 구축과 지속적인 판매 노력을 포함한 서비스 요소들을 강화할 필요성이 대두되었다.

대만의 컴퓨터 제조사 에이서(Acer)의 창업자 스탠 시(Stan Shih)가 제시한 '스마일 곡선(Smile Curve)'은 이러한 변화의 필요성을 잘 설명한다. 스마일 곡선은 제품의 설계, 브랜드, 유통, 그리고 사전/사후 서비스에서 창출되는 부가 가치가 제조 부문에서 창출되는 부가 가치보다 높다는 것을 시사한다(박필재, & 유선화, 2013). 이는 제조업체들이 제품 생산에만 집중할 것이 아니라, 서비스와 같은 고부가 가치 창출 활동에 더 많은 노력을 기울여야 한다는 것을 강조한다. 이러한 변화는 기업들이 글로벌 시장에서 경쟁 우위를 유지하고, 새로운 사업 기회와 성장 동력을 발굴하는 데 필수적이다.

그림 9-3 스탠 시가 제시한 스마일 곡선

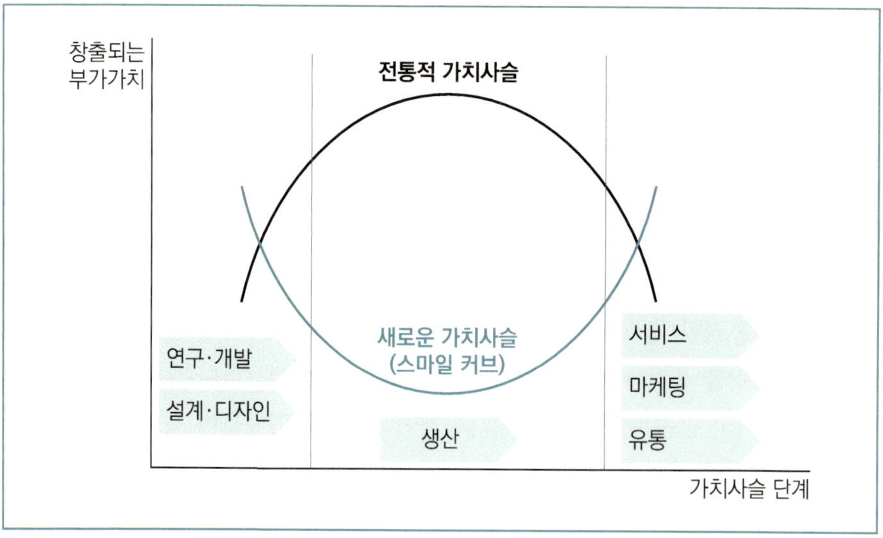

출처: 박필재, & 유선화(2013). 잘나가는 중소기업의 성공방식: 제품의 서비스화. 국제무역연구원.

서비타이제이션의 필요성과 전략적 중요성

서비타이제이션은 제조업체가 제품과 서비스를 결합하여 새로운 형태의 가치를 창출하는 전략이다. 이는 단순히 제품을 판매하는 것을 넘어서, 고객이 제품을 구매하고 사용하는 과정에서 필요한 기술 지원, 유지 보수, 소모품 공급 등 다양한 서비스를 제공함으로써 고객과의 장기적인 관계를 구축하고, 지속 가능한 수익을 창출하는 데 중점을 둔다(Wise & Baumgartner, 1999).

서비타이제이션의 중요성은 몇 가지 주요 측면에서 강조될 수 있다.

첫째, 고객의 요구가 점차 복잡해지고 다양해짐에 따라, 제조업체들은 단순한 제품 제공만으로는 고객의 기대를 충족시키기 어렵게 되었다. 예를 들어, 기업 고객은 단순히 고품질의 제품을 구매하는 것 이상으로, 해당 제품이 제공하는 서비스와 지원을 통해 전반적인 솔루션을 제공받기를 원한다. 이로 인해 제조업체들은 제품과 서비스의 결합을 통해 고객의 요구를 충족시키고, 이를 통해 고객 충성도를 높여 장기적인 경쟁력을 확보할 수 있다.

둘째, 서비타이제이션은 새로운 수익 창출의 기회를 제공한다. 제품 자체의 판매로 인한 일회성 수익을 넘어, 서비스 제공을 통해 지속적인 수익 흐름을 확보할 수 있다. 이는 특히 기술이 빠르게 진화하는 산업에서 중요한데, 제품의 수명 주기가 짧아질수록 지속적인 서비스 제공을 통해 안정적인 수익을 유지할 수 있기 때문이다. 예를 들어, 제록스는 복사기와 같은 하드웨어 제품에 유지 보수, 소모품 공급, 소프트웨어 업데이트 등의 서비스를 결합하여, 제품 판매 이후에도 지속적인 수익을 창출하는 비즈니스 모형을 구축하였다. 이러한 접근은 제록스가 경쟁이 치열한 시장에서 생존하고 성장할 수 있는 기반이 되었다.

셋째, 서비타이제이션은 기업의 브랜드 가치와 신뢰도를 강화하는 데 기여한다. 고객들은 제품 구매 이후에도 지속적인 지원을 받음으로써, 해당 브랜드에 대한 신뢰를 형성하게 된다. 이는 장기적인 관점에서 고객 충성도를 높이고, 기업의 시장 점유율을 확장하는 데 중요한 역할을 한다. 애플(Apple)은 이러한 서비타이제이션 전략을 성공적으로 구현한 사례로, 자사의 하드웨어 제품과 소프트웨어 서비스를 결합하여 고객에게 통합된 사용자 경험을 제공하고 있다. 이를 통해 애플은 전 세계적으로 강력한 브랜드 충성도를 구축하고, 높은 수익성을 유지하고 있다.

한국 기업의 서비타이제이션 수준과 과제

한국의 제조업체들은 글로벌 시장에서의 경쟁력을 강화하기 위해 서비타이제이션 전략을 적극적으로 도입하고 있다. 그러나 현재 한국 제조업의 서비타이제이션 수준은 여전히 낮은 편이다. 연구에 따르면, 한국의 제조기업 중 서비스화를 성공적으로 구현한 기업은 전체의 17.59%에 불과하며, 이는 글로벌 평균(32.82%)에 크게 못 미치는 수준이다(장병열 외, 2010). 이러한 결과는 한국 제조업체들이 아직 서비스와 제품을 결합한 부가 가치 창출 전략을 충분히 활용하지 못하고 있음을 보여준다.

한국 제조업체들의 서비타이제이션이 제한적인 이유 중 하나는 서비스와 제조업 간의 연계성이 낮고, 서비스화 수준이 높지 않기 때문이다. 국내 제조 기업들은 주로 제품의 생산 이후 사후 관리 서비스에만 치중되어 있으며, 제품의 연구개발

그림 9-4 주요 국가들의 서비스화 지수

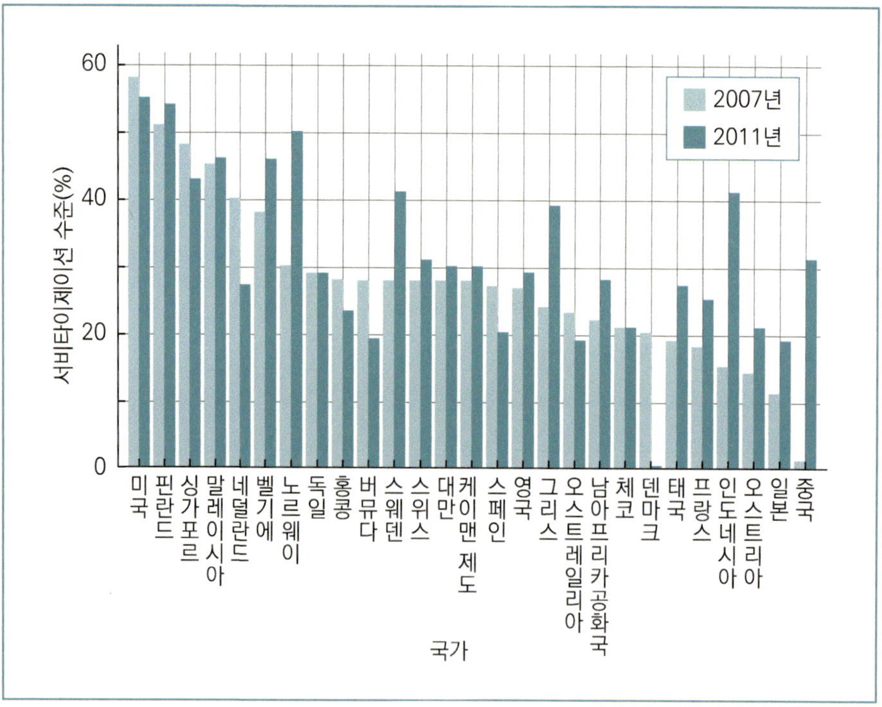

출처: Neely, A. (2008). Exploring the financial consequences of the servitization of manufacturing. Operations management research, 1(2), 103-118.

표 9-5 국내 기업들의 서비스화 정도

기업 분류	기업 비율(%)	기업 수
순수 제조 기업	82.08%	252
서비스화 기업	17.59%	54
순수 서비스 기업	0.3%	1
계	100%	307

출처: 장병열, 이윤준, & 이공래(2010). 제품 서비스 융합을 위한 서비스R&D 전략. 정책연구, 1-210.

(R&D), 생산, 판매, 사용 등 가치사슬 전반에 서비스를 융합하는 접근이 부족하다. 이러한 한계를 극복하기 위해서는 서비스화에 대한 심층적인 연구와 기업들의 전략적 전환이 필요하다.

서비타이제이션을 통한 혁신과 성장 기회

서비타이제이션은 단순한 전략적 선택을 넘어, 제조업체의 지속 가능한 성장을 위한 필수적인 접근법으로 자리 잡고 있다. 서비타이제이션을 통해 제조업체들은 기존의 제품 중심 비즈니스 모형을 넘어, 고객에게 더 큰 가치를 제공하고, 새로운 수익 모형을 창출할 수 있다. 이는 기업의 경쟁력을 강화하고, 글로벌 시장에서의 입지를 확장하는 데 중요한 역할을 한다.

서비타이제이션 전략을 성공적으로 구현한 기업들은 새로운 사업 기회와 성장 동력을 확보하는 데 성공했다. 예를 들어, 캐터필러(Caterpillar)는 중장비 판매 외에도 유지 보수, 원격 모니터링, 부품 공급 등의 서비스를 통해 고객에게 종합적인 솔루션을 제공하고 있다. 이를 통해 캐터필러는 제품 판매 이후에도 고객과의 관계를 유지하며, 지속적인 수익을 창출할 수 있었다. 또한, 존슨앤존슨(Johnson & Johnson)은 의료기기와 관련된 서비스를 제공하여, 의료기관과의 장기적인 계약 관계를 구축하고, 안정적인 수익 흐름을 확보하였다.

한국 기업들도 이러한 서비타이제이션 전략을 통해 글로벌 시장에서의 경쟁력을 강화하고, 지속적인 성장을 이루기 위해 노력해야 한다. 특히, 한국타이어와 웅진코웨이와 같은 기업들은 자체적인 서비스화 전략을 통해 성공적인 비즈니스 모형을 구축한 사례로 주목받고 있다. 한국타이어는 타이어 판매 이후 유지 보수와 관련된 다양한 서비스를 제공하여 고객 만족도를 높이고 있으며, 웅진코웨이는 정수기, 공기청정기 등의 가전 제품과 함께 정기적인 관리 서비스를 제공하여 장기적인 고객 관계를 구축하고 있다. 이러한 사례들은 서비타이제이션이 한국 제조업체들에도 성공적인 전략이 될 수 있음을 보여준다.

서비타이제이션을 활용한 선제적 품질 관리

현대 비즈니스 환경에서 품질 관리는 기업의 경쟁력을 결정짓는 핵심 요소 중 하나로 자리 잡고 있다. 그러나 전통적인 품질 관리 방식만으로는 오늘날의 복잡하고 빠르게 변화하는 시장에서 요구되는 수준의 품질을 유지하기에 충분하지 않다. 이러한 상황에서 선제적 품질 관리와 서비타이제이션의 결합은 기업이 경쟁 우위를 확보하고 지속 가능한 성장을 달성하는 데 필수적인 전략으로 떠오르고 있다.

선제적 품질 관리는 이러한 서비타이제이션의 맥락에서 더욱 강력한 도구가 된다. 이는 제품이나 서비스의 품질을 문제 발생 이전에 미리 예측하고 개선하는 접근 방식을 통해, 고객이 기대하는 품질 수준을 지속적으로 유지할 수 있게 한다. 선제적 품질 관리는 사전 예방적 조치를 통해 품질 문제로 인한 비용을 줄이고, 고객 불만을 최소화하며, 나아가 기업의 브랜드 가치를 높이는 역할을 한다.

본 절에서는 서비타이제이션을 활용한 선제적 품질 관리의 개념과 중요성을 탐구하고, 이를 통해 한국 기업들이 글로벌 시장에서 어떻게 경쟁력을 강화할 수 있는지를 살펴본다. 특히, 서비타이제이션과 선제적 품질 관리의 결합이 어떻게 기업의 운영 효율성을 높이고, 고객 만족도를 극대화하며, 지속 가능한 수익 모형을 창출하는지에 대해 논의할 것이다. 이러한 전략적 접근은 한국 제조업체들이 직면한 다양한 도전 과제를 극복하고, 미래 지향적인 경영 전략을 수립하는 데 중요한 시사점을 제공할 것이다.

서비타이제이션과 선제적 품질 관리의 관계

서비타이제이션과 선제적 품질 관리는 현대 제조업과 서비스업에서 필수적인 전략적 접근법으로 자리 잡고 있다. 이 두 개념은 각각 독립적인 전략처럼 보이지만, 실제로는 깊이 연결되어 있으며, 함께 적용될 때 기업이 더 높은 수준의 품질을 유지하고 고객 만족도를 극대화하는 데 중요한 역할을 한다. 이 장에서는 서비타이제이션과 선제적 품질 관리의 관계를 분석하고, 이 두 전략이 어떻게 상호 보완적으로 작용하여 기업의 경쟁력을 강화하는지에 대해 탐구할 것이다.

서비타이제이션과 선제적 품질 관리의 개념적 연관성

서비타이제이션은 제조업체가 단순히 제품을 판매하는 것을 넘어, 서비스와 결합된 형태로 제품을 제공함으로써 새로운 부가 가치를 창출하는 전략이다. 이는 고객과의 지속적인 관계를 통해 제품의 사용 기간 동안 발생할 수 있는 다양한 요구를 충족시키고, 장기적인 수익을 확보하는 데 중점을 둔다. 예를 들어, 제록스는 복사기와 같은 하드웨어 제품에 유지 보수, 소모품 공급, 소프트웨어 업데이트 등의 서비스를 결합하여, 제품 판매 이후에도 지속적인 수익을 창출하고 있다. 이처럼 서비타이제이션은 제품 중심의 비즈니스 모형에서 서비스 중심의 모형으로 전환하는 과정을 의미한다.

반면, 선제적 품질 관리는 제품이나 서비스의 품질 문제를 사전에 예측하고 예방하는 접근 방식이다. 이는 제품의 설계 단계에서부터 품질을 보장하고, 생산 과정에서 발생할 수 있는 문제를 미리 파악하여 대응함으로써 최종 제품이 고객의 기대를 충족하거나 초과하도록 하는 것을 목표로 한다. 선제적 품질 관리는 제품의 불량률을 낮추고, 고객의 불만을 최소화하며, 기업의 브랜드 가치를 높이는 데 중요한 역할을 한다.

이 두 개념은 모두 고객 중심적이며, 제품과 서비스의 가치를 극대화하는 것을 목표로 한다는 점에서 밀접하게 연결되어 있다. 서비타이제이션을 통해 제품과 서비스가 결합되면, 선제적 품질 관리의 중요성은 더욱 커진다. 이는 고객이 서비스와 제품의 결합된 형태를 사용할 때 발생할 수 있는 다양한 품질 문제를 사전에 예방하고, 이를 통해 고객 만족도를 높일 수 있기 때문이다.

서비타이제이션과 선제적 품질 관리의 상호 보완성

서비타이제이션과 선제적 품질 관리는 상호 보완적인 관계에 있다. 서비타이제이션은 고객과의 지속적인 관계를 통해 새로운 수익 창출의 기회를 제공하는 반면, 선제적 품질 관리는 이러한 관계가 장기적으로 유지될 수 있도록 보장하는 역할을 한다. 예를 들어, 자동차 제조업체가 차량 판매 이후 정기적인 유지 보수 서비스를 제공하는 서비타이제이션 전략을 채택한다고 하자. 이때 선제적 품질 관리는 정기 점검을 통해 차량의 잠재적인 문제를 미리 예측하고 해결하여, 고객이 차량을 사용하는 동안 불편함을 겪지 않도록 한다. 이로 인해 고객은 제조업체에 대한 신뢰를 유지하고, 장기적으로 해당 브랜드의 차량을 계속 구매하게 될 가능성이 높아진다.

또한, 서비타이제이션은 선제적 품질 관리의 실현 가능성을 높인다. 제품과 서비스가 결합되면, 제조업체는 고객의 사용 데이터를 지속적으로 수집하고 분석할 수 있는 기회를 얻게 된다. 이를 통해 제품의 사용 패턴을 파악하고, 잠재적인 품질 문제를 미리 예측하여 대응할 수 있다. 예를 들어, 현대자동차는 '블루링크' 시스템을 통해 차량의 운행 데이터를 실시간으로 수집하고 분석하여, 고객에게 맞춤형 정비 서비스를 제공하고 있다. 이러한 접근은 선제적 품질 관리가 단순한 개념에서 벗어나, 실제로 실행 가능한 전략이 될 수 있도록 지원한다.

서비타이제이션과 선제적 품질 관리의 통합적 접근

서비타이제이션과 선제적 품질 관리는 통합적으로 접근할 때 더 큰 시너지 효과를 발휘할 수 있다. 예를 들어, 제품 판매 후 정기적인 유지 보수와 같은 서비스 제공은 단순한 사후 관리가 아니라, 선제적 품질 관리를 통해 사전에 계획된 유지 보수 작업으로 전환될 수 있다. 이는 고객이 예상치 못한 품질 문제로 인해 불편을 겪기 전에 문제를 해결할 수 있도록 하며, 고객 만족도를 극대화할 수 있다.

또한, 이러한 통합적 접근은 기업의 운영 효율성을 높이는 데도 기여할 수 있다. 선제적 품질 관리를 통해 제품의 불량률을 낮추면, 유지 보수에 필요한 자원과 비용을 줄일 수 있으며, 이는 서비타이제이션 전략의 효과를 극대화하는 데 기여한다. 예를 들어, 롤스로이스는 항공기 엔진에 센서를 부착하여 실시간으로 데이터를 수집하고 분석함으로써, 엔진 고장 가능성을 사전에 예측하고 유지 보수 일정을 조정할 수 있다. 이를 통해 항공사 고객들은 불필요한 유지 보수 비용을 줄일 수 있으며, 롤스로이스는 고객과의 장기적인 계약 관계를 유지할 수 있게 된다.

한국 기업에서의 적용 가능성

한국 기업들도 서비타이제이션과 선제적 품질 관리의 통합적 접근을 통해 글로벌 시장에서의 경쟁력을 강화할 수 있다. 특히, 한국 제조업체들은 서비타이제이션을 통해 제품 중심의 비즈니스 모형을 서비스 중심으로 전환함으로써, 고객과의 지속적인 관계를 유지하고 새로운 수익을 창출할 수 있다. 동시에, 선제적 품질 관리를 도입하여 제품의 품질을 사전에 보장하고, 고객 만족도를 높일 수 있다.

예를 들어, 삼성전자는 스마트폰과 같은 전자제품에 대한 선제적 품질 관리를 강화하고, 서비스와 결합된 형태로 제공함으로써 글로벌 시장에서의 경쟁력을 유지하고 있다. 삼성전자는 제품의 설계 단계에서부터 철저한 품질 검증 과정을 거치고, 제품 출시 후에도 지속적인 소프트웨어 업데이트와 고객 지원 서비스를 제공하여 고객 만족도를 높이고 있다. 이러한 접근은 삼성전자가 글로벌 시장에서 강력한 브랜드를 구축하는 데 기여하고 있다.

서비타이제이션과 선제적 품질 관리의 미래

서비타이제이션과 선제적 품질 관리는 현대 비즈니스 환경에서 필수적인 전략적 요소로 자리 잡고 있다. 이 두 전략은 각각의 강점을 살리면서도 상호 보완적으로 작용하여 기업의 경쟁력을 강화하고, 고객 만족도를 극대화할 수 있는 강력한 도구가 된다. 앞으로도 서비타이제이션과 선제적 품질 관리의 통합적 접근은 더욱 발전할 것이며, 이를 통해 기업들은 글로벌 시장에서의 지속 가능한 성장을 달성할 수 있을 것이다.

한국 기업들도 이러한 전략을 적극적으로 도입하여 글로벌 시장에서의 입지를 더욱 강화하고, 지속 가능한 성장을 이루어 나가야 할 것이다. 이를 통해 한국 제조업체들은 변화하는 시장 환경 속에서 새로운 기회를 창출하고, 고객과의 장기적인 관계를 구축할 수 있을 것이다.

서비타이제이션을 통한 선제적 품질 관리 구현 방안

서비타이제이션과 개런티 프로그램

서비타이제이션은 제품과 서비스의 결합을 통해 고객에게 추가적인 가치를 제공하는 전략적 접근이다. 이 관점에서 보면, 워런티와 서비스 개런티는 서비타이제이션의 일환으로 간주될 수 있다. 이는 단순히 제품의 판매에 그치지 않고, 제품 사용 기간 동안 고객과 지속적인 관계를 유지하며, 추가적인 서비스를 통해 고객 만족도를 극대화하는 데 중점을 두고 있다.

워런티는 고객에게 제품의 품질을 보증하는 동시에, 제조업체가 고객과 장기적인 관계를 유지할 수 있는 기회를 제공한다. 서비타이제이션의 맥락에서 워런티는 단순히 제품의 품질을 보증하는 것을 넘어, 제품의 전체 수명 주기 동안 고객과의 지속적인 상호작용을 통해 가치를 제공하는 중요한 수단으로 기능한다.

예를 들어, 자동차 제조업체가 제공하는 연장 워런티는 고객이 차량을 구매한 이후에도 제조업체와 지속적으로 연결될 수 있는 기회를 제공한다. 연장 워런티는 고객이 차량을 오랫동안 문제없이 사용할 수 있도록 지원하며, 이를 통해 고객의 브랜드 충성도를 높이고, 나아가 추가적인 수익을 창출할 수 있는 기회를 제공한다. 이는 서비타이제이션의 핵심 목표인 고객과의 장기적인 관계 구축과 밀접하게 연관된다.

서비스 개런티는 서비스 제공자가 고객에게 약속된 품질의 서비스를 제공할 것임을 보증하며, 만약 그 품질을 달성하지 못할 경우 보상을 제공한다. 서비스 개런티는 서비타이제이션의 중요한 구성 요소로, 고객이 서비스 제공자에 대한 신뢰를 구축하는 데 기여한다.

서비타이제이션의 관점에서, 서비스 개런티는 고객에게 제공되는 서비스가 제품의 일부분이자, 사용 경험 전체의 중요한 부분으로 작용함을 의미한다. 예를 들어, 호텔에서 제공하는 100% 만족 보증 프로그램은 고객이 기대하는 서비스 품질을 보장하며, 고객이 불만족할 경우 즉각적인 보상을 제공한다. 이는 고객이 서비스에 대한 불안을 해소하고, 호텔에 대한 신뢰를 강화하는 데 기여한다.

개런티 프로그램에서 서비타이제이션의 의미

개런티 프로그램은 선제적 품질 관리에서 매우 중요한 세그먼트로, 제품과 서비스의 품질을 보장하고, 고객에게 신뢰를 제공하는 역할을 담당한다. 이 프로그램은 제품이나 서비스의 결함이나 문제를 사후에 처리하는 데 그치지 않고, 고객이 제품이나 서비스를 사용하는 동안 발생할 수 있는 잠재적인 문제를 사전에 예방하는 역할도 수행한다. 이는 고객 불만을 줄이고, 장기적으로 고객 충성도를 강화하는 데 기여한다.

서비타이제이션은 개런티 프로그램을 더욱 강화하는 역할을 한다. 서비타이제이션을 통해 개런티 프로그램은 단순한 보증 이상의 의미를 가지게 되며, 고객과의 장기적인 관계를 구축하는 데 중요한 수단으로 작용한다. 이는 제품과 서비스가 일회성 거래로 끝나지 않고, 지속적인 상호작용과 추가적인 가치 제공을 통해 고객과의 관계를 유지할 수 있도록 한다.

서비타이제이션은 개런티 프로그램이 제품과 서비스의 수명 주기 동안 고객에게 제공되는 지속적인 가치를 강조하는 데 중요한 역할을 한다. 예를 들어, 연장 워런티나 맞춤형 서비스 개런티는 고객의 특정 요구에 맞추어 제공되며, 이는 고객이 브랜드에 대한 신뢰를 지속적으로 유지할 수 있도록 돕는다. 이러한 접근은 고객 충성도를 높이고, 제품과 서비스의 반복 구매를 촉진하는 데 기여한다.

워런티와 서비스 개런티는 서비타이제이션과 선제적 품질 관리의 중요한 연결 고리로, 고객에게 신뢰를 제공하고, 장기적인 관계를 유지하는 데 필수적인 요소로 작용한다. 서비타이제이션을 통해 개런티 프로그램은 고객과의 지속적인 상호작용과 추가적인 가치 제공을 가능하게 하며, 이는 기업이 경쟁력을 유지하고 성장할 수 있는 중요한 전략적 수단이 된다. 이러한 상관 관계는 기업이 고객 중심의 품질 관리와 서비스를 제공함으로써, 고객 만족도와 브랜드 충성도를 강화하는 데 중요한 역할을 한다.

서비타이제이션과 예방적 품질 관리

예방적 서비스는 제품이 고객에게 전달된 후 발생할 수 있는 문제를 사전에 예방하기 위한 일련의 서비스 활동을 의미한다. 이는 정기적인 유지 보수, 소모품 교체, 그리고 시스템 점검 등을 통해 제품이 고장나기 전에 필요한 조치를 취함으로써 고객이 예상치 못한 불편을 겪지 않도록 하는 데 중점을 둔다. 예방적 서비스는 제품의 전체 수명 주기 동안 일관된 품질을 유지하는 데 필수적이며, 고객이 제품을 신뢰하고 사용할 수 있도록 지원한다.

서비타이제이션은 이러한 예방적 서비스의 효과를 극대화하는 데 중요한 역할을 한다. 서비타이제이션을 통해 제품과 서비스가 결합된 형태로 고객에게 제공되면, 고객은 제품의 수명 주기 동안 지속적인 품질 보증을 받을 수 있다. 이는 제품의 신뢰성을 높이고, 고객 불만을 최소화하며, 기업과 고객 간의 장기적인 관계를 구축하는 데 기여한다.

예방적 서비스와 서비타이제이션의 상관 관계는 고객이 제품을 사용하는 동안 발생할 수 있는 모든 문제를 사전에 예측하고, 이를 해결하기 위한 포괄적인 서비스를 제공하는 데 있다. 서비타이제이션을 통해 예방적 서비스는 단순한 유지 보수를 넘어, 고객과의 지속적인 상호작용을 통해 제품의 가치를 극대화하고, 고객 만족도를 높이는 방향으로 발전한다.

선제적 판매 후 서비스(PPS)와 서비타이제이션

선제적 판매 후 서비스(Proactive Post-Sales Service: PPS)는 제품이 판매된 후 고객이 제품을 사용하는 동안 발생할 수 있는 문제를 사전에 예측하고 이를 해결하기 위한 서비스 활동을 의미한다. PPS는 고객이 제품을 사용하는 동안 품질 문제를 사전에 예방하고, 고객 만족도를 높이는 데 중요한 역할을 한다. 이는 고객이 제품을 사용할 때 발생할 수 있는 잠재적인 문제를 최소화하고, 고객이 지속적으로 제품을 신뢰할 수 있도록 지원한다.

서비타이제이션은 PPS를 더욱 효과적으로 구현하는 데 필수적인 역할을 한다. 서비타이제이션을 통해 제조업체는 제품과 연계된 서비스를 고객에게 제공함으로써, 제품 사용 중 발생할 수 있는 문제를 사전에 해결하고 고객이 지속적으로 제품을 신뢰할 수 있도록 지원한다. 이는 고객에게 일관된 품질 경험을 제공하고, 제품의 신뢰성을 강화하며, 장기적인 고객 관계를 구축하는 데 중요한 기여를 한다.

PPS와 서비타이제이션의 상관 관계는 제품 판매 이후에도 고객과의 지속적인 상호작용을 통해 제품의 품질을 유지하고, 고객 만족도를 높이는 데 있다. 서비타이제이션을 통해 PPS는 고객이 제품을 사용하는 동안 발생할 수 있는 모든 문제를 사전에 예방하고, 이를 해결하기 위한 포괄적인 서비스를 제공함으로써, 고객과의 장기적인 관계를 강화한다.

예방적 프로세스 품질 관리와 서비타이제이션

예방적 프로세스 품질 관리(Preventive Process Quality Management)는 제품의 생산 과정에서 발생할 수 있는 품질 문제를 사전에 예방하는 것을 목표로 한다. 이는 생산 공정에서 잠재적인 결함을 식별하고, 이를 해결하기 위한 절차를 마련하는 과정으로, 제품의 일관된 품질을 유지하는 데 필수적인 역할을 한다. 예방적 프로세스 품질 관리는 제품이 고객에게 도달하기 전에 일관된 품질을 보장하는 데 중점을 두며, 고객에게 신뢰할 수 있는 제품을 제공하기 위한 중요한 요소다.

서비타이제이션은 예방적 프로세스 품질 관리를 통해 고객에게 일관된 품질을 제공하는 데 중요한 기여를 한다. 제조업체가 생산 과정에서 발생할 수 있는 품질 문제를 사전에 예방함으로써, 고객이 제품을 사용할 때 발생할 수 있는 문제를 최소화하고, 제품의 전체 수명 주기 동안 일관된 품질을 보장할 수 있다. 이는 고객이 제품을 사용하는 동안 예기치 않은 문제로 인한 불편을 최소화하고, 고객 만족도를 높이며, 기업의 브랜드 신뢰성을 강화하는 데 기여한다.

예방적 프로세스 품질 관리와 서비타이제이션의 상관 관계는 생산 공정에서 발생할 수 있는 품질 문제를 사전에 예방하고, 이를 해결하기 위한 포괄적인 접근 방식을 통해 고객에게 일관된 품질 경험을 제공하는 데 있다. 서비타이제이션을 통해 예방적 프로세스 품질 관리는 고객이 제품을 사용하는 동안 발생할 수 있는 모든 문제를 사전에 예방하고, 이를 해결하기 위한 포괄적인 서비스를 제공함으로써, 고객과의 장기적인 관계를 강화한다.

서비타이제이션이 예방적 품질 관리에 갖는 의미

서비타이제이션은 예방적 품질 관리의 중요성을 극대화하고, 고객에게 지속적인 가치를 제공하는 데 필수적인 역할을 한다. 서비타이제이션을 통해 제조업체는 제품과 서비스가 결합된 형태로 고객에게 제공됨으로써, 고객은 제품의 전체 수명 주기 동안 지속적인 품질 보증을 받을 수 있다. 이는 고객 만족도를 높이고, 제품의 신뢰성을 강화하며, 브랜드 충성도를 구축하는 데 중요한 역할을 한다.

서비타이제이션은 또한 예방적 품질 관리를 통해 기업이 고객과의 장기적인 관계를 유지할 수 있도록 돕는다. 예방적 서비스, PPS, 예방적 프로세스 품질 관리와 같은 요소들이 서비타이제이션과 결합됨으로써, 고객은 제품을 사용하는 동안 발생할 수 있는 모든 문제에 대해 사전에 예방 조치를 받을 수 있게 된다. 이는 고객에게 일관된 품질과 신뢰를 제공함으로써, 기업이 지속 가능한 성장을 이루는 데 중요한 전략적 도구가 된다.

결론적으로, 예방적 품질 관리는 서비타이제이션과 밀접하게 연관되어 있으며, 두 전략이 결합될 때 기업은 고객에게 일관된 품질과 지속적인 가치를 제공할 수 있는 강력한 경쟁력을 갖추게 된다. 서비타이제이션은 예방적 품질 관리의 효과를 극대화하는 중요한 수단으로, 고객과의 장기적인 관계를 구축하고, 기업의 브랜드 가치를 강화하는 데 중요한 역할을 한다.

서비타이제이션과 예측적 품질 관리

예측기반 품질 관리와 서비타이제이션

예측기반 품질 관리(Forecast-based Quality Management)는 과거의 품질 데이터와 통계적 모형을 사용하여 미래에 발생할 수 있는 품질 문제를 예측하는 방법이다. 이를 통해 기업은 제품이 시장에 출시되기 전에 발생할 수 있는 결함을 예측하고, 이를 사전에 수정할 수 있는 조치를 취할 수 있다. 이 접근법은 특히 제품 설계 및 개발 단계에서 유용하며, 잠재적인 문제를 사전에 해결함으로써 품질 문제로 인한 비용을 줄이고, 제품의 신뢰성을 높인다.

서비타이제이션은 예측기반 품질 관리의 효과를 극대화하는 데 중요한 역할을 한다. 서비타이제이션을 통해 제조업체는 제품의 예측된 품질 문제를 사전에 해결하는 것뿐만 아니라, 고객에게 연계된 서비스와 지원을 제공함으로써 고객이 제품을 사용할 때 발생할 수 있는 문제를 예방할 수 있다. 예를 들어, 제조업체가 제품의 과거 데이터를 분석하여 특정 부품의 수명을 예측하고, 고객에게 해당 부품의 교체 시점을 미리 알리거나, 교체 서비스를 제공하는 방식은 서비타이제이션의 일환이다. 이러한 방식은 고객 불만을 최소화하고, 제품의 신뢰성을 유지하며,

장기적인 고객 관계를 구축하는 데 기여한다.

예측기반 품질 관리와 서비타이제이션의 상관 관계는 데이터를 기반으로 한 예측과 고객에게 제공되는 서비스를 결합하여, 제품의 전체 수명 주기 동안 일관된 품질을 보장하고, 고객 만족도를 극대화하는 데 있다. 서비타이제이션을 통해 예측기반 품질 관리는 고객과의 지속적인 상호작용을 통해 제품의 가치를 극대화하고, 고객 만족도를 높이는 방향으로 발전한다.

상태기반 품질 관리와 서비타이제이션

상태기반 품질 관리(Condition-based Predictive Service)는 제품의 상태를 실시간으로 모니터링하여, 현재 상태에 기반한 품질 문제를 예측하고 예방하는 접근법이다. 이는 제품이 사용되는 동안 수집된 데이터를 분석하여, 장비의 성능 저하, 부품 마모, 이상 징후 등을 사전에 감지하고 대응하는 데 중점을 둔다. 상태기반 품질 관리는 특히 고가의 장비나 지속적인 유지 보수가 필요한 산업 장비에서 유용하며, 장비의 가동 중단 시간을 최소화하고, 유지 보수 비용을 절감하는 데 기여한다.

서비타이제이션은 상태기반 품질 관리의 효과를 강화하는 중요한 요소다. 서비타이제이션을 통해 제조업체는 제품의 상태를 실시간으로 모니터링하고, 고객에게 실시간으로 상태 정보를 제공하며, 필요한 경우 유지 보수나 부품 교체와 같은 서비스를 자동으로 제공할 수 있다. 이러한 방식은 제품의 신뢰성을 높이고, 고객이 예상치 못한 문제를 사전에 예방할 수 있도록 지원한다.

상태기반 품질 관리와 서비타이제이션의 상관 관계는 실시간 모니터링과 서비스 제공을 결합하여, 고객이 제품을 사용하는 동안 발생할 수 있는 모든 문제를 사전에 예방하고, 이를 해결하기 위한 포괄적인 서비스를 제공하는 데 있다. 서비타이제이션을 통해 상태기반 품질 관리는 고객이 제품을 사용하는 동안 발생할 수 있는 문제를 실시간으로 모니터링하고, 이를 사전에 예방함으로써, 고객과의 장기적인 관계를 강화하는 데 기여한다.

서비타이제이션이 예측적 품질 관리에 갖는 의미

서비타이제이션은 예측적 품질 관리의 중요성을 극대화하고, 고객에게 지속적인 가치를 제공하는 데 필수적인 역할을 한다. 서비타이제이션을 통해 제조업체는 예측적 품질 관리를 강화하여, 고객에게 제품의 상태와 관련된 실시간 정보, 유지보수 서비스, 부품 교체 서비스 등을 결합한 형태로 제공할 수 있다. 이는 고객이 제품의 전체 수명 주기 동안 지속적인 품질 보증을 받을 수 있도록 하며, 고객 만족도를 높이고, 제품의 신뢰성을 강화하며, 브랜드 충성도를 구축하는 데 중요한 역할을 한다.

서비타이제이션은 또한 예측적 품질 관리를 통해 기업이 고객과의 장기적인 관계를 유지할 수 있도록 돕는다. 예측기반 품질 관리와 상태기반 품질 관리와 같은 요소들이 서비타이제이션과 결합됨으로써, 고객은 제품을 사용하는 동안 발생할 수 있는 모든 문제에 대해 사전에 예방 조치를 받을 수 있게 된다. 이는 고객에게 일관된 품질과 신뢰를 제공함으로써, 기업이 지속 가능한 성장을 이루는 데 중요한 전략적 도구가 된다.

결론적으로, 예측적 품질 관리는 서비타이제이션과 밀접하게 연관되어 있으며, 두 전략이 결합될 때 기업은 고객에게 일관된 품질과 지속적인 가치를 제공할 수 있는 강력한 경쟁력을 갖추게 된다. 서비타이제이션은 예측적 품질 관리의 효과를 극대화하는 중요한 수단으로, 고객과의 장기적인 관계를 구축하고, 기업의 브랜드 가치를 강화하는 데 중요한 역할을 한다.

선제적 품질 관리와 서비타이제이션 사례

서비타이제이션을 통한 개런티 프로그램 구현 사례

LG전자

LG전자는 가전제품의 품질과 사후 관리를 중시하는 서비타이제이션 전략을 통해 글로벌 시장에서 지속적인 성공을 거두고 있다. LG전자는 '케어솔루션' 프로그램을 통해 고객이 제품 구매 후에도 지속적으로 서비스를 받을 수 있는 체계를 마련하고 있으며, 이를 통해 브랜드 신뢰도를 강화하고 있다.

LG전자는 자사의 가전제품에 대해 연장 워런티 프로그램을 제공하며, 고객이 일정 기간 동안 제품에 문제가 발생할 경우 무상으로 수리 또는 교체를 보장한다.

이와 함께 케어솔루션 프로그램을 통해 정기적인 제품 점검, 부품 교체, 소모품 관리 서비스를 제공함으로써 제품이 최상의 성능을 유지하도록 돕고, 고객이 오랫동안 안심하고 제품을 사용할 수 있는 환경을 조성하고 있다.

LG전자는 IoT 기술을 활용하여 스마트 가전제품의 상태를 실시간으로 모니터링하고, 제품에 이상이 발생할 조짐이 보이면 고객에게 사전 경고를 발송하는 시스템을 갖추고 있다. 예를 들어, 냉장고의 온도가 비정상적으로 상승하는 경우 고객이 인지하기 전에 문제를 해결할 수 있도록 지원한다. 이러한 선제적 관리 시스템은 제품의 신뢰성을 제고하고, 고객 불만을 사전에 예방하는 데 기여하며, LG전자가 글로벌 시장에서 경쟁력을 유지하는 중요한 요소로 작용하고 있다.

존 디어

존 디어(John Deere)는 농업 및 중장비 제조업체로서, 서비타이제이션 전략을 통해 고객에게 제품과 관련된 포괄적인 서비스를 제공하며, 이를 통해 고객 충성도를 높이고 있다.

존 디어는 농기계 구매 시 기본 워런티와 함께 연장 워런티를 제공하며, 이를 통해 고객이 농기계를 오랫동안 신뢰하고 사용할 수 있도록 지원하고 있다. 이 워런티 프로그램은 문제가 발생할 경우 신속한 수리와 지원을 보장하며, 고객의 운영 효율성을 극대화하는 데 중점을 둔다. 또한, 존 디어는 'JDLink'라는 텔레매틱스 시스템을 통해 기계의 상태를 원격으로 모니터링하고, 유지 보수가 필요한 시점을 사전에 파악하여 고객에게 알리는 서비스를 제공함으로써, 농업 활동이 중단되지 않도록 지원하고 있다.

JDLink 시스템은 농기계의 사용 데이터를 실시간으로 분석하여, 잠재적인 고장이나 성능 저하를 미리 예측하고 유지 보수를 계획할 수 있도록 돕는다. 이 시스템은 고객이 제품을 사용하는 동안 발생할 수 있는 불편함을 최소화하고, 장기적인 고객 만족도를 높이는 데 중요한 역할을 한다. 이를 통해 존 디어는 고객과의 장기적인 관계를 유지하며, 시장에서의 입지를 더욱 공고히 하고 있다.

현대건설기계

현대건설기계는 중장비 시장에서 서비타이제이션 전략을 통해 고객에게 지속적인 가치를 제공하는 데 주력하고 있으며, 이를 통해 고객 만족도를 높이고 있다.

현대건설기계는 건설 장비 구매 시 기본 워런티와 함께 연장 워런티 프로그램을 제공하고 있으며, 고객이 원하는 경우 장비의 유지 보수와 관련된 다양한 옵션을 선택할 수 있는 유연성을 제공하고 있다. 이러한 서비스는 장비의 성능을 유지하고, 예상치 못한 고장으로 인한 비용을 최소화하는 데 중점을 두고 있다.

현대건설기계는 텔레매틱스 시스템을 통해 장비의 상태를 실시간으로 모니터링하고, 문제가 발생하기 전에 예방 조치를 취할 수 있도록 지원하는 체계를 갖추고 있다. 이 시스템은 장비의 사용 데이터를 수집하여 부품 교체 시기나 유지 보수가 필요한 시점을 사전에 파악하고, 고객에게 알림으로써 장비의 가동률을 최대한 유지할 수 있도록 돕는다. 이러한 선제적 관리 시스템은 고객의 사업 운영 효율성을 높이고, 장비의 신뢰성을 강화하는 데 기여하고 있다.

이와 같은 사례들은 워런티와 서비스 개런티를 서비타이제이션과 결합하여 선제적 품질 관리를 구현함으로써, 기업이 어떻게 경쟁력을 강화하고 고객 만족도를 높일 수 있는지를 잘 보여준다. LG전자, 존 디어, 현대건설기계 모두 이러한 접근을 통해 시장에서의 입지를 강화하고 있으며, 고객과의 장기적인 관계를 유지하는 데 성공을 거두고 있다. 이를 통해 이들 기업은 고객에게 지속적인 가치를 제공하며, 글로벌 시장에서 지속 가능한 성장을 이루고 있다.

서비타이제이션을 통한 예방적 품질 관리 구현 사례

BMW

BMW(Bayerische Motoren Werke)는 자사의 차량 구매 고객에게 'BMW Service Inclusive'라는 예방적 서비스 패키지를 제공한다. 이 패키지는 차량의 정기 점검, 소모품 교체, 유지 보수를 포함하며, 고객이 차량을 일정 기간 동안 문제없이 사용할 수 있도록 지원한다. BMW는 이 서비스를 통해 고객이 차량의 유지 보수에 대한 걱정을 덜 수 있도록 하며, 차량의 성능을 최상의 상태로 유지할 수 있도록 돕는다.

GE

GE(General Electric)는 항공기 엔진을 포함한 다양한 산업용 장비에 대해 예방적 유지 보수 서비스를 제공한다. GE는 'Predix'라는 IoT 플랫폼을 통해 장비의 상태를 실시간으로 모니터링하고, 데이터를 분석하여 유지 보수가 필요한 시점을 사전에 파악한다. 이를 통해 GE는 장비의 고장을 사전에 예방하고, 고객에게 장비 가동률을 최대한 유지할 수 있는 솔루션을 제공한다.

삼성전자

삼성전자는 자사의 반도체 제조 공정에서 예방적 프로세스 품질 관리를 적용하고 있다. 삼성전자는 생산 공정에서 수집된 데이터를 분석하여, 잠재적인 품질 문제를 사전에 식별하고 이를 해결하는 절차를 마련한다. 또한, 이러한 데이터를 바탕으로 고객에게 품질 보증 서비스를 제공하여, 제품의 일관된 품질을 유지하고 있다. 이를 통해 삼성전자는 고객에게 높은 수준의 품질을 보장하며, 반도체 시장에서의 경쟁력을 유지하고 있다.

서비타이제이션을 통한 연결된 품질 관리 구현 사례

LG CNS

LG CNS는 IT 서비스 및 스마트 팩토리 솔루션을 제공하는 기업으로, 상태기반 품질 관리를 통해 제조업 공정에서의 문제를 사전에 예측하고 예방하는 시스템을 구축하였다. 이 시스템은 스마트 팩토리 솔루션의 핵심 요소로, 제조 공정의 효율성과 품질을 높이는 데 기여하고 있다.

LG CNS는 IoT 센서와 빅데이터 분석 기술을 활용하여 제조 공정에서 발생할 수 있는 잠재적인 품질 문제를 실시간으로 모니터링하고, 데이터에 기반한 예측을 통해 유지 보수 시점을 결정하는 시스템을 구축하였다. 이 시스템은 생산 설비의 상태를 지속적으로 모니터링하여, 설비의 성능 저하나 고장 가능성을 사전에 감지하고, 필요한 조치를 취할 수 있도록 한다. 또한, 고객에게 상태 정보와 유지 보수 계획을 실시간으로 제공하여, 생산 중단 없이 안정적인 운영이 가능하도록 지원한다.

LG CNS의 이 시스템은 제조업체들이 생산 설비의 가동률을 극대화하고, 예기치 않은 고장으로 인한 생산 중단을 최소화하는 데 기여했다. 이를 통해 고객은 생산 공정의 효율성을 높이고, 제품의 일관된 품질을 유지할 수 있었으며, LG CNS는 고객과의 장기적인 협력 관계를 구축하는 데 성공하였다.

델

델(Dell Technologies)은 서버 및 데이터 센터 장비의 예측적 유지 보수를 위한 예측기반 품질 관리 시스템을 도입하여, 장비의 수명과 성능을 최적화하고 있다. 이를 통해 고객의 IT 인프라가 안정적으로 운영될 수 있도록 지원하고 있으며, 고객의 비용 절감과 운영 효율성을 극대화하고 있다.

델은 고객의 서버와 데이터 센터 장비에서 수집된 과거 데이터를 분석하여, 장비 부품의 마모와 성능 저하 시점을 예측하고, 고객에게 사전 유지 보수 계획을 제안하는 서비스를 제공하고 있다. 이 서비스는 부품의 교체 시기를 미리 알리거나, 장비 성능이 저하되기 전에 필요한 조치를 취할 수 있도록 돕는다. 또한, 고객의 IT 인프라 상태를 실시간으로 모니터링하고, 필요한 경우 즉시 대응할 수 있는 시스템을 구축하였다.

이 전략을 통해 델은 고객의 IT 인프라 운영 비용을 절감하고, 시스템의 가용성을 극대화할 수 있었다. 또한, 예측기반 품질 관리와 서비타이제이션을 결합함으로써 고객에게 맞춤형 서비스를 제공하여, 고객의 만족도를 높이고, 델의 브랜드 신뢰도를 강화하는 데 기여하였다.

보잉

보잉(Boeing)은 항공기 운영의 안전성과 효율성을 보장하기 위해 상태기반 품질 관리를 도입하였다. 이 시스템은 항공기 부품과 시스템의 상태를 실시간으로 모니터링하여, 문제를 사전에 감지하고 예방할 수 있는 체계를 구축하였다.

보잉은 항공기의 다양한 시스템과 부품에 대한 데이터를 실시간으로 수집하고 분석하여, 항공기의 상태를 모니터링하고 유지 보수 필요성을 예측하는 시스템을 개발했다. 이를 통해 항공사는 항공기 운항 중 발생할 수 있는 문제를 사전에 파악하고, 필요한 조치를 취할 수 있으며, 이는 항공기 가동 시간을 극대화하고 안전성을 높이는 데 중요한 역할을 한다. 보잉은 또한 이러한 데이터를 고객과 공유하고, 사전에 유지 보수 서비스를 제공함으로써, 항공사들이 운영 효율성을 극대화할 수 있도록 지원하고 있다.

보잉의 예측기반 품질 관리 시스템은 항공사들이 예기치 않은 기체 고장으로 인한 항공기 결항을 줄이고, 항공기의 운영 효율성을 높이는 데 기여했다. 또한, 보잉은 이 시스템을 통해 고객과의 협력 관계를 강화하고, 고객이 항공기 운영에서 발생할 수 있는 리스크를 최소화할 수 있도록 지원함으로써, 글로벌 항공 시장에서의 경쟁력을 더욱 공고히 했다.

이러한 사례들은 예측기반 품질 관리와 서비타이제이션을 결합하여 기업이 어떻게 고객 만족도를 높이고, 장기적인 경쟁력을 유지할 수 있는지를 잘 보여준다. LG CNS, 델, 보잉 모두 이러한 전략을 통해 시장에서의 입지를 강화하고 있으며, 고객과의 장기적인 관계를 유지하는 데 성공하고 있다.

서비타이제이션과 선제적 품질 관리의 통합적 접근의 중요성

현대 비즈니스 환경에서의 성공은 고객 만족도를 지속적으로 유지하고, 시장에서의 경쟁력을 강화하는 능력에 달려 있다. 이러한 목표를 달성하기 위해 기업들은 제품과 서비스의 경계를 허물고, 두 영역을 통합하여 고객에게 새로운 가치를 제공하는 서비타이제이션 전략을 적극적으로 도입하고 있다. 동시에, 품질 관리에서도 선제적 접근을 통해 품질 문제를 사전에 예방하고 해결하는 것이 필수적이다. 서비타이제이션과 선제적 품질 관리는 각기 다른 목적을 가진 전략이지만, 이들이 결합될 때 더욱 큰 시너지 효과를 발휘하며, 기업의 장기적인 성공을 뒷받침한다.

서비타이제이션의 필수성

서비타이제이션은 고객과의 지속적인 관계를 구축하고, 단순한 제품 판매를 넘어 고객의 전체 사용 경험을 관리하는 데 중점을 둔다. 이는 기업이 제품의 수명 주기 전체에 걸쳐 고객에게 지속적인 가치를 제공할 수 있도록 하며, 이를 통해 고객의 충성도를 높이고, 장기적인 수익성을 확보할 수 있게 한다. 서비타이제이션을 통해 제공되는 서비스는 고객이 제품을 사용하는 동안 발생할 수 있는 다양한 문제를 해결할 수 있도록 돕고, 고객이 기업의 제품과 서비스를 신뢰할 수 있도록 만드는 중요한 요소이다.

예를 들어, 제조업체가 제품 판매 후에도 지속적인 유지 보수, 원격 모니터링, 소프트웨어 업데이트 등의 서비스를 제공함으로써, 고객이 제품을 최대한 활용할 수 있도록 지원하는 것은 서비타이제이션의 핵심이다. 이러한 접근은 제품의 신뢰성을 높이고, 고객이 제품을 사용하는 동안 발생할 수 있는 불편함을 최소화하는 데 기여한다. 또한, 서비타이제이션을 통해 기업은 고객의 니즈에 맞춘 맞춤형 서비스를 제공함으로써, 고객과의 관계를 강화하고, 고객 만족도를 높일 수 있다.

선제적 품질 관리의 중요성

선제적 품질 관리는 제품이나 서비스의 품질 문제를 사전에 예측하고 예방하는 데 초점을 맞춘 관리 전략이다. 이는 품질 문제가 발생하기 전에 이를 감지하고, 사전에 해결할 수 있도록 함으로써, 고객의 불만을 최소화하고, 기업의 브랜드 신뢰성을 유지하는 데 중요한 역할을 한다. 선제적 품질 관리는 고객이 기대하는 품질 수준을 충족시키는 데 그치지 않고, 이를 초과하는 품질을 제공함으로써, 고객에게 감동을 주고, 브랜드 충성도를 강화하는 데 기여한다.

선제적 품질 관리의 성공적인 구현은 고객에게 안정적이고 일관된 품질을 제공하는 데 필수적이다. 이는 고객이 제품을 사용하는 동안 발생할 수 있는 잠재적인 문제를 미리 예측하고, 이를 예방하기 위한 체계를 갖추는 것을 의미한다. 예를 들어, 제품에 IoT 센서를 장착하여 실시간으로 제품의 상태를 모니터링하고, 잠재적인 문제를 사전에 감지하여 고객에게 경고를 제공하는 시스템은 선제적 품질 관리의 대표적인 사례이다. 이러한 시스템을 통해 기업은 품질 문제를 사전에 예방하고, 고객 만족도를 높일 수 있다.

서비타이제이션과 선제적 품질 관리의 상호 보완성

서비타이제이션과 선제적 품질 관리는 상호 보완적인 관계를 통해 더욱 강력한 전략적 도구로 기능한다. 서비타이제이션은 고객에게 지속적인 서비스를 제공함으로써, 제품의 전체 수명 주기 동안 품질을 유지할 수 있도록 돕는다. 반면, 선제적 품질 관리는 이러한 서비스가 효과적으로 제공될 수 있도록, 제품이나 서비스의 품질 문제를 사전에 예방하고 해결하는 역할을 한다.

이 두 가지 전략의 결합은 기업이 고객에게 일관된 품질과 서비스를 제공할 수 있도록 하며, 이를 통해 기업의 장기적인 성공을 보장한다. 서비타이제이션을 통해 고객은 제품을 사용하는 동안 발생할 수 있는 다양한 문제를 해결할 수 있는 지원을 받게 되며, 선제적 품질 관리를 통해 이러한 문제들이 사전에 예방되고, 고객의 신뢰를 강화하는 데 기여한다. 이는 기업이 경쟁이 치열한 시장에서 생존하고, 성장할 수 있는 중요한 기반이 된다.

서비타이제이션과 선제적 품질 관리는 현대 비즈니스에서 필수적인 전략적 요소로 자리 잡고 있다. 이 두 가지 접근법은 각기 다른 목표를 가지고 있지만, 상호 보완적인 관계를 통해 기업의 경쟁력을 강화하고, 고객 만족도를 극대화할 수 있는 강력한 도구로 작용한다. 서비타이제이션을 통해 기업은 고객과의 장기적인 관계를 구축하고, 지속적인 가치를 제공할 수 있으며, 선제적 품질 관리를 통해 품질 문제를 사전에 예방하고 해결함으로써 고객의 신뢰를 유지할 수 있다.

이 두 가지 전략의 결합은 기업이 글로벌 시장에서 지속 가능한 성장을 달성할 수 있도록 돕는 중요한 요소이며, 앞으로도 이들 전략은 기업이 성공을 이루는 데 있어 필수적인 역할을 할 것이다. 서비타이제이션과 선제적 품질 관리의 통합적 접근은 기업이 고객 중심의 비즈니스 모형을 구축하고, 시장에서의 입지를 강화하는 데 핵심적인 역할을 하며, 이를 통해 기업은 더욱 높은 수준의 경쟁력을 확보할 수 있을 것이다.

Reference

강효석, & 김성표 (2009). 기업 인수합병의 장기 성과. 금융연구, 23(4), 63-101.

고우리, 임호순, & 신호정 (2012). 제조기업의 서비스화가 기업 가치에 미치는 영향에 관한 연구. 한국 IT 서비스학회지, 11, 307-317.

김지연 (2018). 글로벌 경기 둔화국면 진입… 커지는 비관론. 한국경제. http://news.hankyung.com/article/201810172440Y (accessed December 17, 2018)

김보민, 한민수, 고희채, 김종혁, & 이성희 (2014). 미국의 제조업 경쟁력 강화정책과 정책시사점. *KIEP Research Paper No. Policy Analysis*, 14-21.

노용휘 (2015). 이벤트 스터디의 적용. 외식경영연구, 18(1), 213-221.

대외경제정책연구원 (2014). 미국의 제조업 경쟁력 강화정책과 정책 시사점.

류지희, 임호순, 박광태, & 김홍일 (2009). 기업 생태계 관점에서 고찰한 제조업의 서비스화 이론 및 사례연구. 한국생산관리학회지, 20, 151-181.

박필재, & 유선화 (2013). 잘나가는 중소기업의 성공방식: 제품의 서비스화. 국제무역연구원.

산업통상자원부 (2015). 제조업 혁신을 위한 제품-서비스 융합형 서비타이제이션(Servitization) 활성화 방안. 하이테크마케팅그룹, 9-28.

산업통상자원부 (2016). 국내 제조업의 서비스화 촉진 기본전략 연구. 한국서비스산업연구원, 18-27.

신현수, & 이원복 (2003). 한중일 제조업 경쟁력의 비교분석과 정책적 시사점, 산업연구원.

유연성, & 임호순 (2011). 서비스화(Servitization)가 기업의 시장가치에 미치는 영향에 대한 연구. 한국경영과학회지, 36(4), 63-79.

이창원, & 권은영 (2016). 중소기업의 서비타이제이션을 통한 지속 가능 경쟁력 강화 전략. 한국경영학회 통합학술발표논문집, 2280-2288.

이치송 (2009). 거래량과 시장 변동성에 관한 연구. 산업경제연구, 22(2), 495-511.

장병열, 이윤준, & 이공래 (2010). 제품 서비스 융합을 위한 서비스R&D 전략. 정책연구, 1-210.

전용욱, & 여경철 (2002). 전략적제휴의 유형과 사업성과에 관한 연구. 국제경영연구, 13(2), 259-287.

채송화 (2018). 사례로 살펴보는 제조업의 서비스화 현황. 정보통신기술진흥센터, 4-24.

임진혁 (2018). "제조업 위기인데 '中 제조2025' 같은 정책 없어", 서울경제. https://www.sedaily.com/NewsView/1S776P2USN (accessed December 19, 2018)

주원 (2018). 한국 주력산업의 위기와 활로. 한국경제주평, 789(0), 1-49.

최승년 (2018). 전략적 마케팅 제휴의 성과 결정요인에 대한 연구: 국내 신용카드 산업을 중심으로. Issues, (76).

Baines, T. S., Lightfoot, H. W., Benedettini, O., & Kay, J. M. (2009). The servitization of manufacturing: A review of literature and reflection on future challenges. *Journal of manufacturing technology management*, 20(5), 547-567.

Baines, T. S., Lightfoot, H. W., Evans, S., Neely, A., Greenough, R., Peppard, J., ... & Alcock, J. R. (2007). State-of-the-art in product-service systems. *Proceedings of the Institution of Mechanical Engineers, Part B: journal of engineering manufacture*, 221(10), 1543-1552.

Fang, E., Palmatier, R. W., & Steenkamp, J. B. E. (2008). Effect of service transition strategies on firm value. *Journal of marketing*, 72(5), 1-14.

Gebauer, H., Fleisch, E., & Friedli, T. (2005). Overcoming the service paradox in manufacturing companies. *European management journal*, 23(1), 14-26.

Gebauer, H., Ren, G. J., Valtakoski, A., & Reynoso, J. (2012). Service-driven manufacturing: provision, evolution and financial impact of services in industrial firms. *Journal of Service Management*, 23(1), 120-136.

Hendricks, K. B., & Singhal, V. R. (1997). Does implementing an effective TQM program actually improve operating performance? Empirical evidence from firms that have won quality awards. *Management science*, 43(9), 1258-1274.

Hendricks, K. B., & Singhal, V. R. (2005). An empirical analysis of the effect of supply chain disruptions on long-run stock price performance and equity risk of the firm. *Production and Operations management*, 14(1), 35-52.

Lorange, P., Roos, J., & Brønn, P. S. (1992). Building successful strategic alliances. *Long Range Planning*, 25(6), 10-17.

Mathieu, V. (2001). Service strategies within the manufacturing sector: benefits, costs and partnership. *International Journal of Service Industry Management*, 12(5), 451-475.

McWilliams, A., Siegel, D., & Teoh, S. H. (1999). Issues in the use of the event study methodology: A critical analysis of corporate social responsibility studies. *Organizational Research Methods*, 2(4), 340-365.

Neely, A. (2008). Exploring the financial consequences of the servitization of manufacturing. *Operations management research*, 1(2), 103-118.

Neely, A., Benedettini, O., & Visnjic, I. (2011, July). The servitization of manufacturing: Further evidence. In 18th European operations management association conference (Vol. 1).

Oliva, R., & Kallenberg, R. (2003). Managing the transition from products to services. *International journal of service industry management*, 14(2), 160-172.

Tukker, A. (2004). Eight types of product-service system: eight ways to sustainability? Experiences from SusProNet. *Business strategy and the environment*, 13(4), 246-260.

UNIDO (2016). Competitive Industrial Performance Index ranking. Volume I&II, Competitive Industrial Performance Report 2016.

Vandermerwe, S., & Rada, J. (1988). Servitization of business: adding value by adding services. *European management journal*, 6(4), 314-324.

Visnjic, I., Wiengarten, F., & Neely, A. (2016). Only the brave: Product innovation, service business model innovation, and their impact on performance. *Journal of Product Innovation Management*, 33(1), 36-52.

Wise, R., & Baumgartner, P. (2000). Go downstream: The new profit imperative in manufacturing. *IEEE Engineering Management Review*, 28(1), 89-96.

제10장
선제적 품질 관리의 사례*

본 장에서는 현재 활발하게 운영 중인 다양한 기업 중 몇 개 기업의 사례를 소개하여, 지금까지 소개했던 선제적 품질 관리의 여러 개념들이 어떻게 활용되는지 살펴보고자 한다. 본 장에서 소개할 기업들은 국내에서 시작한 기업도 있으며, 해외에서 시작해서 우리나라로 진출한 기업들도 있으며, 설립된 지 오래된 기업도 있지만 이제 걸음마를 뗀 기업들도 있다. 다만, 어느 지역에서 시작했는가, 그리고 설립된지 얼마나 오래되었는가와 무관하게 각 기업들은 모두 시장에서 생존하기 위해 자기 나름의 전략을 구상하고 실행하며, 현재까지도 지속적인 혁신 및 선제적 품질 관리를 통해 당면한 여러 과제들을 해결해 나가는 중이다. 또한, 기업의 경영 분석에는 정해진 답은 없다. 그러므로 본 장에서 소개되는 여러 기업들에 대해서 독자들이 본서에서 소개한 여러 개념들을 접목시켜 나름의 분석을 해 보는 것을 권하는 바이다.

* 본 장에서 소개된 사례들은 저자의 품질 경영 수업 수강생들이 작성한 리포트를 각색 및 재구성하였음.

발란

기업 소개

발란은 국내 온라인 명품 판매 플랫폼으로, 선별된 국내 공급업체 및 해외 부티크와의 계약을 통해 국내에서 가장 많은 명품 브랜드 상품을 유통하고 있다.

발란은 최적화된 유통 시스템을 갖추어서 해외 패션위크에서 선보인 명품 브랜드들의 상품들을 3일 이내에 한국에서 구매 및 배송받을 수 있게 하고 있다. 발란은 명품 쇼핑의 새로운 문화를 창조하기 위해 "Be the One, or Nothing"을 미션으로, 고객들에게 새로운 종류의 풍요로움을 제공함으로써 명품 유통 산업에 없어서는 안 될 "가장 중요한 기업, The One"이 되는 것을 목표로 삼고 있으며, 빠르게 성장하고 있는 온라인 명품 플랫폼 시장과 더불어 2021년 기준, 발란은 월 거래액 572억 원, 월간 활성 사용자 수 600만 명, 그리고 월 신규 앱 다운로드 수 40만 명을 달성했다. 또한, 2021년 기준 520억 원이 넘는 매출액을 기록하며, 2020년 기준 240억 원이었던 매출액의 두 배를 상회하는 기록을 세웠다.

발란의 비즈니스 모형 분석

일반적으로 기존의 쇼핑몰, 백화점 그리고 명품 매장의 경우 명품 브랜드가 소비자에게 전달되기까지 여러 공급 업체, 그리고 소매상을 거치게 된다. 하지만 발란의 경우, 이러한 중간 과정을 축소하여 발란이 해외 현지 부티크와 직접 연동해서 소비자에게 제품을 제공하고 있다. 발란의 비즈니스 모형은 [그림 10-2]와 같이 나타낼 수 있다.

그림 10-1 발란의 기업 로고

그림 10-2 발란의 비즈니스 모형

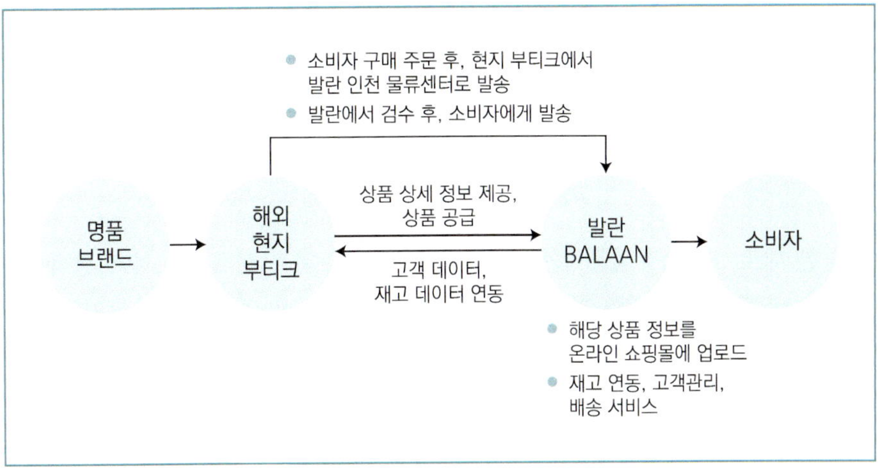

[그림 10-2]를 통해 알 수 있듯, 해외 명품 브랜드들은 해외 현지에 입지한 부티크들에게 제품을 공급하게 된다. 해외 현지 부티크는 제품을 납품받은 후, 해당 제품에 대한 정보를 발란에게 제공하는데, 발란은 이렇게 제공받은 정보를 자사 온라인 쇼핑몰에 업로드한다. 이렇게 업로드한 내용을 소비자가 확인하고 소비자가 주문을 하면, 발란과 제휴한 해외 현지 부티크에서 상품을 준비하여 인천에 위치한 발란 물류센터로 선적한다. 이후 발란 측에서 제품을 최종 검수한 후 소비자에게 전달한다. 최종적으로 발란은 소비자와 명품 브랜드 간 중간 플랫폼의 역할을 수행함에 따라, 소비자 판매가에서 부티크의 공급가를 제외한 금액에서 수익을 창출한다.

발란의 이러한 비즈니스 모형은 공급망 관리에서 황소 채찍 효과(Bullwhip Effect)를 감소시키는 데 효과적이라 할 수 있다. 황소 채찍 효과가 발생하는 근본적인 원인 중 하나는 공급망에 참여하는 이들이 많아짐에 따른 다단계 수요 예측에 있다. 구체적으로, 공급망의 상류 구성원과 하류에 위치한 구성원들이 지니고 있는 수요에 대한 정보가 다르기 때문에, 기존 프리 오더 방식의 경우 공급망의 상류에 위치한 부티크들에게 고객의 주문량이 과다하게 계산될 가능성이 있어 재고관리 비용의 증가 위험이 존재한다.

그러나 발란의 전산망을 통한 재고 자동 집계를 통해, 공급망 내 참여자인 부티크와 판매정보를 즉각적으로 공유함으로써, 황소 채찍 효과를 유발하는 기존 프리오더 방식의 단점을 감소시킬 수 있다. 따라서, 공급망 구성원으로서 발란의 이러한 접근은 공급망 전반에 긍정적인 결과를 가져오며, 이를 통해 다른 공급자로부터 신뢰를 얻을 수 있다.

시스템적 사고로 살펴본 발란의 운영 실패 사례

상술한 대로, 발란의 성공적인 경영 행보에도 불구하고 시스템적 사고 관점에서 보았을 때 발란이 실패를 겪은 측면 또한 존재한다. 바로 시스템적 사고의 아키타입 중 '미봉책(Fixes that Backfire)'에 의한 실패인데, 2020년 당시 명품 플랫폼 시장의 거래액 기준 발란은 512억 원으로 4위에 머물러 있었다. 그러나 1년 만에 거래액 3,150억 원을 달성함에 따라 1년 만에 2위 기업으로 올라설 수 있었다. 그러나 발란의 사업은 아직 초기 단계였기 때문에 영업 적자가 불가피했고, 그만큼 꾸준한 투자 유치가 필요한 상황이었다. 이러한 현상을 타개하기 위해 발란은 그 해 광고비로 190억 원을 집행하였는데, 이에 따른 영업적자가 185억 원에 달했고, 보유한 현금성 자산은 212억 원 규모에 그쳤다.

광고비를 집행함으로서 증가되는 광고를 통한 고객의 소비 촉진에는 분명 효과가 있다. 그러나 그 효과는 일시적인 것에 그치며, 다시 전체적인 수익성이 악화되어 서비스 품질이 저하되고 고객이 등을 돌림으로써 매출 감소로 이어질 위험이 높다. 이러한 상황에서, 발란은 다시 거래량을 늘리기 위해, '네고왕 이벤트'를 기념해 17% 할인 행사를 실시한다며 대대적으로 홍보했으나, 전보다 인상한 가격에 할인을 적용했다는 점이 드러나 소비자들의 비난을 받게 되었다.

정리하면, 후발주자로서 경쟁력 확보를 위해 과도하게 투자한 광고로 인해 현금확보 문제가 발생했고, 이러한 문제 해결을 위해 무리하게 시행한 마케팅이 적절하게 이루어지지 못해, 결과적으로 더 악영향을 미치게 된 것으로 분석할 수 있다.

발란의 품질 개선을 위한 노력

발란은 제품 및 서비스 품질 향상을 위해 크게 네 가지 노력을 하고 있는데, 우선 제품의 정식 판권을 보유한 현지 1차 도매상 부티크에서 제품을 거래했다는 증빙 서류를 주기적으로 검토 및 검수한다. 두 번째로 고객이 원할 시, 무상으로 한국 명품감정원에서 감정 서비스를 제공한다. 세 번째로 현재는 진행 중이진 않지만 발란은 차후 NFT 기술을 활용하여 디지털로 상품 정보, 구매 이력, 보안 정보 등을 담아 상품이 진품임을 입증할 계획이 있다. 이를 통해 발란은 보다 더 투명한 유통 구조를 갖게 될 것으로 기대된다. 마지막으로, 발란은 저명한 검수 업체를 인수하여 가품에 대해 사전 검수 및 사후 대책을 강화한다. 이러한 노력들을 통하여 발란은 자사 상품들이 정품임을 보장함으로써 서비스의 품질을 향상시킨다.

그러나 이러한 과정들은 제품의 판매 속도 하락 및 검수 비용 상승이라는 결과 또한 야기하는데, 이는 품질 비용의 측면으로 해석될 수 있다. 다시 말해, 발란의 품질이 향상되기 위해 뒤따르는 비용인 것이다.

이러한 노력에도 불구하고 발란은 그들의 제품 및 서비스 품질을 저해시키는 과오를 범하기도 하였다.

첫 번째 사례는 가품 의혹으로, 발란의 고객이 배송받은 제품에 대해서 가품이라는 의혹을 제기했다. 이에 따라서 고객은 고객 센터에 문의를 하려 했으나 1시간동안 연락이 닿지 않았고, 채팅 상담 역시 대답이 없었다. 이는 발란이 고객에게 낮은 수준의 서비스를 제공한 사례이며, 이것이 언론에서 기사화됨으로써 발란은 신뢰도에 큰 타격을 입는 것이 불가피했다. 특히 100% 정품 보장이라는 슬로건과 이미지를 내세우는 발란에겐, 신뢰도 하락이 더욱 치명적으로 다가왔다.

두 번째 사례는 지나친 반품비를 요구한 사례인데, 발란은 파트너사에서 바로 제품을 수입하는 유통 구조를 갖기에 반품에 대해 많은 비용이 발생한다. 그 결과 한 소비자가 제품의 불량으로 인해 반품을 요구하자, 발란은 이에 대한 반품비로 소비자에게 30만 원을 청구한 바 있다. 이 사례 역시 과도한 반품비 요구로 논란이 되었다. 이 두 사례를 통하여 발란은 고객의 신뢰도를 크게 잃었고 이는 곧 하락한 신뢰성을 회복하기 위한 비용으로 이어졌다. 품질 비용 관점에서 이러한 비용은 실패 비용으로 해석될 수 있겠다.

선제적 품질 관리 관점에서 본 발란

발란은 온라인 명품 플랫폼 시장의 성장과 더불어 함께 큰 성장을 이룬 기업이다. 그 배경에는 발란은 다양한 측면에서 품질 관리 전략을 수행하였고, 대표적으로 공급망을 효율적으로 운영함으로서 황소 채찍 효과를 통제하여 효과적인 품질 관리를 수행했다는 점이 있다. 그러나 한편으로는 발란의 이러한 효율적인 경영에도 불구하고 종종 서비스 품질을 저해시키는 사례가 발생하는 것도 사실이다. 아무리 효율적으로 경영을 한다고 해도, 서비스 품질이 낮아지면 고객의 외면을 받게 되고, 궁극적으로 시장에서 생존할 수 없게 된다.

그러므로, 발란은 기존의 효율적인 운영과 더불어서 서비스 품질의 향상을 위한 보다 근본적인 방안이 필요하다고 할 수 있다. 그 방안 중 하나를 선제적 품질 관리 관점에서 생각해 보면, 5장에서 소개했던 선제적 품질 관리를 위한 New QC 7 Tools를 활용하여 발란의 모든 구성원들이 모여, 현재 발생하는 서비스 품질 이슈에 대한 발생 원인, 이에 따른 결과, 그리고 여러 변수들 간 종합적 인과 관계, 그리고 해결 방안을 브레인스토밍하여 종합적인 해결책을 구상하여 실행한다. 그리고 실행한 해결책이 얼마나 효과가 있었는지 평가하고 다시 새로운 서비스 품질 목표를 설정한 다음 지속적인 개선 활동을 함으로써 발란이 기존의 효율적인 품질 관리 역량과 더불어서 선제적으로 소비자의 요구를 파악하여 궁극적으로 고객의 사랑을 받는 브랜드로 거듭날 수 있기를 기대한다.

프레시코드

기업 소개

프레시코드는 2016년 창업한 샐러드 및 건강 간편식 공유 배송 서비스로서, 건강에 관심이 많은 직장인들을 주된 타겟 고객층으로 하여, 식사 대용의 샐러드를 당일 생산 및 당일 배송하는 서비스를 주력으로 하는 푸드테크(Foodtech) 스타트업 기업이다.

프레시코드는 주로 정기배송 서비스를 통해 제품을 고객에게 전달하고 있으며, 크게 택배배송, 새벽배송, 그리고 프코스팟 배송이라는 세 가지 방식으로 운영하고 있는데, 이 중 프코스팟 배송은 프레시코드만의 차별화된 배송 서비스 형태로, 수요가 많은 곳의 주문을 모아 한꺼번에 특정 지역으로 배송해서 고객이 해당 지역을 방문하여 수령하는 시스템으로, 프레시코드는 이를 통해 가격 경쟁력을

그림 10-3 프레시코드의 기업 로고

확보하여 매년 프코스팟의 수를 늘리고 있으며, 수익 규모 역시 2020년 기준 매출 65억 원을 달성하는 등 지속적인 성장을 하고 있는 기업이다.

프레시코드의 수익구조 및 차별화 전략

상술한 바와 같이 프레시코드는 샐러드 정기 배송을 하는 기업으로서, 주된 수익원은 샐러드 판매를 통한 수익이다. 실제로 프레시코드는 2020년 이미 매출 규모가 65억 원에 달하는 성공적인 스타트업으로 평가를 받고 있다.

그러나 프레시코드의 대표적인 사업 모형은 단연 프코스팟 배송이라 할 수 있다. 프코스팟 배송이란 고객이 점심식사 혹은 저녁식사 중 원하는 시간에 카페나 편의점과 같은 퍼블릭 프코스팟 혹은 회사, 학교, 사무실과 같은 프라이빗 프코스팟이라는 특정 장소에서 샐러드 제품을 수령할 수 있게 해 주는 프레시코드만의 배송 서비스 모형이다. 프레시코드는 프코스팟 배송 시스템을 통해 고객 개개인의 주문 건을 처리하기 위해 배송 시스템을 운영하는 것이 아닌 수요가 많은 곳의 주문을 모두 모아서 특정 장소에 일괄적으로 배송함으로서 배송 시스템의 운영 효율성을 높이고, 가격 경쟁력을 확보할 수 있었다.

프레시코드는 2016년 기업 운영을 시작한 이래로 오프라인 매장을 확충하는 대신 프코스팟 배송 시스템을 선택했는데, 이는 오프라인 매장 운영에 들어가는 부대 비용을 절감하고, 나아가 고객의 수요를 더 효율적으로 대응하기 위한 전략이었다. 특히 코로나 19가 발생한 이래로 비대면 배송에 대한 수요가 급증함에 따라 비대면으로 물건을 주문하고 수령할 수 있는 프코스팟에 대한 수요가 함께 늘어났고, 2021년 기준 서울, 경기 지역 기준 프코스팟이 2,000개 지점을 돌파하였으며 GS리테일과의 협업을 통해 GS25 편의점의 냉장 무인 택배 보관함인 BOX25를 프코스팟으로 지정하면서 서비스 거점을 지속적으로 확대해 나가고 있다.

프레시코드의 이러한 전략은 오프라인 매장이라는 특정 공간을 소유하지 않고, 공유 공간 개념의 거점 배송지를 이용함으로써 매장의 운영 비용 및 배송 비용을 동시에 절감할 수 있었다. 나아가 프레시코드는 프코스팟을 통해 절감된 비용을 다시 고객 경험을 위해 투자하는 모습을 보였는데, 프코스팟을 이용하는 소비자들은 별도의 배송비를 지불하지 않으며, 적은 양의 샐러드도 주문을 할 수 있게끔 하였는데, 이는 샐러드라는 제품의 특성 상 신속한 배송 그리고 짧은 시간 내로 반드시 샐러드를 섭취해야 한다는 제약을 극복한 사례라고 할 수 있겠다.

프레시코드의 제품 및 서비스 품질 분석

프레시코드에서 제공하는 샐러드와 같은 신선식품은 비단 서비스 품질만이 아닌 제품 품질 관리에도 신경을 써야 하는데, 본 절에서는 프레시코드가 제공하는 서비스 품질에 대해 제품과 서비스 관점에서 구분하여 분석해 보도록 하겠다.

제품

프레시코드가 제공하는 주된 품목은 단연 샐러드라고 할 수 있다. 샐러드는 특히나 신선도가 절대적으로 중요한 제품인데, 프레시코드는 샐러드의 신선도를 최대한으로 확보하기 위해 당일 생산, 당일 배송 시스템을 고수하고 있다. 예를 들어 프코스팟 배송의 경우, 오전 9시 30분까지 받은 주문 건에 대해서는 당일 점심 시간에, 그리고 오전 11시까지 주문 받은 건에 대해서는 당일 저녁 시간에 샐러드를 배송받을 수 있다.

또한, 프레시코드에서 유통되는 모든 샐러드 제품은 이른바 센트럴 키친(Central Kitchen)에서 조리되는데, 샐러드 조리를 위한 식재료의 반입부터 최종적으로 제품이 완성되기까지 전 과정을 프레시코드의 대표가 직접 관여하여 꼼꼼히 관리하며, 주력 제품에 대한 드레싱을 제조 및 개발하기도 한다.

프레시코드에서 유통되는 샐러드에 들어가는 재료들의 경우, 품질보증서를 검수해 엄선한 안전한 재료만을 사용한다. 또한, 샐러드를 조리하는 직원들의 위생을 철저히 관리하기 위해 센트럴 키친 안에서 샐러드를 조리하는 직원들은 샐러드가 완전히 용기에 밀봉되기까지 몸 전체를 방진복을 착용하여 작업한다. 또한, 조리하는 직원 외에 포장 작업을 하는 물류 담당 직원들 역시 방진복을 착용시켜 샐러드의 품질을 최대한 유지하고 있다. 나아가 배송 과정 중 샐러드 품질의 저하를 최소화하기 위해 콜드 체인(Cold Chain) 시스템을 채택하고 있다.

서비스

앞 절에서 소개한 바와 같이 프레시코드는 서울 및 경기 지역에 2,000여 곳이 넘는 프코스팟을 운영하고 있다. 그렇기에 배송 서비스 품질에 대한 관리가 필수적이라 할 수 있는데, 프레시코드는 우선 배송 시간과 요일을 고객에게 명시하고 있으며, 이를 준수하기 위해 배송 인력을 유연하게 가용하고 있다. 예를 들어 오전 시간의 경우, 오전 10시 30분 전에 출차하여 오후 12시 30분까지 모든 고객에게 배송을 완료하는 스케줄을 운영하고 있는데, 만일 수요가 급증하는 등 돌발 상황이 생긴다면, 일시적으로 배송 인프라를 확충하기 위해 프레시코드는 추가적으로 프리랜서 배송 인력을 운영하고 있다. 이를 통해 고객에게 제공되는 서비스의 신뢰성을 확보하고 동시에 신속하게 배송해야 하는 샐러드의 품질 수준 역시 유지할 수 있다. 나아가, 프레시코드는 이디야나 세븐일레븐 같은 여러 프랜차이즈 기업 그리고 개인 사업체 등과 제휴하여 공간을 대여하여 프코스팟을 늘리고 있는 추세다.

프레시코드의 주된 고객층은 스마트폰과 같은 IT기기 사용이 능숙한 밀레니엄 세대이다. 이들을 겨냥하여 프레시코드는 블로그, SNS 등을 활용해 여러 서비스를 제공하고 있는데, 블로그나 웹사이트를 통해 프레시코드의 핵심 서비스인 프코스팟을 보기 쉽게 제공하며, 인스타그램(Instagram)을 통해 각종 프로모션을 제공한다. 또한, 고객의 모든 이용 후기에 대해 24시간 내에 답변한다는 원칙을 고수함에 따라 서비스 품질의 주된 요소 중 하나인 서비스 대응성을 잘 유지하여 고객과의 우호적인 관계를 유지하고 있다.

선제적 품질 관리 관점에서 본 프레시코드

상술한 바와 같이 프레시코드는 신선 식품의 한계를 보완하고자 구상한 프코스팟 배송 시스템을 통한 차별화 전략으로 단기간에 큰 폭의 성장을 이루었다. 하지만 현재 프코스팟은 서울 외곽 지역에 대해서는 아직까지 서비스 제공 역량이 부족한 것으로 보이는데, 프코스팟의 수가 적을 뿐만 아니라, 배송 날짜를 지정할 수 있는 프레시코드의 서비스가 제대로 이루어지지 않는 점이 있다.

그렇기에, 비록 프레시코드가 프코스팟을 통한 혁신으로 큰 폭의 성장을 이루었지만, 아직 해결해야 할 과제가 남은 것이다. 그러므로 프레시코드는 인프라 확충과 같은 혁신 활동을 지속해야 할 필요가 있는데, 이 때 앞 장에서 살펴본 시스템적 사고 중 '성장의 한계' 아키타입과 같은 상황이 발생할 수 있다. 바로, 성장을 촉진하기 위해 많은 노력을 기울임과 동시에 이에 반하는 저항력 역시 함께 강해짐에 따라 기업의 성장이 정체되는 현상이다.

그러므로 이에 효과적으로 대응하기 위해서는 다양한 식품 종류, 프코스팟의 전국적인 확대와 같은 성장 프로세스도 중요하지만, 우선 확장되어 가는 사업을 효과적으로 관리할 수 있게끔 인력 충원, 배송 업체와의 협력 확대 등과 같은 방식을 통해 기존 프로세스의 역량을 강화하여 성장을 위한 토대를 단단히 한 다음, 사업의 확장을 실시했을 때, 프레시코드는 '성장의 한계' 상황을 피해서 지속적인 성장을 달성할 수 있을 것이다.

나아가, 프코스팟을 통한 배송의 진정한 가치는 기업의 수익 측면만이 아니라 고객에게 제공되는 샐러드 본연의 맛과 품질, 가격 혜택에 집중할 수 있는 밑거름이 되어야 할 것이다. 그리고 이를 통해 축적된 배송 데이터에 근거하여 고객 개개인에게 맞춤화된 선제적 서비스가 제공되는 것도 바람직할 것이다.

보스사

기업 소개

보스(BOSE)사는 세계적인 음향기기 제조 회사로, 1964년 아마르 보스(Amar G. Bose) 박사에 의해 설립되었다. 보스사는 대중에게는 헤드폰을 착용했을 때, 주변 소음을 효과적으로 제거해 줄 수 있는 '노이즈 캔슬링(Noise Canceling)' 기술을 필두로 한 헤드폰 및 이어폰 제품, 그리고 보스 901 모델을 필두로 하여 홈오디오에 활용할 스피커 제품으로 잘 알려져 있는데, 이 외에도 자동차, 공연장 등에서 활용할

그림 10-4 보스사의 기업 로고

대규모 음향 관련 제품을 생산한다.

보스사는 특히 끊임없는 혁신, 그리고 이를 위한 적극적인 투자를 아끼지 않는 것으로도 유명한데, 하나의 예로 상술했던 노이즈 캔슬링 기술의 경우 1968년에 보스 박사가 항공기를 이용하던 중 항공기의 소음이 너무 커서 거슬린다는 점에 기초하여, 외부 소음을 차감할 수 있는 음향학적 원리를 구상한다. 그러나 그것을 현실화하기 위해 11년 간의 연구개발 기간과 약 5천만 달러를 투입했다고 한다. 그러나 이러한 노력 끝에 현재까지도 보스사는 노이즈 캔슬링 기술의 대명사가 될 수 있었고, 지금까지도 끊임없는 연구 개발을 이어오고 있다.

보스사의 공급망 운영

상술한 바와 같이 보스사는 휴대용 음향 기기 외에도 카오디오, 공연장에서 쓸 수 있는 대규모의 스피커 시스템을 함께 생산한다. 그렇기 때문에 스피커 제작에 필요한 칩보드, 목재, 플라스틱이 삽입된 주형부품, 접착제, 저음용 확성기, 직물 등을 포함하는 800개에서 1,000개 사이의 수많은 부품을 거래하기 위한 공급망을 운영하고 있다.

공급망 운영 관점에서 살펴보면, 우선 원자재를 주문하는 발주기업이 있고, 주문을 받아서 발주기업에게 원자재를 공급해 주는 수주기업이 존재한다. 이 때, 거래되는 부품이 많은 경우에는 발주기업이 수주기업보다 기업 규모나 기술 수준, 자본력, 판매 능력 등에서 우위에 있기 때문에 상대적으로 수주기업이 약자가 되며 양자 사이에 대등하지 못한 거래 관계가 형성된다. 발주기업이 수주기업에 비해 더 강한 교섭력(Bargaining Power)를 갖는 경우 거래의 대상이 되는 원자재 재고가 발주회사로부터 수주회사로 떠넘겨지는 현상이 발생하게 되고, 수주회사 입장에서는 원자재 생산을 위한 원가를 통제하는 것에 어려움이 가중된다. 이에 따라, 보스사는 보스사와 납품 기업 모두에게 이득이 될 수 있는 전략을 구상하게 되는

그림 10-5 보스사의 노이즈 캔슬링 헤드폰 모델, QuietComfort 45

출처: 보스사 공식 홈페이지.

데, 그 결과가 JIT II 시스템의 도입이었다. JIT II 시스템의 도입에 따른 효과를 살펴보기 앞서, JIT II 시스템이 어떤 것인지, 그리고 전통적인 JIT 시스템과 어떤 점이 다른지 살펴보도록 하자.

JIT와 JIT II

JIT는 Just In Time의 약자로, 소위 적시공급시스템이라고 불린다. JIT는 제품 생산에 필요한 원자재들을 재고로써 장시간 보유하고 있는 것이 아닌 생산에 필요한 양만큼 주문했을 때, 공급자가 즉시 주문량을 소화할 수 있게끔 하는 시스템으로서 재고의 낭비, 과잉 생산을 방지하기 위해 개발된 시스템이다.

JIT는 1970년대 일본 기업들이 적극적으로 도입하기 시작하였는데, 대표적으로 도요타 자동차(Toyota Motors)가 있다. 도요타 자동차는 생산 낭비 7요소로 과잉 생산, 대기, 운반, 불필요한 생산과정, 재고, 활동, 불량품 생산을 지목하고 집중 관리하였고, 필요한 수량만큼의 원자재, 부품을 조달받아 생산함으로써 재고를 최소화하고 생산과정에서의 낭비요소를 제거하여 생산의 효율성을 강화함으로써 품질 관리를 수행하였다.

한편, 전통적인 JIT는 몇 가지 문제점을 지니고 있는데, 그중 하나는 수주기업이 발주기업의 재고부담을 가져간다는 점이다. 이로 인해 공급망의 구성원들 간의 신뢰와 효율성이 저하되고 고객서비스가 저해될 가능성도 있다. JIT II는 이러한 문제점을 해결하기 위해 고안되었으며 JIT II의 목적 역시 "철저한 낭비의 배제"로서 JIT와 기본적으로 동일한 목적을 공유한다.

그러나 JIT II의 경우, 발주기업에서 생산하고자 하는 제품의 설계단계부터 수주기업의 구성원이 참여한다는 점이 가장 두드러지는 차이점으로, 기존 JIT의 문제점이었던 교섭력의 불균형 문제를 보완하여, 발주기업과 수주기업이 상호 파트너십 관계를 구축하여 고객의 요구에 더 효과적으로 대응할 수 있는 장점을 지닌다.

JIT II가 가지는 이점을 보다 세부적으로 살펴보면, 발주기업의 측면에서는 특별한 임금을 지불하지 않아도 되는 전문적인 구성원을 얻는 장점이 있으며, 수주기업과 공동으로 업무를 진행함에 따라 중복된 기능을 없애 구매 기능 및 이에 필요한 인력을 효과적으로 감축할 수 있다.

한편, 수주기업의 측면에서는 발주기업으로부터의 미래 시점에 발생할 구매를 보장받아, 각종 제반 비용 및 생산 원가를 절감할 수 있으며, 나아가 발주기업과의 동반 성장 및 장기 계약을 촉진할 수 있다. 또한, 수주기업의 직원이 발주기업에서 생산하려는 제품에 각 단계에 참여하기 때문에, 신제품에 대한 정보 및 설계 상 변화가 발생할 때 해당 정보를 신속하게 파악할 수 있다는 장점을 지닌다. 그렇다면 보스사는 JIT II를 어떻게 도입하였는가? 지금부터 함께 살펴보도록 하자.

보스사의 JIT II 도입 효과

보스사에서 처음 JIT II를 도입하자고 주장한 이는 구매 및 물류담당 이사였던 랜스 딕슨(Lance Dixon)이었다. 랜스 딕슨은 보스사와 협력업체 간 업무 프로세스를 개선할 목적으로 JIT II를 제안하였는데, 제조부문 부사장인 탐 비슨(Tom Beeson)을 포함한 여러 간부들의 반발에 부딪쳤다. 간부들이 반발한 이유는 크게 두 가지로, 우선 JIT II를 도입하면 보안 상의 문제가 발생할 수 있다는 것이다. JIT II를 도입하면 보스사가 보유하고 있던 기술, 인사 등 전반적인 내용에 대해 외부인의 접근이 허용되는데, 만일 협력업체가 바뀌는 경우 기존 협력업체에게 보스사의 민감한 정보가 유출될 수 있다는 것이다. 두 번째 이유로는 JIT II를 도입하게 되면, 보스사의 교섭력이 약화될 수 있다는 것인데, 이로 인해 고품질을 경쟁 무기로 내세운 보스사의 제품 품질 및 브랜드 가치에 악영향을 미칠 수 있다는 것이다.

그럼에도 불구하고, 보스사는 그들의 스피커에 필요한 플라스틱 부품을 생산하는 G&F 그룹의 직원을 보스사에서 근무하도록 하였다. 다시 말해, G&F 그룹의 사원이 보스사에 상주하면서 보스사의 구매 및 자재계획 담당자처럼 필요한 물품을 주문하거나 납품업체와 계속해서 연락하면서 발주회사의 정식사원처럼 업무를 수행하게 한 것이다. JIT II를 도입함에 따라, G&F 그룹의 직원은 발주회사의 매출 정보를 확보할 수 있고, 보스사의 품질 문제에 대해 개선안을 자유롭게 제안할 수 있었으며, 보스사 내의 여러 회의에 참석하여 의견을 낼 수 있는 권한을 부여하였다.

이렇게 JIT II를 도입함에 따라 보스사와 G&F 그룹이 얻은 효과에 대해서 살펴보겠다.

우선 보스사의 경우, 상술한 바와 같이 JIT II는 전통적인 JIT에서의 계약 관계와 달리 상호 파트너십에 기초한다. 또한, 협력업체의 직원이 파견 와서 보스사에서 근무를 하게끔 하는데, 이를 통해 협력업체와 불필요하게 중복되는 기능을 발견하고 제거함으로써, 보스사의 자원을 더 효율적으로 재구성할 수 있는 기회가 된다. 또한, 협력업체와 긴밀하게 협력하면서 협력업체로부터 다수의 발주기업에서 발생하는 수요에 대한 정보를 확보함에 따라 더 정확한 수요예측을 위한 자료로 활용할 수 있는데, 이를 통해 재고관리의 효율성, 재고 비용의 절감, 품절률 감소를 통한 고객 서비스 수준의 증대를 가져올 수 있다.

협력업체인 G&F 그룹의 경우, JIT II를 통해 보스사와 기존 대비 더 긴밀한 협력을 통해 보스사와 공존 및 동반 성장을 꾀할 수 있게 된다. 또한, G&F 그룹의 직원이 보스사에서 근무함에 따라 상호 신뢰를 기반으로 한 장기 계약을 확보할 수 있으며, G&F 그룹 역시 보스사에서 가지고 있는 신제품에 대한 정보를 공유함에 따라 이에 필요한 원자재에 대한 더 정교한 수요 예측이 가능해지며, 이를 기반으로 한 효율적 재고관리, 원가 절감 등이 가능해진다. 또한, 보스사와 공동으로 제품 개발 프로세스에 참여함에 따라 보스사가 가진 다양한 정보와 노하우를 흡수하여 자사의 기술 개발에도 활용할 수 있다.

정리하면, JIT II를 도입함에 따라 보스사와 G&F 그룹 모두 재고수준의 적절한 관리, 더 정교한 수요 예측을 통한 생산 계획의 개선, 리드타임 단축, 장기계약, 공동 기술 개발을 통한 윈-윈(Win-Win)하는 파트너십 관계 및 총 비용 감소를 통한 수익 향상을 이끌어 낼 수 있다.

선제적 품질 관리 관점에서 본 보스사

지금까지 소개한 바와 같이 보스사는 JIT II를 도입함에 따라 공급사와의 중복되는 기능을 획기적으로 감소시킴으로써 제조원가를 절감하고, 생산성을 향상하여 강력한 물류 통제 및 배송시간, 설계기간, 설계 비용, 설계변경 및 리드타임 감축을 달성했다. 그리고 고객의 변화에 빠르게 대응하여 품질 향상을 꾀할 수 있었다.

선제적 품질 관리 관점에서 보스사의 사례를 다음과 같이 세 가지로 요약할 수 있다.

첫째, 급변하는 경영 환경에 대응하기 위해 필요한 변화를 선제적으로 수용하며 새로운 철학을 받아들였다. 처음 보스사가 JIT II 시스템을 도입하려고 했을 때, 이는 제조부문 부사장인 탐 비슨을 포함한 여러 간부들의 반발에 부딪쳤다. 하지만 보스사의 구매 및 물류담당 이사인 랜스 딕슨은 변화하는 산업적 배경 하에서 협력업체와의 업무 프로세스를 개선하기 위해 기존 JIT 시스템보다는 더 발전된 JIT II 시스템의 도입을 제안하였고, 보스의 경영진은 결국 이를 받아들였다. JIT II가 내포한 큰 위험성에도 불구하고, 변화에 대응하고 품질을 개선하기 위해 새로운 철학을 받아들인 것이다.

둘째, 협력자와 긴밀한 관계를 맺고, 시스템의 지속적 개선을 통한 품질 수준의 증대를 가져왔다. 보스사는 G&F 그룹과의 JIT II 시스템을 통해 장기간의 파트너십을 형성하고 서로 간의 공존, 동반 성장을 꾀할 수 있었고, 다양한 효과를 달성했다. 이러한 결과는 양사가 상호 신뢰를 바탕으로 두 회사 간의 전자정보시스템인 EDI시스템을 통해 실시간으로 정보를 공유함으로써 가능했고, 궁극적으로 보스사와 G&F 그룹은 모두 윈-윈할 수 있었다.

셋째, 상호 파트너십 관계를 통한 정보의 장벽을 허물었다. JIT II를 통해 보스사와 G&F 그룹은 상호 파트너십 관계를 형성했고, 양측의 구매 및 공급 부서 간의 장벽을 없앴다. G&F 그룹의 직원은 보스사에 '공급대표'로서 파견되어 보스사의 구매 및 납품 업무를 대행했고, 동시에 G&F 그룹의 공급 업무를 담당했다. 이를 통해 G&F 그룹의 직원은 발주사의 다양한 정보를 확보하고, 구매 및 공급 프로세스, 품질 관리 측면에서 다양한 의견을 제시할 수 있었다. 결과적으로 보스사와 G&F 그룹 간의 중복기능이 대폭 제거되었고, 신제품 설계 변경이 감소되고 설계 기간이 단축되는 등 전반적인 프로세스의 효율성이 대폭 증대될 수 있었다.

코웨이

기업 소개

코웨이는 정수기, 공기청정기, 비데 등 환경 가전 제품을 생산, 판매하는 기업으로, 1998년 업계 최초로 고객에게 제품을 대여해 주는 렌탈 비즈니스(Rental Business) 개념을 도입, 자사의 서비스 전문가인 코디(Cody) 제도를 운영하여 정기적인 방문 서비스를 통해 자사 제품을 관리하고 제품 상담 서비스를 제공하고 있다.

코웨이의 사업 부문은 크게 렌탈, 일시불, 그리고 기타 부문으로 이루어져 있으며, 2021년 6월 기준 전체 매출 1조 7,844억 원 대비 렌탈 매출이 1조 5,640억 원으로서 약 87.7%를 차지하고 있다. 또한, 렌탈 서비스를 통한 매출 규모에서 정수기가 전체 매출 대비 30% 이상으로 가장 높은 비중을 차지하고 있다. 또한, 코웨이는 2021년 제47회 국가품질경영대회에서 역대 9번째로 품질 경쟁력 우수 기업으로 선정된 바 있는데, 이러한 성과를 통해 코웨이가 제품과 서비스 양면에서 높은 수준의 품질을 제공하기 위해 힘쓰고 있다는 점을 알 수 있다.

코웨이의 제품 품질과 서비스 품질

상술한 바와 같이 코웨이는 제품과 서비스를 동시에 제공하는 기업이므로 본 절에서는 코웨이가 제공하는 제품과 서비스의 품질을 구분하여 분석해 보도록 하겠다.

제품

하버드 대학의 경영대학원 교수 데이비드 가빈(David A. Garvin)은 제품의 품질을 여러 개의 차원으로 구분해서 제시한 바 있는데, 가빈은 제품의 품질을 성능, 특징, 신뢰성, 일치성, 내구성, 편의성, 심미성, 그리고 지각된 품질로 구분하였는데, 한 차원이 높으면 다른 차원은 수준이 낮을 수 있으며, 기업이 8개의 모든 요소를 잘 운영하기 어렵기 때문에 상대적으로 중요한 차원과 그렇지 않은 차원 간 상쇄 관계를 이용해서 경쟁력을 높일 수 있다고 하였다. 코웨이의 제품 품질을 가빈의 품질 차원으로 구분하여 분석하면 다음과 같다.

그림 10-6 코웨이의 기업 로고

coway

우선 특징 차원을 살펴보면, 특징 차원은 제품의 본래 기능 외에 다양한 부가 기능 여부를 평가하는 차원으로서, 코웨이의 대표 제품인 노블 정수기는 컵을 정수기에 대면 자동으로 물이 나오는 스마트 모션 파우셋 기능을 탑재하고 있으며, 사물인터넷을 통한 스마트 진단 기능, 모바일 앱과의 연동 기능을 탑재하였다. 노블 정수기뿐만 아니라 코웨이가 제공하는 여러 제품 중 공기청정기 제품군에도 제습, 가습, 무드등 기능 등 다양한 부가 기능이 탑재되어 있어 소비자에게 매력적인 부가 기능들을 제공하고 있다.

내구성 차원을 살펴보면, 내구성은 제품이 외부 충격과 같은 스트레스 요인에 얼마나 잘 견뎌낼 수 있는지 평가하는 것으로, 코웨이는 사내에 품질검증총괄부서를 통해 제품 내구성 향상에 노력을 기울이고 있다. 그 결과 코웨이는 제품의 내구성을 평가하는 한국신뢰성대상에서 제조업 부문 대상을 수상했으며, 코웨이의 품질검증총괄부서는 한국인정기구(KOLAS)에서 국제공인시험기관으로 인증받았다.

편의성은 제품에 문제가 발생했을 때 얼마나 쉽게 수리할 수 있는지 평가하는 것으로, 코웨이는 스마트 진단 프로그램을 통해 빠르고 정확한 사후 관리 서비스를 접수하고 있으며, 이러한 노력을 인정받아 코웨이는 소비자 평가 A/S 지수 1위 기업으로 선정되기도 하였다.

심미성은 제품의 외관이 가져오는 아름다움을 평가하는 기준으로, 코웨이는 2021년 아시아 디자인 프라이즈(Asia Design Prize)를 수상하였고, 2022년에는 세계적인 디자인 상인 레드닷 디자인 어워드(Reddot Design Award) 제품 디자인 본상을 수상했다. 이를 통해 코웨이의 제품을 세계적으로 제품의 심미적 아름다움을 인정받았다고 할 수 있다.

마지막으로 지각된 품질은 소비자가 제품에 대해 느끼는 주관적 품질을 의미하는데, 코웨이의 대표 제품군인 정수기의 경우 WTQ(물맛품질인증)에서 최고 등급을 보유하고 있다. 이는 '물맛'이라는 주관적 요소에 대한 소비자의 평가가 높다는 의미로, 소비자가 코웨이 정수기에 느끼는 지각된 품질 수준이 높다는 점을 시사한다. 또한, 한국기업평판연구소에 따르면 코웨이는 빅데이터 분석 결과 2022년 5월 기준으로 정수기 브랜드 중 선호도가 30%로, 브랜드 평판 1위를 기록하고 있다. 한국기업평판연구소는 그 이유로 정수기 사업으로 신뢰를 쌓아온 코웨이의 높은 브랜드 인지도가 소비자에게 긍정적인 영향을 미친 것으로 분석하였는데, 이를 종합하면 코웨이의 지각된 품질 수준이 높다고 할 수 있다.

서비스

코웨이가 서비스를 제공함에 있어서 고객과의 가장 가까운 접점은 서비스 센터 및 고객 센터라 할 수 있다.

코웨이는 서비스 센터를 운영함에 있어서 이른바 보이는 상담 서비스를 도입해 차별화된 서비스를 기반으로 고객의 편의성을 높이고 있다. 이는 콜센터 상담사가 소비자의 휴대폰 카메라로 제품 상태를 살펴보며 상담을 제공할 수 있어 제품 정밀 진단 및 조치 방법에 대한 신속한 안내가 가능하다. 고객 스스로가 해결할 수 있는 문제가 발생할 경우 상담사의 안내에 따라 즉시 조치가 가능해, 고객의 경제적 시간적 부담을 줄일 수 있다.

또한, 코웨이는 실시간 고객의 소리 시스템을 운영하고 있는데, 이는 고객센터로 들어오는 모든 음성 정보를 문자로 변환시켜주는 시스템이다. 이를 통해 고객의 주요 요구 사항을 실시간으로 분석해 신속히 대응할 수 있고, 고객 니즈를 정량적으로 관리할 수 있어 장기적인 유의미한 데이터로 관리할 수 있다. 나아가 코웨이는 고객이 실시간 AR 스마트 카탈로그 앱을 개발해, 고객들이 코웨이의 모든 제품 정보를 확인 가능하도록 하였다. 이때 AR 증강현실 기술을 활용하여 고객의 공간에 가상 제품을 실제 크기로 배치하고, 기능도 간접적으로 체험할 수 있게 하여 비대면 주문에서의 고객 편의성을 향상시켰다.

상술한 바와 같이 코웨이는 코디라는 전문 인력을 통해 고객에게 서비스를 제공하는데, 코웨이는 코디들이 높은 수준의 서비스를 일정하게 제공할 수 있게 하기 위해서, 고도화된 코디 교육 시스템을 운영하고 있다. 코디의 역할은 크게 세 가지로 나뉘는데, 먼저, 깨끗한 물과 공기를 전달하기 위한 전문적인 하트 서비스를 제공한다. 하트 서비스는 코웨이의 정수기를 관리하는 코디가 직접 방문할 시 카카오 알림톡을 통해 방문 일시와 점검 내역을 미리 안내하여 점검 내용을 파악하도록 돕는 서비스를 의미한다. 그리고 지역에 대한 이해와 청정 기술을 통한 고객 맞춤 청정 컨설팅을 하고, 고객과의 관계를 지속하여 청정 생활을 관리한다.

이러한 코디의 세 가지 역할을 제대로 수행할 수 있게 하기 위하여 코웨이는 기술 교육과 서비스 교육으로 나누어 체계적인 교육 프로그램을 운영하고 있다. 기술 교육은 코웨이 전 제품에 대한 이해를 통해 하트 서비스를 진행하는 방법을 숙달하는 과정이다. 서비스 교육은 제품 정보 이외에 고객 유형별 응대법, 질문 응대 노하우 등 커뮤니케이션이나 세일즈와 같은 기본 역량에 대해 학습하는 과정이다. 이후 과정은 0~3개월차 코디를 위해 전문강사가 코디 업무에 필요한 모든 부분을 집중 트레이닝 시키는 신규코디 집중과정과, 업무에 점차 적응한 4개월차 이상의 코디를 위해, 정기적인 교육과 신제품이나 어플리케이션 사용법 등 현장 이슈에 맞는 교육을 진행하는 현장 밀착 교육으로 나누어 진행된다. 마지막으로 코디 멘토링 교육이 있는데, 2개월간 신규 코디와 선배 코디가 함께 팀을 구성해 동행하여 노하우를 전수받을 수 있다.

이렇게 정교한 프로그램으로 교육 받은 코디들의 서비스를 통해, 고객들은 자신만을 위한 서비스를 제공받는다는 느낌을 받으며 만족할 수 있었고, 코웨이는 1%대의 낮은 해약률을 유지할 수 있었다.

선제적 품질 관리 관점에서 본 코웨이

코웨이는 제품과 서비스를 포괄하는 다양한 측면에서 고품질을 유지하고 있다. 제품 품질 측면에서는 심미성, 특징 그리고 지각된 품질이 높은 수준임을 보였으며, 서비스 품질 측면에서는 보이는 상담 서비스 등과 같은 고객 요구에 대한 신속한 대처, 그리고 체계화된 코디 교육 및 관리 시스템을 통해 소비자가 느끼는 서비스 품질 수준 또한 높다.

이처럼 코웨이는 많은 사람들로부터 오랫동안 사랑받는 기업이 될 수 있었던 배경에는 정수기와 같은 제품 대여와 동시에 제품에 대한 관리 및 사후 서비스를 결합하여 제공함으로써 장기적인 관점에서 고객 관리를 수행하고, 고객 만족을 증진시키는 전략이 있었다. 이를 통해 고객의 만족을 달성하기 위해서는 고객과 직접적으로 대면하고 접촉하는 코디의 전문성을 향상시키고 직업 만족도를 높여야 한다는 경영 방침 하에 코웨이는 앞서 본 여러 교육 프로그램과 복지 프로그램을 실행하고 있다. 그 결과 표준화되고 상향 평준화된 서비스를 제공함으로써 높은 서비스 만족도를 달성하고, 자타가 공인하는 고품질 기업으로 거듭날 수 있었다.

이러한 인간 중심 경영을 전사적 관점에서 수행함으로써 코웨이는 외부 고객뿐만 아니라 코디와 같은 내부 고객의 만족 또한 이끌어내고 있다. 5장에서 살펴본 선제적 서비스를 위한 도구들은 비단 QC 7 Tools나 New QC 7 Tools와 같은 경영 전략을 위한 도구뿐만 아니라 그 상위 단계에는 선제적 인사 경영 개념 또한 선제적 품질 관리의 한 요소로서 포함되어 있다. 코웨이의 경영 행보는 바로 이러한 선제적 품질 경영을 잘 보여주는 사례라 할 수 있다.

다시 말해, 코웨이는 인간 중심 경영을 바탕으로 매출이나 해약률 등의 단순한 재무적 지표를 목표로 삼는 것이 아니라 고객에게 자사에 대한 신뢰를 심어주고 양질의 제품 및 서비스를 전달하여 고객 만족을 달성하는 것을 목표로 삼고, 전사적 차원의 노력을 기울이고 있으며, 구체적으로는 고객 센터, 전사 VOC 채널을 통해 고객의 의견을 수합하고 CEO 직속 협의체에서 품질 경영 관련 이슈를 논의함으로써 불만사항을 즉시 해결할 수 있는 시스템을 구축하였다.

따라서, 코웨이와 같이 서비스가 중심인 기업들이 품질 경영에 성공하기 위해서는 코웨이의 성공 요인을 반영할 수 있을 것이다. 즉, 전사적 차원에서 역량을 강화해 제품과 서비스 품질을 향상시키고, 인간중심 경영을 통해 직원과 고객의 만족도를 동시에 높임으로써 기업의 가치를 높여야 할 것이다.

Reference

BRIKOREA (2022). [브랜드평판] 정수기 브랜드 2022년 5월 빅데이터 분석결과… 1위 코웨이 정수기, 2위 LG 전자 정수기, 3위 SK 매직 정수기. https://brikorea.com/bbs/board.php?bo_table=rep_1&wr_id=1417&page=3.

강재웅 (2021). "샐러드 하나로 5년만에 650배 성장… 올 매출 150억 목표", 파이낸셜뉴스. https://www.fnnews.com/news/202104111725566194

김민영 (2022). "명품 쇼핑도 '플랫폼'이 대세". http://www.iconsumer.or.kr/news/articleView.html?idxno=23685

김설아 (2021). "['명품 플랫폼'의 민낯①] 머스트잇·트렌비·발란, 줄줄이 고발당한 사연". https://economist.co.kr/2021/10/01/industry/distribution/20211001112203452.html

김아름 (2022). "명품도 당일배송… 발란, 4월 '발란 익스프레스' 론칭". http://www.dt.co.kr/contents.html?article_no=2022032902109932060003&ref=naver

김종성 (2022). "명품 당일 배송…발란, 퀵커머스 '발란 익스프레스' 출시". https://www.inews24.com/view/1464809

김차영, & 박철 (2021). 푸드 온라인 플랫폼 비즈니스 프레시코드 사례: 린 스타트업 방식을 중심으로, 한국IT서비스학회지.

김채영 (2022). "뜨거운 명품 플랫폼 시장…'머·트·발' 중 최종승자는 누구? " https://economist.co.kr/2022/05/07/industry/normal/20220507140018310.html

김형원 (2021). "프레시코드, 서울, 경기 비대면 배송거점 2000개 넘어", IT조선. http://it.chosun.com/site/data/html_dir/2021/10/21/2021102101575.html

뉴시스 (2022). "발란, '네고왕' 사태로 등 돌린 고객들…시리즈C 투자 '난항'", 동아일보. https://www.donga.com/news/Economy/article/all/20220519/113490586/1

박정훈 (2021). "[사람이 답이다] '샐러드 플랫폼'으로 기업 가치를 조리하다", 이코노믹 리뷰. https://www.econovill.com/news/articleView.html?idxno=515811

박지혜 (2018). "[스타트업] 든든한 한끼 샐러드 유이경 프레시코드 마케팅 이사", 프라임경제. http://www.newsprime.co.kr/news/article/?no=420811

변선진 (2022). "온라인 명품시장 성장에 가품 논란도↑…대책 마련 시급 ". http://news.imaeil.com/page/view/2022022410024827216

삼도회계법인 (2022). "주식회사 발란 재무제표에 대한 감사보고서." 전자공시시스템 dart.fss.co.kr.

서혜인 (2018). "건강 편의식 거점 배송 스타트업 '프레시코드' 투자 유치", 플래텀. https://platum.kr/archives/110347

신수현 (2019). "코웨이 성장주역 '1만 3천 명 코디'… 구독경제 물 만났다", 매일경제. https://www.mk.co.kr/news/business/view/2019/11/902821/

신유림 (2022). "정품만 판매한다더니 … 발란, '짝퉁' 판매 의혹 '모르쇠'". https://www.weeklytoday.com/news/articleView.html?idxno=491724

신은주 (2022). "코웨이, '2022 레드닷 디자인 어워드' 제품디자인 부문 본상 수상", 뉴스락. http://www.newslock.co.kr/news/articleView.html?idxno=55061.

안신혜, & 채성오 (2022). "[단독] 명품플랫폼 '발란', 당일배송 특화 '발란 익스프레스' 도입". https://www.bloter.net/newsView/blt202203170024

엄지용 (2020). "온라인으로 명품 팔아서 월매출 50억 원 만든 방법(feat. 발란)" https://byline.network/2020/08/24-80/

윤정훈 (2022). "MZ세대 몰리는 온라인 명품 시장…열광하는 이유는 ". https://www.edaily.co.kr/news/read?newsId=03788406632230848&mediaCodeNo=257

이나리 (2021). 코웨이, '2021 품질경쟁력 우수기업' 선정, ZDNET Korea. https://zdnet.co.kr/view/?no=20211109145715

이나리 (2021). 코웨이, 한국서비스품질지수 정수기·공기청정기 A/S 부문 1위, ZDNET Korea. https://zdnet.co.kr/view/?no=20211103144726

이설희 (2021). "프레시코드는 Growth Point를 찾았을까?", brunch https://brunch.co.kr/@munk/10

이숙영 (2022). "[명품 앱 전성시대] 믿고 산 명품이 '짝퉁'일 수도 있는 까닭 ". http://www.insightkorea.co.kr/news/articleView.html?idxno=95907

이아람 (2021). "발란 11월 거래액 572억 달성…역대 최고 거래액 경신 ". http://www.fpost.co.kr/board/bbs/board.php?bo_table=today&wr_id=7401

전지현 (2020). 코웨이 TQA 센터, 세계적 수준 품질·기술 인정 받았다, 이코노믹리뷰. https://www.econovill.com/news/articleView.html?idxno=511484.

최다래 (2022). "명품 커머스 3사 '짝퉁' 예방·대처법 비교해보니". https://zdnet.co.kr/view/?no=20220118164742

코웨이 (2020). 2020 코웨이 지속 가능경영보고서.

코웨이 (2021). 코웨이, 한국서비스품질지수(KS-SQI) 정수기/공기청정기 A/S 부문 1위 선정, 코웨이. https://company.coway.com/ko/newsroom/press/236

코웨이 지속 가능 경영 성과 파트너 전문성 강화. http://sustainability19.coway.co.kr/html/sub_03_06_02.asp

프레시코드 — 프리미엄 샐러드 배달 서비스. https://www.freshcode.me

해원 (2022). "프레시코드의 KPI, 새로운 도약을 위한 OKR", brunch. https://brunch.co.kr/@jhw28/14

헤럴드경제 (2022년 6월 12일). "175만 원 운동화가 가짜" 광희 덕에 떴다가 12만 명 손절 '이것'. http://news.heraldcorp.com/view.php?ud=20220612000153

찾아보기

가

나

다

라

마

바

사

아

차

카

타

파